Beltz Taschenbuch 160

Über dieses Buch:
Süchtige Frauen und Männer sind eine schwierige Klientel. Die meisten kommen in Beratungsstellen, weil sie von anderen gedrängt werden. Man muss sie dazu motivieren, Beratung und weitergehende Hilfe anzunehmen. Das in diesem Buch vorgestellte »Motivational Case Management« (MOCA) ist ein Verfahren, das den Beratenden den Zugang zu den Süchtigen erleichtert und das sich im Beratungsprozess bewährt hat. Das Verfahren verbindet zwei unterschiedliche Ansätze miteinander, nämlich das motivierende Interview mit den Betroffenen und das Case Management, woraus sich eine neue Sichtweise auf süchtige Frauen und Männer eröffnet und sich neue Beratungschancen ergeben. Alle, die in der Sozialarbeit, der Medizin, der Psychologie und der Pädagogik im Suchtbereich arbeiten oder mit Süchtigen zu tun haben, finden in diesem Buch wichtige Anregungen für die alltägliche Arbeit.

Die Autorin:
Irmgard Vogt ist Professorin an der Fachhochschule Frankfurt am Main, Fachbereich Gesundheit und Soziale Arbeit. Mit zahlreichen Buchveröffentlichungen gilt sie als eine ausgewiesene Expertin im Bereich Sucht und Suchtprophylaxe.

Irmgard Vogt

Beratung von süchtigen Frauen und Männern

Grundlagen und Praxis

Besuchen Sie uns im Internet:
www.beltz.de

Beltz Taschenbuch 160

1 2 3 4 5   08 07 06 05 04

© 2004 Beltz Verlag · Weinheim und Basel
Umschlaggestaltung: Federico Luci, Odenthal
Umschlagfoto: photonica, Hamburg
Satz: WMTP, Birkenau
Druck und Bindung: Druckhaus Beltz, Hemsbach
Printed in Germany

ISBN 3 407 22160 6

Inhaltsverzeichnis

1. Psychoaktive Substanzen, Sucht und andere psychische Störungen

Psychoaktive Substanzen allgemein

Psychoaktive Substanzen, also alkoholische Getränke, Haschisch und Marihuana, Opium, Cocablätter und Tabak sowie eine Unzahl weiterer Kräuter, Blätter, Blüten, Wurzeln, Mineralien, Flüssigkeiten und neuerdings künstlich hergestellter Produkte in verschiedenster Form, begleiten die Geschichte der Menschheit. Menschen haben offenbar schon immer Gefallen daran gefunden, Substanzen, die das Bewusstsein oder das Verhalten direkt beeinflussen können, zu sich zu nehmen, sie zu essen, zu trinken, zu rauchen, in die Haut einzureiben oder neuerdings, sie in ihren Körper zu injizieren. Der sakrale Gebrauch der Stoffe mischte sich ebenfalls von Anfang an mit weltlicheren Bedürfnissen, jenem nach Rausch, Raserei und Ekstase, aber auch jenem nach Schmerzvermeidung, Ruhe, Rückzug. Und schon immer war der Schritt vom Gebrauch einer Droge zu ihrem Missbrauch recht klein. Geschichten über Menschen, die »im Rausch« alle Regeln brechen oder auch über sich selbst hinauswachsen, gehören zum festen Bestand des kulturellen Erbes.

Im letzten Jahrhundert hat sich nicht nur die Zahl der psychoaktiven Substanzen rasant vermehrt – als Beispiel soll hier nur an die Vielzahl der Arzneimittel mit psychoaktivem Potenzial erinnert werden –, sondern auch ihre Verfügbarkeit. In den meisten europäischen Ländern kann man 24 Stunden am Tag alkoholische Getränke und Zigaretten erwerben, und von beidem ist so viel auf dem Markt, dass der Vorrat geradezu unerschöpflich zu sein scheint. Ähnlich verhält es sich mit fast allen anderen Stoffen, allerdings unterliegen sie zum Teil sehr verschiedenen Marktgesetzen. Entscheidend dafür ist, ob ihre Produktion, ihr Verkauf und ihr Erwerb legal oder illegal sind. Mit der Trennung der Drogen in legale und illegale Stoffe geht eine Vielzahl von Konsequenzen einher, die zu Differenzierungen und Definitionen zwingen.

Abgrenzungen, Eingrenzungen und Begriffsbestimmungen

Wie eingangs gesagt, versteht man unter psychoaktiven oder psychotropen Substanzen (in fester oder flüssiger Form oder als Gas) solche Stoffe, die unmittelbar oder mittelbar auf das Zentralnervensystem einwirken und dessen Funktionen verändern (Vogt & Scheerer 1989, Wittchen & Argandona 2000). Psychoaktive Substanzen können legal oder illegal sein, das spielt für die Definition keine Rolle.

> Psychoaktive Drogen (z. B. Alkohol, Tabak, Beruhigungs- und Schlafmittel, Cannabis, Heroin, Kokain usw.) sind Stoffe, die aufgrund ihrer chemischen Natur Strukturen oder Funktionen im (menschlichen) Organismus verändern, insbesondere in der Wahrnehmung, in der Stimmungslage, in den kognitiven Funktionen, im Bewusstsein oder im Verhalten.

Aus Gründen der Vereinfachung verwende ich im Folgenden jedoch den Begriff **Drogen** für solche **psychoaktiven Substanzen, deren Produktion, Verkauf und Erwerb zurzeit in Deutschland verboten ist bzw. die illegal gehandelt werden** (wie zum Beispiel eine Reihe von Medikamenten). Drogen stellen keine besondere Klasse von psychoaktiven Substanzen dar, vielmehr handelt es sich um eine sehr breite Palette von Produkten, von denen die meisten in der einen oder anderen Form auch als Arzneimittel benutzt werden. Das lässt sich sehr gut am Beispiel der Opiate zeigen.

Rohopium wird bekanntlich aus der unreifen Mohnkapsel gewonnen. Der Extrakt muss nicht weiter bearbeitet werden, sondern kann sofort als Arzneimittel, aber auch als so genanntes Rauschmittel verwendet werden. Die Wortwahl ist nicht zufällig, sondern signalisiert moralische Urteile. Arzneimittel gelten prinzipiell als »gut«, Rauschmittel als umstritten bis »schlecht«. Da die Menschheit aber offenbar nicht ganz ohne Rauschmittel auskommt, muss man sich mit ihnen arrangieren.

Beim Rohopium kommt beides zusammen. Man hat es, wie gesagt, mit einer Mischung von Stoffen zu tun, die man zwar schon in dieser Form zur Behandlung von Schmerzen verwenden kann, was man aber heute kaum noch macht. Vielmehr extrahiert man aus Rohopium eine Reihe von Substanzen, die ihren festen Platz im Deutschen Arzneibuch und in der klinischen Praxis haben. An erster Stelle dieser Substanzen steht das Morphium, das bis heute das Mittel der Wahl ist, wenn es zum Beispiel um die Therapie von Schmerzen geht. Aus Morphium wiederum stellt man Heroin her. In manchen Ländern wird bis heute Heroin legal produziert, und in einigen wenigen gilt es auch als verschreibungsfähiges Arzneimittel.

Heroin wurde nach seiner Erfindung und ersten klinischen Erprobung um 1900 zunächst für die Behandlung von Lungenkrankheiten eingesetzt, dann für die von Herz-Kreislauf-Erkrankungen und schließlich für die von Schmerzen ganz allgemein (Ridder 2000). Es wurde 1906 in die Pharmacopoeia Austriaca und 1910 in das Deutsche Arzneibuch aufgenommen als eine Art Allheilmittel zur Behandlung einer Vielzahl von Leiden, insbesondere aber zu der von Schmerzen, und es wurde dort bis in die 50er Jahre als Arzneimittel geführt. Die britische Pharmakopöe erwähnt Heroin bis heute als Arzneimittel. Allerdings setzten hierzulande schon 1920 mit dem ersten Opiumgesetz Reglementierungen ein, die mit dem zweiten Opiumgesetz von 1929 leicht verschärft wurden. Jedoch war es Ärzten bis in die 60er Jahre des 20. Jahrhunderts erlaubt, Heroin zu verschreiben. Dass sie von dieser Möglichkeit nach dem Zweiten Weltkrieg kaum noch Gebrauch machten, lag vor allem daran, dass zu dieser Zeit in Deutschland nur noch ganz geringe Mengen Heroin hergestellt wurden. Erst mit der Einführung des Betäubungsmittelgesetzes (BtMG) von 1971/72 wurde Heroin aus der Betäubungsmittel-verschreibungsverordnung gestrichen. Betrachtet man die kurze Geschichte von Heroin, kann man sagen, dass der Stoff eine Zeit lang als Arzneimittel reüssiert hat, dass aber schon nach relativ wenigen Jahren ein allmählicher Abstieg begann. In der klinischen Praxis geriet Heroin immer mehr in Vergessenheit; in Deutschland wurde es von Ärzten immer seltener zur Behandlung von Krankheiten oder von Schmerzen eingesetzt und am Ende fast ganz vergessen. In England wird es dagegen bis heute als Arzneimittel verwendet, wenn auch nur in sehr geringem Umfang. Noch in den 60er Jahren war nicht abzusehen, dass Heroin einen neuen Aufstieg nehmen würde, diesmal jedoch als Droge Nummer eins der illegalen Szene, der allerdings erst dann eingesetzt hat, nachdem es als Arzneimittel verboten war, also erst Mitte der 70er Jahre (Schmid 2003).

Die Geschichten anderer Drogen, wie zum Beispiel die von Kokain oder Cannabis, sind ähnlich verworren und komplex wie die von Heroin. Alle diese Stoffe wurden – und werden – in der Medizin eingesetzt, sofern sie nicht durch bessere Mittel ersetzt werden konnten; sie haben also alle eine Geschichte als Arzneimittel und eine andere als Rauschmittel. Solange sie Arzneimittel sind, sind diese Mittel legal; erklärt man sie ausschließlich zu Rauschmitteln und nicht auch noch zu Genussmitteln wie den Alkohol oder den Tabak, dann folgt meist ihre Verbannung in die Illegalität.

Sieht man einmal von der rechtlichen Ebene ab, so ist festzustellen, dass man alle psychoaktiven Substanzen, seien es nun Arzneimittel, Genussmittel oder Rauschmittel bzw. Drogen gebrauchen oder missbrauchen kann. Man kann sie moderat einsetzen mit dem Ziel, Leiden zu behandeln, oder man kann mit ihnen andere Effekte erzielen wollen, zum Beispiel starke Erregung, Rausch, Ekstase. **Gebrauch** und **Missbrauch** von psychoaktiven Substanzen liegen nahe beieinander (vgl. Kapitel 2), sie gehen sehr oft gleitend ineinander über und können dann zu einer Vielfalt von Problemen führen. Mit gutem Grund spricht man daher von schädlichem Gebrauch und Missbrauch, wenn die Probleme, die mit dem Konsum der psychoaktiven Substanzen einhergehen, außer Kontrolle geraten. Was damit genau gemeint ist und wie in der modernen Diagnostik die verschiedenen Begriffe definiert werden, wird in Kapitel 3 ausführlich dargestellt.

Wie wir psychoaktive Substanzen einschätzen und nach welchen Kriterien wir ihre Gefährlichkeit einordnen, richtet sich nicht nur nach rationalen Kriterien, sondern auch danach, ob sie legal oder illegal sind. So kommt es, dass Alkohol und Tabak als relativ harmlose Stoffe gelten, obwohl sie den meisten Schaden anrichten, und dass andererseits die (illegalen) Drogen, allen voran das Heroin, als besonders gefährlich eingeschätzt werden ungeachtet der Tatsache, dass ihre Verbreitung sehr gering ist. Darauf gehe ich in Kapitel 2 genauer ein. Kurz, der legale Status von psychoaktiven Substanzen hat enorme Folgen in Bezug auf ihre Einschätzung. In gewisser Weise können die Drogen, die im BtMG aufgeführt sind, nur missbraucht werden, denn ein legaler Gebrauch ist vom Gesetzgeber ja gerade ausgeschlossen. Geht es also um Gebrauch und Missbrauch von psychoaktiven Substanzen, spielt die rechtliche Ebene eine herausragende Rolle. Das hat eine Vielzahl von praktischen Konsequenzen auf der institutionellen Ebene (vgl. Kapitel 8).

Wenn psychoaktive Substanzen in schädlicher Weise gebraucht oder missbraucht werden, kann sich weiterhin **Substanzabhängigkeit** oder **Sucht** entwickeln. Substanzabhängigkeit ist ein Kunstwort, das man eingeführt hat, um den komplexen Bedeutungshof des Wortes Sucht zu vermeiden. In der klinischen Diagnostik spricht man daher vornehmlich von Substanzabhängigkeit. Kunstwörter sind aber selten stark genug, um alte und griffige Begriffe zu ersetzen. Substanzabhängigkeit und Sucht werden in diesem Buch daher vielfach synonym verwendet.

So plastisch das Wort Sucht ist, so problematisch ist es auch. Neben den stoffgebundenen Süchten wie Alkoholismus, Drogenabhängigkeit, Abhängigkeit von Tabak oder von psychoaktiven Medikamenten spricht man heute ebenso selbstverständlich von den stoffungebundenen Süchten oder auch »neuen Süchten«. Darunter versteht man zum Beispiel die Ess-Süchte, die

Spielsucht, die Computersucht, die Fernsehsucht, die Arbeitssucht und vieles andere mehr. Dahinter steht die Annahme, dass es ein generelles Modell des »süchtigen Verhaltens« gibt, das eben nur in ganz unterschiedlichen Ausprägungen manifest wird. Wie nützlich diese Annahme zur Erklärung der abweichenden und sehr oft exzessiven Verhaltensmuster von Menschen in ganz unterschiedlichen Lebenssituationen ist, darüber wird heftig diskutiert. Die Belege für ein generelles Modell des »süchtigen Verhaltens« sind bislang jedoch eher spärlich. Auch darum beschränke ich mich im Folgenden auf die »alten Süchte«, genauer: auf die **Probleme mit und die Abhängigkeit von psychoaktiven Substanzen** und auf die Beratung von Menschen mit genau diesen Problemen.

In der Drogenforschung geht man davon aus, dass viele Faktoren zusammenwirken, wenn es zur Entwicklung der Abhängigkeit von Alkohol oder von anderen Drogen kommt. In Anlehnung an diese Befunde geht man daher von einem **multifaktoriellen Modell von Substanzabhängigkeit** und **(stoffgebundener) Sucht** aus, das auf drei zentralen Säulen beruht.

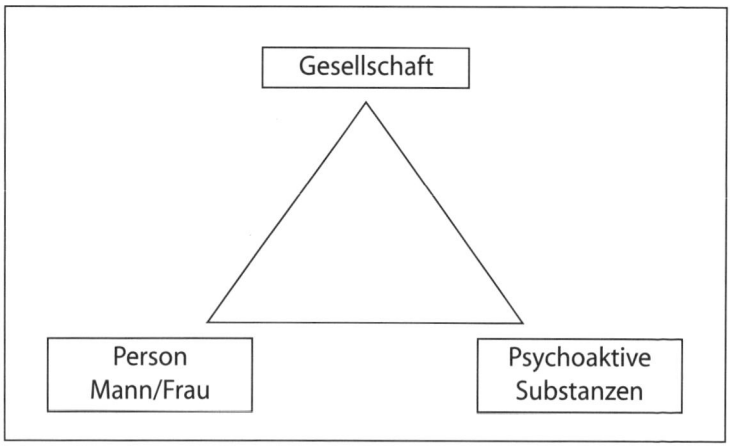

Multifaktorielles Modell der Substanzabhängigkeit

Substanzabhängigkeit entwickelt sich demnach im Spannungs-
verhältnis zwischen den spezifischen **Wirkungen** der verschiedenen **psychoaktiven Substanzen**, die bekanntlich mit der Form
des Konsums sowie dem kulturellen Kontext variieren, den **gesellschaftlichen Rahmenbedingungen**, die bestimmen, ob der
Konsum bestimmter Stoffe erlaubt oder verboten ist und wer
von dieser Regelung betroffen ist, ebenso, in welcher Weise die
Stoffe verfügbar sind und wie mit Regelverletzungen umzugehen
ist, sowie der **Person** des Konsumenten mit seiner geschlechtsspezifischen biopsychosozialen Ausstattung, seiner geschlechtsspezifischen Biographie, seiner aktuellen Situation in seinem
Milieu und in seiner Gesellschaft, eben als Frau oder als Mann.

Diesem Ansatz fühlt sich dieses Buch verpflichtet. Daher nehmen die Diagnostik (vgl. Kapitel 3 und 4) einerseits und die Erhebungen zur Lebenswelt der Ratsuchenden (vgl. Kapitel 6) andererseits einen breiten Raum ein. Von Anfang an wird
versucht, die Geschlechterperspektive zu berücksichtigen, denn
das **Geschlecht** gehört zu den wichtigsten Variablen, wenn es
um den Konsum von psychoaktiven Substanzen, um Problem-
entwicklungen und um Abhängigkeit geht und ebenso um Beratung, denn Beratende treffen immer auf Frauen und Männer,
denen sie selbst auch in der professionellen Rolle als Frauen und
Männer begegnen. Gewiss spielen auch andere Variablen ge-
wichtige Rollen, zum Beispiel das Alter oder die Zugehörigkeit
zu gesellschaftlichen Milieus oder zu einer sozialen Schicht, auf
die an entsprechender Stelle ebenfalls eingegangen wird. Dennoch ist wohl keine Variable so wichtig für das Verständnis von
Substanzabhängigkeit und Sucht und ebenso für die Beratung
wie das Geschlecht, das darum in diesem Buch durchgängig berücksichtigt wird. Folglich werden Problembereiche thematisiert, die gerade auch Frauen betreffen, wie die psychoaktiven
Medikamente (vgl. Kapitel 4) oder die Probleme von süchtigen
Frauen während der Schwangerschaft und als Mütter (vgl. Kapitel 7). Jedenfalls stehen Frauen hier im Mittelpunkt der Betrachtung, weil Daten und Erkenntnisse über Männer mit ähnlichen
Problemen, insbesondere über Männer als Väter, fast nicht vor-

handen sind. Die Geschlechterperspektive auf die Sucht eröffnet damit Durchblicke, die sonst oft fehlen, sie zeigt aber auch Lücken in der Forschung und in der Praxis auf. Man gewinnt also viel, wenn man sich auf diese Perspektive einlässt.

In jüngster Zeit wird in der Sozialarbeit/Sozialpädagogik darüber gestritten, ob man es in der Beratung mit Nutzern und Nutzerinnen, Kunden und Kundinnen, der Klientel oder mit Patienten und Patientinnen zu tun hat. Jeder dieser Begriffe ist historisch mit Bedeutung aufgeladen, jeder steht für Modelle über die Funktion von Beratung und über die Beziehung zwischen Beratenden und Ratsuchenden. Die Medizin hat von alters her den Begriff Patient/in besetzt und sie scheint gut damit zu fahren. Zwar hat sich im Laufe der Jahrhunderte die Beziehung zwischen Arzt und Patient/in erheblich verändert, aber das hat sich nicht auf die Begriffe ausgewirkt. Psychologen und Psychologinnen, zumal diejenigen unter ihnen, die in der Psychotherapie arbeiten, fühlen sich je nach Selbstverständnis eher dem Begriff Patient/in verpflichtet oder dem Begriff Klient/in. Lange Zeit war das auch der Begriff, der in der psychosozialen Beratung und Betreuung verwendet worden ist. Neuerdings redet man lieber von Kunden und Kundinnen. Frauen und Männer als Kunden »suchen« sich aus, welche Hilfen sie brauchen bzw. fordern diese ein. Das Modell hat etwas Bestechendes. Es suggeriert, dass die Ratsuchenden sehr gut Bescheid wissen über das Hilfesystem selbst und über ihren eigenen Hilfebedarf. Leider ist beides nur selten der Fall; in der Suchthilfe ist das besonders selten so. Daher werde ich im Folgenden weiterhin die Begriffe **Klientin/Klient** verwenden, und zwar in dem Sinne, in dem Rogers (1972) diese in die Beratung eingeführt hat, nämlich als Signal für die Unabhängigkeit der Ratsuchenden von den Beratenden, als Ausweis für ihre Selbstbestimmung, über die sie prinzipiell verfügen, die ihnen aber in der gegenwärtigen Konstellation partiell abhanden gekommen ist (vgl. Kapitel 5). Eben darum begeben sie sich in die Beratung, suchen also den Rat von professionellen Experten, die sie bei der Lösung ihrer Probleme unterstützen sollen.

2. Geschlechtsspezifische Konsummuster und Gefährdungen

Probleme bei der Definition von Gefährdungen und Risiken

Im Folgenden sollen für die wichtigsten Substanzgruppen nach dem Geschlecht differenzierte epidemiologische Daten zum Konsum, zum Missbrauch und zur Abhängigkeit kurz vorgestellt und diskutiert werden. Dazu sind einige methodologische Vorbemerkungen notwendig.

Man unterscheidet in der Epidemiologie u. a. zwischen nicht riskantem Konsum bzw. Gebrauch von psychoaktiven Substanzen und riskantem Gebrauch bzw. Missbrauch. Die Grundlagen für die Differenzierungen sind komplex. Zu ihnen gehören sowohl das Alltagswissen um Risiken im Umgang mit psychoaktiven Substanzen sowie die Ergebnisse wissenschaftlicher Studien. Es ist ja hinlänglich bekannt, dass alkoholische Getränke in niedrigen Dosen kurzfristig angenehme Effekte haben können. Steigt die Dosis an, kann es zu unangenehmen Folgen wie Trunkenheit und Rausch kommen mit den dafür typischen Begleiterscheinungen und Beeinträchtigungen. Weiter weiß man, dass situative und soziale Bedingungen erheblich dazu beitragen können, dass es nicht zu Trinkexzessen kommt. Andererseits gibt es genau solche situativen und sozialen Bedingungen, die den Exzess fördern; typisch dafür sind Männerbünde, aus denen Frauen bewusst und gewollt ausgeschlossen sind, wie manche Studentenverbindungen, Teile des Militärs usw. Man weiß weiterhin, dass wiederholte Trinkexzesse problematisch sind und auf die Dauer zu Alkoholismus und anderen Krankheiten, schließlich zum Tod des Trinkers führen können. Die Ursachen für diese Entwicklungen sind inzwischen recht gut erforscht und wissenschaftlich belegt. Die Diskussion darüber, wie man nicht-riskanten Konsum definiert und abgrenzt von riskantem Konsum, ist allerdings bis heute nicht abgeschlossen, was auch daran liegt, dass die Gesundheitsgefahren, die mit dem Gebrauch von psychoaktiven Substanzen verbunden sind, ganz unterschiedlich eingeschätzt werden. Bei den alkoholischen Getränken ist es noch vergleichsweise einfach, die Gesundheitsgefahren, die den Konsum begleiten, abzuschätzen. Aber schon beim Tabak fällt das erheblich schwerer, da die positiven Seiten von Nikotin nicht so offensichtlich sind, sehr wohl aber die negativen des Tabakrauchens. Noch schwieriger ist es bei einer Reihe anderer psychoaktiver Substanzen, den nicht-riskanten Gebrauch vom riskanten zu differenzieren. Besonders problematisch wird die Differenzierung bei den Drogen, deren Produktion und Vertrieb verboten ist, denn bei diesen Stoffen vermischen sich die Sach- und Werturteile. Sachlich geht es darum, die kurz- und langfristigen gesundheitlichen Auswirkungen dieser Drogen zu beurteilen, aber das geht meist nicht ohne Werturteile ab, denn die Stoffe gelten allein deshalb, weil sie verboten sind, als gefährlich. Auch die Wissenschaft kann sich davon nicht frei machen, und ganz entsprechend fallen Urteile über das Risiko, das mit dem Konsum der Drogen verbunden ist, meist nicht ganz wertneutral aus.

Dennoch hat man sich für manche Drogen auf die Bestimmung von Grenzwerten geeinigt. Beim Alkoholkonsum unterscheidet man zum Beispiel zwischen dem nicht-riskanten oder moderaten, dem riskanten und dem gefährlichen Gebrauch[1]. Der Grenzwert für nicht-riskanten Gebrauch liegt bei Frauen bei 20 Gramm pro Tag. Das entspricht etwa 0,5 l Bier oder 0,25 l Weißwein. Was darüber liegt, fällt in die Kategorien riskanter Gebrauch von 21 bis 40 Gramm pro Tag und für gefährlichen Gebrauch bei über 40 Gramm pro Tag. Bei den Männern sind

---

1 Die Grenzwerte für nicht-riskanten oder moderaten Konsum von alkoholischen Getränken haben sich in den letzten 20 Jahren beständig geändert. Die Einschätzung darüber, welche Menge Alkohol als unproblematisch oder sogar förderlich für die Gesundheit angesehen wird, ist in den letzten 50 Jahren immer kritischer geworden, wie Uhl et al. (2001) zeigen.

die Grenzwerte etwas anders definiert; für den nicht-riskanten Konsum liegt die Grenze bei 30 Gramm oder 40 Gramm pro Tag. Das entspricht etwa einem halben Liter Weißwein oder einem Liter Bier pro Tag. Der riskante Konsum liegt zwischen 41 und 60 Gramm pro Tag und der gefährliche Konsum bei über 60 Gramm pro Tag[2].

Beim Tabak fällt die Unterscheidung in nicht-riskanten und riskanten Gebrauch sehr schwer, zumal die negativen Langzeitfolgen des Rauchens von Tabak eindeutig belegt sind, aber selbst kurzfristige positive Wirkungen aus medizinischer Sicht nicht zu erkennen sind (Batra & Buchkremer 1999). Mediziner halten daher Tabakrauchen grundsätzlich für riskant, ebenso Passivrauchen. Frauen haben ein zusätzliches Risiko, da Rauchen die Fertilität mindert, unter bestimmten Bedingungen die Infarktgefahr erhöht (bei gleichzeitiger Einnahme von Kontrazeptiva), und sich negativ auf die Schwangerschaft und das Ungeborene auswirken kann.

Bei psychotropen Medikamenten geht man im Allgemeinen davon aus, dass ein vom Arzt verordneter Gebrauch der Substanzen und der Konsum in der vorgeschriebenen Weise nicht-riskant ist. Der von der ärztlichen Anordnung abweichende Gebrauch der Substanzen kann riskant sein, ebenso die Selbstmedikation von rezeptpflichtigen Medikamenten, die man sich ohne eine ärztliche Verordnung besorgt sowie von nicht rezeptpflichtigen, wenn die Anweisungen auf der Packungsbeilage nicht berücksichtigt werden. Da man aber sowohl von Medikamenten abhängig werden kann, die der Arzt verordnet, wie von denen, die man sich selbst in der Apotheke kauft, ist die Sachlage etwas verworren. Darauf wird in Kapitel 4 genauer eingegangen.

Der Konsum von Drogen, also von psychoaktiven Substanzen, deren Gebrauch durch die Gesetzgebung verboten ist, gilt per se als riskant. Tatsächlich bewirkt allein schon das Verbot,

---

2 Die Berechnung der Werte setzt detaillierte Angaben zum Konsum von alkoholischen Getränken (Menge) und zur Häufigkeit des Konsums (Frequenz) voraus. Eine genaue Beschreibung, wie bei der Berechnung des Konsum-Index vorzugehen ist, findet sich u. a. bei Kraus & Augustin 2001, Uhl et al. 2001.

dass der Besitz von Drogen mit erheblichen Risiken verbunden ist. Dazu gehört, dass die Drogen nicht denselben Marktgesetzen unterliegen wie der Tabak oder alkoholische Getränke. Man kann sie nicht einfach im nächsten Laden kaufen, auch nicht in der Apotheke, sondern nur auf dem schwarzen Markt. Ganz entsprechend unterliegen die dort angebotenen Stoffe keinen Qualitätskontrollen. Käufer gehen also ein erhebliches Risiko ein, wenn sie entsprechende Substanzen auf dem schwarzen Markt erstehen, denn sie können selbst nicht nachprüfen, was sie tatsächlich eingekauft haben. Wie »gut« oder wie »schlecht« der Stoff ist, merken sie erst dann, wenn sie ihn einnehmen – und dann ist es meist zu spät, um schwere Gesundheitsbeeinträchtigungen zu vermeiden. Weiterhin setzt jeder Konsum von verbotenen Drogen eine kriminelle Handlung voraus, denn man muss sich in den Besitz der Drogen bringen, um sie zu konsumieren. Der Besitz solcher Stoffe ist jedoch strafbar (vgl. § 29 BtMG). Zur Unsicherheit über die Qualität des Stoffes, den man erworben hat, kommt das Risiko, dass mit dem Erwerb eine Straftat verbunden ist.

Über all dem darf nicht vergessen werden, dass die Drogen selbst ein ganz unterschiedliches riskantes Potenzial haben. Exemplarisch lässt sich das an Cannabis und Heroin zeigen.

Die Forschung hat mittlerweile gut belegt, dass Cannabis bei sachgerechter Anwendung für das Allgemeinbefinden wie im Zusammenhang mit verschiedenen Erkrankungen heilende Wirkungen haben kann. Es kann aber auch unerwünschte Nebenwirkungen haben wie Dysphorie, Sedierung, Koordinations- und Gedächtnisstörungen usw. (Rommelspacher 1999b), weiterhin kann es in ungünstigen Fällen zu Panikattacken, Angstanfällen und psychotischen Zuständen kommen. Geht man also vom »worst case« aus, dann kann schon der einmalige Konsum von Cannabis nicht nur unangenehm sein, sondern gesundheitsschädlich. Dagegen stehen die vielen unproblematischen Erfahrungen, die Konsumenten/innen mit Cannabis gemacht haben, ebenso die positiven Wirkungen der Droge, die von diesen berichtet werden. Jahrelanger täglicher Konsum von mittleren Dosen führt im Allgemeinen zu einer Einschränkung der kognitiven Fähigkeiten und zu Abhängigkeit. Nach Absetzen der Droge kommt es zu einem vergleichsweise leichten, wenngleich als unangenehm erlebten Entzugssyndrom mit Schlaflosigkeit, Unruhe und Reizbarkeit. Tödliche Überdosierungen durch Cannabis sind weder bei einmaligem Konsum noch bei Dauergebrauch bekannt geworden. Im Vergleich etwa zur legalen Droge Alkohol, von der man weiß, dass es zu tödlichen Überdosierungen bei einmaligem Konsum kommen kann und zu einem tödlichen Verlauf bei sehr hohem Dauerkonsum, ist Cannabis eine Droge mit einem relativ niedrigen Risikopotenzial, wenn man von den Risiken absieht, die allein auf das Konto des Verbots der Droge gehen.

Ganz anders wiederum verhält es sich mit Heroin. Als Abkömmling der Opiate ist Heroin ein hochpotentes Schmerzmittel, das u. a. für diesen Zweck klinisch erprobt worden ist (Ridder 2000)[3]. Darüber hinaus löst Heroin Euphorie aus. Es ist wohl diese Wirkkombination, die diese Droge so verführerisch und für manche Konsumenten/innen so unwiderstehlich macht. Einmaliger Konsum von Heroin kann genügen, um Symptome von Abhängigkeit auszulösen. Dauerkonsum führt in jedem Fall zu Abhängigkeit. Wird reines Heroin unter hygienisch guten Bedingungen eingenommen, sind die negativen Nebenwirkungen der Droge auf den Gesundheitszustand von Erwachsenen gering (Zieglgängsberger & Hölt 2000). Auf Besonderheiten von heroinabhängigen schwangeren Frauen wird in Kapitel 7 eingegangen. Nach Absetzen von Heroin setzt das Entzugssyndrom mit einer Vielzahl von körperlichen Symptomen wie Veränderung von Blutdruck, Puls, Temperatur, Tränenfluss sowie Schwitzen, Erbrechen, Durchfall, Muskelkrämpfen usw. zusammen mit Ängstlichkeit, depressiver Verstimmung und Schmerzen ein. Stärke und Dauer des Entzugssyndroms variieren zum Teil mit der Stärke und Dauer der Abhängigkeit. Unbehandelt klingt das Entzugssyndrom im Allgemeinen nach fünf Tagen ab; es wird meist als außerordentlich unangenehm und schmerzhaft be-

---

3 Heroin ist ein in England zugelassenes Arzneimittel, das in diesem Land auch heute noch gelegentlich als Schmerzmittel eingesetzt wird.

schrieben. Die toxische Grenze für Heroin für einen nicht an die Droge gewöhnten Erwachsenen liegt bei 15 mg, die letale Dosis etwa bei 200 mg. Die Grenzwerte steigen mit der Entwicklung der Toleranz gegenüber der Droge um ein Vielfaches an. Heroin kann also (wie alle Opiate und Opioide) überdosiert werden; es kann daher zu Not- und Todesfällen kommen. So betrachtet ist das Risikopotenzial von Heroin mindestens so groß wie das von Alkohol, vielleicht ist es auch noch höher zu veranschlagen. Nicht berücksichtigt ist wiederum das Risiko, das mit dem Verbot der Droge verbunden ist. Rechnet man dieses Risiko noch dazu, dann ist das Risikopotenzial von Heroin ganz gewiss erheblich höher als das von Alkohol.

Die Gesetzgebung nimmt auf diese Differenzen des Risikopotenzials allein von Cannabis und Heroin keine Rücksicht. Beide Stoffe gehören zu den verbotenen Drogen, ihr Besitz steht gleichermaßen unter Strafandrohung. Das Risiko, wegen einer Straftat – der Beschaffung von und vor allem des Handels mit illegalen Drogen – in den Strafverfolgungsapparat zu geraten, ist bei beiden gegeben; je nach Situation kann das mit erheblichen negativen Folgen für die Betroffenen verbunden sein. Wie man sieht, ist vieles zu berücksichtigen, wenn man Risikoeinschätzungen vornimmt.

Zu den bisher erwähnten Faktoren kommen jedoch noch weitere dazu, an erster Stelle das Geschlecht. Wie man heute weiß, reagieren Frauen sowohl physiologisch als auch subjektiv anders als Männer auf psychoaktive Substanzen. Das liegt an den Unterschieden in der körperlichen Ausstattung und im Metabolismus der beiden Geschlechter. Psychoaktive Substanzen werden von Frauen und Männern also unterschiedlich schnell aufgenommen bzw. verbreiten sich in unterschiedlicher Konzentration im weiblichen und männlichen Körper und erreichen ihr Wirkmaximum unterschiedlich schnell. Auch der Abbau der Substanzen verläuft unterschiedlich. Besonders zu berücksichtigen sind schließlich die Einwirkungen der psychoaktiven Substanzen auf die Fertilität und während der Schwangerschaft, die die Risikoabschätzung weiter erschweren.

Sehr wichtig für die Risikoeinschätzung der psychoaktiven Substanzen ist auch das Alter. Kinder und Jugendliche reagieren auf psychoaktive Substanzen durchweg anders als Erwachsene zwischen 20 und 60 Jahren. Auch bei Personen, die älter als 60 Jahre sind, scheinen die psychoaktiven Substanzen anders zu wirken als bei den jüngeren Erwachsenen. Kurz, die Risikoeinschätzung von psychoaktiven Substanzen ist hochkomplex. Bislang ist es nur in Einzelfällen gelungen, die Risiken, die mit dem Konsum von entsprechenden Stoffen verbunden sind, etwas detaillierter aufzuschlüsseln, eben bei den alkoholischen Getränken und beim Tabakrauchen. Bei allen anderen psychoaktiven Substanzen sind noch viele Fragen ungelöst.

Und schließlich: Ein riskanter Konsumstil bedeutet nicht automatisch, dass es zu einer Substanzabhängigkeit kommt. Dauert er jedoch über eine längere Zeitspanne hin an und geht er mit Verhaltensänderungen einher, dann steigt das Risiko der Entwicklung von Substanzabhängigkeit ganz erheblich an.

Die hier aufgeführten Beispiele zeigen, dass wir bislang nicht über einen verbindlichen Kriterienkatalog zur Einschätzung des Risikopotenzials von allen psychoaktiven Substanzen verfügen. Lediglich bei einigen Stoffen, vor allem den so genannten Genussmitteln, gibt es Vereinbarungen zur Risikoeinschätzung. Diese werden in den folgenden Ausführungen über die Verbreitung des Konsums und von unterschiedlichen Konsumstilen in der Bevölkerung allgemein oder in ausgewählten Populationen aufgegriffen und entsprechend dargestellt. Bei anderen psychoaktiven Substanzen, zu denen entsprechende Kataloge fehlen, orientiert sich die Darstellung an anderen Kriterien, in erster Linie an Angaben zum Konsum in vorgegebenen Zeitfenstern.

Zur Datenlage

Epidemiologische Studien, vor allem repräsentative Umfragen, erfassen den Substanzkonsum in Bevölkerungsstichproben. In der Mehrzahl handelt es sich um Querschnittsstudien (vgl. BZgA 2001, Kraus et al. 1998, 2001, Simon et al. 1999b, StBA

1999, 2002), in der Minderzahl um Längsschnittstudien (Kolip 1997, Lieb et al. 2000). Die Studien unterscheiden sich erheblich voneinander im Hinblick auf die Befragungsmethoden, die Befragungsinstrumente, die Auswertung und die Darstellung der Ergebnisse. Das hat Auswirkungen auf die Vergleichbarkeit der Studienergebnisse, die dadurch stark beeinträchtigt wird.

Immerhin lassen sich Aussagen, die sich auf die Konsummenge und die Konsumfrequenz in einem klar umschriebenen Zeitfenster beziehen, recht gut einander zuordnen. Die wichtigsten Zeitfenster sind folgende: Die Erhebung der Lebenszeit-Prävalenz des Konsums von verschiedenen psychotropen Substanzen (Beispiel: »Haben Sie schon einmal in Ihrem Leben Alkohol getrunken …«), die Erhebung der 12-Monats-Prävalenz (Beispiel: »Haben Sie im letzten Jahr Alkohol getrunken …«), die Erhebung der 30-Tage-Prävalenz bzw. der 7-Tage-Prävalenz. Je enger das Zeitfenster, umso genauer sind die Angaben der Befragten.

Angaben zur Lebenszeit-Prävalenz erlauben eine sehr grobe Einschätzung des Umfangs und der Verteilung des Konsums bestimmter psychotroper Substanzen in der Bevölkerung. Engere Zeitfenster wie die 12-Monats-Prävalenz oder die 30-Tage-Prävalenz erlauben Einschätzungen zu den aktuellen Konsumgewohnheiten der Bevölkerung oder einer ausgewählten Population zum Zeitpunkt der Befragung. Im Allgemeinen lassen sich die Ergebnisse weiterhin nach Geschlecht, Alter, Milieuzugehörigkeit usw. aufschlüsseln.

Die repräsentativen Studien sind von ihrem Ansatz her nur bedingt geeignet, Substanzmissbrauch und Substanzabhängigkeit zu erfassen, das heißt, sie erlauben es nur in Ausnahmefällen, entsprechende Indikatoren zu konstruieren. Das liegt einmal daran, dass der Anteil der Substanzabhängigen in der Bevölkerung vergleichsweise klein ist, zum anderen aber auch daran, dass Subgruppen, in denen der Anteil der Substanzabhängigen besonders groß ist (z. B. in Gruppen von Wohnungslosen, von Personen, die zum Drogenmilieu gehören usw.), nicht erfasst werden. Man muss daher auf Spezialstudien zurückgreifen, wenn man Gruppen von Abhängigen von Alkohol oder Drogen beschreiben will, zum Beispiel auf Dokumentationen von Behandlungseinrichtungen oder andere statistische Datensammlungen. Auch hier sind Differenzierungen nach Geschlecht und Alter möglich und sinnvoll.

Die folgenden Ausführungen stützen sich auf die Ergebnisse von repräsentativen Umfragen, von Dokumentationssystemen und von Spezialstudien ausgewählter Populationen sowie von qualitativen Studien. Sie geben eine groben Überblick über Konsumgewohnheiten und Problemlagen.

Epidemiologische Daten zu Alkohol

Alkoholkonsum in der Jugend. Im ersten Lebensjahrzent leben Kinder in Deutschland abstinent, d. h., sie trinken keine alkoholischen Getränke und sie nehmen keine illegalen Drogen. Lediglich eine Minderheit erhält Medikamente mit psychotropen Wirkungen zur Behandlung von Krankheiten, Schmerzen oder Verhaltensauffälligkeiten. Die Abstinenzkultur der Kindheit kontrastiert mit der Konsumkultur der Erwachsenen, die als dominante Kultur die sozialen Lernerfahrungen der Kinder mitprägt. Alkoholische Getränke verbindet man im Alltag vor allem mit positiven Vorstellungen von Genuss und Lust. Erwachsene Frauen und Männer trinken Alkoholisches in erster Linie, weil ihnen die Getränke gut schmecken, weil sie ihre entspannenden und die Kommunikation fördernden Eigenschaften schätzen. Erst an zweiter Stelle kommt die Vorstellung, dass Alkohol Probleme verdrängen hilft und schließlich selbst zum Problem wird.

Kinder sammeln also lange, bevor sie selbst alkoholische Getränke ausprobieren, Erfahrungen mit den kultur- und geschlechtsspezifischen Trinkritualen und Konsumstilen. Über direkte und indirekte Beobachtung lernen sie die symbolischen Dimensionen aller psychoaktiven Substanzen und deren Auswirkungen auf das Verhalten kennen. Spätestens im Alter von 6 bis 8 Jahren wissen sie, wie Substanzen, Konsumstile und Geschlecht aufeinander bezogen sind. Im Übergang von der Kindheit zur Jugend stellen sie schnell fest, dass sich das Experimentieren mit psychoaktiven Substanzen sehr gut dazu eignet, mit dem eigenen Platz in der Gesellschaft ebenso wie mit der Geschlechtsrolle zu spielen. Verfrühter Einstieg in den Konsum kann Abweichung markieren, ebenso exzessiver Konsum von alkoholischen Getränken und von Drogen.

Das Konzept der Entwicklungsaufgaben eröffnet eine weitere Perspektive, die die Einordnung der Konsumstile erleichtert. In einer Kultur, in der der Umgang mit psychoaktiven Substanzen zum Alltag gehört, müssen Mädchen und Jungen im Jugendalter selbst lernen, wie zum Beispiel Alkohol und Tabak wirken und wie sie in welchen Situationen mit diesen Stoffen umgehen sollen und wollen. Dabei sind die Erwartungen an die Jugendlichen normiert, denn es gibt gesellschaftlich sanktionierte »typisch weibliche« und »typisch männliche« Konsummuster. Herausragendes Merkmal des typisch weiblichen Konsummusters ist der kontrollierte Umgang vor allem mit alkoholischen Getränken. In Abhebung davon erwartet man von jungen Männern, dass sie auch über harte Konsumformen Bescheid wissen.

Der Einstieg in den Alkoholkonsum geht langsam vor sich. Zunächst lassen sich auch keine geschlechtsspezifischen Differenzen erkennen. In Deutschland erlernen Jugendliche den Umgang mit alkoholischen Getränken gewöhnlich in der Familie, wenn Feiern anstehen; Eltern oder nahe Verwandte sind an der Initiation beteiligt. Der Übergang von der Abstinenzkultur der Kindheit in die Konsumkultur der Erwachsenen findet zwischen dem 11. und dem 14. Lebensjahr statt. Mit 15 bis 16 Jahren haben nahezu alle Mädchen und Jungen Alkohol probiert. Mädchen und Jungen unterscheiden sich kaum voneinander, wenn es um das Einstiegsalter in den Konsum alkoholischer Getränke geht.

Tab. 2.1.: Geschlecht und Alkoholkonsum in der Jugend				
12–16 Jahre	(noch) kein Konsum	Probiert	Gelegentlicher Konsum	Regelmäßiger Konsum
Mädchen	17 %	43 %	39 %	1 %
Jungen	19 %	42 %	37 %	2 %

Quelle: Kolip 1997

Nach dem Einstieg etablieren sich dann aber doch recht schnell Präferenzen für bestimmte alkoholische Getränke sowie für geschlechtsspezifische Trinkmuster. Mädchen bevorzugen Wein, Sekt und Mixgetränke, Jungen Bier und Schnaps. Pauschal betrachtet trinken Mädchen im Jugendalter weniger und vorsichtiger als Jungen, von denen vor allem diejenigen mit niedrigem Bildungsstand sich harte Konsumstile aneignen und die Trinken bis zum Rausch selbstverständlich finden (Helfferich 1994).

Aber nicht nur unter den Jungen mit niedrigen Bildungsabschlüssen, sondern auch unter den Mädchen gibt es eine kleine Teilgruppe, die im Jugendalter sehr riskante Trinkmuster entwickelt. Typisch dafür ist regelmäßiger Alkoholkonsum schon in den Jugendjahren sowie exzessiver Konsum mit Rauscherfahrungen.

Tab. 2.2.: Geschlecht und Zahl der Räusche in den letzten 12 Monaten			
12–16 Jahre	Zahl der Räusche in den letzten 12 Monaten		
	Nie	ein bis drei Mal	öfter als drei Mal
Mädchen	57 %	38 %	5 %
Jungen	49 %	42 %	9 %

Quelle: Kolip 1997

Gelegentlicher Missbrauch von Alkohol sowie Trinken bis zum Rausch in der Jugend führt nicht automatisch zur Entwicklung einer Alkoholabhängigkeit. Vielmehr wird eine solche erst dann wahrscheinlich, wenn zusätzliche Bedingungen wirksam werden, u. a. Belastungen in der Familie oder in der Schule oder durch das soziale Umfeld sowie persönliche Reaktionen auf die Wirkungen von Alkohol.

Typische Konsumgewohnheiten von Frauen und Männern zwischen 20 und 60 Jahren. Sehr pauschal gesehen kann man sagen, dass die Trinkmuster, an die sich Frauen und Männer in den späten Jugendjahren gewöhnen, für lange Zeit bestimmend sind. Jedoch ist die Entwicklung nicht einfach linear, sondern folgt dem Lebensrhythmus.

Folglich gibt es immer wieder Moratorien, zu denen Statuspassagen gehören, in denen beide Geschlechter mit neuen Verhaltensmustern experimentieren. Eine solche Phase stellt das Studium dar, und wie neueste Umfragedaten belegen, gleichen sich in dieser Zeit zum Beispiel die Trinkmuster der Frauen denen der Männer an.

Tab. 2.3.: Studierende an einer Fachhochschule: Aktueller Konsum von Alkohol		
Befragte	Studentinnen	Studenten
Alkohol Nicht-riskanter Konsum* Riskanter Konsum**	84 % 16 %	90 % 10 %

* nicht-riskanter Konsum: bei Frauen bis 20 g pro Tag, bei Männern bis 40 g pro Tag
** riskanter Konsum: bei Frauen mehr als 21 g pro Tag, bei Männern mehr als 41 g pro Tag
Quelle: Vogt et al. 2003

Wie aus dieser Zusammenstellung hervorgeht, unterscheiden sich die Konsummuster der Studenten wenig von denen der Studentinnen (vgl. dazu auch Hanewinkel & Wiborg 2002). Das wird besonders deutlich, wenn man Angaben zu Räuschen überhaupt und zu aktuellen Trinkexzessen betrachtet. Fast alle Studierenden, die überhaupt Alkohol trinken, geben an, dass sie schon einmal einen Rausch hatten; den ersten bereits mit 16 bis 17 Jahren.

Gewisse Unterschiede zwischen den Geschlechtern gibt es, wenn man den aktuellen exzessiven Umgang mit Alkohol betrachtet. Danach haben etwa 40 % der Frauen, aber die Hälfte der Männer in den letzten 30 Tagen wenigstens einen Rausch gehabt, Frauen im Durchschnitt nur einen, Männer zwei. Das kann aber nicht darüber hinwegtäuschen, dass die Angleichung der Konsummuster auch bei den Exzessen sehr weit geht, ja, dass Exzesse von einer erstaunlich großen Zahl der Befragten erstaunlich häufig in Kauf genommen werden.

Tab. 2.4.: Studierende an einer Fachhochschule: Angaben zum Rauschtrinken

Befragte	Studentinnen	Studenten
Ja, schon mal betrunken gewesen	86 %	93 %
Alter erster Rausch (Mittelwert)	16,5 Jahre	16,1 Jahre
Ja, in den letzten 30 Tagen betrunken gewesen	39 %	49 %
Zahl der Räusche in den letzten 30 Tagen (Mittelwert)	1,2 Räusche	1,9 Räusche

Quelle: Vogt et al. 2003

Wie bedeutsam die Angleichung der Konsummuster unter den Studierenden ist, wird sichtbar, wenn man als Vergleich dazu die Ergebnisse einer altersähnlichen repräsentativen Stichprobe von Frauen heranzieht.

Tab. 2.5.: Studentinnen einer Fachhochschule im Vergleich zu einer altersähnlichen weiblichen Bevölkerungsstichprobe

Befragte	Studentinnen	Vergleich: 18–39 Jahre***
Alkohol Nicht-riskanter Konsum* Riskanter Konsum**	84 % 16 %	89 % 11 %

*   bis 20 g pro Tag
**   mehr als 21 g pro Tag
*** Quelle: Kraus & Augustin 2001

In Umbruchsphasen wie dem Studium lassen sich Frauen heute auf riskante Konsummuster ein. Das gilt nicht nur für die alkoholischen Getränke und die damit verbundenen Konsumexzesse, sondern auch für Drogen wie Cannabis. Noch ist unklar, welche Schlüsse aus solchen Befunden zu ziehen sind, ob sie Vorboten genereller Veränderungen im Verhaltensrepertoire vor allem von Frauen sind oder doch eher typische Reaktionen auf Statuspassagen mit eher begrenzten Folgen.

Nach der letzten repräsentativen Erhebung (Kraus & Augustin 2001) sind bis 60 Jahre 3 % der Frauen und 1 % der Männer lebenslang abstinent. In den letzten 12 Monaten haben jedoch 6 % der Frauen und 5 % der Männer keine alkoholischen Getränke konsumiert. Interessant sind die Abstinenzraten, bezogen auf die Altersgruppen, sowie die Verteilung der Konsumentinnen und Konsumenten auf die verschiedenen Kategorien.

Tab. 2.6.: Geschlecht und Alkoholkonsum								
Befragte	20–29 Jahre		30–39 Jahre		40–49 Jahre		50–59 Jahre	
	Frauen	Männer	Frauen	Männer	Frauen	Männer	Frauen	Männer
Kein Konsum letzte 12 M.	6,5 %	5,3 %	5,3 %	3,8 %	4,8 %	4,5 %	8,9 %	5,2 %
Nicht-riskanter Konsum*	84,2 %	74,3 %	84,8 %	76,9 %	83,9 %	73,3 %	78,2 %	70,2 %
Riskanter Konsum**	7,6 %	13,8 %	7,8 %	13,1 %	8,2 %	15,2 %	9,6 %	17,6 %
Gefährlicher Konsum***	1,7 %	6,6 %	2,1 %	6,2 %	3,1 %	7,0 %	3,2 %	7,0 %

*   nicht-riskanter Konsum: bei Frauen bis 20 g pro Tag, bei Männern bis 30 g pro Tag
**   riskanter Konsum: bei Frauen 21–40 g pro Tag, bei Männern 31–60 g pro Tag
***   gefährlicher Konsum: bei Frauen mehr als 41 g pro Tag, bei Männern mehr als 60 g pro Tag
Quelle: Kraus & Augustin 2001

Alles in allem genommen belegen diese Daten, dass sich die Trinkmuster der Frauen sowohl im Hinblick auf die Menge als auch auf die Häufigkeit des Konsums ganz erheblich von denen der Männer unterscheiden. Das macht sich zwar kaum noch bemerkbar, wenn man Angaben zur Abstinenz in den letzten 12 Monaten betrachtet, sehr wohl aber im Hinblick auf den nicht-riskanten[4] Konsum. Mehr Frauen trinken moderater als Männer. Umgekehrt heißt das, dass mehr Männer als Frauen riskante oder gefährliche Trinkmuster haben. Die Differenz zwischen den Geschlechtern schwankt etwas zwischen 3:1 und 2:1.

Männer und Frauen bevorzugen verschiedene Getränke. Bei den Männern stehen Bier und Schnaps an erster Stelle der bevorzugten Getränke, bei den Frauen Wein und Sekt. Sie tun das gerne »in einer schönen Situation« und zur Entspannung, aber auch, um Ärger leichter zu bewältigen und um abzuschalten (BZgA 1992, Franke et al. 2001) oder um über »Niedergeschlagenheit und Depressionen« hinwegzukommen und um das Selbstvertrauen zu stärken. Trinken Frauen in Gesellschaft, dann stehen die positiven, genussvollen Seiten des Alkohols im Vordergrund, trinken sie alleine, die problemorientierten. Dazu passt der Befund, dass Frauen, die mit einem Partner oder einer Partnerin (und Kindern) zusammenleben, signifikant häufiger kontrolliert und nicht-riskant Alkohol konsumieren als diejenigen, die u. a. als Geschiedene alleine leben. Frauen, die allein leben und vor allem diejenigen unter ihnen, die sich einsam fühlen, neigen zu riskanten Trinkgewohnheiten. Kurzfristig tröstet der Alkohol über die Einsamkeit hinweg, langfristig kann er zum Problem werden.

Bei Männern gehört der Alkohol sozusagen zum Alltag, auch zum Berufsalltag. Sie setzen ihn gezielt ein, wenn sie mit Arbeitskollegen zusammensitzen, aber auch, um Ärger am Arbeitsplatz zu bewältigen. Die enge Verbindung von Alkohol und Arbeitswelt spiegelt sich noch einmal wider bei den Arbeitslosen, von denen eine recht große Gruppe wiederum Alkohol trinkt, um den Stress der Arbeitslosigkeit zu ertragen, nicht selten mit kumulativen negativen Folgen (Henkel 1998).

Untersucht man den Zusammenhang der Schicht- oder Milieuzugehörigkeit von Frauen und Männern und ihren Trinkmustern, findet man interessante Differenzen zwischen den Geschlechtern. Männer der Ober- und Mittelschicht trinken häufiger täglich alkoholische Getränke als Männer der Unter-

---

4   20 g Alkohol sind in ca. 0,25 l Weißwein oder in 0,5 l Bier enthalten.

schicht, aber insgesamt in geringeren Dosierungen als diese. Gefährlicher Konsum ist daher häufiger bei Männern der Unterschicht. Das hat sich ja schon angedeutet bei den Jugendlichen, dort in enger Anlehnung an den Bildungs- bzw. Ausbildungsindex. Die Ergebnisse sprechen dafür, dass die Gefährdungen der Männer durch Alkohol systematisch mit dem Bildungsstand variieren: Je niedriger dieser ist, umso problematischer sind die Konsummuster. Freilich heißt das nicht, dass Männer der Mittel- und Oberschicht allgemein vor Alkoholismus geschützt sind, es bedeutet nur, dass sie zunächst einmal über die besseren Kompetenzen zur Kontrolle des Konsums verfügen.

Bei den Frauen findet man genau entgegengesetzte Ergebnisse. Frauen der Unterschicht sind häufiger abstinent als Frauen der Mittel- und Oberschicht, und diejenigen, die Alkohol trinken, tun das eher gemäßigt. Frauen der Oberschicht haben demnach häufiger riskante Konsummuster als Frauen der Unterschicht. Wie am Beispiel der Studentinnen gezeigt worden ist, befördert eine hohe Schulbildung also eher riskante Konsummuster. Ganz allgemein kann man zeigen, dass die Einbindung von Frauen in das Arbeitsleben mit riskanten Trinkmustern assoziiert ist, insbesondere bei denjenigen von ihnen, die über ein eigenes überdurchschnittliches Einkommen verfügen (Bloomfield 2002, BZgA 1992, Henkel et al. 2002). Allerdings ist auch nicht zu übersehen, dass zum Beispiel Frauen mit guter Schulbildung und mit eigener Erwerbstätigkeit auch über hohe Bewältigungspotenziale verfügen. Es ist also davon auszugehen, dass Frauen in dieser Gruppe auf Warnsignale relativ schnell reagieren und ihren Alkoholkonsum entsprechend einschränken. Aber das gelingt sicherlich nicht immer.

Die Tatsache, dass die überwiegende Mehrheit der Frauen Alkohol in verhältnismäßig kleinen Dosen konsumiert, erklärt wohl auch, warum sie eher selten im angetrunkenen Zustand in Verkehrsunfälle verwickelt sind. Nur 8 % aller Unfälle mit Personenschäden im Straßenverkehr werden von angetrunkenen Frauen verursacht, 92 % von angetrunkenen Männern. Andererseits zeigen Detailstudien, dass sich in der Gruppe der Frauen und Männer, die angetrunken am Straßenverkehr teilnehmen, die Problemfälle häufen. Das lässt darauf schließen, dass der Anteil der Alkoholabhängigen in dieser Gruppe besonders hoch ist.

Exzessiver Alkoholkonsum und Alkoholabhängigkeit. Wir wissen viel über die Trinkmuster von Mädchen und Frauen, Jungen und Männern, aber vergleichsweise wenig über exzessive Konsummuster und Alkoholabhängigkeit. Wienberg (1994, John et al. 1996) hat darauf aufmerksam gemacht, dass nur ein sehr kleiner Teil derjenigen, die Alkohol missbrauchen oder von dieser Substanz abhängig sind, in die Beratungs- und Behandlungsstellen für Alkoholabhängige bzw. für Suchtkranke geht, und das meist auch erst dann, wenn sie nicht mehr am Anfang der Karriere stehen, wie gleich gezeigt wird.

Man geht heute von ca. vier Millionen Alkoholabhängigen in Deutschland aus (Holz & Leune 1998, Hüllinghorst 1997). Das Geschlechterverhältnis von Männern zu Frauen liegt schätzungsweise bei 3:1, d. h., auf drei Männer mit der Diagnose Alkoholismus kommt eine Frau. Auf die Diagnostik gehe ich in Kapitel 3 ausführlich ein.

Wie bereits beschrieben, gibt es eine verhältnismäßig kleine Gruppe von Mädchen und jungen Frauen, die schon recht frühzeitig in den exzessiven Alkoholkonsum einsteigt. Über diese Gruppe von Frauen liegen hauptsächlich Fallberichte und Ergebnisse von qualitativen Studien vor (Meulenbelt et al. 1998, Vogt 1994). Danach häufen sich in dieser Gruppe Mädchen und junge Frauen, die traumatische Erfahrungen in der Kindheit und Jugend mit Gewalttätigkeiten und sexueller Ausbeutung hatten, bei deren Bewältigung sie keine Unterstützung erhalten haben. Bei Jungen und Männern, die sehr früh wegen des Konsums von psychoaktiven Substanzen auffallen, findet man neben traumatischen Erfahrungen mit Gewalt in der Biographie oft Hinweise auf Normverletzungen, abweichendes Verhalten und kriminelle Handlungen.

Daten aus ambulanten Beratungs- und Behandlungsstellen geben Auskunft über die Charakteristika der Frauen und Männer mit Alkoholproblemen. Danach sind die Betroffenen (Frauen wie Männer) in der ambulanten Beratung und Behandlung im Durchschnitt 44 Jahre alt. Junge Frauen und Männer zwischen 15 und 30 Jahren nehmen die professionellen Hilfen nur in Ausnahmefällen in Anspruch. Sie werden von der professionellen Suchthilfe kaum erreicht.

Es sind also nicht die jungen Frauen bis ca. 30 Jahre, sondern Frauen in der Lebensmitte, die wegen ihrer Alkoholprobleme in diese Einrichtungen kommen und Beratungsbedarf anmelden.

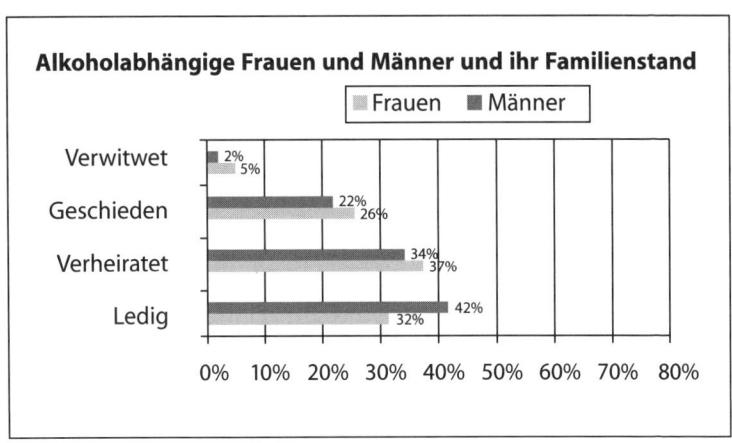

Quelle: Simmedinger et al. 2001

Die Daten zum Familienstand der Männer und Frauen mit Alkoholproblemen, die Hilfeeinrichtungen aufsuchen, zeigen geschlechtsspezifische Differenzen. Alkoholabhängige Männer sind häufiger ledig als alkoholabhängige Frauen, die dafür häufiger verheiratet, geschieden oder verwitwet sind. Vergleicht man diese Angaben mit entsprechenden Daten in der Gesamtbevölkerung, wird offensichtlich, dass der Anteil der Verheirateten unter den Alkoholabhängigen bei den Männern wie bei den Frauen fast um die Hälfte niedriger liegt als dort. Das lässt vermuten, dass sich die Betroffenen mit bestimmten Formen von Bindungen schwer tun. Zugleich stellt sich die Frage, ob das Alleinleben oder das Leben in unverbindlicheren Beziehungen ein Risiko für die Entwicklung von Alkoholabhängigkeit darstellt.

60 % bis 70 % der alkoholabhängigen Frauen haben Kinder, und etwa die Hälfte von ihnen lebt mit diesen zusammen. Von den alkoholabhängigen Männern haben nur 40 % bis 50 % Kinder, und nur ein gutes Viertel von ihnen lebt mit diesen zusammen, in der Regel in einem traditionellen Familienverband (Schmid et al. 2000, Simmedinger et al. 2001, Sieber et al. 2002).

Fast alle Frauen und Männer mit Alkoholproblemen haben eine abgeschlossene Schulbildung und die allermeisten auch eine abgeschlossene Berufsausbildung. Der Anteil derjenigen, die noch oder wieder erwerbstätig sind, variiert mit der untersuchten Gruppe. Insgesamt kann man davon ausgehen, dass für sie alle der Beruf überaus wichtig ist. Wer einen Beruf hat oder wer den Wiedereinstieg in den Beruf schafft, hat viel bessere Chancen, die Sucht zu bewältigen, als diejenigen unter ihnen, die vom Erwerbsleben ausgeschlossen bleiben.

Genauere Auskunft über die psychosozialen Problemlagen der alkoholabhängigen Frauen geben Studien aus dem stationären Bereich. In Fachkliniken wurden 1997 ca. 30.000 Personen behandelt, 80 % davon sind Männer und 20 % Frauen; das entspricht einem Geschlechterverhältnis von 4:1. In den stationären Behandlungseinrichtungen dominieren also die Männer. Frauen sind in der Regel eine Minderheit; sie haben es oft sehr schwer, ihre Interessen gegenüber der Mehrheit durchzusetzen (Winkler 1996, 1997).

Untersucht man anhand solcher Stichproben die Schutz- und Risikofaktoren, stellt man wiederum typische geschlechtsspezifische Differenzen fest. Danach profitieren Frauen mit Alkoholproblemen sehr viel weniger von dem Leben in und mit der Familie als Männer mit Alkoholproblemen. Frauen, die ledig sind, keine Kinder haben und sich in keiner Trennungssituation befinden, haben nach einer Behandlung der Krankheit recht gute Prognosen, diese zu kontrollieren. Bei Männern ist das genau umgekehrt: Diejenigen von ihnen haben die besten Prognosen, die eine Familie haben, in die sie zurückkehren können. Wenn sie dann noch einen befriedigenden Beruf haben, spricht alles dafür, dass sie die Krankheit in den Griff bekommen.

Tab. 2.7.: Schutz- und Risikofaktoren für Frauen und Männer nach einer Behandlung wegen Alkoholabhängigkeit

Frauen	Männer
Schutzfaktoren	**Schutzfaktoren**
Familienstand: ledig	Familienstand: verheiratet
Ohne Kinder leben	Mit Kindern zusammenleben
Vertrauensperson vorhanden	Zufriedenheit mit der Arbeitssitua-
Zufriedenheit mit der Arbeitssitua-	tion/Vollbeschäftigung/beruflicher
tion	Erfolg
Risikofaktoren	**Risikofaktoren**
Trennung oder Scheidung	Trennung oder Scheidung
Mit Kindern zusammenleben	Ohne Kinder leben
Keine Vertrauensperson vorhanden	Kein beruflicher Erfolg
Arbeitslos	Arbeitslos

Quelle: Sieber et al. 2002

Je früher Frauen und Männer mit Alkoholproblemen Hilfe suchen, umso besser sind ihre Chancen auf Unterbrechung des Krankheitsprozesses bzw. auf Heilung. Einschlägige Hilfen finden sie beim Arzt, in ambulanten und stationären Einrichtungen, aber auch in Selbsthilfeorganisationen mit schätzungsweise 8.000 Selbsthilfegruppen in Deutschland. Die Selbsthilfegruppen ziehen besonders viele Frauen an. Sie bieten den Frauen und Männern einen Ort und eine Struktur an, die vieles zulässt und – je nach Organisation – zu wenig verpflichtet. Typisch dafür sind die Gruppen der Anonymen Alkoholiker (AA), die ihren Mitgliedern einen Ort anbieten, an dem sie sich mit anderen nach festgelegten Regeln austauschen können. Die Frauen und Männer, die an den Gruppensitzungen teilnehmen, sind zunächst zu nichts verpflichtet. Aus solchen unverbindlichen Gruppen können sich jedoch auch feste Gruppen mit klaren Strukturen bilden, die dann auch auf Verbindlichkeiten der Gruppenmitglieder setzen. Dazu kommen private Netzwerke, die sich aus den Gruppenaktivitäten heraus entwickeln. Je nach Bedarf können die Gruppenmitglieder zwischen den verschiedenen Angeboten wählen. Frauen stellen in den Selbsthilfegruppen ca. 50 % der Mitglieder (Eisenbach-Stangl 1992, 1997, Rehm et al. 1992). In der Praxis bilden sich nicht selten richtige Frauengruppen heraus. Dabei handelt es sich nicht um einen gewollten Ausschluss der Männer aus der Gruppe, sondern um naturwüchsige Prozesse. In diesen Gruppen geben die Frauen den Ton an und bestimmen die Themen. Das macht viele dieser Gruppen für Frauen so attraktiv.

Negative Folgen des Alkoholismus: Krankheiten und Tod. Alkoholismus kovariiert mit einer Reihe von psychischen und physischen Störungen und Krankheiten. Besonders häufig sind Angststörungen sowie affektive Störungen. Dazu kommen Suizidgedanken und Suizidversuche. Auf die Komorbidität wird in Kapitel 3 etwas genauer eingegangen.

An erster Stelle der körperlichen Krankheiten, die in engem Zusammenhang mit der Menge und Frequenz des Alkoholkonsums stehen, sind Leberfunktionsstörungen zu nennen, u. a. die »alkoholische Fettleber« (reversibel), nicht näher bezeichneter »alkoholischer Leberschaden« (Verlauf unbekannt) und die »alkoholische Leberzirrhose« (nicht reversibel).

Zusätzlich zu diesen Gesundheitsrisiken ist auch darauf hinzuweisen, dass hoher Alkoholkonsum und Alkoholismus in Zusammenhang gebracht werden mit Krebserkrankungen verschiedenster Art. Besonders bedrohlich für Frauen sind Krebserkrankungen im Bereich der Gebärmutter sowie der Brüste. Man geht heute davon aus, dass das Risiko dieser Erkrankungen mit dem Alkoholkonsum der Frauen ansteigt, Belege dafür liegen allerdings nicht vor.

Unbehandelt ist das Risiko, direkt oder indirekt an Alkoholabhängigkeit zu sterben, recht groß.

Wie die Todesursachenstatistik ausweist, steigt die Zahl der Personen, die an den (unmittelbaren) Folgen der Alkoholabhängigkeit, vor allem an alkoholbedingter Leberzirrhose sowie der Alkoholabhängigkeit sterben, in den 90er Jahren erst deutlich an und fällt am Ende des Jahrtausends leicht ab. Von 1992 bis 1998 liegt der relative Anstieg bei 8 %. Das ist eine bemerkenswerte

Tab. 2.8.: Geschlecht und alkoholbedingte Sterbefälle, 1992–2000

Jahr	1992	1994	1996	1998	2000
Frauen (absolut)	3.965	4.257	4.305	4.410	4.160
Männer (absolut)	11.966	12.566	13.261	12.803	12.450
Gesamt	15.931	17.339	17.566	17.213	16.610
Frauen (relativ)	25 %	25 %	25 %	26 %	25 %
Männer (relativ)	75 %	75 %	75 %	74 %	75 %

Quelle: StBA 2002

Zunahme der Todesfälle, was allerdings wenig öffentliches Echo gefunden hat[5].

Die Daten unterstreichen, dass Alkoholismus eine Erkrankung ist, die in vielen Fällen einen tödlichen Verlauf hat, unbeschadet aller therapeutischen Bemühungen um die Kranken. Riskanter Alkoholkonsum und die Entwicklung von Alkoholabhängigkeit stellen ein brisantes gesellschaftliches Problem dar, das in seiner Größenordnung in Deutschland deutlich unterschätzt wird.

Epidemiologische Daten zu Tabak

Geschlecht und Tabakkonsum in der Jugend. Mädchen und Jungen probieren in der Altersspanne zwischen 10 und 15 Jahren aus, wie Zigaretten schmecken. Anders als beim Konsum von Alkohol ist es nicht die Familie, die an der Initiation beteiligt ist, vielmehr warnen Väter und Mütter ihre Kinder vor dem Rauchen – und das auch dann, wenn sie selbst rauchen. In vielen Familien reagieren die Eltern mit Sanktionen, wenn sie fest-

---

5 Nicht berücksichtigt sind in dieser Darstellung Todesursachen, die in mittelbarem Zusammenhang mit dem Konsum oder dem Missbrauch von Alkohol stehen wie Herz-Kreislauf-Erkrankungen, Krebserkrankungen usw. sowie Unfälle im Haushalt, im Straßenverkehr oder am Arbeitsplatz.

stellen, dass ihr Kind raucht. Aus diesen Gründen findet die Initiation meist im Verborgenen und in einer Peer-group statt. Die Jugendlichen reden auch nicht viel darüber, sondern behalten das Wissen für sich bzw. teilen es mit ihren Freunden und Freundinnen. Die geschlechtsspezifischen Differenzen im Hinblick auf die Initiation und die ersten Erfahrungen mit Tabak sind gering.

Tab. 2.9.: Jugendliche und Rauchen: Anteil der Raucher/innen zwischen 12 und 19 Jahren					
Alter	12–13 Jahre	14–15 Jahre	16–17 Jahre	18–19 Jahre	20–21 Jahre
Raucher/innen	10 %	29 %	44 %	46 %	48 %

Quelle: BZgA 2001

In den jüngeren Altersgruppen übersteigt der Anteil der Gelegenheitsraucher/innen mit 1 bis 5 Zigaretten pro Tag den Anteil der regelmäßigen Raucher/innen. Das ändert sich etwa im Alter von 16 Jahren. Von diesem Alter an überwiegt der Anteil der regelmäßigen Raucher/innen den der Gelegenheitsraucher/innen. Geschlechtsspezifische Unterschiede lassen sich in den Altersgruppen bis 25 Jahre nicht (mehr) feststellen.

Die Motive der Jugendlichen, Zigaretten auszuprobieren, sind vielfältig. An erster Stelle steht wie immer die Neugier. Man will ausprobieren, wovor die Erwachsenen ständig warnen. Man will zu einer Gruppe gehören. Man will das Gefühl haben, erwachsen zu sein. Diejenigen, die nach verschiedenen Versuchen mit Zigaretten schließlich Raucher/innen sind, geben als Motive an, dass sie das einfach gerne tun (nach dem Werbespruch »Ich rauche gern«), dass es ihnen schmeckt, dass es ansteckend ist in einer Gruppe oder einer Gesellschaft. Zur Lust am Rauchen kommt das Gefühl dazu, als Raucher/in einer Gruppe zuzugehören – eben der der Raucher/innen. Erst an zweiter Stelle steht die Erfahrung, dass Rauchen Stress abbauen hilft, leistungsfähig macht usw.

Alle, Nichtraucher/innen wie Raucher/innen, sind sich sehr wohl der gesundheitlichen Risiken bewusst, die mit dem Tabakkonsum verbunden sind. Dieses Wissen motiviert die Nicht-Raucher/innen dazu, Tabak gar nicht erst zu probieren, und es bewegt viele Raucher/innen dazu, das Rauchen aufzugeben. Der Anteil derjenigen, die das Rauchen wieder aufgeben, fluktuiert in der Altersgruppe der 18- bis 25-Jährigen besonders stark. Diejenigen Frauen und Männer, die sich Gruppen anschließen, die von Nicht-Raucher/innen dominiert werden, geben am ehesten das Rauchen auf.

Typische Konsumgewohnheiten von Frauen und Männern zwischen 20 und 60 Jahren. Wie aus der folgenden Tabelle hervorgeht, ist der Anteil der Raucher/innen in den jüngeren Altersgruppen höher als in den älteren[6]. Besonders auffällig ist das in der Altersgruppe zwischen 50 und 60 Jahren und besonders deutlich ist der Rückgang bei den Frauen. Aber auch sonst findet man in allen Altersgruppen ab 20 Jahren erhebliche Geschlechtsunterschiede. Der Anteil der Frauen, die rauchen, liegt fast durchweg 10 % niedriger als der Anteil der Männer, die rauchen.

Tab. 2.10.: Geschlecht und Rauchen zwischen 20 und 60 Jahren								
Befragte	21–29 Jahre		30–39 Jahre		40–49 Jahre		50–59 Jahre	
	Frauen	Männer	Frauen	Männer	Frauen	Männer	Frauen	Männer
Nicht-raucher/in	54,8 %	45,2 %	46,3 %	38,0 %	44,4 %	27,8 %	58,7 %	27,9 %
Exraucher/in	11,0 %	10,8 %	19,1 %	21,0 %	25,0 %	33,0 %	22,5 %	42,6 %
Raucher/in	34,2 %	44,0 %	34,5 %	41,0 %	30,6 %	39,2 %	18,8 %	29,5 %

Quelle: Kraus & Augustin 2001

---

6 Der Vergleich der Tabellen 2.9 und 2.10 weist auf Differenzen der Befunde der verschiedenen Studien hin. Die Jugendstudie findet höhere Werte für Raucher/innen in den Altersgruppen um 20 Jahre als die Studie von Kraus & Augustin. Das ist wohl auf unterschiedliche methodische Verfahren zurückzuführen.

Dazu kommt, dass Frauen im Vergleich zu Männern weniger Zigaretten pro Tag rauchen. Die Ergebnisse sind bedeutsam, da die Gesundheitsgefährdungen des Rauchens mit der Menge der konsumierten Zigaretten ansteigen.

Detailstudien zeigen, dass der Anteil der Raucher/innen unter den sozial Benachteiligten besonders groß ist. Frauen und Männer mit niedrigem Einkommen und solche, die auf Sozialhilfe angewiesen sind, mit wenig Schulbildung und schlechten Jobs, Migranten/Migrantinnen und alleinerziehende Mütter rauchen besonders oft (Helmert & Maschewsky-Schneider 1998). Man kann also am Rauchen zeigen, dass es für einen Teil der Raucher/innen einen Zusammenhang gibt zwischen dem Rauchen und der sozialen Lage: Je problematischer die soziale Lage ist, umso eher suchen die Betroffenen Entlastung und wohl auch Entspannung in den Zigaretten.

Je höher dagegen das Bildungsniveau der Frauen und vor allem der Männer, je besser ihre Stellung im Beruf ist, umso eher verzichten sie auf das Rauchen. In diesen Gruppen findet man besonders hohe Raten von Ex-Raucherinnen (Maschewsky-Schneider 1997). Appelle zur Gesundheitsvorsorge erreichen demnach vor allem die Frauen und Männer, die ohnehin schon mehr für ihre Gesundheit tun als die sozial Benachteiligten.

Tabak, Krankheiten und Tod. Rauchen ist der bedeutendste einzelne Risikofaktor, der an der Entstehung einer Reihe von schweren Erkrankungen nachweislich beteiligt ist. An erster Stelle stehen Krebserkrankungen der Lunge und der oberen Atemwege sowie chronische obstruktive Lungenerkrankungen. Das Risiko der Raucher/innen, an Krebs zu erkranken, ist doppelt so hoch wie das der Nichtraucher/innen und es ist vier Mal so hoch bei den starken Raucher/innen (ca. 20 Zigaretten pro Tag; Adlkofer & Opitz 2000). Man geht davon aus, dass 87 % dieser Erkrankungen durch Rauchen ausgelöst werden.

Wie zu erwarten war, steigt der Anteil der Sterbefälle mit dem Alter an; er ist am höchsten in der Altersgruppe von 60 und älter. Das gilt für Männer wie für Frauen. Auffallend ist der vergleichsweise niedrige Anteil der Frauen an den Sterbefällen; er

Tab. 2.11.: Geschlecht und Todesursache »Bösartige Neubildungen an der Luftröhre, den Bronchien und der Lunge« im Jahr 1997

Alter	Bis 29 Jahre		30–39 Jahre		40–49 Jahre		50–59 Jahre		60 und älter	
	N	%	N	%	N	%	N	%	N	%
Frauen	13	0,2 %	88	1,0 %	578	6,5 %	1.261	14,4 %	6.843	77,9 %
Männer	13	0,04 %	142	0,5 %	1.145	4,0 %	4.948	17,4 %	22.209	78,0 %

Quelle: StBA 1999

liegt über alle Altersklassen hinweg bei 24 %. Allerdings zeigen andere Berechnungen, dass die Sterblichkeit der Frauen durch Lungenkrebs in der Zeit von 1980 bis 1995 um 60 % angestiegen ist, eine alarmierende Entwicklung.

Rauchen gehört neben Bluthochdruck und der Hypercholesterinämie zu den drei wichtigsten Risikofaktoren für Herz- und Kreislauferkrankungen. Das Risiko für Herzinfarkt und Schlaganfall liegt bei Rauchern/innen etwa doppelt so hoch wie bei Nicht-Raucher/innen[7].

Besondere Probleme kommen in der Schwangerschaft dazu. Es besteht der begründete Verdacht, dass Rauchen während der Schwangerschaft das Längenwachstum und das Geburtsgewicht beeinflusst, dass die Fehlbildungsrate ansteigt und sich das Mortalitätsrisiko des Fetus erhöht. Das Mortalitätsrisiko ist aber auch nach der Geburt erhöht, zum Beispiel durch den Plötzlichen Kindstod. Für Mutter und Kind stellt Rauchen ein schwerwiegendes gesundheitliches Risiko dar.

Diese wenigen Hinweise müssen genügen, um die schweren Gesundheitsgefährdungen, die mit dem Rauchen zusammenhängen, zu belegen. Die effektivste Behandlung besteht im Nichtrauchen.

---

7 Auch beim Rauchen sind die mittelbaren Todesursachen nicht berücksichtigt worden, u. a. also Todesfälle im Zusammenhang mit Herz-Kreislauferkrankungen.

Epidemiologische Daten zu Drogen

Geschlecht und der Konsum von illegalen Drogen in der Jugend und im frühen Erwachsenenalter. Eingangs wurde bereits darauf hingewiesen, dass der Gebrauch von illegalen Drogen insofern immer als riskant gilt, da ihm notwendigerweise ein krimineller Akt vorausgeht. Riskante Verhaltensweisen sind jedoch typisch für das Jugendalter (Franzkowiak 1996). Vieles kommt dabei zusammmen: Jugendliche wollen sich von den Erwachsenen abgrenzen, wollen ihre eigenen Wege gehen, sich ausprobieren – auch das, was verboten ist. Gleichzeitig wollen sie Erwachsene sein und alle Privilegien haben, die diesen zustehen. Mit dem Gebrauch und Missbrauch von psychoaktiven Substanzen können die Jugendlichen symbolisch sowohl die Abgrenzung von der Welt der Erwachsenen als auch die Übernahme der Erwachsenenrolle in Szene setzen.

Idealtypisch kann man sagen, dass die alkoholischen Getränke und die Zigaretten für die Rollenübernahme stehen, die illegalen Drogen für die Rollenabgrenzung. Jugendliche, insbesondere junge Männer, die Alkohol trinken, orientieren sich an vertrauten männlichen Vorbildern (Helfferich 1994), von denen sich insbesondere diejenigen distanzieren wollen, die illegale Drogen nehmen. Sie suchen nach neuen Rollen, und in diesen Kontext gehört auch für eine gewisse Zeit das Experimentieren mit neuen Drogen. Die spezifische Mischung von Normverletzung und Suche nach Neuem, Unbekanntem lässt die illegalen Drogen für viele Jugendliche so attraktiv erscheinen. Bei den meisten handelt es sich dabei um Durchgangsstadien im Entwicklungsprozess, bei einer sehr kleinen Minderheit entstehen daraus Drogenprobleme und Drogenkarrieren.

In der Experimentierphase probiert man bestimmte Drogen aus, an erster Stelle Cannabis. Das Durchschnittsalter für den Beginn dieser Phase liegt bei 16,4 Jahren; es ist fast identisch mit den Altersangaben über den ersten Probierkonsum von Cannabis mit 16,5. Für viele Jugendliche endet damit auch schon die Experimentierphase; sie lassen sich nicht weiter ein auf den Konsum dieser psychoaktiven Substanzen.

Tab. 2.12.: Jugendliche und Drogenkonsum: Anteil der Drogen-konsumenten/innen zwischen 12 und 19 Jahren

Alter	12–13 Jahre	14–15 Jahre	16–17 Jahre	18–19 Jahre	20–21 Jahre
Lebenszeit-Prävalenz	1 %	12 %	29 %	38 %	34 %
12-Monats-Prävalenz	1 %	7 %	21 %	18 %	15 %

Quelle: BZgA 2001

Für andere, insbesondere Besucher und Teilnehmer der Disco- oder Partyszene, gehört das Experimentieren mit Drogen dazu; es ist für einige Jahre in gewisser Weise Teil des Lebensstils. Jugendliche, die sich diesem Milieu zurechnen, benutzen an erster Stelle Cannabis oft in Kombination mit Ecstasy, aber auch mit Amphetaminen und Kokain. Einige wenige nehmen aber auch Heroin. Intensität und Konsummuster weisen auf problematische Entwicklungen hin (Simon 2002).

Außerhalb der Partyszene ist der Drogenkonsum weniger verbreitet. Zwar steigt die Zahl der 15- bis 30-jährigen Frauen und Männer, die Drogen ausprobieren, seit Jahren kontinuierlich an, jedoch handelt es sich dabei überwiegend um den Konsum von Cannabis, der von den meisten bald wieder eingestellt wird. Allerdings liegt der Anteil der aktuellen Konsumenten/innen bei den 18- bis 29-Jährigen zwischen 20 % und 30 % (12-Monats-Prävalenz). Eine kleine Gruppe von 10 % bis 15 % gibt an, in den letzten 30 Tagen Cannabis geraucht zu haben, und von diesen wiederum ist es rund ein Fünftel, die täglich (mehrmals) Cannabis rauchen. Auch diese Daten weisen also auf eine Problemgruppe hin, die allerdings sehr viel kleiner ist als diejenige der Partyszene.

Wie aus der Tabelle hervorgeht, findet man geschlechtsspezifische Differenzen. Der Anteil der Frauen, die Cannabis probieren, liegt niedriger als der der Männer. Je nach Droge variiert das Geschlechterverhältnis zwischen 2,4:1 (z. B. bei Cannabis)

Tab. 2.13.: Geschlecht und Drogenkonsum: Anteil der 18- bis 29-jährigen Westdeutschen zur Lebenszeit- und 12-Monats-Prävalenz von Drogen (ausgewählte Substanzen)

Befragte	Lebenszeit		Letzte 12 Monate	
	Frauen	Männer	Frauen	Männer
Cannabis	30 %	40 %	13 %	21 %
Ecstasy	4 %	5 %	1 %	3 %
Kokain/Crack	4 %		2 %	
Heroin	0,5 %		0,4 %	
Drogen überhaupt	36 %		19 %	

Quelle: Kraus & Augustin 2001

und 1,4:1 (andere Drogen). Untersucht man allerdings spezifische Subgruppen, zum Beispiel Studierende, findet man keine geschlechtsspezifischen Unterschiede in den Drogenerfahrungen (Lebenszeit-Prävalenz) und im aktuellen Konsum (12-Monats-Prävalenz und 30-Tage-Prävalenz, Vogt et al. 2003).

Fragt man nach den Motiven für den Drogenkonsum, nennen die jungen Frauen und Männer an den ersten Stellen »Neugier«, »Geselligkeit« und die Sehnsucht danach, »etwas Aufregendes zu erleben«. Aus internationalen Studien weiß man darüber hinaus, dass diejenigen Jugendlichen und jungen Frauen besonders geneigt sind, illegale Drogen zu nehmen, die neben einer ausgeprägten Neugier auch ein starkes Interesse an neuen Reizen, neuen Erfahrungen und Abenteuer haben (Sensation-Seeking, vgl. Zuckerman 1994). Rheinberg (2002) weist darauf hin, dass diese Gruppe von Personen mit dem Neuen vor allem das Risiko sucht. Es geht ihnen zunächst einmal um den »Nervenkitzel«, der dann, wenn man unbekannte psychoaktive Stoffe ausprobiert, die außerdem noch verboten sind, besonders hoch ist. Das Interesse an Neuem und die Bereitschaft, sich auf Risiken einzulassen, sind im Übrigen Eigenschaften, die in anderen Zusammenhängen positiv bewertet werden, zum Beispiel im Arbeitsleben. Tendenziell deuten sich hier aber auch Probleme an. Vor allem diejenigen, die die Experimente ausdehnen und für die der Konsum der illegalen Drogen zur Gewohnheit wird, berichten dann oft auch von psychischen und physischen Problemen. Dazu kommen Geldprobleme, denn die meisten Drogen sind vergleichsweise teuer.

Eine gewisse Rolle spielt der Gruppendruck. Wer Mitglied in einer Gruppe ist, in der Drogenkonsum dazugehört, wie in der Partyszene, hat es schwer, sich von diesem Lebensstil zu distanzieren. Man muss die Gruppe wechseln, wenn man sich ihrem Sog entziehen will.

Typische Konsumgewohnheiten von Frauen und Männern zwischen 30 und 60 Jahren. Anders als bei den alkoholischen Getränken oder beim Tabak ist der Drogenkonsum als Experimentierkonsum vor allem bei den jungen Frauen und Männern zwischen 15 und 30 Jahren beliebt. Danach nimmt der Anteil der Drogenkonsumenten/innen rapide ab.

Wie aus der Tabelle 2.14 hervorgeht, schrumpft der Anteil der aktuellen Konsumenten/innen von Cannabis auf eine kleine Gruppe zusammen. Bei den über 40-Jährigen sind es nur noch sehr wenige, die den Konsum beibehalten. Noch weniger Anklang finden andere Drogen. Kurz, das Experimentieren mit Drogen ist bei den Jungen üblich, nicht bei den Älteren, die dem nicht mehr viel abgewinnen können.

Tab. 2.14.: Geschlecht und Drogenkonsum: Anteil der 30- bis 59-jährigen Westdeutschen zur Lebenszeit- und 12-Monats-Prävalenz von Drogen (ausgewählte Substanzen)							
Befragte	Lebenszeit				Letzte 12 Monate			
	Frauen		Männer		Frauen		Männer	
	30–39	40–59	30–39	40–59	30–39	40–59	30–39	40–59
Cannabis	20 %	19 %	28 %	28 %	4 %	0,5 %	7 %	1 %
Ecstasy	0,6 %	0,1 %	1,4 %	0,4 %	–	–	0,7 %	–

Quelle: Kraus & Augustin 2001

Anders sieht das freilich bei denjenigen aus, die sich an den Konsum von Drogen gewöhnt haben, die abhängig geworden sind.

Drogenabhängige im Szenemilieu. Im Folgenden soll die Gruppe der Frauen und Männer genauer beschrieben werden, die von Drogen wie Heroin oder anderen Opiaten im Kombination mit Kokain, Crack und anderen Stoffen abhängig sind. Es handelt sich also um eine spezifische Gruppe von substanzabhängigen Menschen mit typischen Drogenkarrieren (Noller 1989, Zurhold 1993).

Man schätzt, dass in Deutschland etwa 100.000 bis 150.000 Personen chronisch von Drogen abhängig sind und entsprechende Hilfen zur Behandlung der Krankheit und zur Bewältigung des Alltags benötigen. Von diesen Personen sind etwa drei Viertel Männer und ein Viertel Frauen; das Geschlechterverhältnis liegt also wiederum bei 3:1.

Das Durchschnittsalter der Drogenabhängigen in der ambulanten Beratung und stationären Betreuung liegt etwa bei 32 Jahren mit ansteigender Tendenz. In typischen Drogenberatungsstellen findet man heute vor allem Personen vor, die schon eine vergleichsweise lange Drogenkarriere hinter sich haben, also auf lange Jahre der Drogenabhängigkeit zurückschauen. Der Anteil der jungen Frauen und Männer, die eher noch leichte Probleme mit Drogen haben, zum Beispiel, weil sie täglich Cannabis rauchen, ist sehr gering. Die wenigen jungen Menschen, die den Weg in die Drogenberatungsstellen finden, sind meist auch schon seit Jahren abhängig und darüber hinaus stark in das Szenemilieu involviert. In dieser Gruppe findet man jedoch relativ mehr Frauen als Männer, ein Befund, der nicht selbstverständlich ist.

Der Einstieg in eine Drogenkarriere ist vielschichtig; für manche beginnt er mit dem frühen exzessiven Konsum von Alkohol und Tabak, dem dann rasch andere Drogen wie Kokain und später Heroin folgen. Es gibt eine kleine Gruppe von Drogenabhängigen, die schon in der Jugend mit allen Drogen experimentiert und die schnell von Heroin und Kokain abhängig wird; das ist aber eher die Ausnahme und nicht die Regel. Viel häufiger findet der erste Konsum von Heroin mit 20 Jahren statt, wenn man schon alle anderen Stoffe ausprobiert hat. Aber dann entwickelt sich die Abhängigkeit wiederum recht schnell.

Fragt man nach den emotionalen Hintergründen für den Einstieg in die Drogenkarriere, sagen Frauen, dass sie sich in dieser Lebensphase verloren oder traurig fühlten, und Männer, dass sie machtlos und unsicher waren (Dobler-Mikola 1992). Von der Zuwendung zur Drogenszene bzw. zu einem drogenabhängigen Partner versprechen sie sich Geborgenheit und Nähe in menschlichen Bindungen zur Kompensation von subjektiven Gefühlen der Verlassenheit und Verlorenheit, von Gewalterfahrungen und Traumatisierungen in der Herkunftsfamilie oder durch die Umwelt. Diese Hoffnungen werden nicht eingelöst, da im Drogenmilieu Zweckbeziehungen dominieren, aber das blenden die Einsteiger aus ihrer Wahrnehmung aus. Das fällt im Drogenrausch nicht besonders schwer. Für das Verharren in der Substanzabhängigkeit sind die Bedeutung des Milieus und die Bindung daran nicht zu unterschätzen. Es bietet Zugehörigkeit zu einer bestimmten Subkultur und eine Identität als drogenabhängige Frauen und Männer. So gesehen ist die Drogenszene sinn- und identitätsstiftend, und das ist es wohl auch, was diese Gruppe von Frauen und Männern, die fast durchweg eine beschädigte Identität mitbringen, so anzieht. Über die Identifikation mit der Drogensubkultur finden sie ihren Platz in der Gesellschaft (Goffman 1967, Vogt 1998), im Milieu der Drogenabhängigen.

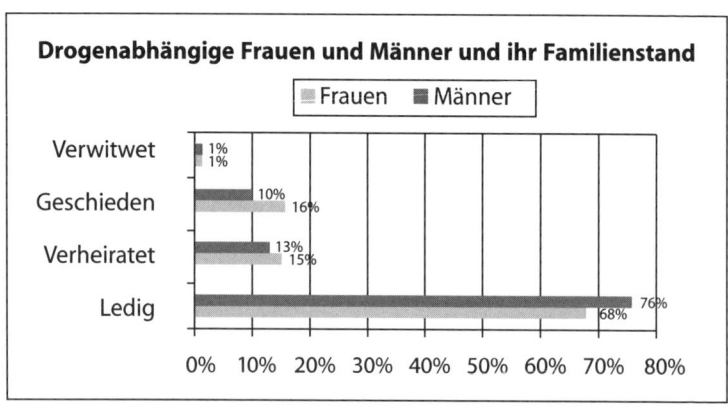

Quelle: Simmedinger et al. 2001

Betrachtet man den Familienstand von drogenabhängigen Frauen und Männern, fällt der sehr hohe Anteil der Ledigen auf. Nur etwa 20 % der Männer und nur 30 % der Frauen waren oder sind verheiratet. Wie bei den Alkoholabhängigen wiederholt sich hier das Muster: Frauen waren oder sind im Vergleich zu den Männern etwas häufiger verheiratet, und darum ist auch der Anteil der geschiedenen Frauen höher als bei den Männern. Die Abweichungen im Familienstand gegenüber der Normalbevölkerung sind augenfällig. Im Drogenmilieu gibt es freilich viele Vernetzungen. Die meisten Drogenabhängigen kennen sich von der Szene und von den Hilfeeinrichtungen. Entsprechend gibt es viele Verbindungen, Freundschaften und Partnerschaften, ebenso Feindschaften usw. Diese Beziehungen sind meist recht brüchig und nicht sehr belastbar, aber es gibt auch erstaunliche Ausnahmen davon.

Von den drogenabhängige Männern geben etwa ein Drittel an, dass sie Väter sind, und etwa die Hälfte der Frauen haben Kinder. Daten darüber, wie viele der Väter mit ihren Kindern zusammenleben oder auch nur Kontakt zu diesen haben, liegen nicht vor. Von den Müttern weiß man, dass ca. 50 % getrennt von den Kindern leben; die Kinder sind meist bei Verwandten oder in Pflegefamilien untergebracht. Von den Müttern, die ihre Kinder behalten, lebt die eine Hälfte allein mit den Kindern zusammen und die andere Hälfte zusammen mit einem Partner und den Kindern. Allerdings handelt es sich oft nicht um stabile Lebensformen, sondern solche, die sich mit der Dynamik der Sucht verändern.

Tab. 2.15.: Lebensformen von drogenabhängigen Müttern und Vätern		
Befragte	Frauen	Männer
Allein mit Kindern	27 %	3 %
Mit Partner/in und Kindern	28 %	26 %
Lebensformen ohne Kinder	45 %	71 %
Gesamt	100 %	100 %

Quelle: Simmedinger et al. 2001

Die Schulbildung und die Berufsbildung von Drogenabhängigen ist vergleichsweise schlecht. Der Anteil derjenigen ohne qualifizierten Schulabschluss ist etwa dreimal so hoch wie in der Bevölkerung allgemein, ebenso liegt der Anteil derjenigen mit einem Hauptschulabschluss etwa doppelt so hoch wie dort. Von den Männern hat immerhin noch jeder Zweite eine Berufsausbildung abgeschlossen, von den Frauen etwa zwei Fünftel. Ein kleiner Teil der Männer hat noch Erfahrung mit dem Erwerbsleben, von den Frauen nur noch sehr wenige. Der größte Teil der Drogenabhängigen lebt daher auch von Sozialhilfe. Die niedrigen Bildungsabschlüsse, die vielfach fehlende Berufsqualifizierung und die geringen Erfahrungen mit dem Erwerbsleben erschweren die Rehabilitation erheblich.

Andererseits haben Drogenabhängige oft eine starke Belastung mit Kriminalität.

Tab. 2.16.: Geschlecht und Drogenkriminalität: Ermittelte Tatverdächtige (Polizeiliche Kriminalstatistik)

Jahr	1992	1994	1996	1998	2000
Frauen	15 %	12 %	12 %	12 %	11 %
Männer	85 %	88 %	88 %	88 %	89 %
Gesamt absolut	93.038	106.359	146.543	177.170	244.336

Quelle: BKA 2001

Seit Jahren nimmt die Zahl der Tatverdächtigen, die von der Polizei wegen Drogendelikten registriert werden, kontinuierlich zu. Immer mehr Menschen zwischen 20 und 30 Jahren werden also im Zusammenhang mit Drogenhandel oder Drogenbesitz aufgegriffen und entsprechend verfolgt. Wenn die Strafverfolgung auch die Generalprävention zum Ziel hat, dann ist sie, wie die Konsumdaten belegen, nicht sonderlich erfolgreich.

Erstaunlicherweise geraten die drogenabhängigen Frauen in Deutschland seltener in das Fadenkreuz von Polizei und Justiz als Drogen konsumierende Männer. Ohne jede Frage ist die Rauschgiftkriminalität männlich dominiert. An erster Stelle stehen dabei Tatverdächtige, denen Delikte im Zusammenhang mit Cannabis zur Last gelegt werden. Erst an zweiter Stelle folgen diejenigen, die im Zusammenhang mit Heroin eine Straftat begangen haben. Dafür findet man in dieser Gruppe die meisten Wiederholungstäter.

Drogenbedingte Krankheiten, Drogennotfälle und Drogentodesfälle. Drogenabhängige Frauen und Männer leiden in ganz unterschiedlichem Ausmaß unter zusätzlichen akuten und chronischen Erkrankungen. Die Belastungen mit akuten Erkrankungen ist vergleichsweise niedrig, wenn man von häufig auftretenden Abszessen absieht. Die Belastungen mit schweren chronischen Erkrankungen sind jedoch hoch. An erster Stelle stehen hepatische Erkrankungen; man geht heute davon aus, dass 80 % bis 90 % der Drogenabhängigen eine Infektion mit Hepatitis C haben. Im Vergleich dazu liegen die Raten mit HIV-Infektionen mit 5 % bis 10 % recht niedrig. Zeitreihenvergleiche belegen, dass die Fallzahlen der HIV-Infektionen in den letzten 10 Jahren deutlich gesunken sind. Die gesundheitlichen Belastungen nehmen systematisch mit dem Alter zu, auch die Gefahr der Ansteckung mit einer chronischen Krankheit (Zencker & Greiser 1999).

Bei Drogenabhängigen wird eine hohe Komorbidität diagnostiziert, vor allem Angststörungen und Depressionen. Darauf wird in Kapitel. 3 ausführlicher eingegangen.

Drogenabhängigkeit kompliziert die Schwangerschaft. Besonders problematisch sind die Polytoxikomanie sowie der damit verbundene Lebensstil, der von undifferenziertem Drogenkonsum, Armut und Gewalterfahrungen gekennzeichnet ist. Gelingt es, schwangeren Frauen Ersatzdrogen wie Methadon oder Buprenorphin zu verschreiben und sie ärztlich zu betreuen, sinken die Risiken für das Kind. Auf Einzelheiten geht das Kapitel 7 ein.

Zu den akuten und chronischen Erkrankungen kommen Drogennot- und Drogentodesfälle. Unter Drogennotfall versteht man einen klinisch relevanten, lebensbedrohlichen Zustand nach der Einnahme von illegalen Drogen wie Heroin, der eine entsprechende Behandlung erfordert. Der Anteil der Frauen an den Drogennotfällen variiert zwischen 25 % und 40 % (Franke 1997, Heckmann et al. 1993). Frauen, die als Drogennotfälle registriert werden, sind im Durchschnitt 25 Jahre alt, Männer 27 Jahre; Personen mit Drogennotfällen sind also deutlich jünger als die Durchschnittsklientel in Beratungs- und Behandlungseinrichtungen mit 32 Jahren. Für Frauen wie für Männer steigt mit der Zahl der Drogennotfälle das Risiko des Drogentodes.

Tab. 2.17.: Geschlecht und Drogentodesfälle seit 1975						
Jahr	1975	1980	1985	1990	1995	2000
Frauen	17 %	24 %	27 %	18 %	16 %	16 %
Männer	83 %	76 %	73 %	82 %	84 %	84 %
Gesamt absolut	195	494	324	1.491	1.549	2.030

Quelle: BKA 2000 (1975–1990 nur alte Bundesländer)

Seit 1975 ist die Zahl der Drogentodesfälle erheblich angestiegen. Die höchsten Steigerungsraten beobachtet man um 1990. In den folgenden Jahren ist die Zahl zwar weiter angestiegen, jedoch nicht im selben Tempo. Als Todesursache steht an erster Stelle die Überdosierung von Heroin allein oder in Kombination mit anderen Drogen als Unfall oder als Absicht. Auffallend sind weiterhin die erheblichen geschlechtsspezifischen Differenzen und Schwankungen. In den letzten Jahren geht der Anteil der weiblichen Drogentoten immer weiter zurück. Gemessen an dem geschätzten Anteil der Frauen an den Drogenabhängigen mit ca. 25 % (Zencker & Greiser 1999) sterben sehr viel weniger Frauen als Männer an den unmittelbaren Folgen ihrer Abhängigkeit. Worauf diese Entwicklungen zurückzuführen sind, ist unklar.

Erklärungsmodelle der Sucht

Wie in Kapitel 1 dargestellt, geht man heute davon aus, dass die Entwicklungen von schädlichem Gebrauch oder Missbrauch von psychoaktiven Substanzen und die Abhängigkeit multifaktoriell zu erklären sind. Die wichtigsten Dimensionen, an denen die Entwicklungen festgemacht werden, sind (1) die psychoaktiven Substanzen mit ihren spezifischen Wirkmechanismen, (2) die Person als Mann oder Frau und (3) die Gesellschaft. Um dem Anspruch gerecht zu werden, braucht es also Erklärungsmodelle, die das Zusammenspiel von Faktoren, die diesen Dimensionen zuzuordnen sind, aufnehmen und ausarbeiten. Diese liegen allerdings nicht vor, was mit der Komplexität der Phänomene, um die es hier geht, zu tun hat. Vielmehr liegen zu den drei Dimensionen jeweils differenzierte Erklärungsmodelle vor, die jedoch nicht integriert sind und die sich derzeit auch nicht ohne weiteres integrieren lassen (Degkwitz 2002). In Anlehnung an diese Sachlage werden daher mehrere Ansätze vorgestellt, die jeweils einer Dimension zuzuordnen sind.

Neurobiologische Ansätze

Psychoaktive Substanzen verändern die Stimmungslage und das Bewusstsein, und die Konsumenten/innen erleben das in der Regel als angenehm, lustvoll. Alle diese Substanzen führen zu einer Freisetzung des Neurotransmitters Dopamin in limbischen Strukturen des Zentralnervensystems. Das führt zu höchst komplexen Interaktionen im Dopamin-System mit je nach Droge unterschiedlichen Aktivierungen oder Hemmungen neurochemischer Prozesse. Man geht heute davon aus, dass die Aktivierung des Dopamin-Systems eine positive Verstärkerwirkung hat; es wird daher der Einfachheit halber als Belohnungssystem (reward system) bezeichnet. »Das Belohnungssystem verknüpft drogenspezifische Effekte auf neuronaler Ebene mit bewusster Wahrnehmung, wodurch unter Umständen suchtspezifisches Verhalten entsteht, das dann durch wiederholte Verstärkung aufrechterhalten wird« (Zieglgängsberger 2000, 28, Rommelspacher 1999a). Man nimmt an, dass es bei wiederholtem Konsum einer bestimmten psychoaktiven Droge zu einer Sensibilisierung des Dopamin-Systems kommen kann, das bei hinreichender Konditionierung – und das heißt hier: der bewussten Wahrnehmung der Effekte und deren Zuordnung zu dieser Substanz – zu einem immer stärker werdenden Verlangen nach der Droge und schließlich zu Abhängigkeit führt. Dopamin produziert allerdings nicht unmittelbar Glücksgefühle, sondern steigert lediglich die Aufmerksamkeit für neue Reize und macht sie auf diesem Wege attraktiver. Wie das Glücksgefühl selbst entsteht, darüber sagt die Neurobiologie wenig aus.

Die spezifischen neurochemischen Wirkmechanismen lassen sich (im Tiermodell) bei allen psychoaktiven Drogen untersuchen. Bei längerem Gebrauch einer Substanz wird der Haushalt der Neurotransmitter, sowohl was den Aufbau wie den Abbau betrifft, verändert. Als Folge davon lassen sich charakteristische Prozesse beobachten, wenn dem Organismus eine bestimmte Substanz nicht mehr zugeführt wird. Auf der Verhaltensebene fallen Phänomene der psychischen Abhängigkeit auf, also »starkes Verlangen nach einer bestimmten Substanz und eine Art Zwang, diese (wieder) zu konsumieren« (Craving, vgl. die Diagnostik der Substanzabhängigkeit, Kapitel 3). Das Modell ist damit in der Lage, den Aufbau und die Aufrechterhaltung von Sucht zu erklären, auch wenn noch einige Fragen offen bleiben.

Nun wird das Dopamin-System nicht nur durch psychoaktive Drogen stimuliert, sondern ebenso durch elektrische Reize. Ebenso ist es bei bestimmten psychischen Störungen wie der Manie oder der Schizophrenie des paranoiden Typs (vgl. Kapitel 3) stimuliert. Anders gesagt heißt das, dass es viele Ursachen gibt, die in den Dopamin-Haushalt eingreifen, und nicht immer erlebt man das als Belohnung oder gar als Glücksgefühl. Dazu kommt, dass das Dopamin-System bei allen Konsumenten von psychoaktiven Substanzen stimuliert wird, aber nur sehr wenige werden in der Folge dann auch abhängig. So gesehen stehen die neurobiologischen Erklärungen der Sucht noch ganz am Anfang. Wie Zieglgängsberger zu Recht anmerkt, führt die Stimulierung des Belohnungssystems nur »unter Umständen« zu suchtspezifischem Verhalten – und diese Umstände wiederum lassen sich bislang nicht auf der Ebene der Neurobiologie beantworten. Vielmehr bedarf es dazu anderer Ansätze, die ihre Wurzeln in der Soziologie oder in der Psychologie haben.

Genetische Disposition und Belastungen durch die Herkunftsfamilie

Die Belege dafür, dass insbesondere Alkoholabhängigkeit gehäuft in Familien auftritt, sind mittlerweile überwältigend. Seit Beginn der Alkoholforschung im 19. Jahrhundert ist dieser Zusammenhang beobachtet und dokumentiert worden. Im 20. Jahrhundert wurden die Beobachtungen weiter verfeinert und gestützt durch Zwillings- und Adoptionsstudien. In jüngster Zeit sind Familienuntersuchungen mit molekulargenetischen Markern dazugekommen (Maier 1996).

Genetische Varianten (polygene Polymorphismen) haben sich in ganz verschiedenen Körperfunktionen feststellen lassen, und manche dieser Varianten haben Schutzfunktionen, andere sind Risikofaktoren. Zu den Schutzfaktoren gehört die genetisch bedingte Flush-Reaktion, die auf Defizite einer Isoform der Aldehyddehydrogenase zurückzuführen ist. Bei Personen mit dieser genetischen Ausstattung führt der Alkoholkonsum zu Übelkeit, Kopfschmerzen und Herzrasen, er wirkt also aversiv. In der Regel schützt das vor Alkoholmissbrauch und Abhängigkeit. Andererseits reagieren 40 % der Söhne von alkoholabhängigen Vätern weniger intensiv auf Alkohol als eine altersgleiche Vergleichsgruppe ohne entsprechende familiäre Belastungen. Diese Söhne haben ein erheblich höheres Risiko als alle anderen Untersuchten, in den kommenden 10 Jahren selbst alkoholabhängig zu werden (Schuckit & Smith 1996).

Allerdings verhindern Schutzfaktoren nicht zu hundert Prozent die Entwicklung einer Alkoholabhängigkeit, und Risikofaktoren führen ebenfalls nicht hundertprozentig zu einer Abhängigkeit. Der Beitrag der genetischen Varianten zu einem bestimmten Phänotyp liegt nach Rommelspacher (1999a) zwischen 1 % und 4 %. Daraus muss man schließen, dass sich Alkoholabhängigkeit in einem komplexen Zusammenspiel von genetischen Dispositionen und psychosozialen Belastungen entwickelt. Diese Feststellung kann man auf die Substanzabhängigkeit insgesamt verallgemeinern. Unbekannt ist freilich, wie die verschiedenen Systeme und Prozesse ineinander greifen.

Wie gesagt liegt eine Fülle von Belegen dafür vor, dass Alkoholabhängigkeit eine Art Familienkrankheit ist, anders gesagt, dass Kinder, die in einer Familie mit alkoholabhängigen Personen aufwachsen, ein sehr großes Risiko haben, später im Leben selbst alkohol- oder drogenabhängig zu werden (Zobel 2000). Ob sich dieses Wiederholungsmuster auch bei Kindern aus Familien mit Drogenabhängigen zeigt, ist bislang noch nicht genau abzuschätzen. In Anlehnung an die Ergebnisse der Alkoholforschung ist zwar davon auszugehen, dass auch diese Kinder hohen Risiken ausgesetzt sind, aber das bedeutet nicht, dass sich das in Drogenabhängigkeit manifestieren muss. Es ist durchaus denkbar, dass Kinder aus diesen Familien von anderen Stoffen abhängig werden, zum Beispiel von Alkohol oder von Medikamenten, oder dass sie andere Störungen entwickeln. Zukünftige Studien werden zeigen, welche Folgen die Drogenabhängigkeit der Eltern oder anderer naher Verwandter für die Kinder hat.

In jedem Fall ist davon auszugehen, dass man es bei Kindern aus Familien mit Substanzproblemen und Abhängigkeit mit einer Vielzahl von Faktoren zu tun hat, die zur Entwicklung der eigenen Substanzabhängigkeit beitragen, u. a. auch mit genetischen Faktoren.

Sozialwissenschaftliche Ansätze

Alkohol- und Drogenkonsum werden in allen Gesellschaften gelernt, d. h., die jeweilige Gesellschaft gibt Normen und Regeln vor, wie mit psychoaktiven Substanzen zu verfahren ist. Formale Regeln bestimmen, ob die Substanzen erlaubt oder verboten sind, informelle bestimmen die Kulturen des Konsums.

Wie die Geschichte lehrt, waren und sind die verschiedensten psychoaktiven Substanzen in verschiedenen Zeiten und verschiedenen Ländern mal erlaubt, mal verboten (Scheerer & Vogt 1989). Die Argumente, mit denen die Verbote begründet werden, lassen sich ganz grob zwischen den Polen »Kontrolle« und »Gesundheit« ansiedeln, wobei die Gesundheit sehr häufig in den Dienst von Kontrollinteressen genommen wird. Kontrollinteressen stehen also ganz oben auf der Liste derjenigen, die die Gesetze machen und bestimmen, welche Substanzen legal sind, welche unter Auflagen erworben werden können und welche illegal sind. Damit sind auf der Makroebene strukturelle Bedingungen geschaffen, die für die Konsumenten von psychoaktiven Substanzen zentrale Bedeutung haben.

Junge Menschen aller sozialen Schichten oder Milieus erlernen in ihrem jeweiligen kulturellen Umfeld den Umgang mit den Drogen. Im Hinblick auf Alkohol gehört Deutschland zu den »permissiven Ländern«, für die ein hoher Pro-Kopf-Konsum eben dieser Substanz typisch ist. Dahinter steht eine lange historische Tradition der Akzeptanz des Alkohols und von alkoholisiertem Verhalten (Vogt 1989). Auf diesem Hintergrund sind die informellen Regeln zu sehen, was Jungen und Mädchen, Männer und Frauen beim Umgang mit Alkohol lernen sollen, was sie dabei beachten sollen und was man von ihnen erwartet, wenn sie Alkoholisches konsumieren. Dazu kommen Spezifitäten der verschiedenen Milieus. Am besten belegt ist das für deutsche Jungen mit niedrigem Bildungsstand und entsprechend geringen Zukunftschancen, die sich in ihren Trinkstilen vornehmlich am Image des »harten Mannes« orientieren, der sich im Exzess beweist, solange er auch noch im Rausch aufrecht aus der Tür gehen kann (Helfferich 1994). Davon unterscheiden sich Jungen mit hohem Bildungsstand, für die das kontrollierte Trinken weitaus wichtiger ist als das Rauschtrinken. Auch bei den Mädchen und jungen Frauen findet man milieuspezifische Regeln, die aber weniger stark ausgeprägt sind. Gesellschaftlich dominiert die Erwartung, dass Mädchen kaum und Frauen wenig Alkohol trinken und dass sie den Konsum und ihr Verhalten selbst kontrollieren. Diese Erwartungen sind für Mädchen aus der Unterschicht rigider als für Mädchen aus der Mittel- und Oberschicht, denen mehr Selbstbestimmung zugestanden wird.

Zu Regeln gehören Abweichungen. Geht es um informelle Regeln mit ihren eher weichen Standards und ungenauen Vorgaben, die auch situativen Bedingungen Rechnung tragen, ist Abweichung Auslegungssache. Aber es gibt Abweichung, etwa wenn man sich zur unpassenden Zeit und am unpassenden Ort betrinkt. Werden formale Regeln gebrochen, zum Beispiel beim Konsum von verbotenen Drogen, dann ist die Abweichung offensichtlich. Die Grenze zwischen erlaubtem und verbotenem Verhalten ist klar, auch wenn nicht jedes Mal, wenn ein Verbot übertreten wird, eine Sanktion einsetzt. Cannabiskonsum ist in Deutschland Ausdruck von Abweichung, auch dann, wenn es sich dabei um Experimente handelt. Gerade darum finden diese Experimente im Allgemeinen in kleinen Gruppen von Jugendlichen statt oder auch in sehr großen anonymen Gruppen zufällig zusammengewürfelter Personen in der Disco oder auf einer Party. Die Gruppe gibt Halt, unterstützt bei der Ausführung, setzt aber oft auch die Zögerlichen unter Druck, mitzutun. Positive und negative Aspekte der Gruppenzugehörigkeit und des Gruppendrucks halten sich in etwa die Waage.

Sozialstrukturelle Erklärungsansätze interpretieren abweichenden Konsum von psychoaktiven Substanzen als Reaktion auf Belastungen und auf reduzierte Chancen, in einer Gesellschaft zu reüssieren (Schmidt et al. 1999). Stark vergröbert heißt das, dass es vor allem die gesellschaftlich Benachteiligten sind, die sich über die formalen und informellen Regeln hinwegsetzen und im Drogenkonsum einen Ausweg aus den für sie unlösbaren Konflikten zwischen Anspruch an gesellschaftlich gebilligte und geschätzte Ziele und Mitteln zu ihrer Erreichung finden. Das passt aber nur partiell zu den empirischen Ergebnissen. Es gibt eine Phase in der Jugend, in der die meisten Jugendlichen mit psychoaktiven Stoffen experimentieren und dabei eine Vielzahl von formalen und informellen Regeln brechen, und das ganz besonders in permissiven Gesellschaften. Jungen wie Mädchen steigen in einem Alter in den Konsum ein, in dem dieser ihnen noch nicht erlaubt ist. Das belegen vor allem die Angaben zum Konsum von Zigaretten. Sie probieren Stoffe aus, deren Konsum verboten ist, zum Beispiel Cannabis. Unter diesen Konsumenten/innen findet man gehäuft Jugendliche mit hohen Bildungsabschlüssen und Zugehörigkeit zur Mittel- oder Oberschicht. Die Widersprüche zwischen den Erklärungsansätzen und den empirischen Daten sind evident.

Das heißt nun nicht, dass gesellschaftliche Belastungen und gesellschaftliche Ausgrenzung irrelevant sind zur Erklärung von abweichendem Konsum von psychoaktiven Substanzen, vielmehr reicht das nicht aus, um entsprechende Entwicklungen plausibel zu machen. Hier helfen individualpsychologische Ansätze weiter.

Bevor darauf genauer eingegangen wird, ist aber noch auf einen anderen sozialwissenschaftlichen Ansatz zur Erklärung von Karrieren, auch von Suchtkarrieren, einzugehen, den der Etikettierung und der damit einhergehenden Stigmatisierung, die wiederum zur Ausgrenzung und der Abdrängung in Subkulturen mit ihrem eigenen Milieu führt. Hat man sich einen abweichenden Konsumstil angewöhnt und wird man von anderen als Abweichler identifiziert, sind oft die ersten und nicht selten auch die entscheidenden Schritte in Richtung einer abweichenden Karriere getan nach dem Motto: »Wenn sie sagen, ich bin ein Säufer – dann bin ich es eben auch« oder »Ich, Ulla, Fixer« (Noller 1989, 166). In der Auseinandersetzung mit anderen, mit Kollegen und Kolleginnen oder der Polizei und in Reaktion darauf entsteht Etikettierung mit ihrer je unterschiedlich starken Stigmatisierung. Frauen und Männer werden davon unterschiedlich getroffen; für Frauen wiegen die Etiketten »Alkoholikerin« oder »Süchtige« schwerer als für Männer. Das liegt u. a. daran, dass Frauen, die sich auf exzessiven Konsum von psychoaktiven Substanzen einlassen, einen schwerwiegenderen Bruch mit den gesellschaftlichen Normen begehen als Männer, denen man bestimmte Formen der Abweichung eher durchgehen lässt. Je radikaler die Ausgrenzung stattfindet und je mehr sich die Betroffenen mit der neuen Rolle identifizieren, umso klarer ist der Weg in die Subkultur vorgezeichnet mit ihren eigenen Werten und Normen, Hierarchien und informellen Regeln (Goffman

1967). Man landet nicht im gesellschaftlichen Niemandsland, sondern im Szenemilieu der Alkoholabhängigen (Matakas et al. 1984) oder der Drogenabhängigen (Mahan 1996, Tossmann et al. 2001).

Der Weg zurück aus der Szene in das Alltagsmilieu ist schwierig; er wird zusätzlich erschwert, wenn das abweichende Verhalten kriminalisiert worden ist und wenn die Betroffenen Haftstrafen verbüßt haben. Damit ist die Ausgrenzung sozusagen amtlich bestätigt mit entsprechenden Folgen für das Individuum.

Individualpsychologische Ansätze

Wie schon mehrfach betont und an anderer Stelle (Kapitel 7) noch einmal konzentriert dargestellt, spielt die Familie eine entscheidende Rolle in der Sozialisation von Kindern, folglich auch im Vorfeld des Konsums von psychoaktiven Substanzen. Hier kann und soll auf die Fülle der entwicklungspsychologischen und sozialisatorischen Theorien nicht eingegangen werden. Festzuhalten ist jedoch, dass Eltern (auch) Objekte im psychoanalytischen Sinn sind, die das Kind als »gutes« und »böses« Objekt introjizieren und in der Folge projizieren kann; dass sie im lernpsychologischen Sinn Vorbilder sind, die man nachahmen kann oder die man gerade nicht nachahmen will; und dass sie schließlich im entwicklungspsychologischen Sinn Erziehungsinstanzen sind, die die Entwicklung des Kindes fördern oder behindern können. Auf der Grundlage dieser sehr unterschiedlichen Ansätze zur Erklärung von individueller Entwicklung haben sich auch unterschiedliche Erklärungen zur Entstehung von Sucht herausgebildet. Im Folgenden gehe ich sehr kurz auf psychoanalytische Ansätze und etwas ausführlicher auf lernpsychologische und verhaltenstheoretische Ansätze ein.

Sehr pointiert gesagt, kennt die Psychoanalyse drei verschiedene Konzepte zur Erklärung von Sucht. Anknüpfend an die Freud'sche Trieblehre wird Sucht verstanden als Folge unbewältigter Triebkonflikte. Die Ursachen der Sucht liegen dann in den

»Triebschicksalen«, also der Verdrängung von (sexuellen) Wünschen ins Unbewusste, in dem sie ihre Energie bündeln und bei der Wiederbelebung der Konflikte im späteren Leben umso aggressiver Tribut fordern. Die wichtigste Funktion von Alkohol besteht dann darin, Unlust zu minimieren und Lust zu maximieren, die anders nicht erreicht werden kann. Die Ansätze der Ich-Psychologie gehen darüber hinaus. Sie sehen die Ursachen von Sucht in Defiziten der kindlichen Entwicklung, die zu Schwächen und Störungen der Ich-Funktionen geführt haben. Abhilfe gegen diese Schwächen bieten später im Leben die psychoaktiven Substanzen, die das Ich stärken helfen – und es dabei heillos schwächen, denn das Ich gibt mit der Dauer des Konsums und der Abhängigkeit immer mehr Funktionen auf. Die Stoffe werden zum zentralen Bezugsobjekt; sie ersetzen jede andere menschliche Beziehung, zumal sie in ihren Wirkungen ungleich verlässlicher sind als Menschen. In Weiterführung dieses Ansatzes hat Melanie Klein eine frühe psychische Spaltung angenommen, die dazu geführt hat, dass sich der Betroffene mit dem bösen Objekt identifiziert, das er später im Leben mit Hilfe von Alkohol oder Drogen zu bekämpfen sucht. Sucht endet in diesen Fällen regelmäßig in Selbstzerstörung.

Die Ansätze der Ich-Psychologie haben Eingang in die moderne Diagnostik gefunden; sie sind das theoretische Fundament von Borderline-Persönlichkeitsstörungen (Clarkin et al. 2001, Kernberg 1984). Gemeinsam ist diesen drei Ausformungen des psychoanalytischen Ansatzes, dass die Störung in der frühen Kindheit, also in den ersten drei, allenfalls den ersten fünf bis sechs Lebensjahren liegt. Sie mag begleitet sein von realen Erfahrungen der Vernachlässigung, das ist aber keine Voraussetzung für das Entstehen der Störung. Das gilt es zu bedenken, wenn man in starker Abstraktion vom Einzelfall und in ebenso starker Verallgemeinerung unterstellt, dass Sucht schlechthin Ausdruck einer Borderline-Störung ist.

Unabhängig von der Verankerung in eine übergeordnete Theorie wie die Psychoanalyse hat man auf der Grundlage von theoretischen Ansätzen der mittleren Reichweite seit Jahren versucht, Persönlichkeitsvariablen, die für Substanzabhängige charakteristisch sind, zu finden. Zu diesem Zweck sind eine Vielzahl von empirischen Studien durchgeführt worden, jedoch mit wenig Effekt (vgl. die Übersichtsarbeit von Llopis & Rebollida, o. J). Bislang ist es nicht gelungen, über das Konstrukt von Persönlichkeitsvariablen Substanzabhängige konsistent zu beschreiben oder auch nur zu typologisieren. Daher soll auf diese Forschungsanstrengungen hier nicht weiter eingegangen werden.

Lernpsychologische und verhaltenstheoretische Ansätze

Diese Ansätze gehen ganz entschieden von anderen Überlegungen aus. Zu den Grundlagen, auf denen Lernen aufbaut, gehören danach das klassische und das operante (oder instrumentelle) Konditionieren, also das Zusammenspiel von Reizen, Reaktionen und Verstärkungen. Im einfachen Fall werden Reiz-Reaktions-Einheiten mit neuen Reizen gekoppelt, die dann wiederum die alten Reaktionen auslösen (klassische Konditionierung). Verstärkt man die neuen Reiz-Reaktions-Einheiten, ergeben sich neue und zum Teil sehr stabile Verhaltensweisen (operante Konditionierung). Positive Verstärkungen, also Lob, Belohnungen oder Erfolg, haben zur Konsequenz, dass neues Verhalten gelernt, beibehalten und ausgebaut wird, während negative Verstärkungen, also Bestrafungen und Misserfolg, dafür sorgen, dass das Verhalten gemieden oder auch verändert wird. Schon auf dieser Grundlage gelingt es, auf der Basis einer Zwei-Ebenen-Analyse die Entstehung zum Beispiel von Angst zu erklären: Im ersten Schritt werden neutrale Reize mit unangenehmen gekoppelt mit der Folge, dass die Reaktion darauf emotional negativ besetzt wird, in diesem Fall mit Angst. Die Angst kann vermieden werden, wenn die Person Reize vermeidet, die sie auslösen. Also kommt es im zweiten Schritt zu Vermeidungsreaktionen, die sich selbst verstärken, gerade weil die Angst ausbleibt. Man kann die Analyse auch weitertreiben auf mehrere Ebenen, wenn man hier noch dazu nimmt, dass Reize generalisieren können, d. h., dass es nicht bei einem distinkten Auslöser für Angst bleibt, sondern dass alle ähnlichen Reize Angst auslösen können oder überhaupt alle Reize, die mit dem ersten auch nur entfernt zusammenhängen. Notwendigerweise werden die Vermeidungsreaktionen einer Person dann immer komplexer, und in der Folge davon schränkt sie ihren Handlungsspielraum immer weiter ein. Die Konsequenzen treffen nicht allein die betroffene Person, sondern ebenso ihre Umwelt, die ihrerseits wiederum reagiert. Solche komplexen Interaktionen lassen sich jedoch nicht mehr allein mit den bislang erwähnten Lernprozessen erklären.

Für die Weiterentwicklung der Lerntheorie sind vor allem Ergänzungen zu folgenden Punkten entscheidend: einmal die Herausarbeitung der Bedeutung der Wahrnehmung und Beobachtung des Verhaltens anderer, zum anderen die physiologischen Reaktionen von Personen (zum Beispiel auf die Wahrnehmung von Spinnen oder Drogen usw.) und schließlich die damit verknüpften kognitiven Prozesse. Zu Letzteren gehören Erwartungen, Bewertungen, Selbstreflexionen und Rückkoppelungsprozesse. Man hat es also mit einem Systemmodell zu tun, das in der Lage ist, auch komplexe Verhaltensweisen in einer Mehr-Ebenen-Analyse zu untersuchen. Hier finden sich übrigens unmittelbare Anschlussstellen an die neurobiologischen Ansätze, die selbst auf die Lerntheorie rekurrieren.

Auf dem Weg zu diesem Systemmodell spielt die soziale Lerntheorie von Bandura (1969) eine wichtige Rolle. Er hat die Bedeutung von Beobachtungslernen durch Imitation und damit die Bedeutung von Vorbildern herausgearbeitet. Beobachtungslernen läuft schematisch folgendermaßen ab: Das Modell wird in seiner ganzen Komplexität wahrgenommen und auf seinen funktionellen Wert hin geprüft. Bewährt es sich als Vorbild, werden die Erfahrungen kognitiv strukturiert und erste Versuche einer symbolischen Wiederholung unternommen. Diesen folgen tatsächliche Wiederholungen, die verbunden werden mit entsprechenden motorischen Übungen, um dem Modell gerecht zu werden. Man holt sich Rückmeldungen ein, wie gut man das Verhalten des Modells übernommen hat, und übersetzt es schließlich, nachdem sich Erfolg eingestellt hat, in eigenes Verhalten.

Für Kinder sind zunächst die Eltern die ersten und wichtigsten Vorbilder, denen sie nachzueifern versuchen. Erst später im Leben nehmen andere Vorbilder den Platz der Eltern ein. Am Beispiel ihrer Eltern lernen Kinder, welche symbolischen Bedeutungen Alkohol oder Tabak zukommen und in welcher Weise das mit dem Geschlecht gekoppelt ist. Sie lernen weiterhin, welche Folgen der Konsum hat. Das gilt vor allem für die Kinder, die in Familien mit einem (oder mehreren) Alkohol- oder Drogenabhängigen aufwachsen. Für ihre Lerngeschichte sind die Erfahrungen, die sie mit ihren Eltern als Vorbilder machen, sehr bedeutsam. Das heißt nicht, dass sie das Verhalten der Eltern zwangsläufig nachahmen und dann später im eigenen Leben wiederholen müssen, aber die Vorbilder hinterlassen Spuren, die die eigene Lebensgestaltung mit prägen.

Anders als die Psychoanalyse interessiert sich die Verhaltensanalyse und die mit ihr verbundene Verhaltenstherapie nicht besonders für die Ursachen von problematischem Verhalten oder von Verhaltensstörungen, »weil die Ursachen eines psychischen Problems zumeist lange in der Vergangenheit liegen und aus wissenschaftstheoretischen Gründen … kaum noch einigermaßen adäquat zu eruieren sind. Das von der Verhaltenstherapie vertretene Konzept der funktionalen Analyse schränkt das Verständnis von ›Ursachen‹ insofern ein, als darunter vorausgehende, begleitende und nachfolgende Bedingungen zu verstehen sind, deren Veränderung zu einer Veränderung des Problems führt.« (Reinecker 1997, 116).

Probleme können also jederzeit im Laufe des Lebens einer Person entstehen; sie können auf Ursachen zurückgehen, die sich nicht eruieren lassen und vermutlich weit in deren Lerngeschichte zurückreichen, sie können aber auch als Katastrophen von außen über sie hereinbrechen, als Gewalthandlungen, denen man ohne jedes eigene Verschulden ausgesetzt ist und denen man sich nicht entziehen kann. Überfordern die Probleme die personalen Bewältigungskompetenzen und gelingt es der betroffenen Person nicht, weitere Ressourcen zu erschließen, die intermediär genutzt werden können, kommt es zu psychischen Störungen mit ihren typischen Ausprägungen. Personen, die in einer solchen Lage sind, entwickeln »erlernte Hilflosigkeit« (Seligman 1979). Subjektiv sehen sie keinen Ausweg aus ihrer Situation, sie haben das Gefühl, dass sie an ihren Problemen nichts ändern können. Typische Reaktionen darauf sind Depressionen, Fatalismus und das »Einrichten im Elend«; typische Formen der Selbstbehandlung sind aber auch Alkohol- oder Medikamentenmissbrauch und Drogenkonsum mit der Gefahr der Entwicklung von Abhängigkeit.

In den Biographien von Alkohol- und Drogenabhängigen häufen sich Hinweise auf Gewalterfahrungen in verschiedenen Lebensphasen. Kinder, Jugendliche und Erwachsene können auf diese Erfahrungen ganz unterschiedlich reagieren. Im günstigen Fall kommt es zu einer Bewältigung der Gewalterfahrungen und der Ausbildung von besonderen Widerstandspotenzialen zum Beispiel gegenüber psychoaktiven Substanzen, im ungünstigen Fall werden die Traumata nicht bewältigt, chronifizieren und führen zu Posttraumatischen Belastungsstörungen (vgl. Kapitel 3). Um den damit verbundenen belastenden Erinnerungen und Emotionen sowie dem Gefühl totaler Hilflosigkeit zu entrinnen, setzen die Betroffenen häufig psychoaktive Substanzen ein, die schnell der Kontrolle entgleiten und zur Entwicklung von Abhängigkeit führen. Posttraumatische Belastungsstörungen gehen auf reale Traumata zurück; es handelt sich dabei also nicht um eine Persönlichkeitsstörung wie bei der Borderline-Störung, sondern um eine spezifische Form einer Angststörung. Komorbidität von Substanzabhängigkeit und Posttraumatischer Belastungsstörung erschwert die Behandlung sehr, insbesondere bei den Betroffenen, die in instabilen Verhältnissen leben und in Kontakt zu Tätern stehen (Flatten et al. 2001b). Das kennzeichnet aber die Lebensbedingungen sehr vieler Alkohol- und Drogenabhängiger.

Nun sind die Auslöser von Alkohol- und Drogenabhängigkeit nicht immer so dramatisch, und gerade unter alkoholabhängigen Männern findet man viele, deren Lebensgeschichten wenig zur Erklärung ihrer individuellen Entwicklung beitragen.

Risikofaktor Geschlecht: Männlich

Alle nationalen und internationalen Studien belegen, dass der Anteil der alkohol- und drogenabhängigen Männer wenigstens drei Mal so groß ist wie der der Frauen[8]. Männer entwickeln also diese Form der Störung sehr viel häufiger als Frauen. Darauf gehen die bislang vorgestellten Erklärungsmodelle kaum ein, und sie sind auch nicht in der Lage, dieses Phänomen zu erklären. Friedrichs (2002) verweist darauf, dass exzessiver Alkohol- und Drogenkonsum eine wichtige Rolle spielen bei der »Herstellung von Geschlecht«, in diesem Fall des männlichen Geschlechts. In Anlehnung an erwachsene männliche Rollenstereotype müssen Jungen »groß und stark« und auf jeden Fall »besser« als Mädchen sein, sonst können sie die ihnen zugeschriebene und also auch zustehende Rolle als dominanter Mann nicht einnehmen.

»Hegemoniale Männlichkeit« reproduziert sich in der Jugend über Distanz zu Weiblichkeit einschließlich aller als weiblich konnotierten Verhaltensweisen. Zur männlichen Sozialisation gehört es, sich »nach außen« zu orientieren, subjektiv erlebte Probleme über nach außen gerichtete Aktivitäten »abzuarbeiten« bzw. aus dem Bewusstsein zu verdrängen. Diese Art der externalisierten Problembewältigung (Böhnisch 2003, Böhnisch & Funk 2002) geht einher mit einem extremen Bedürfnis nach Kontrolle gegenüber dem eigenen Verhalten und von anderen, insbesondere von Frauen. Diesem Ziel dienen Rationalisierungen, aus denen heraus dann immer neue Sachzwänge geboren werden. In der nahezu ungezügelten Bereitschaft vieler Jugendlicher und junger Männer zum Risiko als Extremsportler oder Fußballfan in der Fankurve, als Skater oder Autofahrer, als Sprayer oder Mitglied einer Gang und auch als Konsument von

---

8 In manchen Ländern wie Italien oder Spanien liegt der Anteil der substanz-abhängigen Männer fünf Mal so hoch, in einigen asiatischen Ländern wie Japan wenigstens 10 Mal so hoch wie der der substanzabhängigen Frauen. Eine Ausnahme von dieser Regel stellt die Medikamentenabhängigkeit dar, von der insgesamt genommen mehr Frauen als Männer betroffen sind (vgl. Kapitel 4).

Alkohol oder von Drogen spiegelt sich die externalisierte Problembewältigung gepaart mit dem Zwang zur Kontrolle. Bei dieser Gruppe ist alles aufs Extrem angelegt, auf Härte und Grenzerfahrung, auf Dominanz unter Einschluss von Gewalt (Hitzler et al. 2001, Raithel 2001), aber Erfolg stellt sich im subjektiven Erleben nur ein, wenn man die Situation voll unter Kontrolle hat. »Wer sich … nicht öffentlich zeigen kann, ist kein Mann und wird von Mann und Frau (!) nicht als solcher geachtet« (Friedrichs 2002, 153). Auch der Exzess im Rausch dient zunächst der Darstellung von Männlichkeit. Überschreitet diese Form der Außenorientierung ein gewisses Maß und reagieren die Mitspieler darauf negativ, beginnt der Weg in die Abweichung. So übt man Verhalten ein, gewöhnt sich an Alkohol und Drogen und ihren Missbrauch. Der Schritt zur Abhängigkeit ist dann nicht mehr sehr groß.

Besonders betroffen davon sind Jugendliche und junge Männer aus der Unterschicht, aus ethnischen Minderheiten und aus Randgruppen. Offenbar ist in diesen Schichten und Milieus die Herstellung von Männlichkeit heute besonders schwierig, was wohl auch daran liegt, dass zum Profil des modernen Mannes eine gewisse Rollendiffusion gehört. Gefragt ist eine Mischung aus männlichen und weiblichen Eigenschaften und Verhaltensweisen, und genau das passt nicht zum klassischen männlichen Stereotyp, das in diesen Schichten und Milieus noch immer hochgehalten wird. Wie gefährlich solche Leitbilder sind, belegen die Statistiken über alkohol- und drogenabhängige Männer, die überdurchschnittliche Anteile von Personen aus der Unterschicht und von ethnischen Minderheiten aufweisen.

Zusammenfassend ist festzuhalten, dass zwar eine Reihe von Erklärungsmodellen zur Entstehung und zum Verlauf von Sucht und von Suchtkarrieren vorliegt, die einzelne Dimensionen mit den dazugehörenden Variablen recht gut beleuchten, dass aber integrierte Ansätze fehlen.

3. Diagnosen im Kontext

Lange Zeit wurde in der Sozialarbeit nicht über Diagnosen geredet. Im Zuge einer fortschreitenden Professionalisierung in verschiedenen Arbeitsbereichen spielen aber diagnostische Fragestellungen eine immer wichtigere Rolle. Das zeigt sich zum Beispiel dann, wenn man in einer auf längere Zeit angelegten Beratung mit der Klientin oder dem Klienten Zielvereinbarungen treffen will bzw. einen Veränderungs- und Hilfeplan[9] aufstellt. Das setzt voraus, dass Ziele besprochen und ausgehandelt worden sind, was dann besonders gut gelingt, wenn die Beratenden die Zielvereinbarungen auf eine Lebenswelt- und Problemanalyse aufbauen. Was damit gemeint ist, wird im Kapitel 6 ausführlich erläutert und dargestellt.

Zur Professionalisierung gehören auch Kenntnisse über die Klassifikationssysteme psychischer Störungen. Indirekt haben diese bereits Einzug gehalten in verschiedene Dokumentationssysteme, die im Suchtbereich zurzeit benutzt werden. Implizit erwartet man, dass die Benutzer der Systeme über diagnostisches Wissen verfügen. Es ist daher wichtig, diagnostische Grundkenntnisse in die Sozialarbeit einzuführen, die allerdings nicht für sich allein stehen, sondern die ihren Ort im Kontext von Lebenswelt- und Problemanalysen haben, worauf an entsprechender Stelle hingewiesen wird.

---

9 Im Folgenden werden die Begriffe »Veränderungsplan« und »Hilfeplan« synonym gebraucht. Wie die Wortwahl zeigt, geht es dabei im Wesentlichen um Veränderungen der Lebensweisen der Ratsuchenden mit dem Ziel, ihren Handlungsspielraum zu erweitern.

Diagnostik der Substanzabhängigkeit

Zur Vereinfachung der Diagnosestellung sind in den letzten 30 Jahren auf internationaler Basis und mit tätiger Unterstützung der WHO Klassifikationssysteme bzw. diagnostische Schemata erarbeitet worden, die allerdings – pauschal betrachtet – geschlechtsblind sind. In der Medizin geht man davon aus, dass es – abgesehen von allen mit der Reproduktion zusammenhängenden strukturellen, organischen und hormonellen Unterschieden – keine wesentlichen Differenzen zwischen Frauen und Männern gibt, die für die Diagnose und Behandlung einer Erkrankung eine wichtige Rolle spielen. Diese Annahmen, die neben anderem die Fundamente des »**medizinischen Modells**« ausmachen, haben sich weitgehend durchgesetzt. Ganz entsprechend differenzieren die **Internationale Klassifikation psychischer Störungen** (ICD-10, Kapitel V, F), der Diagnosekatalog der Medizin, und das **Diagnostische und Statistische Manual psychischer Störungen** (DSM-IV), das vor allem in der Psychiatrie und Psychologie eingesetzt wird, nicht zwischen den Geschlechtern, wenn es um die diagnostischen Kriterien geht. Das hat manche Vorteile, aber auch erhebliche Nachteile, worauf an verschiedenen Stellen in diesem Kapitel hingewiesen wird.

Das DSM-IV ist als multiaxiales Diagnoseschema angelegt. Für die ICD wird eine solche multiaxiale Klassifizierung von Störungen erarbeitet (vgl. Arbeitskreis OPD 1996). Mit den verschiedenen Achsen soll eine umfassende und systematische Beurteilung der Störungen erreicht werden. Das DSM-IV definiert 5 Achsen; Achse I bezieht sich auf *Klinische Störungen oder andere klinisch relevante Probleme*, Achse II auf *Persönlichkeitsstörungen oder geistige Behinderung*, Achse III auf *Medizinische Krankheitsfaktoren*, Achse IV auf *Psychosoziale und umgebungsbedingte Probleme* und Achse V ist als *Skala zur globalen Erfassung des Funktionsniveaus* gedacht. Der multiaxiale Ansatz in der Diagnostik ist jedoch international in der Diskussion. Es ist durchaus denkbar, dass sich in der Zahl der Achsen, die bei der Diagnostik berücksichtigt werden sollen, sowie in deren Benennung in den kommenden Jahren noch einiges verändern wird. Der Ansatz macht aber jetzt schon deutlich, dass es sich um sehr komplexe diagnostische Schemata handelt, die die Fixierung auf eine Problemperspektive zugunsten einer umfassenden Betrachtungsweise aufgeben.

Diagnostische Schemata

Die Geschichte der Anstrengungen, Sucht genauer zu klassifizieren, reicht weit zurück und kann hier nicht wiedergegeben werden (Spode 1993). Im Zentrum stand über einige Jahrhunderte der Alkohol, und es ist nur logisch, dass alle modernen Klassifikationssysteme diese Herkunft widerspiegeln. Das gilt besonders für die bis in die jüngste Zeit für selbstverständlich genommenen Annahmen, dass (1) Substanzabhängigkeit ein eindimensionaler Prozess sei und dass (2) die Schwere der Abhängigkeit linear gedacht sei, nicht prozessual oder mit Bezug auf Konsumentengruppen. Beide Annahmen, die der Unidimensionalität und der Linearität, haben sich empirisch bislang nicht einmal für die Abhängigkeit von Alkohol belegen lassen, noch viel weniger für diejenige von anderen psychoaktiven Substanzen. Bis heute wird daher um das Krankheitsverständnis von Sucht intensiv diskutiert, nicht selten auch gestritten.

Immerhin hat man sich inzwischen auf zwei Diagnoseschemata geeinigt. Wie bereits erwähnt, handelt es sich dabei um die **Internationale Klassifikation psychischer Störungen** (ICD-10, Kapitel V, F) und um das **Diagnostische und Statistische Manual psychischer Störungen** (DSM-IV). Im ICD-10 interessiert hier vor allem der *Abschnitt F1* (Dilling et al. 1991, 1994) und im DSM-IV das Kapitel *Störungen im Zusammenhang mit Psychoaktiven Substanzen* (Saß et al. 1996, 221ff). Da beide Diagnoseschemata angewendet werden und da die Klassifikationskriterien des ICD-10 mittlerweile Eingang gefunden haben in wichtige bundesweit eingesetzte Dokumentationssysteme (zum Beispiel den Deutschen Kerndatensatz, vgl. DHS 2001), ist eine Auseinandersetzung mit beiden notwendig.

Beide Schemata ersetzen in den relevanten Kapiteln den Begriff Krankheit durch den der Störung, in diesem Fall **Störungen durch psychoaktive Substanzen**. Sucht wiederum wird begrifflich ersetzt durch **Substanzabhängigkeit**. Es handelt sich dabei um deskriptive und operationalisierte Begriffe, die ständig diskutiert und weiterentwickelt werden. Freilich überleben die alten Begriff nicht nur in der Alltagssprache, sondern auch in der Wissenschaft, die weiterhin von Sucht, Suchterkrankungen, Abhängigkeitserkrankungen usw. spricht (Gastpar et al. 1999, Schmidt 1999, Uchtenhagen & Zieglgängsberger 2000). Terminologisch ist also alles im Fluss, und es ist noch nicht ausgemacht, welche Begriffe sich auf die Dauer durchsetzen werden.

Beide Schemata differenzieren zwischen unterschiedlichen Störungseinheiten; grob gegliedert handelt es sich um folgende: *Akute Intoxikation, Schädlicher Gebrauch* (ICD F10.1) bzw. *Missbrauch* (DSM-IV), *Abhängigkeitssyndrom, Entzugssyndrom* sowie eine Reihe von zusätzlichen psychischen, physischen und Verhaltensstörungen. Zur Diagnose der verschiedenen Störungsbilder wurden Kriterienkataloge zusammengestellt. Es handelt sich um eine deskriptive Statusdiagnostik, d. h., die Kriterien beschreiben die typischen (häufigsten) Charakteristika der jeweiligen Störung zum Zeitpunkt der Diagnosestellung. ICD und DSM eignen sich nicht als Instrumente für eine dynamische Entwicklungsdiagnostik oder zur Prozess- oder Produktevaluation (Krampen 1998). Will man also über den Status hinausgehende Indikationen und Prognosen stellen oder Entwicklungen untersuchen, dann bedarf es zusätzlicher Verfahren, wie sie zum Beispiel eine Lebenswelt- und Problemanalyse liefern kann, worauf in Kapitel 6 genauer eingegangen wird.

Einmaliger exzessiver Konsum von psychoaktiven Stoffen führt zu Intoxikation oder zum Rausch. Die wichtigsten Kriterien für die Intoxikation sind in der folgenden Liste zusammengestellt.

DSM-IV Kriterien für Substanzintoxikation

A. Entwicklung eines reversiblen substanzspezifischen Syndroms, das auf die kurz zurückliegende Einnahme bzw. den Einfluss der Substanz zurückgeht.

Beachte: Verschiedene Substanzen können ähnliche oder identische Syndrome erzeugen.

B. Klinisch bedeutsame unangepasste Verhaltensänderungen oder psychische Veränderungen, die auf die Wirkung der Substanz auf das Zentralnervensystem zurückzuführen sind (z. B. Affektlabilität, kognitive Beeinträchtigung, beeinträchtigtes Urteilsvermögen, Beeinträchtigungen im sozialen oder beruflichen Bereich) und die sich während oder kurz nach dem Substanzgebrauch entwickeln.

C. Die Symptome gehen nicht auf einen medizinischen Krankheitsfaktor oder eine Verletzung zurück und können nicht durch andere psychische Störungen erklärt werden.

ICD-10 und DSM-IV unterscheiden sich, wenn es um die Kategorien *schädlicher Gebrauch* bzw. *Missbrauch* geht. Nach ICD-10 erfordert die Diagnose schädlicher Gebrauch eine »tatsächliche Schädigung der psychischen oder physischen Gesundheit des Konsumenten«, zum Beispiel eine Hepatitis durch Selbstinjektion von Drogen oder eine depressive Episode nach Drogenkonsum. Der Akzent liegt auf der Schädigung der Gesundheit.

DSM-IV hebt demgegenüber auf den Missbrauch von Substanzen und die damit verbundenen psychosozialen Folgen ab, wie aus der folgenden Zusammenstellung hervorgeht.

DSM-IV Kriterien für Substanzmissbrauch

A. Ein unangepasstes Muster von Substanzgebrauch führt in klinisch bedeutsamer Weise zu Beeinträchtigungen oder Leiden, wobei sich mindestens eines der folgenden Kriterien innerhalb desselben 12-Monats-Zeitraums manifestiert:

(1) Wiederholter Substanzgebrauch, der zu einem Versagen bei der Erfüllung wichtiger Verpflichtungen bei der Arbeit, in der Schule oder zu Hause führt.

(2) Wiederholter Substanzgebrauch in Situationen, in denen es aufgrund des Konsums zu einer körperlichen Gefährdung kommen kann.

(3) Wiederkehrende Probleme mit dem Gesetz in Zusammenhang mit dem Substanzgebrauch.

(4) Fortgesetzter Substanzgebrauch trotz ständiger oder wiederholter sozialer oder zwischenmenschlicher Probleme, die durch die Auswirkungen der psychoaktiven Substanzen verursacht oder verstärkt werden.

B. Die Symptome haben niemals die Kriterien für Substanzabhängigkeit der jeweiligen Substanzklasse erfüllt.

An diesem Beispiel wird deutlich, dass man zu einer recht unterschiedlichen Einschätzung der Sachlage kommen kann, wenn man vom ICD-10 und der Definition des schädlichen Gebrauchs von psychoaktiven Substanzen ausgeht oder nach DSM-IV von einem Missbrauch. Ein genauer Blick auf den Kriterienkatalog des DSM-IV macht deutlich, dass dieser an Studien zum Problemkonsum anknüpft (Cahalan & Room 1974, Bloomfield et al. 1999). Missbrauch meint also weitaus mehr als nur die Gesundheitsschäden des schädlichen Gebrauchs im ICD-10, die im DSM-IV ebenfalls berücksichtigt werden.

Besonders wichtig für die tägliche Arbeit ist die Diagnose der Substanzabhängigkeit bzw. des Abhängigkeitssyndroms.

Die Diagnostik fokussiert auf fünf Elemente des Abhängigkeitssyndroms: Toleranz, Entzugssyndrom, Bedeutung des Konsums, Zwang sowie Kontrollverlust. **Toleranz** bezeichnet eine Abnahme der Sensitivität für die Wirkung einer Droge nach wiederholtem Konsum. Das ist wahrscheinlich auf Veränderungen im Metabolismus der Droge zurückzuführen oder auf zelluläre, physiologische oder Verhaltensanpassungen (Rommelspacher 1999, Uchtenhagen 2000a). Das **Entzugssyndrom** ist substanzspezifisch; die Symptomatik ändert sich also mit den verschiedenen Substanzen und variiert zwischen hochdramatischem Verlauf mit der Gefahr des letalen Ausgangs zum Beispiel bei Alkoholabhängigkeit oder bei gleichzeitiger Abhängigkeit von verschiedenen psychoaktiven Substanzen und recht unspektakulärem Verlauf zum Beispiel bei Cannabis. Uchtenhagen (2000b) weist darauf hin, dass Toleranz und Entzugssyndrom nicht bei allen Substanzabhängigkeiten gefunden werden. In diesen Fällen orientiert sich die Diagnostik an den verbleibenden Kriterien der Bedeutung des Konsums, des Zwangs zur Einnahme sowie am Kontrollverlust.

Zu beachten ist auch, dass die Diagnostik an Mindestkriterien gebunden ist – es müssen mindestens 3 Kriterien erfüllt sein, damit Abhängigkeit festgestellt werden kann –, ebenso an einen Zeitrahmen. Auf die praktische Umsetzung der Diagnostik komme ich im Folgenden zurück.

Alles in allem genommen liegen die Kriterien der beiden Systeme vergleichsweise nahe beieinander (vgl. Dilling et al. 1994, Saß et al. 1996). Mit der Toleranz (ICD-10, Kriterium 4; DSM-IV, Kriterium 1) und dem Entzugssyndrom (ICD-10, Kriterium 3; DSM-IV, Kriterium 2) steht die körperliche Symptomatik zunächst im Vordergrund. Da aber der Konsum mancher Substanzen die Toleranz kaum beeinflusst und andere beim Absetzen nur wenige Entzugssymptome hervorrufen, kommt den Kriterien der psychischen Abhängigkeit ebenfalls eine erhebliche Bedeutung zu. Zu diesen zählen der Kontrollverlust (ICD-10, Kriterium 2; DSM-IV, Kriterien 3 und 4, vgl. Skinner 1990), der Zwang zum Konsum (ICD-10, Kriterium 1; DSM-IV, Kriterium 5) und die Bedeutung des Konsums (ICD-10, Kriterien 5 und 6; DSM-IV, Kriterien 6 und 7).

Tab. 3.1.: Gegenüberstellung der Diagnosekriterien für Substanz-abhängigkeit nach ICD-10 und nach DSM-IV

ICD-10	DSM-IV
Die Diagnose Abhängigkeit sollte nur gestellt werden, wenn irgendwann während des letzten Jahres drei oder mehr der folgenden Kriterien vorhanden waren:	Die Diagnose Abhängigkeit setzt voraus, dass im letzten Jahr mindestens drei Kriterien erfüllt sind:
1. Ein starkes Verlangen oder eine Art Zwang, die Substanz zu konsumieren. 2. Verminderte Kontrollfähigkeit über den Substanzgebrauch, d. h. über Beginn, Beendigung und die Menge des Konsums, deutlich daran, dass mehr von der Substanz konsumiert wird oder über einen längeren Zeitraum hin als geplant, und an erfolglosen Versuchen oder dem anhaltenden Wunsch, den Substanzkonsum zu verringern oder zu kontrollieren. 3. Ein körperliches Entzugssyndrom, wenn die Substanz reduziert oder abgesetzt wird, mit den für die Substanz typischen Entzugssymptomen oder auch nachweisbar durch den Gebrauch derselben oder einer sehr ähnlichen Substanz, um Entzugssymptome zu mildern oder zu vermeiden. 4. Toleranzentwicklung gegenüber den Substanzeffekten. Für eine Intoxikation oder um den gewünschten Effekt herbeizuführen, müssen größere Mengen der Substanz kon-	1. Toleranzentwicklung, definiert durch eines der folgenden Kriterien: (a) Verlangen nach einer ausgeprägten Dosissteigerung, um einen Intoxikationszustand oder erwünschte Effekte herbeizuführen, (b) deutlich verminderte Wirkung bei fortgesetzter Einnahme derselben Dosis. 2. Entzugssymptome, die sich durch eines der folgenden Kriterien äußern: (a) charakteristisches Entzugssyndrom der jeweiligen Substanz (siehe Kriterien A und B der Kriterien für Entzug von den spezifischen Substanzen), (b) dieselbe (oder eine sehr ähnliche) Substanz wird eingenommen, um Entzugssymptome zu lindern oder zu vermeiden. 3. Die Substanz wird häufig in größeren Mengen oder länger als beabsichtigt eingenommen. 4. Anhaltender Wunsch oder erfolglose Versuche, den Sub-

ICD-10	DSM-IV
sumiert werden, oder es treten bei Konsum derselben Mengen deutlich geringere Effekte auf.	stanzgebrauch zu verringern oder zu kontrollieren.
5. Einengung auf den Substanzgebrauch, deutlich an der Aufgabe oder Vernachlässigung anderer wichtiger Vergnügen oder Interessensbereiche wegen des Substanzgebrauchs; oder es wird viel Zeit darauf verwandt, die Substanz zu bekommen, zu konsumieren oder sich davon zu erholen.	5. Viel Zeit für Aktivitäten, um die Substanz zu beschaffen (z. B. Besuch verschiedener Ärzte oder Fahrt langer Strecken), sie zu nehmen (z. B. Kettenrauchen) oder sich von ihren Wirkungen zu erholen.
6. Anhaltender Substanz- oder Alkoholkonsum trotz eindeutig schädlicher Folgen, deutlich an dem fortgesetzten Gebrauch, obwohl der Betreffende sich über die Art und das Ausmaß des Schadens bewusst war oder hätte sein können.	6. Wichtige soziale, berufliche oder Freizeitaktivitäten werden aufgrund des Substanzmissbrauchs aufgegeben oder eingeschränkt
	7. Fortgesetzter Substanzmissbrauch trotz Kenntnis eines anhaltenden oder wiederkehrenden körperlichen oder psychischen Problems, das wahrscheinlich durch den Substanzmissbrauch verursacht wurde (z. B. fortgesetzter Kokainmissbrauch trotz des Erkennens kokaininduzierter Depressionen oder Alkoholkonsum trotz des Erkennens, dass sich ein Ulcus dadurch verschlechtert).

Es fällt auf, dass die Kriterien, an denen die Bedeutung des Konsums festgemacht wird, eher unscharf und zudem stark normativ sind. Typisch dafür sind Formulierungen wie »eingeengtes Verhaltensmuster«, »fortschreitende Vernachlässigung anderer Interessen«. Eine Operationalisierung darüber, was in welchem Kontext und für welches Geschlecht als »eingeengtes Verhaltensmuster« definiert wird, liegt nicht vor. Damit kommen subjektive Wertmaßstäbe ins Spiel, die in einer verbindlichen Diagnostik genau genommen nichts zu suchen haben. Der Versuch, mit operationalisierten Kriterien die Diagnose von Substanzabhängigkeit zu objektivieren, ist also nur zum Teil gelungen. Aber auch das ist schon ein wichtiger Fortschritt in diesem Arbeitsfeld.

Das DSM-IV geht davon aus, dass es teilweise oder vollständige **Remission** von Substanzabhängigkeit gibt. Danach gibt es Abhängigkeitsepisoden, die vorübergehender Natur sein können. Analog zu anderen Störungen heißt das, dass Substanzabhängigkeit heilbar ist. Wer also eine Abhängigkeitsepisode durchlaufen hat, ist nicht automatisch für immer geschädigt, sondern – je nach Verlauf der Episode – nur vorübergehend. Remission und vollständige Heilung gehören in diesem Schema zum Konzept, und darauf wird auch ausdrücklich hingewiesen. Der ICD-10 macht zur Remission keine Aussagen. Die Konzepte, auf denen beide diagnostische Schemata aufbauen, sind also nicht identisch, sondern unterscheiden sich in einer Reihe von wichtigen Dimensionen. Daran lässt sich ablesen, dass die theoretische Diskussion über Sucht und Abhängigkeit nicht abgeschlossen, sondern in der Diskussion ist.

Die Kehrseite der Remission ist die **Chronifizierung**. Diese kann wellenförmig verlaufen, d. h. Abhängigkeitsepisoden werden abgelöst von Phasen der Abstinenz, sie kann einfach verlaufen, also ohne Unterbrechungen durch Abstinenz, oder sie kann katastrophal ablaufen und innerhalb eines Jahres zur Invalidisierung einer Person oder zum Tod führen. Chronifizierung hat in der Regel negative gesundheitliche und soziale Folgen. Mit der Dauer der Abhängigkeit häufen sich die gesundheitlichen Beschädigungen durch den fortgesetzten Substanzkonsum bzw. den damit verbundenen Lebensstil, zu der in der Regel auch die Auflösung der sozialen Netzwerke gehört. Bei Abhängigen von Opiaten und Kokain kommen sehr häufig Belastungen durch die Justiz dazu (Arbeitsgruppe CMA 1999).

Zum besseren Verständnis sind hier noch die Hauptmerkmale des Substanzentzugs aufgeführt. Es handelt sich dabei um generelle Merkmale, die je nach Substanz sehr unterschiedlich ausfallen können.

DSM-IV Kriterien für Substanzentzug

A. Entwicklung eines substanzspezifischen Syndroms, das auf die Beendigung (oder Reduktion) von übermäßigem und langandauerndem Substanzgebrauch zurückzuführen ist.

B. Das substanzspezifische Syndrom verursacht in klinisch bedeutsamer Weise Leiden oder Beeinträchtigungen in sozialen, beruflichen oder anderen wichtigen Funktionsbereichen.

C. Die Symptome gehen nicht auf einen medizinischen Krankheitsfaktor zurück und können nicht durch eine andere psychische Störungen besser erklärt werden.

Wie bereits erwähnt, sehen beide Systeme eine multiaxiale Kodierung vor. Zur Diagnose auf der Achse I, hier also der Substanzabhängigkeit, können andere Diagnosen sowohl auf Achse I wie auf den anderen Achsen dazukommen.

»Angestrebt wird nicht die Diagnostik der einen, der ›entscheidenden‹ psychischen Störung …, sondern die möglichst umfassende Diagnostik aller Phänomene des Störungsbildes in ihrer Komplexität und Vielfalt. Es werden dann so viele ICD-10-Diagnosen gestellt wie nötig« (Krampen 1998, 48). Die Diagnostik zielt also ab auf eine **Phänomenologie der Komorbidität**. Bei der Diagnosenstellung wird dann zwischen Haupt-, Neben- und Zusatzdiagnosen unterschieden, und diese werden wiederum nach der Aktualität geordnet.

Negativ ist anzumerken, dass die Diagnostik geschlechtsspezifische Differenzen vernachlässigt. Das ist gerade für eine deskriptive Statusdiagnostik sehr bedauerlich. Wie in Kapitel 2 ausgeführt, gibt es ganz pauschal gesehen erhebliche Unterschiede im Umgang mit psychoaktiven Substanzen zwischen Mädchen und Jungen, Frauen und Männern. Geht man vom Konsumniveau aus, ist das durchschnittliche Risiko von Mädchen und Frauen, von psychoaktiven Substanzen abhängig zu werden, insgesamt gesehen kleiner als das der Jungen und Männer. Aber diejenigen von ihnen, die es nicht nur beim Probieren der verschiedenen Substanzen belassen, sondern die tatsächlich abhängig werden, haben oft eine Reihe von anderen psychischen und physischen Problemen als Jungen und Männer (Seitz et al. 1995). Das liegt sowohl daran, dass Frauen und Männer gerade wegen ihrer unterschiedlichen hormonellen Ausstattung psychoaktive Substanzen unterschiedlich aufnehmen, verarbeiten und abbauen und entsprechend anders auf sie reagieren, als auch daran, dass der soziale Kontext für angemessenes und abweichendes Verhalten mit dem Geschlecht systematisch variiert.

Betrachtet man dann noch die unterschiedlichen sozialen Milieus von betroffenen Mädchen und Jungen, Frauen und Männern, wird die Bedeutung des sozialen Kontexts besonders wichtig.

Biopsychosoziale Faktoren tragen also dazu bei, dass sich Abhängigkeit von psychoaktiven Substanzen bei Mädchen und Frauen anders entwickelt als bei Jungen und Männern, und dass sie sich anders äußert als bei diesen. Die deskriptiven Statusdiagnostiken von ICD-10 und DSM-IV können gerade diese Differenzen zwischen den Geschlechtern nicht einfangen, vermutlich wollen sie das auch nicht.

Zum besseren Verständnis der Störung sollte man daher zusätzlich zu dieser Diagnostik eine Lebenswelt- und Problemanalyse durchführen (vgl. Kapitel 6). In dieser haben Diagnosen zum Missbrauch oder zur Abhängigkeit von psychoaktiven Substanzen dann ihren Platz. Das Verfahren ist zwar erheblich aufwendiger als das einer Statusdiagnose, wird aber den Bedürfnissen der hilfesuchenden Klientinnen und Klienten eher gerecht.

Wichtigste Hilfsmittel zur Diagnosenstellung sind zunächst einmal die Klassifikationssysteme ICD-10 sowie DSM-IV. Dazu kommen Checklisten (Hiller et al. 1995, Bronisch et al. 1995, Dittmann 1995) sowie Anleitungen für strukturierte klinische Interviews wie das **Diagnostische Interview bei psychischen Störungen**, DIPS (Margraf et al. 1994) das **Composite International Diagnostic Interview**, CIDI (Wittchen & Semler 1990) bzw. das **Suchtmodul des DIA-X** (Wittchen & Pfister 1997), das **Strukturierte Klinische Interview für DSM-IV Achse I und II: SKID I und SKID IIA** (Wittchen et al. 1997a) sowie computergestützte Hilfsmittel (Malchow et al. 1995, Wittchen et al.

1997b) und eine Vielzahl weiterer Fragebogen und Testverfahren (Schumacher & Brähler 1997).

Hilfsmittel zur Erfassung von Substanzproblemen

Wichtige Hilfsmittel zur Erfassung von problematischem Umgang mit psychoaktiven Substanzen und vor allem von Abhängigkeiten sind Fragebogen, Testbatterien und ausgearbeitete Erhebungsinstrumente. Bislang hat man in der Sozialarbeit relativ wenig mit Fragebogen und Testbatterien gearbeitet, jedoch zeichnen sich hier mit der Einführung der (computergestützten) Dokumentationssysteme Veränderungen ab. Im Folgenden werden einige einschlägige Erhebungsinstrumente sehr kurz vorgestellt.

Screening-Instrumente dienen dazu, mit Hilfe eines einfach konstruierten Fragebogens aus einer Stichprobe – zum Beispiel den Patienten und Patientinnen in einem Allgemeinen Krankenhaus – möglichst präzise diejenigen Personen zu identifizieren, die mit großer Wahrscheinlichkeit Alkohol- oder Drogenprobleme haben. Ein einschlägiges Beispiel ist der CAGE-Test (Mayfield et al. 1974), mit dem in Stichproben mit Erwachsenen im Durchschnitt 80 % derjenigen identifiziert werden können, die zur kritischen Gruppe gehören (John et al. 1996). In Stichproben, die in Krankenhäusern oder in psychiatrischen Einrichtungen untersucht worden sind (Liskow et al. 1995), variiert die Sensitivität, also der Prozentsatz der identifizierten Personen mit einschlägigen Problemen überhaupt, zwischen 50 % und 100 %, die Spezifität, also der Prozentsatz der richtig identifizierten Personen, zwischen 70 % und 100 %.

Negativ ist anzumerken, dass der Test nicht zwischen akuten und vergangenen Alkohol- und Drogenproblemen differenziert. Darüber hinaus sollte man ihn nicht einsetzen, wenn man Jugendliche zwischen 15 und 25 Jahren untersucht, da die Sensitivität des Tests dann nur bei 10 % und 40 % liegt (vgl. Chung et al. 2000, King & Bordnick 2002). Die Ergebnisse des Cage-Tests müssen also diagnostisch genauer abgeklärt werden, da es sowohl zu falschen positiven Befunden wie zu falschen negativen kommen kann. Für eine weiterführende und genauere Diagnostik stehen andere Hilfsmittel zur Verfügung[10].

Tab. 3.2.: CAGE-TEST[11]		
Fragen	**Ja**	**Nein**
Haben Sie schon einmal das Gefühl gehabt, Sie sollten Ihren Alkoholkonsum (Drogenkonsum) reduzieren?		
Haben Sie Leute schon einmal geärgert, weil sie Sie wegen Ihres Alkoholkonsums (Drogenkonsums) kritisiert haben?		
Haben Sie schon einmal wegen Ihres Alkoholkonsums (Drogenkonsums) ein schlechtes Gewissen gehabt oder sich schuldig gefühlt?		
Haben Sie schon einmal morgens als Erstes Alkohol getrunken (Drogen genommen), um sich nervlich wieder ins Gleichgewicht zu bringen oder um einen Kater loszuwerden oder einfach um den Tag zu beginnen?		

Es besteht keine Einigkeit darüber, wie viele der Fragen mit »Ja« beantwortet sein müssen, um eine Verdachtsdiagnose zu stellen. Legt man sehr strenge Kriterien an, reicht bereits eine einzige

---

10 Weitere gut eingeführte Instrumente sind: Der *Lübecker Alkoholismus-Screening-Test* (LAST, Rumpf et al. 1997), der *Münchner Alkoholismus-Test* (MALT-F und MALT-S, Feuerlein et al. 1979), der *Kurzfragebogen für Alkoholgefährdete* (KFA, Feuerlein et al. 1989), das *Trierer Alkoholismus-Inventar* (TAI, Funke et al.1987); der *Fragebogen zum Funktionalen Trinken* (FFT, Belitz-Weihmann & Metzler 1993); der *Kurzfragebogen zur Abstinenzzuversicht* (KAZ, Körkel & Schindler 1996); die *Heidelberger Skalen zur Abstinenzzuversicht* (HEISA, Körkel & Schindler 1999); das *Indikations- und Prognoseinventar* (IPA, Zemlin & Herder 1994); der *Fragebogen zum Essverhalten* (FEV, Pudel & Westenhöfer 1990), der *Alcohol Use Disorders Identification Test* (AUDIT, Barbor et al. 1992a), der *Children of Alcoholics Screening Test* (CAST, Jones 1983, Zobel 2000, 47), der *CAST-6* (Hodgins et al. 1995, Zobel 2000, 48).

11 Das Instrument ist ursprünglich als Screening-Test für Alkoholprobleme von Erwachsenen konzipiert worden. Man kann es aber auch als Screening-Test für Drogenprobleme von Erwachsenen verwenden, wie hier gezeigt wird.

positive Antwort für eine Verdachtsdiagnose aus. In der Regel geht man jedoch davon aus, dass zwei Fragen mit »Ja« beantwortet sein müssen, damit man von einer Verdachtsdiagnose sprechen kann.

Wie bereits gesagt, macht der Cage-Test keine Zeitvorgaben. Die Selbstangaben können sich daher auf die Vergangenheit wie auf die Gegenwart beziehen. Auch aus diesem Grund müssen die Ergebnisse des Cage-Tests mit anderen Methoden auf ihren Zeitbezug (Gegenwart oder Vergangenheit) sowie auf ihre Validität und Reliabilität überprüft werden. Dazu eignen sich u. a. Angaben zum gegenwärtigen Konsum, die mit dem unten dargestellten Erhebungsbogen abgefragt werden können.

Für eine Veränderungs- und Hilfeplanung reicht eine Diagnostik, die sich auf den Missbrauch und die Abhängigkeit von psychoaktiven Substanzen beschränkt, nicht aus. Vielmehr ist hier breiter vorzugehen, wie das Beispiel des **European Addiction Severity Index (EuropASI**, McLellan et al. 1980, 2002; für die Deutsche Version vgl.: EuropASI, Gsellhofer et al. 1998 sowie die computergestützte Version, die zurzeit in der Erprobung ist) zeigt. Der EuropASI ist ein Instrument, das Elemente eines Interviews, normierte Fragen mit Standardantworten sowie Beurteilungsskalen enthält. Es entspricht damit nicht der klassischen Testbatterie, sondern ist formal betrachtet ein teilstandardisiertes Instrument, in das neben Informationen, die von den Klientinnen und Klienten erhoben werden, auch Standardabfragen und Einschätzung der Schwere von bestimmten Problemen Eingang finden (z. B.: »Wie sehr haben Sie in den letzten 30 Tagen Ihre Alkohol- oder Drogenprobleme belastet oder beeinträchtigt?«). Auch die Beratenden sollen die Problemlagen der Ratsuchenden einschätzen, insbesondere deren Bedarf nach ambulanter Beratung oder stationärer Therapie, aber auch die Zuverlässigkeit der Angaben der Klientel (z. B.: »Sind die erhobenen Angaben glaubwürdig oder verfälscht?«). Abgefragt werden folgende Bereiche: (1) Allgemeine Angaben zur Person der Klientinnen und Klienten; (2) Körperlicher Zustand (z. B.: »Wie oft in Ihrem Leben waren Sie aufgrund von körperlichen Problemen stationär in einem Krankenhaus untergebracht?«); (3) Ar-

beits- und Unterhaltssituation; (4) Drogen- und Alkohol-
gebrauch (vgl. dazu die folgenden Formblätter); (5) Rechtliche
Situation (z. B.: »Wie häufig in Ihrem Leben wurden Sie wegen
folgender Delikte angeklagt?«); (6) Familie und Sozialbeziehun-
gen, familiärer Hintergrund; (7) Psychischer Status (z. B.: »Wie
oft waren Sie wegen psychischer oder emotionaler Probleme in
Behandlung?«). Diese Auflistung zeigt, wie breit die Problembelastungen abgefragt werden.

Die Standardabfragen können zu »Composite Scores« zusammengefasst werden, die einerseits den Vergleich mit anderen
Studien erlauben und andererseits, bei Wiederholungsunter-
suchungen, indirekte Messungen von Veränderungen darstellen.

Der EuropASI ist ein relativ differenziertes Instrument, das die
Erhebung zur Lebenswelt- und Problemanalyse bzw. zum Assessment der Klientinnen und Klienten erleichtern kann. Hinderlich ist lediglich die starke Fixierung auf die Problemsicht
und das Ausblenden der Ressourcen, über die Klientinnen und
Klienten immer auch verfügen. Wer mit dem EuropASI arbeitet,
muss das Instrument um entsprechende Fragen ergänzen bzw.
andere Verfahren wie Netzwerkanalysen usw. heranziehen, wie
das in Kapitel 6 dargestellt ist.

Sehr praktisch ist die Erhebung der aktuellen Konsummuster
anhand der folgenden Formblätter, die in enger Anlehnung an
den EuropASI entwickelt worden sind (vgl. dazu Schu et al.
2002).

Auf medizinische Indikatoren zur Feststellung des Konsums
von psychoaktiven Substanzen, der Intoxikation sowie der Abhängigkeit soll hier nicht eingegangen werden.

Tab. 3.3.: Erhebung von Konsummustern, Teil 1

Suchtmittel	Alter bei Konsumbeginn	Jahre des Gebrauchs	Gebrauch in den letzten 30 Tagen	Art der Einnahme (oral, nasal, rauchen, injizieren)
Alkohol (jeglicher Gebrauch)				
Alkohol (über der Gefahrengrenze)*				
Nikotin (Zigaretten, Zigarren/Zigarillos, Pfeife pro Tag)				
Heroin				
Methadon				
Andere Opiate				
Beruhigungs- und Schlafmittel (Benzodiazepine, Barbiturate, Sedativa)				
Kokain				
Crack				
Amphetamine				
Cannabinoide (Haschisch, Marihuana, Mariol)				
Halluzinogene				
Schnüffelstoffe				

* Gefahrengrenze: bei Frauen 20 g Alkohol pro Tag, bei Männern 40 g Alkohol pro Tag (vgl. Kapitel 2)

Tab. 3.4.: Erhebung von Konsummustern, Teil 2

Welche Substanz stellt das Hauptproblem dar?

Je injiziert?	☐ ja	☐ nein
Injektionen im letzten Jahr?	☐ ja	☐ nein
Injektionen in den letzten 30 Tagen?	☐ ja	☐ nein

Alter bei der ersten Injektion:
Jahre der Injektionen insgesamt:

Manchmal/öfters Spritzen geteilt?	☐ ja	☐ nein
In den letzten 30 Tagen Spritzen geteilt?	☐ ja	☐ nein

Wie oft im Leben schwere Entzugserscheinungen?
Wie oft im letzten Jahr schwere Entzugserscheinungen?

Wie oft im Leben Drogenüberdosis?
Wie oft im letzten Jahr Drogenüberdosis?

Tab. 3.6.: Fragen zur Behandlungserfahrung

Behandlung	Wie oft insgesamt?	Wann zuletzt?
Psychosoziale Beratung in einer Beratungsstelle		
Ambulante professionelle Entgiftung		
Stationäre Entgiftung		
Ambulante Substitution		
Ambulante abstinenzorientierte Therapie		
Stationäre abstinenzorientierte Therapie		
Tagesklinik		
Psychiatrische Klinik		
Andere Kliniken		
Andere Formen der Behandlung wegen Alkohol- und Drogenproblemen		
Kommentar		

Tab. 3.5.: Diagnostik der Abhängigkeit

Diagnosen	ICD-Stelle				ICD-10: Diagnostische Kriterien für Stelle 4 *						Rang**
	1	2	3	4*	starker Wunsch oder eine Art Zwang, psychotrope Substanzen zu konsumieren	verminderte Kontrollfähigkeit bezüglich Beginn, Beendigung und Menge des Konsums	körperliches Entzugssyndrom bei Beendigung oder Reduktion des Konsums	Nachweis einer Toleranz: Nötig sind zunehmend höhere Dosen, die für Konsumenten ohne Toleranzentwicklung tödlich wären	fortschreitende Vernachlässigung anderer Interessen zugunsten des Substanzkonsums, erhöhter Zeitaufwand, um Substanz zu beschaffen, zu konsumieren oder sich zu erholen	anhaltender Substanzkonsum trotz Nachweises eindeutig schädlicher Folgen	
Alkohol	F	1	0								
Opioide: – Heroin	F	1	1								
– Methadon	F	1	1								
– Codein-Präparate	F	1	1								
– andere Opiate	F	1	1								
Cannabinoide	F	1	2								
Sedativa/Hypnotika	F	1	3								
Kokain	F	1	4								
Crack	F	1	4								
andere Stimulantien	F	1	5								
Halluzinogene: – LSD	F	1	6								
– Mescalin	F	1	6								
Ecstasy	F	1	6								
Tabak	F	1	7								
Flüchtige Lösungsmittel	F	1	8								
Multipler Substanzkonsum	F	1	9								

* Wenn mindestens drei Kriterien zutreffen, ist die Diagnose Abhängigkeit zu stellen und bei ICD-Stelle 4 eine 2 einzutragen.

** In dieser Spalte kann der Rangplatz eingetragen werden, der sich aus der Diagnostik ergibt.

Typologien

Die diagnostischen Kriterien des ICD-10 und des DSM-IV haben sich in der alltäglichen Praxis in Beratungseinrichtungen bislang noch nicht ganz durchgesetzt. Neben diesen Schemata wird die alte typologische Zuordnung der **Anonymen Alkoholiker** weiter verwendet, die in Anlehnung an Jellinek (1960) von einem Phasen- und Persönlichkeitskonzept ausgeht. Die dieser Typologie zugrunde liegende Modellvorstellung der Entwicklung von Sucht deckt sich nicht mehr mit den heutigen Erkenntnissen. Besonders in die Kritik geraten ist die Vorstellung, dass die Entwicklung von Sucht mit dem Kontrollverlust unabwendbar und unumkehrbar ist. Forschungsergebnisse zur Frühintervention, zur Rückfallprävention und zum Kontrollierten Trinken widerlegen dieses Konzept von Sucht (Körkel et al. 1995, Kruse et al. 2000, Marlatt & Gordon 1995).

Dazu kommt, dass die Typologie nach Jellinek ganz und gar an männlichen Bildern orientiert ist. Dieses Klassifikationsschema leistet wenig, wenn es um die Störungsbilder und die Problemlagen von substanzabhängigen Frauen geht. Daher sollte auf ihre Verwendung ganz verzichtet werden.

Damit ist die Suche nach Typologien nicht beendet (Preuß et al. 1997, Schuckit & Morrissey 1976, Schuckit & Irwin 1989). Wichtige Fortschritte auf diesem Gebiet haben die Arbeiten von Cloninger und Mitarbeitern (1981, 1987) ergeben, die auf der Grundlage von Studien mit Adoptivkindern zwei Typen von Alkoholabhängigen herausgearbeitet haben. Typ I, den man sowohl bei Frauen wie bei Männern findet, lässt sich folgendermaßen charakterisieren: später Beginn der Abhängigkeit (nach dem 25. Lebensjahr), anfangs eher milder Verlauf der Störung, stark abhängig von Umweltfaktoren. Typ II unterscheidet sich in jeder dieser Dimensionen von Typ I. Aus methodischen Gründen (sehr kleine Stichprobe) hat man es bei Typ II nur mit Männern zu tun, die sich folgendermaßen charakterisieren lassen: früher Beginn der Abhängigkeit (vor dem 25. Lebensjahr), eher schwerer Verlauf der Störung, Suche nach neuen Reizen (Sensation-Seeking nach Zuckerman 1994), starke hereditäre Faktoren (unterstellt wird eine Vererbung vom Vater auf den Sohn). Cloningers Studien haben viele Anregungen gebracht, aber die empirische Validierung seiner Typologie für beide Geschlechter steht aus.

Neuere Untersuchungen belegen bereits, dass das Einstiegsalter nicht nur für Jungen und Männer von Bedeutung ist, sondern noch mehr für Mädchen und Frauen. Am besten wurde das bisher anhand von Studien gezeigt, die den Lebenslauf von alkoholabhängigen Frauen rekonstruiert haben (Vogt 1994). Auf dem Hintergrund der Biographie und unter Berücksichtigung der Selbstdeutungen der Frauen lassen sich zwei Idealtypen herausarbeiten.

Frauen, die dem Idealtyp I entsprechen, entwickeln Störungen durch psychoaktive Substanzen nach dem 25. Lebensjahr, oft auch noch sehr viel später im Leben. Hintergrund dafür sind Lebenskrisen, auf die die Frauen mit exzessivem Alkoholkonsum reagieren. Nach einer kurzen Einstiegsphase kommt es schnell zum Verlust der Selbststeuerung des Verhaltens. Bestimmend sind Schuldgefühle über das eigene Verhalten sowie Selbstvorwürfe und Selbstentwertungen (Cloninger et al. 1991, Nixon 1993). Bis zur aktuellen Krise und zum Beginn der substanzbedingten Störung waren die Frauen gut angepasst an die Normen und Werte ihrer Lebenswelt und sozial fest verankert. Je länger die Störung andauert und je mehr sie sich verfestigt, umso brüchiger werden die alten Orientierungen und die sozialen Beziehungen. Chronifiziert die Substanzabhängigkeit, dann fallen die Betroffenen auf die Dauer aus allen sozialen Bezügen heraus.

Frauen vom Idealtyp II unterscheiden sich in vielerlei Hinsicht von denen des Idealtyps I. In ihren Biographien häufen sich Hinweise auf Vernachlässigung, Misshandlung und sexuellen Missbrauch, die Auslöser für Posttraumatische Belastungsstörungen sein können, ebenso für Persönlichkeitsstörungen (siehe weiter unten). Je früher im Leben insbesondere sexueller Missbrauch stattgefunden hat, umso nachhaltiger sind die psychischen Störungen. Es ist davon auszugehen, dass die Betroffenen in der Jugend, wenn unbewältigte Traumata wieder belebt werden, Alkohol und andere Drogen zur Selbstbehandlung einsetzen. Da die

Tab. 3.7.: Typologie alkoholabhängiger Frauen

Idealtyp I	Idealtyp II
Spätes Einstiegsalter in den exzessiven Konsum von Alkohol (nach dem 25. Lebensjahr).	Frühes Einstiegsalter in den exzessiven Konsum von Alkohol (vor dem 25. Lebensjahr).
Zusammenhang mit belastenden Lebensereignissen kurz vor oder während der Einstiegsphase nachweisbar.	Zusammenhang mit belastenden Lebensereignissen kurz vor oder während der Einstiegsphase nicht nachweisbar.
Viele Schuldgefühle wegen des Alkoholkonsums.	Wenig Schuldgefühle wegen des Alkoholkonsums.
Selbstentwertungen bestimmen das Selbstbild.	Größenphantasien und Selbstentwertungen bestimmen das Selbstbild.
Positive Beziehungen zu den eigenen Kindern.	Negative Beziehungen zu den eigenen Kindern.
Orientierung an konventionellen Normen.	Orientierung an unkonventionellen Normen.
Klare Erwerbsbiographie.	Unklare Erwerbsbiographie.
	Verdacht auf sexuellen Missbrauch in der Kindheit und Posttraumatische Belastungsstörungen.

Wirkungen der psychoaktiven Stoffe zur Bewältigung der Traumata nur kurzfristig anhalten, kommt es schnell zu Wiederholungszwängen und dem Verlust der Kontrolle über das Verhalten (Vogt 1998). Auffallend in den Biographien sind Abweichungen von der Norm in der Kindheit und Jugend und die Suche nach neuen Reizen (Sensation-Seeking). Diese Frauen waren und sind sozial schlecht eingebunden. Je länger die Alkoholabhängigkeit dauert, umso mehr vereinsamen sie. Die Parallelen zwischen dieser Gruppe und der von Cloninger als Typ II charakterisierten Gruppe von alkoholabhängigen Männern sind offensichtlich.

Geht man von solchen Idealtypologien aus, dann eröffnen sich damit andere Zugänge zum Verständnis der Krankheit und zu ihrer Behandlung. Frauen benötigen je nach der Zuordnung zu einem der beiden Typen unterschiedliche Hilfsangebote und Unterstützung.

Barbor und Mitarbeiter (1992b, vgl. Preuß et al. 1997) haben in einer aufwendigen Untersuchung die Typologie von alkoholabhängigen Männern und Frauen noch genauer aufgefächert und differenziert. Die wichtigsten Ergebnisse der Studie sind hier zusammengestellt.

Tab. 3.8.: Typologie von alkoholabhängigen Frauen und Männern nach Barbor

Typ A	Typ B
Später Beginn (30–34 Jahre).	Früher Beginn (vor dem 21. Lebensjahr).
Wenig Risikofaktoren in der Kindheit.	Viele Risikofaktoren in der Kindheit.
Abhängigkeit nur schwach ausgeprägt.	Starke Ausprägung der Abhängigkeit; Missbrauch weiterer Substanzen.
Wenige körperliche und soziale Konsequenzen des Alkoholkonsums.	In kurzer Zeit viele körperliche und soziale Konsequenzen des Alkoholkonsums.
Niedrige Komorbidität.	Hohe Komorbidität.
Wenig Belastungsfaktoren im familiären und beruflichen Umfeld.	Viele Belastungsfaktoren im familiären und beruflichen Umfeld.
Gute therapeutische Prognose.	Schlechte therapeutische Prognose.

Berücksichtigt man, dass die Studien zur Typologie mit unterschiedlichem Erkenntnisinteresse und verschiedenen Methoden durchgeführt worden sind, dann erstaunen eine Reihe von Übereinstimmungen. Wichtig für die Entwicklung, den Verlauf und die Prognose von Störungen durch psychoaktive Substanzen sind danach das **Einstiegsalter**, die **Belastungen durch die Familie** (hereditäre und psychosoziale familiäre Belastungen), **Gewalterfahrungen in der Kindheit** (bei Mädchen vor allem sexueller Missbrauch, vgl. Schmidt 2000) und die **Suche nach neuen Reizen** (Sensation-Seeking).

Mehrfachabhängigkeit, Komorbidität

Wie bereits erwähnt, gehen die Diagnoseschemata ICD-10 und DSM-IV von einer **Phänomenologie der Komorbidität psychischer Störungen** aus. Wie Krampen (1998) ausführt, sollen so viele Diagnosen wie nötig gestellt werden.

In der Praxis wird der Begriff **Mehrfachabhängigkeit** in der Regel im Zusammenhang mit der Abklärung der Konsummuster von psychoaktiven Substanzen verwendet (Ladewig 2000, Wetterling & Veltrup 1997). Wie mittlerweile gut belegt ist, findet man nicht selten Überschneidungen zwischen dem Konsum, dem Missbrauch oder auch der Abhängigkeit von einer psychoaktiven Substanz mit einer anderen. Besonders häufig ist die Kombination von Alkohol und Zigaretten, und beide Stoffe haben ein hohes Abhängigkeitsrisiko. Man kann also von beiden Substanzen abhängig sein, oder man kann die eine missbrauchen und von der anderen abhängig sein. Dazu kommt bei manchen Frauen der Gebrauch von psychoaktiven Medikamenten, allen voran der von Schmerzmitteln, und bei manchen Männern der von anderen (illegalen) Drogen. Auch hier kann es sich um Missbrauch und Abhängigkeit handeln. Noch komplexer sind die Konsum- und Abhängigkeitsmuster bei denjenigen Frauen und Männern, die von Opiaten und hier wiederum von Heroin abhängig sind, die zudem Kokain oder Crack sowie viele andere psychoaktive Substanzen nehmen.

Zur Abklärung der Mehrfachabhängigkeit muss also zunächst der Gebrauch, Missbrauch oder die Abhängigkeit von verschiedenen psychoaktiven Substanzen erschöpfend erhoben und diagnostiziert werden. Dazu gehört auch, zu prüfen, ob es sich um eine akute Intoxikation oder um Entzugserscheinungen handelt (Schmidt 1997). Die Komplexität der Diagnostik erhöht sich auf diese Weise ganz beträchtlich.

Die Erhebung und genaue Dokumentation der Mehrfachabhängigkeit ist wichtig, weil sich daraus Hinweise für die Beratung und Behandlung ergeben. Liegt Mehrfachabhängigkeit von mindestens zwei oder mehreren Substanzen vor, die sich über eine längere Zeit hinzieht, ist mit weiteren gesundheitlichen Problemen zu rechnen. Im Einzelfall ist dann eine eingehende medizinische Untersuchung zur Abklärung des gesundheitlichen Zustands notwendig.

Der Begriff **Komorbidität** verweist darauf, dass zwei (oder mehrere) sehr verschiedene psychische Störungen diagnostiziert werden (Maier et al. 1999, Stohler 2000). Mehrfachabhängigkeit und Komorbidität schließen sich nicht aus, vielmehr ist damit zu rechnen, dass mit der Mehrfachabhängigkeit das Risiko der Komorbidität zunimmt. Zu den wichtigsten zusätzlichen psychischen Störungen, die man bei substanzabhängigen Frauen und Männern beobachtet, gehören **Angststörungen** mit den hier exemplarisch ausgewählten Unterkategorien *Panikattacken, Generalisierte Angststörung* und *Posttraumatische Belastungsstörungen*, **Affektive Störungen** mit den Unterkategorien *Major Depression, Dysthyme Störung, Bipolare Störung* und *Substanzinduzierte Affektive Störung*, **Ess-Störungen** in der Form von *Anorexie* und *Bulimie*, sowie – mit gewissen Einschränkungen – **Schizophrenie** und andere **Psychotische Störungen**.

Bei der Erhebung von Diagnosen von weiteren psychischen Störungen sollten folgende Fragen berücksichtigt werden: (a) Sind die psychischen Störungen schon in einem Lebensabschnitt vor der Substanzabhängigkeit aufgetreten? Sind sie nach einem Entzug nachweisbar? (b) Treten die psychischen Störungen mit der Intoxikation oder während einer Substanzabhängigkeit auf? (c)

Werden die psychischen Störungen durch das Absetzen der Substanzen hervorgerufen? Diagnostisch relevant sind die Fragen nach dem Beginn der verschiedenen psychischen Störungen; davon hängt ab, ob es sich um (a) substanzunabhängige oder (b, c) substanzinduzierte Störungen handelt. Substanzunabhängige Störungen unterscheiden sich in der Regel in ihrem Verlauf von substanzinduzierten. Je nach Fall müssen sie unterschiedlich behandelt werden (Maier et al. 1999). Bei einer Reihe dieser Störungen ist weiterhin davon auszugehen, dass sie nicht von selbst »verschwinden«, wenn die Substanzabhängigkeit erfolgreich behandelt worden ist. Zusätzliche psychische Störungen müssen deshalb von Fachleuten diagnostiziert und im Veränderungs- und Hilfeplan gesondert berücksichtigt werden.

Über Mehrfachabhängigkeit und Komorbidität wird heute viel geredet und geschrieben. Fast hat es den Anschein, als habe man es mit neuen Phänomenen zu tun. Das ist aber nicht der Fall. Schon lange ist bekannt, dass Substanzabhängige zusätzliche psychische und physische Beschwerden, Störungen und Krankheiten haben. Mit der Einführung und vor allem der Durchsetzung der Diagnostik nach ICD-10 und DSM-IV sind die Fachleute lediglich dazu gezwungen worden, Mehrfach-, Zusatz- und Nebendiagnosen anzugeben. Das hat dazu geführt, dass für jeden Einzelfall die Zahl der Diagnosen erheblich angestiegen ist (Driessen 1999, Krausz & Müller-Thomsen 1994, Krausz & Lambert 2000, Krausz et al. 1998, 2000, Reymann et al. 2000, Schwoon & Krausz 1994, Verheul et al. 1997). Diese Entwicklung ist noch voll im Gange. Erst in einigen Jahren wird sich herausstellen, ob das Verfahren, möglichst viele Störungen pro Fall zu dokumentieren, sich bewährt.

Allerdings kann man nicht übersehen, dass die Belastungen der Substanzabhängigen mit zusätzlichen psychischen Störungen im Vergleich mit dem Bevölkerungsdurchschnitt erheblich erhöht sind. Handelt es sich um substanzunabhängige Störungen, dann spricht vieles dafür, dass die Betroffenen die Substanzen nicht zuletzt zur Selbstmedikation einsetzen. Nach der Gewöhnung an die Stoffe stellt sich aber dann zusätzlich die Substanzabhängigkeit mit den dafür typischen Wirkungen und gesundheitlichen Beeinträchtigungen ein. Dazu kommt, dass Substanzabhängige überdurchschnittlich häufig psychische Störungen entwickeln. Klassisches Beispiel dafür ist die Schizophrenie, die in der Bevölkerung bei Männern und Frauen etwa gleich häufig diagnostiziert wird. Unabhängig vom Geschlecht ist das Risiko von Schizophrenen, substanzabhängig zu werden, wenigstens vier mal größer als in der Bevölkerung (Regier et al. 1990). Ebenso ist das Risiko von Substanzabhängigen, schizophren zu werden, im Vergleich zur Bevölkerung erhöht, jedoch wohl nicht im selben Ausmaß wie im umgekehrten Fall.

Soweit die Daten zur Komorbidität von Substanzabhängigen nach dem Geschlecht differenziert werden (Günthner et al. 2000, Verthein et al. 1998, Wittfoot & Driessen 2000), findet man ähnliche Ergebnisse wie in anderen Populationen mit psychischen Störungen auch. Kurz gefasst stellt man fest, dass der Anteil der substanzabhängigen Frauen, die unter Angststörungen, Affektiven Störungen oder Ess-Störungen leiden, erheblich höher ist als bei den Männern. Bei den substanzabhängigen Männern diagnostiziert man jedoch weit häufiger als bei den Frauen Persönlichkeitsstörungen und sexuelle Störungen (Dilling et al. 1984, Ernst 2001, Schepank 1987, 1999). Darüber hinaus haben substanzabhängige Männer eine erheblich höhere Kriminalitätsbelastung mit Inhaftierungen als substanzabhängige Frauen. In der Strafhaft verschärfen sich nach allem, was wir heute wissen, psychische Störungen und Persönlichkeitsstörungen.

Im Folgenden sollen einige wichtige psychische Störungen, die häufig zusätzlich bzw. neben der Substanzabhängigkeit diagnostiziert werden, sehr kurz vorgestellt werden.

Kurze Charakterisierung von ausgewählten psychischen Störungen

Angststörungen

ICD-10 und DSM-IV unterscheiden sich in der Bezeichnung der Gruppe von Störungen sowie bei der Einordnung. Im ICD-10 sind im Abschnitt F4 **Neurotische, Belastungs- und somatoforme Störungen** zusammengefasst. Im DSM-IV heißt das Kapitel einfach **Angststörungen**. Im ICD-10 beginnt der Katalog der Störungen mit den *Phobien*, zu denen u. a. die *Agoraphobie* (ohne und mit Panikstörung) gerechnet wird. Daran schließen sich andere Angststörungen an, zum Beispiel die *Panikstörung*, die *generalisierte Angststörung* usw. Es folgen die *Zwangsstörungen* und schließlich die *Reaktionen auf schwere Belastungen und Anpassungsstörungen*, zu denen die *Posttraumatische Belastungsstörung* zählt. Am Ende folgen *dissoziative, somatoforme und nicht weiter spezifizierte neurotische Störungen*. Das DSM-IV, das sich weitgehend von der Tradition der Neurosenlehre verabschiedet hat, ordnet die Angststörungen folgendermaßen an:

– Panikattacken, sehr starke, aber kurze Angstanfälle mit Todesangst und einer Vielzahl von körperlichen Symptomen;
– Agoraphobie, Angst vor Plätzen, Orten oder Situationen, die eine Flucht unmöglich erscheinen lassen;
– verschiedene Kombinationen von Panikattacken und Agoraphobie;
– spezifische Phobien, starke Angst vor bestimmten und gefürchteten Objekten oder Situationen;
– Soziale Phobie, Angst vor sozialen Situationen;
– Zwangsstörungen mit Zwangsgedanken oder Zwangshandlungen;
– Posttraumatische Belastungsstörungen als Wiederbelebung unbewältigter Traumata;
– Akute Belastungsstörungen als Reaktion auf akute traumatische Erfahrungen;

- Generalisierte Angststörung, Ängste und Besorgnisse über längere Zeit;
- Angststörung wegen anderer Erkrankungen;
- substanzinduzierte Angststörungen.

Angststörungen (mit Ausnahme der substanzinduzierten Angststörungen) werden bei Frauen viel häufiger diagnostiziert als bei Männern; die Lebenszeit-Prävalenzen liegen bei Frauen in den USA bei 30 % (Männer 20 %), in den Niederlanden bei 25 % (Männer 14 %) und in Deutschland bei 20 % (Männer 9 %)[12]. Die geschlechtsspezifischen Differenzen lassen sich nicht zurückführen auf geschlechtsspezifische Unterschiede im Umgang mit Angst oder auf geschlechtsstereotype Vorurteile gegenüber entsprechenden Klagen von Frauen und Männern, sondern haben vermutlich andere Ursachen, die allerdings noch genauer erforscht werden müssen (Riecher-Rössler & Rohde 2001).

Angststörungen sind oft assoziiert mit affektiven Störungen, mit dissoziativen Störungen und mit Persönlichkeitsstörungen (Hoyer & Markgraf 2003, Saß et al. 1996). In jedem Einzelfall ist also die Komorbidität von Störungen diagnostisch genau abzuklären. Darauf kann hier nicht ausführlich eingegangen werden.

Aus der Fülle der Angsterkrankungen sollen im Folgenden nur vier Formen etwas genauer dargestellt werden: die Panikattacken, die Agoraphobie, die Generalisierte Angst und die Posttraumatischen Belastungsstörungen.

Als **Panikattacken** umschreibt man plötzlich auftretende vehemente Angstanfälle in Kombination mit mindestens vier der hier aufgelisteten körperlichen Symptome: Herzklopfen, Schwitzen, Zittern und Beben, Hitzewallungen oder Kälteschauer, Atemnot, Erstickungsgefühle, Schmerzen in der Brust, Übelkeit, Schwindel und Angst vor einer Ohnmacht, Derealisa-

---

12 Die Schwankungsbreite zwischen den verschiedenen Studien ist sehr groß. Das gilt für Angststörungen allgemein ebenso wie für verschiedene Untergruppen. Das liegt u. a. an methodischen Unterschieden zwischen den Studien, wahrscheinlich aber auch an regionalen Differenzen und Besonderheiten im Umgang mit der Diagnostik (Angst & Sellaro 2001).

tion und Depersonalisation, Angst davor, verrückt zu werden oder zu sterben. Die Attacken erreichen gewöhnlich in zehn Minuten ihren Höhepunkt. Betroffene haben das Gefühl drohender Gefahr und starke Fluchtimpulse. In der Folge von Panikattacken setzt intensive Besorgnis ein vor der nächsten Attacke bzw. vor den Orten, an denen die Ängste aufgetreten sind. Vielfach reduzieren die Betroffenen ihre Aktivitäten in der Hoffnung, auf diese Weise dem nächsten Angstanfall zu entgehen.

Charakteristika der Panikstörung

1. Panikanfälle:
   Plötzliche und unerwartete Attacken, kein eindeutiger Auslöser, keine Erklärung;
2. Körperliche Beschwerden:
   Herzklopfen, Brustschmerzen, Erstickungsgefühl, Schwindel usw.;
3. Psychische Beschwerden:
   Furcht zu sterben, die Kontrolle zu verlieren, einen Herzanfall zu bekommen;
4. Keine organischen Ursachen nachweisbar.

Frauen leiden sehr viel häufiger als Männer unter Panikattacken. Die Lebenszeit-Prävalenzen liegen bei Frauen zwischen 2,1 % und 3,2 %, die der Männer bei 0,8 % und 1,7 %; das Verhältnis von Frauen zu Männern variiert entsprechend zwischen 4:1 und 1,5:1 (vgl. Ernst 2001).

Die **Agoraphobie** gehört zu den bekanntesten Angststörungen unter der Bezeichnung »Platzangst«. Hauptmerkmal der Agoraphobie ist die Angst, sich an Orten oder in Situationen zu befinden, von denen man, wenn die Angst kommt (z. B. als Panikattacke), nicht fliehen kann, weil das schwierig (z. B. die Flucht aus einer Menschenmenge) oder peinlich (z. B. die Flucht vor dem Abendessen mit Freunden) ist, und weil die Betroffenen meinen, dass sie in diesen Situationen (z. B. im Supermarkt) keine Hilfe bekommen. Das führt in der Regel dazu, dass die Betroffenen die Orte und Situationen meiden, in denen die Angst auftreten kann.

Charakteristika der Agoraphobie
1. Psychische und vegetative Symptome sind Manifestationen von Angst,
   daher differenzialdiagnostische Abgrenzung gegenüber »normaler« Angst, Wahn- oder Zwangsgedanken notwendig;
2. Angst ist in mindestens zwei der folgenden Situationen aufgetreten:
   in Menschenmengen, auf öffentlichen Plätzen, bei Reisen mit anderen (z. B. im Flugzeug) oder bei Reisen allein;
3. Vermeiden der Situationen, in denen Angst aufgetreten ist (oder auftreten könnte).

Unbehandelt kommt es sehr oft zu zunehmenden Handlungseinschränkungen der Betroffenen; in manchen Fällen beschränken sie ihren Aktionsradius ganz auf die Wohnung. Wie oben dargestellt, gibt es enge Verschränkungen zwischen Agoraphobie und Panikattacken, ebenso zwischen Agoraphobie und sozialer Phobie. Entsprechend treten bei Agoraphobie in Kombination mit Panikattacken körperliche Symptome wie Herzrasen, Schwitzen, Atemnot, Schmerzen in der Brust usw. auf. Typisch für die Kombination beider Formen von Angststörungen ist das Vermeidungsverhalten der Betroffenen, das bis zur Immobilität führen kann.

Die **Generalisierte Angststörung** ist charakterisiert durch ausgeprägte, mindestens sechs Monate anhaltende starke Ängste und Sorgen mit Bezug auf für das eigene Leben bedeutungsvolle Ereignisse. Betroffene können die Sorgen nicht kontrollieren (Wittchen 1997). Sie werden begleitet von Ruhelosigkeit, leichter Ermüdbarkeit, Konzentrationsschwierigkeiten, Reizbarkeit, Muskelverspannungen, Schmerzen und Schlafstörungen. Konkrete Anlässe für die Angst und die Sorgen, wie zum Beispiel Angst vor einer Panikattacke oder vor bestimmten Objekten (wie bei den Phobien), sind nicht auszumachen; jedoch beherrschen die Ängste die Betroffenen so sehr, dass sie Schwierigkeiten haben, ihren Alltag zu organisieren. Im Vergleich zu nichtpathologischer Angst haben Personen mit einer generalisierten Angststörung übertriebene Angst, d. h., die Angst steht in keinem angemessenen Verhältnis zu dem Ereignis, vor dem sie Angst haben. Dazu kommt die Unfähigkeit, die Angst zu kontrollieren.

Anpassungsstörungen, Akute Belastungsstörungen und **Posttraumatische Belastungsstörungen** (**PTSD**) haben einiges gemeinsam, unterscheiden sich aber vor allem hinsichtlich der Dauer der Störungen. Die Störungen haben Auslöser; es handelt sich um Reaktionen von Personen auf extrem traumatische Ereignisse, wie zum Beispiel das Erleben von körperlicher oder sexueller Gewalt, von Vergewaltigung, Geiselnahme, Folter oder die Verwicklung in Kriegshandlungen oder in andere lebensbedrohende Katastrophen.

Die Akute Belastungsstörung zeichnet sich dadurch aus, dass die Belastungsreaktionen vorübergehend sind, dass sie spontan nach Stunden oder Tagen, spätestens nach vier Wochen abklingen. Typisch für diese Reaktionen sind subjektive Gefühle von Taubheit oder das Fehlen der emotionalen Reaktionsfähigkeit, Beeinträchtigung der bewussten Wahrnehmung der Umwelt, Derealisation, Depersonalisation, dissoziative Amnesie und Symptome von Angst wie Schlafstörungen, Reizbarkeit, Konzentrationsstörungen usw.

Klingen die Symptome nicht ab, sondern persistieren sie, kann es zu einer Posttraumatischen Belastungsstörung (oder Post Traumatic Stress Disorder, PTSD) kommen. Die Auslöser der Störung sind ähnlich wie bei einer Akuten Belastungsstörung, also das Erleben von körperlicher oder sexueller Gewalt, von Vergewaltigung, Geiselnahme, Folter oder die Verwicklung in Kriegshandlungen oder in Katastrophen. In diesen Fällen kommt es zum Gefühl der Hilflosigkeit und durch das trauma-

tische Erleben zu einer Erschütterung des Selbst- und Weltver-
ständnisses. Das Störungsbild ist geprägt durch *sich aufdrän-
gende, belastende Gedanken und Erinnerungen an das Trauma*
oder typische Erinnerungslücken, durch *Symptome der Über-
erregung* wie Schlafstörungen, Schreckhaftigkeit, vermehrte
Reizbarkeit, Affektintoleranz, Konzentrationsstörungen, *Vermeidungsverhalten, emotionale Taubheit* mit einem allgemeinen
Rückzug, Interessenverlust und innerer Teilnahmslosigkeit. Die
Symptome beginnen entweder sofort nach dem traumatischen
Ereignis und klingen nicht mehr ab, oder sie setzen erst später,
nach drei Monaten oder noch viel später ein. Sehr häufig tritt
nach einer gewissen Zeit Remission ein; in manchen Fällen
kommt es jedoch zu einer Chronifizierung mit Langzeitent-
wicklungen. Bei Personen mit lang anhaltenden personalen
Traumatisierungen stellt man folgende Störungen in der Bezie-
hungsfähigkeit fest:

– Rückzug aus sozialen Bindungen (häufig bei Überlebenden
  von Konzentrationslagern);
– Reviktimisierung in Beziehungen, wobei das Opfer meist erneut zum Opfer wird (häufig bei Frauen, die als Kinder sexuell ausgebeutet worden sind, oder bei Frauen, die Opfer einer
  Vergewaltigung wurden);
– Traumawiederholung als aktive Traumatisierung, d. h., das
  Opfer wird zum Täter und wiederholt an seinen Opfern die
  selbst erlebte Traumatisierung (häufig bei Männern, die als
  Kinder Opfer von Gewalt geworden sind und die als Erwachsene zu Gewalttätern werden).

Treten diese Störungen als Folge von PTSD auf, handelt es sich
um **Komplexe Posttraumatische Belastungsstörungen** (complex PTSD, vgl. Wöller et al. 2001) bzw. um eine andauernde
Persönlichkeitsveränderung nach Extrembelastung.

Störungen durch extremen Stress (complex PTSD)[13]

A. Störungen der Regulierung des affektiven Erregungsniveaus
   1. Chronische Affektdysregulation
   2. Schwierigkeiten, Ärger zu modulieren
   3. Selbstdestruktives und suizidales Verhalten
   4. Schwierigkeiten im Bereich des sexuellen Erlebens, vor allem der Hingabefähigkeit
   5. Impulsive und risikoreiche Verhaltensweisen
B. Störungen der Aufmerksamkeit und des Bewusstseins
   1. Amnesie
   2. Dissoziation
C. Somatisierung
D. Chronische Persönlichkeitsveränderungen
   1. Änderung in der Selbstwahrnehmung: chronische Schuldgefühle; Selbstvorwürfe; Gefühle, nichts bewirken zu können; Gefühle, fortwährend geschädigt zu werden
   2. Änderungen in der Wahrnehmung des Schädigers: verzerrte Sichtweisen und Idealisierung des Schädigers
   3. Veränderung der Beziehung zu anderen Menschen:
      a. Unfähigkeit, zu vertrauen und Beziehungen mit anderen aufrechtzuerhalten
      b. die Tendenz, erneut Opfer zu werden
      c. die Tendenz, andere zum Opfer zu machen
E. Veränderung in Bedeutungssystemen
   1. Verzweiflung und Hoffnungslosigkeit
   2. Verlust der bisherigen Lebensüberzeugungen

---

13 Wie aus der Zusammenstellung ersichtlich wird, ist die komplexe Posttraumatische Belastungsstörung eng assoziiert mit dissoziativen Störungen, z. B. dissoziativer Amnesie, dissoziativer Identitätsstörung oder der Depersonalisationsstörung, ebenso mit Persönlichkeitsstörungen wie z. B. einer Borderline-Persönlichkeitsstörung und der Narzisstischen Persönlichkeitsstörung. Bei Drogenabhängigen kommt dazu noch die Antisoziale Persönlichkeitsstörung. Die Komplexität der Störungen mit der damit verbundenen Komorbidität erschwert die Behandlung.

Sehr pauschal kann man davon ausgehen, dass in Friedenszeiten ca. 75 % der Bevölkerung eines Landes im Laufe des Lebens extreme Stresssituationen durchleben. Etwa ein Viertel der Betroffenen reagiert darauf nicht nur mit Anpassungsstörungen oder mit Akuten Belastungsstörungen, sondern entwickelt eine PTSD. Kinder, die sexuelle Gewalt erlebt haben, und Frauen, die Opfer einer Vergewaltigung geworden sind, haben ein besonders großes Risiko, eine komplexe Posttraumatische Belastungsstörung zu entwickeln[14]; bei Frauen, die vergewaltigt worden sind, geht man davon aus, dass jede zweite eine PTSD entwickelt und dass diese bei sehr vielen von ihnen chronifiziert (Flatten et al. 2001a). Da Mädchen sehr viel häufiger als Jungen Opfer sexueller Gewalt werden und da Vergewaltigung fast ausschließlich Frauen trifft, versteht es sich von selbst, dass PTSD besonders häufig bei Frauen festgestellt werden kann. Die ärztliche Diagnostik bleibt hinter diesen Befunden zurück, vor allem dann, wenn das auslösende traumatische Ereignis weit zurückliegt, wenn das Opfer hinsichtlich des ersten Ereignisses Erinnerungslücken hat und wenn die PTSD von Alkohol- und Drogenabhängigkeit überlagert ist.

Zusammenfassend ist festzuhalten, dass Angststörungen sehr verbreitet sind. Die Angaben zu der Lebenszeit-Prävalenz variieren zwischen 30 % bei den Frauen und 10 % bei den Männern; das Geschlechterverhältnis variiert je nach Studie und Formen der Angst zwischen 4:1 und 2:1. Besonders stark betroffen sind Frauen von PTSD, da sie sehr viel häufiger als Männer Opfer von Gewalt, vor allem von sexueller Gewalt, sind.

In Populationen von Alkohol- und Opiatabhängigen liegt der Anteil derjenigen, bei denen ganz allgemein Angststörungen diagnostiziert werden, nicht jedoch PTSD, bei etwa 50 %. Das Verhältnis von Frauen zu Männern liegt wiederum bei 2:1.

---

14 Auch hier findet man gehäuft Komorbidität mit dissoziativen Störungen und Persönlichkeitsstörungen vom Typ der Borderline-Störung, vgl. Fiedler 2001a.

Affektive Störungen

Auch bei den Affektiven Störungen, deren Hauptcharakteristikum die Veränderung der Stimmung, der Affekte ist – die Betroffenen werden gewöhnlich depressiv, traurig, hoffnungslos –, unterscheiden sich die Diagnoseschemata von ICD-10 und DSM-IV, aber immerhin nicht so stark wie bei den Angststörungen. Die folgende Darstellung ist wiederum am DSM-IV orientiert. Man unterteilt die Affektiven Störungen in Depressive Störungen (Monopolare Depressionen) mit Major Depression, Dysthymer Störung und nicht näher bezeichneter depressiver Störung, sowie in Bipolare Störungen I und II mit manischen und depressiven Phasen. Affektive Störungen können aufgrund einer anderen Krankheit ausgelöst werden, ebenso können sie substanzinduziert sein.

Die Lebenszeit-Prävalenz von Major Depression liegt in den USA bei Frauen bei 21 % (Männer: 13 %, mit insgesamt starken Schwankungen der Ergebnisse zwischen verschiedenen Studien), in den Niederlanden bei 20 % (Männer: 11 %) und in Deutschland bei 14 % (Männer: 4 %). Das Geschlechterverhältnis variiert jedoch recht wenig zwischen 3:1 und 2:1. Bei Dysthymen Störungen liegen die Lebenszeit-Prävalenzen um etwa ein Drittel niedriger; das Geschlechterverhältnis ändert sich jedoch kaum.

Affektive Störungen sind sehr oft mit Angststörungen assoziiert, zum Beispiel bei Agoraphobie mit und ohne Panikattacken, bei Generalisierter Angst (Wittchen & Schuster 1998) und bei PTSD.

Im Folgenden sollen wiederum einige ausgewählte Affektive Störungen etwas genauer dargestellt werden.

Major Depression. Eine Episode einer Major Depression diagnostiziert man, wenn eine Person innerhalb von zwei Wochen fast immer depressiv verstimmt war bzw. das Interesse an fast allen Aktivitäten und alle Freude verliert. Zu einem dieser beiden Kriterien kommen eine Reihe von psychosomatischen und psychischen Störungen, vor allem Schlaflosigkeit, Appetitlosigkeit,

Unruhe, leichte Ermüdbarkeit, Schuldgefühle, Suizidgedanken[15].

Charakteristika einer Major Depression

Mindestens 5 der folgenden Symptome bestehen während einer Zwei-Wochen-Periode; mindestens eines der Symptome ist entweder (1) depressive Verstimmung oder (2) Verlust an Interesse oder Freude:

1. depressive Verstimmung;
2. deutlich vermindertes Interesse an allen oder fast allen Aktivitäten;
3. deutlicher Gewichtsverlust oder deutliche Gewichtszunahme;
4. Schlaflosigkeit oder vermehrtes Schlafbedürfnis;
5. psychomotorische Unruhe oder Verlangsamung;
6. Müdigkeit oder Energieverlust;
7. Gefühle der Wertlosigkeit oder Schuldgefühle;
8. verminderte Fähigkeit, zu denken oder sich zu entscheiden;
9. Suizidgedanken, Planung von Suizid, Suizidversuch.

Abzuklären ist, ob es sich um eine einzelne depressive Episode oder um eine chronische Depression handelt, und weiterhin, ob die Ausprägung leicht, mittel oder schwer ist. Darüber hinaus muss selbstverständlich geklärt werden, ob die Depression anderweitig medizinisch krankheitsbedingt oder substanzinduziert ist. Auf weitere differenzialdiagnostische Details wird hier nicht eingegangen.

Bei chronischer Major Depression, in deren Vordergrund Suizidgedanken stehen, sollte umgehend eine Krisenintervention (vgl. Kapitel 6) in Kombination mit ärztlicher Behandlung eingeleitet werden.

---

15 Hier ergeben sich wiederum Überschneidungen mit Persönlichkeitsstörungen, insbesondere der Borderline-Persönlichkeitsstörung, die u. a. mit Selbstverletzungen, Suizidgedanken und Suizidversuchen einhergeht.

Dysthyme Störung. Es handelt sich um eine chronische depressive Verstimmung, die sich über die meiste Zeit eines Tages hinzieht und das seit etwa zwei Jahren. Die Betroffenen beschreiben sich als traurig und niedergeschlagen. Dazu kommen Schlaflosigkeit oder übermäßiges Schlafbedürfnis, Appetitlosigkeit oder starkes Essen, Energielosigkeit oder Erschöpfung, Konzentrationsstörungen oder Entscheidungsunfähigkeit, reduziertes Selbstwertgefühl und Gefühle der Hilflosigkeit. Personen mit einer Dysthymen Störung fallen selten auf; sie selbst und ihre Umwelt meinen oft, dass »sie schon immer so waren«. Die Störung ist dann Teil der Person, die sie in ihr Verhalten fest eingebaut hat.

Differenzialdiagnostisch ist die Dysthyme Störung gegen die Major Depression abzugrenzen, ebenso gegen medizinisch bedingte depressive Störungen oder solche, die durch psychoaktive Substanzen ausgelöst sind.

Bipolare Störung I. Hauptmerkmal der Störung sind manische Episoden, die entweder allein auftreten oder im Wechsel mit depressiven Episoden. Die manischen Phasen sind charakterisiert durch eine abnorme und anhaltend gute bis euphorische Stimmung, oft begleitet von einer gewissen Reizbarkeit. Dieser Zustand muss mindestens eine Woche andauern. Als weitere Anzeichen kommen dazu: übersteigertes Selbstwertgefühl mit Größenideen, vermindertes Schlafbedürfnis, Rededrang, Ideenflucht, Betriebsamkeit bis zur Unruhe und Hyperaktivität. Klingt die manische Phase ab, kommt es vorübergehend zu einer Normalisierung der Stimmung, die dann allmählich in die Depression abrutschen kann.

Bipolare Störung II. Diese Störung unterscheidet sich von der Bipolaren Störung I durch die Häufung von Major Depression mit mindestens einer manischen Episode.

Die Diagnostik der Bipolaren Störung I und II ist komplex. Sie kann hier nicht im Detail dargestellt werden.

Substanzinduzierte Affektive Störungen. Im Zusammenhang mit dem Konsum von psychoaktiven Substanzen kann es zu affektiven Veränderungen kommen. Es kann sich dabei um (einmalige) Intoxikationen handeln, die mit Affektiven Störungen einhergehen (z. B. wenn es zu bedrohlichen substanzinduzierten Vorstellungen kommt – so genannten »bad trips«), oder Depressionen können bei Entzug der Substanzen auftreten. Laborbefunde belegen, dass die Betroffenen entsprechende psychoaktive Substanzen eingenommen haben. Die depressiven Symptome klingen ab, wenn die Intoxikation abklingt bzw. wenn der Entzug bewältigt ist. Bestehen die depressiven Symptome über diese Zeit hinaus fort, handelt es sich sehr wahrscheinlich nicht (nur) um eine substanzinduzierte Affektive Störung.

Betroffene, die traumatische Ereignisse wie zum Beispiel Grenzverletzungen in Beratung oder Therapie (einschließlich sexueller Ausbeutung) mit Hilfe von psychoaktiven Substanzen zu bewältigen suchen, haben eine hohes Risiko, substanzinduzierte Affektive Störungen zu erleiden. In diesen Fällen hat man es also mit einer Variante der Reviktimisierung zu tun, auf die im Vorhergehenden hingewiesen worden ist.

Wie bereits gesagt, sind Frauen etwa zwei bis drei Mal so häufig von Major Depression und Dysthymen Störungen betroffen als Männer. Anders sieht es bei den Bipolaren Störungen aus, die bei Männern und Frauen etwa gleich häufig diagnostiziert werden. Auf die Komorbidität mit Angststörungen, unter denen Frauen ebenso zwei bis drei Mal häufiger leiden als Männer, wurde bereits hingewiesen.

In Populationen von Alkohol- und Opiatabhängigen variieren die Angaben für die Diagnose *Depression* zwischen 25 % und 50 %. Das Verhältnis der Frauen zu den Männern liegt bei 2:1 (Regier et al. 1990).

Ess-Störungen

Wie die Jugendforschung belegt, setzen bei Mädchen und zunehmend auch bei Jungen strenge Kontrollen des Essverhaltens mit diätetischen Kuren schon sehr früh ein. Hintergrund dafür sind die massenmedial verbreiteten Botschaften, dass nur schlanke und ranke Kinder, Jugendliche und Erwachsene erfolgreich sind. Schon mit zehn bis zwölf Jahren beginnen mehr als 50 % der Mädchen mit Diäten (und anderen Körpermanipulationen), um ihr Gewicht zu kontrollieren (Brunner & Franke 1997, Kolip 1997). Diese Formen der Selbstkontrolle können entgleisen und zu lebensbedrohlichen Krankheiten führen, insbesondere zu Ess-Störungen und den damit verbundenen *Körperbildstörungen*.

Zu den zentralen Merkmalen der **Anorexie** gehören ein starker Wunsch nach extremer Schlankheit (mindestens 15 % unter der altersentsprechenden Norm bzw. ein Body-Mass-Index[16] von 17,5 oder weniger), verbunden mit intensiver Angst davor, dick zu werden, sowie Verzerrungen der Wahrnehmung des eigenen Körpers (*Körperbildstörungen*). Das starke Untergewicht führt bei Mädchen und Frauen zum Ausbleiben der Menstruation. Anorektische Mädchen und Frauen oder Jungen und Männer tun alles, um ganz schlank zu bleiben oder zu werden; sie hungern, treiben in extremer Weise Sport, gebrauchen einschlägige Medikamente (vor allem Appetitzügler, Laxantien und Diuretika) oder induzieren nach dem Essen das Erbrechen.

Typisch für die **Bulimie** sind wiederkehrende Heißhungeranfälle mit anschließenden purgierenden Eingriffen, insbesondere selbst induziertem Erbrechen. Angestrebt wird nicht extreme Schlankheit, sondern eine »gute Figur«. Bulimiker/innen gebrauchen ebenfalls einschlägige Medikamente zur Kontrolle des Körpergewichts, aber auch Medikamente zum Ausgleich von Störungen im Stoffwechsel, die durch das Erbrechen hervorgerufen werden. Bulimie kann sich aus einer *Anorexie* heraus entwickeln; sie kann aber auch ohne diesen Hintergrund entstehen.

---

16 Der Body-Mass-Index (BMI) berechnet sich nach folgender Formel: Körpergewicht im Quadrat dividiert durch Körpergröße in Zentimetern. Als Richtwert für Untergewicht mit Krankheitswert (Anorexie) gilt ein BMI = 17,5, als starkes bis mittleres Untergewicht ein BMI bis 20. Ob das Untergewicht Kriterium einer Ess-Störung ist oder auf andere körperliche Erkrankungen zurückgeht, muss differenzialdiagnostisch abgeklärt werden.

Tab. 3.9.: Geschlecht und Ess-Störungen

	Anorexie	Bulimie
Geschlecht	ca. 90 % Frauen	ca. 85 % Frauen
Riskante Altersklassen	15–25	20–30

Frauen sind in erster Linie von Ess-Störungen betroffen. In Deutschland liegt die Lebenszeit-Prävalenz für Anorexie bei Frauen zwischen 0,5 % bis 1 % (Männer: maximal 0,5 %), die für Bulimie zwischen 1 % bis 3 % (Männer: maximal 1,5 %). Die Störungen beginnen in der Regel im Jugendalter bzw. im frühen Erwachsenenalter; ihre Dauer ist sehr unterschiedlich. Bei den Ess-Störungen findet man einmalige Episoden mit guten Chancen für eine Remission, aber ebenso Chronifizierungen mit sehr komplexen Störungsverläufen.

Kombinationen von Ess-Störungen und Substanzabhängigkeit sind nicht selten. Ess-Störungen können der Substanzabhängigkeit vorausgehen oder sie begleiten, sie können beim Entzug wiederkommen oder neu ausbrechen usw. Prävalenzraten für diesen Bereich liegen zurzeit nicht vor. Häufig berichtet wird die Komorbidität mit komplexen Posttraumatischen Belastungsstörungen, mit dissoziativen Störungen und mit Persönlichkeitsstörungen.

Schizophrenie und andere Psychotische Störungen

Psychotische Symptome sind charakteristisch für Schizophrenie und verwandte Störungen (wie Schizophrenieforme Störung, Schizoaffektive Störung, Wahnhafte Störung, kurze Psychotische Störung usw.). Typisch dafür sind massive Störungen der Sprache und des Denkens mit Wahnvorstellungen, Halluzinationen oder bizarrem (desorganisiertem oder katatonem) Verhalten. Die Funktionsfähigkeit ist auf allen Ebenen eingeschränkt.

> **Charakteristika der Schizophrenie**
> Mindestens zwei Symptome während eines Monats:
> 1. Wahn (mit Gedankeneingebungen, Kontrollwahn, bizarren Wahnvorstellungen);
> 2. Halluzinationen jeder Sinnesmodalität;
> 3. desorganisierte Sprechweise (Neologismen, Gedankenabreißen und Zerfahrenheit oder Danebenreden);
> 4. katatones Verhalten (z. B. Haltungsstereotypen, Mutismus, Stupor usw.);
> 5. »negative« Symptome wie auffällige Apathie, verflachte oder inadäquate Affekte, Sprachverarmung.

Schizophrenie setzt selten ganz plötzlich ein. In der Regel geht einem schizophrenen Schub eine prodromale Phase voraus, in der sich die Betroffenen aus ihren sozialen Netzwerken zurückziehen, »schrullig« werden, immer häufiger unkalkulierbar reagieren, bis sich schließlich die psychotischen Symptome manifestieren. Es kann zu einem einmaligen Schub mit teilweiser und in seltenen Fällen auch vollständiger Remission, aber auch zu einer Chronifizierung kommen. Die Krankheit dauert dann ein Leben lang an; die Betroffenen können ihre Krankheit u. U. mit geeigneter Medikation unter Kontrolle bringen, jedoch gibt es keine Heilung der Krankheit (vgl. Aebi et al. 1996, Ciompi 1994, Finzen 2000).

Schizophrenie ist eine verhältnismäßig seltene psychische Störung. Raten der Lebenszeit-Prävalenz liegen in europäischen Ländern und in Amerika bei 1 %; Frauen und Männer sind gleichermaßen von der Krankheit betroffen; es finden sich auch keine Unterschiede in der Symptomatologie. Allerdings erkranken Frauen im Durchschnitt vier bis fünf Jahre später als Männer und sie haben bessere Behandlungs- und Heilungschancen als diese.

Besonders problematisch sind Überschneidungen zwischen Schizophrenie und Substanzkonsum bzw. Substanzabhängigkeit. In Populationen von Substanzabhängigen liegt die Lebenszeit-Prävalenz der Komorbidität mit Schizophrenie zwischen 1 % und 7 % (Ross et al. 1988). Man geht davon aus, dass die Schizophrenie in diesen Fällen auch substanzinduziert ist, d. h., der Konsum von psychoaktiven Stoffen oder die Abhängigkeit von ihnen hat die psychotischen Symptome mit ausgelöst. Besonders gefährlich ist offenbar die chronische Abhängigkeit von Substanzmischungen (Heroin, andere Opiate, Kokain und andere Aufputschmittel, Benzodiazepine und andere Schlafmittel). Angenommen wird weiterhin, dass eine Disposition zur Schizophrenie bereits vor dem Ausbruch der psychotischen Symptome vorhanden war.

Ist die Diagnose Schizophrenie nicht substanzinduziert, d. h., bestehen die psychotischen Symptome schon vor dem Konsum oder der Abhängigkeit von psychoaktiven Stoffen, steigen die Angaben zur Lebenszeit-Prävalenz noch einmal ganz erheblich an auf ca. 50 %. Schizophrene haben also ein sehr hohes Risiko, im Laufe ihres Lebens zusätzlich substanzabhängig zu werden. An erster Stelle steht die Abhängigkeit von Alkohol, jedoch haben Fälle mit Drogenabhängigkeit in den letzten Jahren zugenommen. Es gibt mittlerweile viele Hinweise darauf, dass der Anteil der Personen mit psychotischer Symptomatologie, die substanzabhängig sind und die in den ambulanten Einrichtungen der Sucht- und Drogenhilfe versorgt werden, stark angestiegen ist. Die komplexen Erkrankungen der Betroffenen erschweren die Behandlung; eine enge Kooperation der psychosozialen Fachkräfte in den niedrigschwelligen Einrichtungen mit der Psychiatrie, insbesondere mit niedergelassenen Psychiatern, ist angezeigt.

Auf **Persönlichkeitsstörungen**, von denen einige wenige im Vorhergehenden kurz genannt worden sind, soll hier nicht ausführlich eingegangen werden (ausführlich dazu u. a. Fliegel, 2001b, Kernberg 1991, 1999).

Ist Co-Abhängigkeit eine Krankheit?

Es gibt Ansätze, das Verhalten von erwachsenen Angehörigen von Substanzabhängigen ebenfalls als krank einzuschätzen und als eine eigene Krankheit, eben Co-Abhängigkeit, zu definieren

(Cermak 1986). Eine kritische Durchforstung der Literatur macht jedoch sehr schnell klar, dass es eine eigenständige psychische Störung »Co-Abhängigkeit« nicht gibt. Wenn es sich dabei überhaupt um eine psychische Störung handelt, dann um eine solche, die mit dem vorliegenden Kategoriensystem gut erfasst werden kann, insbesondere mit den oben erwähnten Persönlichkeitsstörungen.

Gleichwohl kann die Substanzabhängigkeit eines Familienmitglieds eine schwere Belastung aller Angehörigen darstellen. Betroffen sind in unterschiedlicher Weise alle Familienmitglieder, also Partnerin und Partner, Kinder, Großeltern und Verwandte, die in engem Kontakt mit der Familie stehen. Auch Nachbarn können davon betroffen sein. Die Belastungen und Leiden können Kinder traumatisieren und im ungünstigen Fall zu Posttraumatischen Belastungsstörungen führen. Sie können bei Erwachsenen physische und psychische Krankheiten auslösen. Dazu gehören Angststörungen und Affektive Störungen, aber auch Persönlichkeitsstörungen[17]. Bislang fehlen allerdings empirische Belege dafür, dass zum Beispiel Frauen, die ihren alkohol- oder drogenabhängigen Partner bzw. Ehemann nicht verlassen, höhere Raten an psychischen Störungen insgesamt oder speziell an Persönlichkeitsstörungen aufweisen als Frauen, die nicht mit einem substanzabhängigen Partner zusammenleben.

Gut belegt ist dagegen, dass das Zusammenleben mit einem substanzabhängigen Menschen in einem Familienverband sich auf das Verhalten aller Mitglieder auswirkt. Jedes Mitglied des Verbandes entwickelt eigene Bewältigungsstrategien, um mit den zeitweilig oder dauerhaft störenden Verhaltensweisen des abhängigen Familienmitgliedes fertig zu werden. Entscheidend für den Verband ist, wie lange sich die Substanzabhängigkeit des betroffenen Familienmitgliedes hinzieht und wie disruptiv sein Verhalten ist, in welcher Phase es die Familie trifft, wie groß die Hoffnungen der anderen Familienmitglieder auf Besserung sind

---

17 Angehörige von Abhängigen können eine Reihe von Persönlichkeitstörungen aufweisen, z. B. Abhängige Persönlichkeitsstörungen, Narzisstische Persönlichkeitsstörungen, Borderlinestörungen usw. Wenn solche Störungen vorliegen, sollte das diagnostisch genau abgeklärt werden.

bzw. welche Ressourcen zur Bewältigung der Krise sie haben. Kinder wie Erwachsene können darauf ganz unterschiedlich reagieren. Sie können die Veränderungen im Verhalten des substanzabhängigen Menschen sowie im Familienklima als Belastungen wahrnehmen, die dann, wenn ihre Bewältigungskapazitäten erschöpft sind, zu Auslösern von physischen und psychischen Beeinträchtigungen und Störungen werden können. Sie können diese aber auch als Herausforderungen sehen (Wolin & Wolin 1995), aus denen ihnen neue Stärken erwachsen. Je mehr sich Anzeichen dafür häufen, dass die Krankheit chronifiziert, und je disruptiver und gewalttätiger das Verhalten des Betroffenen wird, umso schwieriger wird die Lage der Familie, umso eher kann es zu dauerhaften Beschädigungen der Familienmitglieder kommen.

Empirische Studien über erwachsene Kinder aus Familien mit einem substanzabhängigen Mitglied belegen denn auch, dass man es mindestens mit zwei unterschiedlichen Gruppen zu tun hat. Die eine Gruppe entwickelt sich ebenso gut wie Kinder aus anderen Familien, sie sind als Erwachsene selbstbewusst, beziehungsfähig, gut kontrolliert und unterscheiden sich auch in ihrem Leistungs- und Durchhaltevermögen nicht von anderen Erwachsenen (vgl. Zobel 2000). Eine andere Gruppe weist dagegen eine Reihe von Merkmalen auf, die in der populären Literatur als typisch für »erwachsene Kinder von alkoholabhängigen Eltern« aufgeführt wird: Sie haben ein angeschlagenes Selbstwertgefühl, sind impulsiv, setzen psychoaktive Substanzen zur Stressbewältigung ein, was die Gefahr erhöht, dass sie selbst substanzabhängig werden.

Pauschal genommen geht man davon aus, dass das Risiko von Kindern, die in Familien mit substanzabhängigen Erwachsenen aufwachsen, selbst substanzabhängig zu werden, erheblich größer ist als das von Kindern, die keinen solchen Belastungen ausgesetzt sind. Unklar ist allerdings, ob das Risiko für Jungen und Männer größer ist als für Mädchen und Frauen, wie lange Zeit angenommen worden ist (Lieb et al. 2000, Searls 1994). Daraus ist aber eben gerade nicht abzuleiten, dass alle Kinder aus Familien mit einem substanzabhängigen Mitglied als Erwachsene psychische Störungen aufweisen bzw. substanzabhängig werden, vielmehr sind die Langzeitwirkungen von einer Vielzahl von zusätzlichen Faktoren abhängig, nicht zuletzt von ihren Bewältigungskompetenzen und von ihrer Einbettung in ein gut funktionierendes soziales Netzwerk.

Anders sieht es freilich aus, wenn Mütter in der Schwangerschaft substanzabhängig sind. Psychoaktive Substanzen sind Noxen, die die intrauterine Entwicklung des Kindes stark gefährden und schädigen können. Auf Einzelheiten dazu wird in Kapitel 7 eingegangen. Der Begriff Co-Abhängigkeit zur Beschreibung entsprechender Zusammenhänge ist unangemessen.

Eingebürgert hat sich der Begriff Co-Abhängigkeit zur Charakterisierung eben der Frauen, die ihre substanzabhängigen Männer nicht einfach verlassen, sondern mit ihnen ausharren. Der Begriff steht als »Erklärungsmodell für Verhalten und Erleben von Mit-Betroffenen« (Rennert 1996, 159), in dessen Mittelpunkt die »süchtige Beziehung« steht, die für den »unbeteiligten Zuschauer als Schauspiel nach einige Zeit uninteressant (wird), denn die beiden Hauptdarsteller wiederholen immer die selben Szenen« (DHS o. J., 3). Die Schuldzuweisung geht erstaunlich schnell an die Frauen, die wegen unterstellter eigener psychischer Störungen, zum Beispiel, weil sie unter einer abhängigen Persönlichkeitsstörung leiden, nicht in der Lage sein sollen, dem Partner Grenzen aufzuzeigen oder, wenn dies nicht fruchtet, sich von ihm zu trennen. Es sind diese implizit und oft auch explizit erhobenen Vorwürfe, die den Begriff der Co-Abhängigkeit für die praktische Arbeit untauglich machen. Gute Beratungsarbeit lässt sich mit Schuldzuschreibungen nicht vereinbaren. Vielmehr sollen Beratende an den Problemen anknüpfen, die ihnen die Ratsuchenden vortragen. Das gilt auch für Frauen, die mit Personen zusammenleben, die süchtig sind. Geht man von diesem Prinzip aus, dann kann man auf den Begriff Co-Abhängigkeit gut verzichten.

Negative Wirkungen und Nebenwirkungen von Diagnosen

Psychische Störungen stehen unter einem generellen gesellschaftlichen Vorbehalt. Hintergrund dafür sind Alltagskonzepte von Gesundheit und Krankheit, von Normalität und Abnormität.

Pauschal genommen präsentieren sich Gesundheit und Krankheit als dichotome Konzepte: Man ist entweder gesund oder krank. Das stimmt zwar nicht mit den Laienkonzepten von Gesundheit und Krankheit überein (Klesse et al. 1992), aber sehr wohl mit denen der Kranken- und Rentenversicherungen. Für diese beginnt Krankheit dann, wenn ein Arzt eingeschaltet worden ist und wenn dieser eine einschlägige Diagnose gestellt hat. Kranke haben einen gesetzlich verbrieften Anspruch auf ärztliche Behandlung und entsprechende Pflege. Bis heute ist Krankheit also ein von einem Experten festgestellter Zustand, der es dem Kranken erlaubt, Ansprüche gegenüber der Gemeinschaft der Versicherten geltend zu machen. Laienkonzepte von Gesundheit und Krankheit haben keinen Einfluss auf das dichotome Verständnis von Krankheit und Gesundheit der Kranken- und Rentenversicherungen.

Im Gegenzug sind Kranke gehalten, die Krankenrolle zu übernehmen (Parsons 1964, Vogt 1985), zu der es u. a. gehört, sich an ärztliche Anweisungen zu halten und zum Beispiel die Bettruhe einzuhalten. Kranke unterscheiden sich kategorial von Gesunden, insofern sie für die Dauer der Krankheit nicht erwerbstätig sein können und auch sonst nicht an den Vergnügungen des Alltags teilhaben sollen. Sie sind gehalten, sich auf ihre Gesundung zu konzentrieren, um den regelwidrigen Zustand der Krankheit so schnell wie möglich hinter sich zu bringen.

Krankheit ist definitorisch ein regelwidriger Zustand. Das gilt für körperliche Krankheiten wie für psychische Störungen. Nun gelingt es aber leichter, regelwidrige bzw. abnorme physische Zustände und Prozesse zu beschreiben als psychische. Das liegt u. a. daran, dass nicht ein für alle Mal feststeht, welche psychischen Zustände oder welche Verhaltensweisen als »normal«

gelten. »Normalität« kann man auch nicht an biologischen Para-
metern festmachen. Es handelt sich vielmehr um gesellschaftliche Übereinkünfte darüber, welche Zustände und welche Verhaltensweisen unter welchen Umständen als »normal« gelten
sollen und welche nicht. Gesellschaftliche Normen wechseln außerdem mit der Zeit und dem kulturellen Umfeld. Was in einer
Gesellschaft noch als »normal« toleriert wird, gilt in einer anderen als abnorm. Das lässt sich gut zeigen an der Einschätzung
verschiedener psychoaktiver Substanzen in verschiedenen Kulturen. In der christlichen Tradition wird der Alkohol toleriert und
in gewissem Sinn akzeptiert, in der islamischen das Opium, in
der hinduistischen und buddhistischen der Hanf. In diesen Kontexten haben sich auch kulturelle Regeln für den gesundheitsförderlichen Gebrauch der Substanzen herausgebildet. Diese verändern sich mit den jeweiligen gesellschaftlichen normativen
Vorstellungen und Erwartungen, der Einbettung der Regeln in
den gesamten Sanktionsapparat und schließlich dem Stand der
wissenschaftlichen Erkenntnis. Man hat es also mit einem elasti-
schen Regelwerk zu tun, das sich ständig verändert.

Dazu kommen Einwirkungen von außen, insbesondere durch
internationale Gremien, die sich um allgemein gültige Definitionen bemühen. Diese haben Eingang gefunden in internationale
Verträge, die wiederum in nationale Gesetzgebungen übersetzt
worden sind. Ähnlich stark hat sich in den letzten Jahrhunder-
ten das Verständnis von psychischen Störungen verändert.
Mittlerweile sind es vor allem internationale Gremien, die maßgeblich bestimmen, welches Verhalten als psychisch gestört eingeschätzt werden soll, das dann in den Diagnoseschemata von
ICD-10 und DSM-IV kodifiziert wird.

Psychische Störungen unterscheiden sich durch eine relative
Unbestimmtheit von physischen Störungen. Das macht sie so
bedrohlich. Man weiß nicht, wie man die Diagnose einer psychischen Störung einordnen soll. Darauf reagieren die Betroffenen und ihre Angehörigen zunächst mit Verunsicherung und
Angst. Dagegen helfen Information und Wissen über die konkrete psychische Störung und vor allem über ihre Behandlung.
Allerdings gibt es nicht wenige, die vor lauter Angst lieber die

Flucht antreten und sich nicht kundig machen über die Probleme und die Behandlungschancen. In ähnlicher Weise reagiert die Gesellschaft insgesamt, die sich bis heute lieber von denjenigen abwendet, die als psychisch gestört gelten, statt sich mit den Störungen selbst, ihren Ursachen, ihrem Verlauf und ihrer Behandlung auseinander zu setzen.

Das trägt dazu bei, dass diejenigen, die als psychisch gestört diagnostiziert werden, mit Stigmatisierung und Ausgrenzung aus ihren sozialen Netzwerken rechnen müssen (Goffman 1967). Das sind ohne jede Frage problematische Konsequenzen von Diagnosen. Geht es zum Beispiel um die Diagnosen Substanzmissbrauch und Substanzabhängigkeit, dann sind Frauen von den negativen Wirkungen besonders betroffen, da sie als Alkoholikerinnen oder als Drogenabhängige erheblich stärker stigmatisiert und ausgegrenzt werden als Männer. Mit gutem Grund fürchten sie sich daher mehr als diese vor entsprechenden Diagnosen, auf die sie zudem mit sehr viel Abwehr reagieren. Das lässt viele von ihnen lange zögern, bevor sie sich um eine Problemklärung bzw. eine Diagnose und daran anschließende Hilfen bemühen.

Es ist keine Alternative, auf Diagnosen und eine damit verbundene Lebenswelt- und Problemanalyse zu verzichten, wie das in den 70er und 80er Jahren verschiedentlich vertreten worden ist. Hunold & Rahn (2000) plädieren deshalb für einen »selbstbewussten Umgang« mit Diagnostikern und Diagnosen. Vom Diagnostiker bzw. vom Behandler erwarten sie, dass er (1) auf der Grundlage von fundiertem Wissen die Diagnose stellt, dass er (2) die positiven Aspekte herausarbeitet und zur Basis einer »Behandlungspartnerschaft« macht, dass er (3) die Diagnose gegenüber den Betroffenen vertritt und (4), dass er das subjektive Erleben der Betroffenen und ihrer Angehörigen in der Behandlung reflektiert und zum Beispiel in der Ausgestaltung des Hilfeplans berücksichtigt. Der Behandler wird also in die Pflicht genommen, er muss sich im Umgang und in der Kooperation mit den Betroffenen und den Angehörigen bewähren.

Neue Ansätze zum Verständnis psychischer Störungen zusammen mit neuen Behandlungen haben die Gefahr der Stigmatisierung und Ausgrenzung verändert. Diese ist damit nicht gebannt, sie ist aber immerhin reduziert. Dafür sorgen weiterhin moderne Anforderungen an Qualitätsstandards und deren Überprüfung in der Evaluation. Alles zusammen hat zu einer deutlichen Verbesserung im professionellen Umgang mit psychischen Störungen mit weniger Stigmatisierung und Ausgrenzung geführt.

4. Psychotrope Medikamente

Rahmenbedingungen

Im Vorhergehenden ist verschiedentlich darauf hingewiesen worden, dass sehr viele psychoaktive Substanzen[18] zu verschiedenen Zeiten auch zur Behandlung von Krankheiten eingesetzt worden sind (Scheerer & Vogt 1989). Psychotrope Substanzen haben allesamt neben schädlichen auch gesundheitsförderliche Wirkungen; im Allgemeinen ist es eine Frage der Dosis, ob die gesundheitsförderlichen oder die schädlichen Eigenschaften zum Zuge kommen. Die aktuelle Diskussion über Cannabis als Arzneimittel zur Behandlung von verschiedenen Beschwerden und Krankheiten macht das erneut deutlich.

Im Alltagsverständnis spielen die Arzneimittel eine Sonderrolle: Ihre erste und vornehmste Aufgabe ist es, episodische wie chronische Krankheiten zu bekämpfen oder wenigstens zu lindern. Wir setzen sie ein, wenn wir Schmerzen haben, uns krank fühlen (Laiendiagnostik) und die Beschwerden selbst behandeln (Laienbehandlung). Bessert sich der Zustand nicht, steht der Besuch beim Arzt an, der aufgrund seiner Spezialkenntnisse eine Diagnose erstellt (Expertendiagnostik, vgl. ICD-10) und der u. U. zur Behandlung der Beschwerden Medikamente verordnet. Laiendiagnostik wie Expertendiagnostik stehen gewöhnlich am Beginn einer medikamentösen Behandlung. Im ersten Fall sind es die Betroffenen selbst, die sich Medikamente verordnen, im

---

18 Es hat sich eingebürgert, die so genannten Genuss- und Rauschmittel, also Alkohol, Nikotin, Cannabis, Heroin usw., unter dem Begriff psychoaktive Substanzen und die entsprechenden Medikamente, also die Beruhigungs-, Schlaf- und Anregungsmittel, unter dem Begriff psychotrope Substanzen zusammenzufassen.

letzteren die Ärzte. In jedem Fall kaufen sich die Betroffenen die Substanzen in einer Apotheke, nicht jedoch im Supermarkt wie zum Beispiel den Alkohol oder die Zigaretten, und schon gar nicht auf der Straße wie die illegalen Drogen. Bei der Verordnung und beim Erwerb von Medikamenten treffen die Käufer also stets auf Experten, nämlich auf Ärzte und Ärztinnen sowie auf Apotheker und Apothekerinnen, die sie über den Nutzen und die Risiken der Mittel aufklären können. Allein diese kurzen Ausführungen zeigen, dass die soziale Einbettung des Medikamentenkonsums sich ganz erheblich von derjenigen des Konsums anderer psychoaktiver Substanzen unterscheidet.

Der Konsum von Medikamenten ist aufs engste mit subjektiven Gefühlen des Krankseins und objektiven Befunden von Krankheit verbunden, über die er sich selbst legitimiert. Tatsächlich handelt es sich dabei um wichtige Teilaspekte der Krankenrolle (Vogt 1985), wobei die Medikamentenverordnung durch den Arzt sowohl Beleg für die Krankheit als auch Hinweis für das Bemühen der Kranken ist, ihre Gesundheit wieder herzustellen. Kurz: Die Einnahme von Medikamenten dient nicht dem Genuss, sondern der Behandlung von episodischen oder chronischen Krankheiten und der damit verbundenen Schmerzzustände. Medizin muss dem Konsumenten nicht schmecken, sie darf vielmehr bitter sein, wenn sie nur wirkt.

Der Kontext, in dem der Medikamentenkonsum steht, hat eine Reihe von Konsequenzen:

- Medikamente – ob selbst verordnet oder vom Arzt verschrieben – haben den Status von Heilmitteln; d. h., man setzt sie zur Behandlung von Krankheiten ein. In dieser Hinsicht unterscheiden sie sich von allen anderen psychotropen Substanzen, die man gewöhnlich konsumiert, um sie zu genießen oder um sich zu berauschen.
- Konsumentinnen und Konsumenten vertrauen auf die Qualität von Medikamenten, die sie in der Apotheke kaufen. Sie gehen davon aus, dass die Stoffe gesundheitsförderlich und damit auch »sicher« sind. Sie erwarten nicht, dass Medikamente selbst krank machen können. Das hat Folgen für die

Selbsteinschätzung als Konsument/in von Medikamenten und für die Selbstwahrnehmung bei Dauerkonsum.

- Laien vertrauen auf die Kompetenz von Ärzten und Ärztinnen bei der Verordnung von Medikamenten. Sie vertrauen darauf, dass Ärzte und Ärztinnen »gute« Medikamente in angemessenem Umfang verordnen, mit deren Hilfe ihre Schmerzen und Krankheiten behandelt werden können. Sie werden in ihrem Vertrauen bestärkt, wenn die Medikamente wirksam sind.
- Ärzte und Ärztinnen selbst fordern von ihrer Klientel Kooperation bzw. Compliance ein, also aktive Mitarbeit bei der Behandlung sowie Einhaltung der ärztlichen Anweisungen, wenn es um das medikamentöse Regime geht. Sie übernehmen damit eine besondere Verantwortung sowohl im Hinblick auf die Verschreibung von »guten« Medikamenten als auch für die Angemessenheit der medikamentösen Behandlung. Medikamentenabhängigkeit, die sich in der Folge von ärztlichen Anordnungen – also iatrogen – ergibt, fällt damit (auch) in die Verantwortung von Ärzten und Ärztinnen.
- Alle Medikamente haben Nebenwirkungen. Das Abwägen von Nutzen und Risiken der Medikamente ist nicht immer einfach und überfordert Laien meistens. Zu den problematischen Nebenwirkungen zählt auch die Entwicklung einer Medikamentenabhängigkeit. Je nach Sachlage kann es dennoch sinnvoll sein, entsprechende Medikamente zu verordnen.

Dazu kommen weitere Besonderheiten der Medikamenteneinnahme. Wie bereits gesagt, sind Ärzte und Ärztinnen, die entsprechende Arzneimittel verordnen, darauf bedacht, Compliance mit der Behandlung einschließlich des medikamentösen Regimes bei ihren Patientinnen und Patienten durchzusetzen (vgl. Finzen 1993). Sie legen großen Wert darauf, dass diese die Anordnungen, welche Medikamente in welcher Dosierung in welchen Zeitabständen einzunehmen sind, genau befolgen. Halten sich die Patientinnen und Patienten an die ärztlichen Anordnungen, schlagen die Medikamente an und bessern sich die Krankheitssymptome, dann sind beide Seiten zufrieden. Auf

diesem Wege kann sich aber auch eine durch die ärztliche Anordnung ausgelöste iatrogene Abhängigkeit, insbesondere eine
Niedrigdosis-Abhängigkeit (low-dose-dependency) entwickeln.
Charakteristika dieser Form der Abhängigkeit sind: Einnahme
nach der Verordnung, keine Überschreitung der therapeutischen
Dosis, kein auffälliges Verlangen nach dem Medikament, aber
Entwicklung einer körperlichen Abhängigkeit. Die Betroffenen
haben nicht das Bewusstsein, von dem Medikament abhängig zu
sein. Es kommt zu keinen (auffälligen) Störungen der kognitiven Fähigkeiten oder der sozialen Funktionen. Körperliche Beschwerden bleiben ebenfalls aus. Beim Absetzen des Medika-
ments kommt es allerdings zu Entzugssymptomen, die die
Betroffenen meist als erneutes Auftreten alter Beschwerden interpretieren (Elsesser & Sartory 2001).

Daneben gibt es aber auch andere Entwicklungen. Medikamentenkonsum kann ebenso »entgleisen« wie der von Alkohol
oder von anderen psychoaktiven Substanzen. Man hat es dann
mit Symptomen zu tun, die typisch für Substanzmissbrauch
und Substanzabhängigkeit sind (vgl. dazu die diagnostischen
Kriterien des DSM-IV und des ICD-10 in Kapitel 3). Die Betroffenen haben ein starkes Verlangen nach den Medikamenten,
horten diese bzw. suchen sich Ärzte und Ärztinnen, die sie ihnen
immer von neuem verschreiben; sie kombinieren verschiedene
Medikamente miteinander, von denen einige rezeptpflichtig
sind, andere rezeptfrei; sie setzen sie zu anderen als den ur-
sprünglichen Zwecken ein usw. Der Übergang vom Medikamentenmissbrauch zur Abhängigkeit ist fließend. Die Entwicklung
wird begleitet durch psychosomatische Missempfindungen sowie unklare Schmerzzustände, die den Einsatz der Medikamente
gerechtfertigt erscheinen lassen. Nicht selten handelt es sich dabei auch um Rebound-Phänomene, also zum Beispiel um
Schmerzen, die durch den Konsum von Schmerzmitteln selbst
ausgelöst werden. Die Betroffenen reagieren darauf in der Regel
mit Dosissteigerungen, was zu einer weiteren Verschlechterung
ihres Befindens beiträgt.

Wichtig für das Verständnis des unterschiedlichen Umgangs
von Frauen und Männern mit Medikamenten sind Besonderhei-

ten im Verhältnis der Biomedizin zu Ersteren. Es lässt sich leicht nachweisen, dass die biomedizinische Forschung bis in die jüngste Zeit die Geschlechterspezifik sträflich vernachlässigt hat. Das zeigt sich unter anderem daran, dass sich die Forschung bis in die Gegenwart auf die Erkrankungen von Männern konzentriert, nicht auf die von Frauen. Typisch dafür ist die Forschung über Erkrankungen des Herz-Kreislauf-Systems, in deren Mittelpunkt jahrzehntelang Männer standen. Von den Ergebnissen dieser Forschung haben auch Frauen profitiert, aber nicht in dem Maße, wie wenn sie selbst Forschungssubjekte gewesen wären.

Weiterhin wurden bis vor kurzem klinische Prüfungen von Arzneimitteln fast ausschließlich an männlichen Versuchspersonen vorgenommen, da die Biomedizin den männlichen Organismus für unkomplizierter hält als den weiblichen. Als besonders schwierig erweist sich dabei der weibliche Hormonhaushalt mit seinen Schwankungen. Dazu kommen Probleme mit potenzieller Schwangerschaft, auf die die pharmazeutische Industrie seit der Contergan-Tragödie (Kirk 1999) vergleichsweise sensibel reagiert. So verständlich also das Vorgehen der pharmazeutischen Industrie und der mit dieser zusammenarbeitenden Ärzte bei der Untersuchung neuer Medikamente am Menschen ist, so problematisch ist allerdings auch, dass die Ergebnisse der Studien anschließend ohne jede weitere Adaption auf Frauen übertragen werden, ein Vorgang, der nur schwer nachzuvollziehen ist. Erschwerend kommt hinzu, dass die negativen Nebenwirkungen von Medikamenten, zu denen u. a. Abhängigkeit gehört, sich oft erst Jahre nach deren Einführung am Markt herausstellen, wenn der Konsumentenkreis bereits sehr groß ist. Arzneimittelprüfungen, wie sie heute vorgeschrieben sind, sind nur bedingt geeignet, diese Probleme zu lösen.

Ärzte und Ärztinnen haben ein besonderes Verhältnis zu ihren Patientinnen. Anders als bei den Männern neigen Ärzte und Ärztinnen dazu, Klagen von Frauen über Missempfindungen und unklare Schmerzen als Hinweise auf persönliche Konflikte bzw. Psychoneurosen zu verstehen (Glaeske 1989, Steinbach 1996). Auf diesem Hintergrund erklärt sich auch die Bereitschaft der Ärzte und Ärztinnen, Frauen zur Behandlung dieser Störungen zunächst einmal psychotrope Medikamente zu verordnen. Dass sich daraus Medikamentenabhängigkeit entwickeln kann, und dass Ärzte/Ärztinnen an deren Entstehung ursächlich beteiligt sein können, wurde jahrelang geleugnet. Erst in den späten 80er und frühen 90er Jahren setzte sich die Einsicht durch, dass es einen systematischen Zusammenhang gibt zwischen den Verordnungsgewohnheiten der Ärzte/Ärztinnen und der aufgrund der Verschreibungen geschätzten hohen Zahl der medikamentenabhängigen Frauen (v. Ferber 1994, Glaeske 1990). Das hat zu einer nachweisbaren Veränderung der Verschreibungsgewohnheiten insbesondere der Beruhigungs- und Schlafmittel geführt. Ob es auch zu einer nachhaltigen Reduktion der Zahl der medikamentenabhängigen Frauen gekommen ist, ist unbekannt. Das liegt auch daran, dass es noch immer viel zu wenig gesicherte Erkenntnisse über Art, Umfang, Verlauf und Dynamik der Entwicklung verschiedener Formen von Medikamentenabhängigkeit bei Frauen und Männern gibt.

Aus diesen Gründen werden im Folgenden nur Konsumdaten zu verschiedenen Klassen von psychotropen Medikamenten dargestellt, nicht jedoch Abhängigkeitsstatistiken sowie Todesursachenstatistiken. Zu beiden Bereichen liegen zurzeit keine zuverlässigen Daten vor. Weiterhin geht es darum, Probleme im Zusammenhang mit dem Gebrauch verschiedener psychotroper Medikamente sowie mit dem Mischkonsum zu erörtern. Für die Praxis werden einige Instrumente vorgestellt, die im Rahmen einer Problemanalyse eingesetzt werden können. Dazu kommen Hinweise, die für die Beratung von Medikamentenabhängigen wichtig sind. Abschließend gehe ich kurz auf die besondere Situation von substanzabhängigen Frauen und deren Umgang mit Medikamenten ein.

Epidemiologische Daten zu Gebrauch und Missbrauch von psychotropen Medikamenten

Es gibt vergleichsweise wenige öffentlich zugängliche Quellen über Art, Ausmaß und Dauer des Konsums von psychotropen Medikamenten in der Bevölkerung. Gemeint sind hier vor allem die Beruhigungs- und Schlafmittel vom Typ der Benzodiazepine (bzw. ähnlich wirkender Stoffen anderer pharmakologischer Zusammensetzungen), die Antidepressiva, die Neuroleptika, die Stimulanzien sowie die Schmerzmittel. Der Begriff »psychotrope Medikamente« wird damit weit ausgelegt und beschränkt sich nicht nur auf Mittel mit ZNS-Wirkung, sondern bezieht auch die peripher wirkenden Schmerzmittel mit in die Betrachtung ein.

Einen ersten und recht allgemeinen Überblick über den Konsum der psychotropen Medikamente geben repräsentative Studien (Kraus & Bauernfeind 1998). Danach nehmen in Deutschland in den Altergruppen zwischen 18 und 59 Jahren 19,5 % der Frauen und 11,5 % der Männer mindestens einmal pro Woche psychotrope Medikamente ein. Der Konsum steigt sowohl bei den Frauen wie bei den Männern systematisch mit dem Alter an, ein Vorgang, der eng mit gesundheitlichen Veränderungen im Lebenslauf zusammenhängt. Besonders bedeutsam sind dabei gesundheitliche Einschränkungen, die gewöhnlich mit dem Alter zunehmen.

Diverse Studien belegen, dass die Einnahme von psychotropen Medikamenten im ersten Lebensjahrzehnt mit weniger als 1 % insgesamt betrachtet sehr gering ist. Mädchen erhalten halb so viele Verordnungen für psychotrope Medikamente wie Jungen. Die Zahl der Verordnungen und der Konsum von rezeptfreien psychotropen Medikamenten steigen im zweiten Lebensjahrzehnt langsam an und erreichen bei den 15- bis 19-jährigen Mädchen 1,3 % und bei den Jungen 1,2 % (Krah 2001, 232f).

Erst in den nachfolgenden Jahrzehnten steigen die Prävalenzraten systematisch und für beide Geschlechter unterschiedlich an.

Das wird im Folgenden für die Beruhigungs- und Schlafmittel, die Antidepressiva, die Neuroleptika, die Stimulanzien und die Schmerzmittel ausführlich dargestellt.

Beruhigungs- und Schlafmittel haben ein weites Einsatzspektrum. An erster Stelle steht bei den Beruhigungsmitteln die Behandlung von akuten und chronischen Ängsten (vgl. unter Angststörungen in Kapitel 3), von psychosomatischen Spannungs- und Erregungszuständen sowie Schmerzen (einschließlich rheumatischer Schmerzen) mit unklaren Ursachen oder im Kontext anderer Krankheiten und Störungen wie z. B. bei Herz-Kreislauf-Beschwerden, Epilepsie usw. Dagegen ist die Verordnung von Schlafmitteln etwas enger; sie werden vornehmlich verordnet, wenn Schlafstörungen vorliegen, aber auch zur Behandlung von psychosomatischen Schmerzen (einschließlich rheumatischer Schmerzen). Von wenigen Ausnahmen abgesehen handelt es sich dabei um Medikamente, die zur Benzodiazepingruppe gehören. Unterschieden wird zwischen drei Gruppen von Mitteln, den kurz wirksamen mit einer Halbwertzeit[19] von 1 bis 4 Stunden, den mittellang wirksamen mit einer Halbwertzeit von 5 bis 20 Stunden und den lang wirksamen mit Halbwertzeiten von 50 bis ca. 100 Stunden (Ashton 1994, Soyka 1998). Die kurz wirksamen Mittel wie (Markennamen) Lendormin, Halcion usw. werden als Einschlafmittel empfohlen. Die Verschreibung von mittellang wirksamen Mitteln wie (Markennamen) Planum, Noctamid, Ergocalm, Adumbran, Praxiten, Tavor, Rohypnol ist sehr breit. Besonders häufig werden diese Mittel eingesetzt zur Behandlung von Ängsten aller Art (auch Panikattacken) sowie von Schlafstörungen (Durchschlafstörungen), aber auch zur Behandlung von Erregungszuständen, epileptischen Anfällen usw. Rohypnol ist ein Mittel, das auch in beträchtlichen Mengen von Personen genommen wird, die von illegalen Drogen abhängig sind; die Versorgung läuft dabei über reguläre ärztliche Verordnungen bzw. über Zweckentfremdung derselben und den illegalen Verkauf der Mittel auf der Straße.

---

19 Die Halbwertzeit gibt die Zeit an, in der die Hälfte der Wirksubstanz wieder aus dem Körper ausgeschieden ist.

Ähnlich breit ist die Indikation der lang wirksamen Mittel wie (Markennamen) Lexotanil, Mogadan, Dalmadorm, Staurodorm, Valium, Librium, Frisium usw.

Benzodiazepinhaltige Medikamente sind rezeptpflichtig.

Das Abhängigkeitspotenzial aller Medikamente der Benzodiazepingruppe wird als mittel bis hoch eingeschätzt. Gewöhnung an die Mittel kann bereits nach 30 Tagen bei regelmäßiger Einnahme einsetzen; körperliche Abhängigkeit lässt sich nach 90 Tagen bei regelmäßiger Einnahme nachweisen. Physische Abhängigkeit von benzodiazepinhaltigen Medikamenten ist in vielen Fällen nicht von psychischer Abhängigkeit begleitet. Beim Absetzen der Medikation kann sich die körperliche Abhängigkeit unangenehm bemerkbar machen. Die Entzugssymptome können ganz unterschiedlich ausfallen. Mit guten Gründen ist davon auszugehen, dass der Entzug sehr oft ganz undramatisch verläuft. Allerdings gibt es eben auch hinreichend viele Fälle mit sehr komplexen, langwierigen und schwierigen Entzugsverläufen. Da das Risiko der Entwicklung einer Abhängigkeit bei diesen Medikamenten recht hoch ist, muss dieses bei einer geplanten längerfristigen Verordnung sehr genau abgewogen werden, da es sonst zu einer iatrogen induzierten Medikamentenabhängigkeit kommen kann (Abholz 1994, Barnas et al. 1993, Melchinger et al. 1992).

Weitere unerwünschte Wirkungen der Benzodiazepine sind Sedierung mit Koordinationsstörungen und Verlängerung der Reaktionszeiten, was bei älteren Menschen die Gefahr der Verletzungen durch Unfälle beträchtlich erhöht. Dazu kommen noch Störungen des Kurzzeitgedächtnisses mit retrograden Amnesien, die wiederum besonders häufig bei Drogenabhängigen, die zusätzlich Rohypnol eingenommen haben, beobachtet worden sind. Über geschlechtsspezifische Besonderheiten der Nebenwirkungen ist, da sie kaum beforscht worden sind, nichts bekannt.

Wie bereits erwähnt, sind die Verordnungszahlen seit ca. 1985 rückläufig, ein Erfolg der intensiven Diskussionen über das Abhängigkeitsrisiko, das mit dem Gebrauch dieser Medikamente verbunden ist. Allerdings ist der Rückgang der Verordnungen längst nicht so groß, wie man sich das wünscht.

Tab. 4.1.: Verordnungen für Beruhigungsmittel im Jahr 1995 (in DDD[20]) nach Geschlecht und Alter

	Altersklassen						
	20–29	30–39	40–49	50–59	60–69	70–79	>80
Frauen	0	1	3	7	11	15	21
Männer	1	1	2	4	6	10	14

Quelle: Krah 2001, 229

Wie aus der Zusammenstellung der Verordnungen für Beruhigungsmittel hervorgeht, steigen diese bei beiden Geschlechtern bis ca. 50 Jahren langsam, dann allerdings stark an, und das vor allem bei den Frauen. Je älter Frauen werden, umso eher erhalten sie Rezepte für Beruhigungsmittel.

Beruhigungsmittel werden häufig verordnet, wenn Angststörungen diagnostiziert werden. Wie in Kapitel 3 beschrieben, werden Ängste bei Frauen etwa dreimal häufiger diagnostiziert als bei Männern. Das gilt für alle Formen der Angststörungen, besonders jedoch für die Panikattacken sowie die Posttraumatischen Belastungsstörungen. Es ist unklar, warum so viele Frauen in ganz unterschiedlichen Lebensphasen unter krank machenden Ängsten, insbesondere jedoch unter Panikattacken leiden. Die Ursachen für Posttraumatische Belastungsstörungen lassen sich dagegen eher ausfindig machen: Sehr häufig handelt es sich um Spätfolgen von sexuellen Gewalterfahrungen. Die Verordnungen für Beruhigungsmittel spiegeln in gewissem Umfang diese Differenzen zwischen den Geschlechtern wider, allerdings lassen sich damit die Verordnungsunterschiede ab 60 Jahren nicht erklären.

Ähnliches findet man, wenn man die Verordnungen für Schlafmittel untersucht.

---

20 DDD (**D**aily **D**efined **D**osis) ist eine Maßeinheit und bezieht sich auf die therapeutisch definierte Tagesdosis für Erwachsene. Angaben in DDD ermöglichen Vergleiche des Verbrauchs von Arzneimitteln unabhängig von der Packungsgröße.

Tab. 4.2.: Verordnungen für Schlafmittel im Jahr 1995 (in DDD) nach Geschlecht und Alter

| | Altersklassen | | | | | | |
	20–29	30–39	40–49	50–59	60–69	70–79	>80
Frauen	1	2	4	7	13	21	32
Männer	1	1	2	4	8	16	30

Quelle: Krah 2001, 229

Wie bei den Beruhigungsmitteln steigt die Zahl der Verordnungen bei beiden Geschlechtern bis zu ca. 50 Jahren langsam, dann aber recht kräftig an. Wiederum sind es bis zum Alter von ca. 80 Jahren die Frauen, denen erheblich mehr Schlafmittel verordnet werden als den Männern. Dieser Unterschied verliert sich allerdings bei den Hochbetagten, von denen unabhängig vom Geschlecht fast ein Drittel Schlafmittel verordnet bekommen.

Kommt es zur Kombinationsverschreibung von Beruhigungs- und Schlafmitteln, steigt das Risiko einer Medikamentenabhängigkeit erheblich an. Risikoabwägungen sollten also solchen kombinierten Verordnungen immer vorausgehen.

Fasst man die Angaben der Verordnungen für Beruhigungsmittel und Schlafmittel zusammen, dann zeigt sich der Alterseffekt noch deutlicher. Der Anteil der Verordnungen steigt in den Altersklassen ab 50 und 60 Jahren für beide Geschlechter erheblich an und erreicht schließlich bei den Hochbetagten maximale Werte. Genauere Analysen zeigen, dass Frauen und Männer, die erwerbstätig sind, signifikant weniger Beruhigungs- und vor allem weniger Schlafmittel einnehmen als Personen, die nicht erwerbstätig sind (Maffli & Bahner 1999). Erwerbstätigkeit hat also einen ganz erheblichen Einfluss auf die Medikamenteneinnahme. Die Routinen des Erwerbslebens produzieren offenbar andere Arten von Stress und Erschöpfung als zum Beispiel diejenigen des Alltags einer Hausfrau mit Kindern. Die Tatsache, dass Erwerbsarbeit vor der Einnahme von Beruhigungs- und Schlafmitteln »schützt«, erklärt bis zu einem gewissen Grad den enormen Anstieg des Konsums dieser Mittel mit dem zunehmenden Alter, insbesondere ab 60 Jahren, wenn viele Frauen und Männer aus dem Erwerbsleben ausscheiden.

Nicht erklärt werden damit die Geschlechterdifferenzen sowohl in den jüngeren wie vor allem in den älteren Altersgruppen. Wie die Daten belegen, gehen etwa doppelt so viele Verschreibungen für Beruhigungs- und Schlafmittel an Frauen. Ärzte und Ärztinnen reagieren offenbar noch immer geschlechtsspezifisch auf die Klagen von Frauen und Männern über diffuse Beschwerden, und sie neigen dazu, diejenigen der Frauen mit Verordnungen von Beruhigungs- und Schlafmitteln zu behandeln, diejenigen der Männer jedoch mit anderen Mitteln. Besonders betroffen davon sind Hausfrauen, an die ganz offenbar überproportional viele Verordnungen gehen. Das mag mit gesundheitlichen Problemen von Hausfrauen zusammenhängen (Meyer 2000), es kann aber auch Ausdruck von gesellschaftlichen Vorurteilen gegenüber Hausfrauen sein. Hausarbeit gilt noch immer wenig, wird noch immer nicht als anstrengende Arbeit gesehen. Das geringe Prestige von Hausarbeit prägt die Rolle der Hausfrau und schlägt offenbar auch durch auf die gesundheitliche Befindlichkeit. Viele (Haus-)Frauen reagieren darauf mit Ängsten, Schlafstörungen und Schmerzen, zu deren Behandlung ihnen dann entsprechende Medikamente verordnet werden.

Bei den Hochbetagten kommen dann noch andere Faktoren dazu. Zentral sind hier vor allem Sorgen um das Leben und Sterben im Alter sowie zunehmende Vereinsamung, wenn der Partner und die Freunde und Freundinnen gestorben sind.

Ein besonderes Problem stellt der Einsatz von Beruhigungs- und Schlafmitteln und ganz allgemein von Psychopharmaka in Alten- und Pflegeheimen dar. Wie Weyrer & Zimber (1997) zeigen, erhalten die Insassen der Heime besonders viele Verordnungen für lang wirksame Benzodiazepine mit der Folge von starker Sedierung, von schweren Koordinationsstörungen sowie von zunehmender Desorientierung. Je stärker diese Wirkungen ausfallen, umso eher wird Bettruhe angeordnet, was zu weiterer Sedierung führt. Der Effekt, nämlich einer erheblichen »Beruhigung« von einzelnen Stationen, ja von ganzen Altersheimen, ist durchaus gewünscht. Für die Betroffenen ist das mit schweren akuten Einschränkungen und sehr oft auch mit gesundheitlichen Schädigungen verbunden. Da sie sich nicht wehren können und zudem keine starke Lobby haben, ist kein Ende dieser Entwicklung abzusehen.

Antidepressiva werden ebenso wie Neuroleptika hauptsächlich zur Behandlung von psychischen Erkrankungen wie Ängsten allgemein und Panikattacken, Depressionen oder Psychosen, aber auch zur Behandlung von chronischen Schmerzen in Kombination mit depressiven Verstimmungen eingesetzt. Die Beschwerden und Diagnosen, die den Verordnungen zugrunde liegen, sind ähnlich wie diejenigen, die zu Verordnungen von Beruhigungsmitteln führen können. Ärzte müssen daher genau abwägen, welche Beschwerden im Vordergrund stehen und welche Mittel zu deren Behandlung besonders geeignet sind. Zu den Antidepressiva rechnet man die Monoaminoxidaseinhibitoren wie (Markennamen) Aurorix, die trizyklischen Substanzen wie (Markennamen) Saroten, Aponal, Stangyl, Insidon, Ludiomil, Tofranil usw., Lithium und Lithiumsalze wie (Markennamen) Hypnorex sowie die nicht-trizyklischen Substanzen wie (Markenname) Dogmatil usw., unter denen die Selektiven Serotonin-Wiederaufnahmehemmer wie (**S**elective **S**erotonin **R**euptake **I**nhibitors [SSRI], Markennamen in Deutschland) Fluctin (in den USA: Prozac), Fevarin, Zoloft usw. besonders bedeutsam sind.

Alle hier aufgezählten Mittel sind verschreibungspflichtig.

Man geht davon aus, dass das Abhängigkeitspotenzial der Antidepressiva (Monoaminoxydaseinhibitoren, trizyklische Antidepressiva und Lithium) gering ist. Allerdings ist die Liste der unerwünschten Nebenwirkungen, die mit Einnahme der verschiedenen Mittel verbunden sein kann, lang (Edwards & Anderson 1999). Dazu kommen je nach Mittel bei Beendigung der medikamentösen Behandlung unterschiedlich starke Absetzsymptome, die allerdings durch Ausschleichen vermindert werden können. Zu beachten sind weiterhin Interaktionswirkungen der Antidepressiva miteinander (z. B. der SSRI mit MAO-Inhibitoren, Reiff & Müller 1998, Ruhrmann 1998) sowie mit anderen Medikationen und mit Nahrungsmitteln und Alkohol.

Tab. 4.3.: Antidepressiva-Verordnungen im Jahr 1997 (in DDD) nach Geschlecht und Alter							
	Altersklassen						
	20–29	30–39	40–49	50–59	60–69	70–79	>80
Frauen	1	3	6	10	12	13	12
Männer	1	2	3	5	5	6	6

Quelle: Krah 2001, 231

Wie in Kapitel 3 ausgeführt, liegt die Lebenszeit-Prävalenz bei depressiven Störungen bei Frauen bei 10 % bis 25 %, bei den Männern bei 5 % bis 12 %. Es kann daher auch nicht verwundern, dass die Verschreibungen für Antidepressiva bei den Frauen erheblich höher liegen als bei den Männern. Die geschlechtsspezifischen Unterschiede machen sich vor allem in den Altersklassen ab 40 Jahren bemerkbar. Das Verhältnis von Frauen zu Männern, denen Antidepressiva verordnet werden, liegt dann konstant bei 2:1. Da außerdem die Verordnungshäufigkeit in den Altersgruppen zwischen 40 und 60 Jahren um 50 % ansteigt, heißt das, dass in dieser Lebensphase der Anteil der Frauen mit Depressionen massiv ansteigt.

Die Hintergründe für diese Entwicklung sind komplex. Sozialpsychologische Erklärungen heben darauf ab, dass Frauen im Vergleich zu Männern mehr Enttäuschungen in ihrem Leben erfahren; dass sich diese in den Altersklassen ab 40 Jahren häufen, wenn die körperliche Attraktivität abnimmt. Bei einem Teil der Frauen, die Kinder haben, fällt in diese Zeit deren Auszug aus dem Haus. Die Erfahrung, als Mutter in gewisser Weise ausgedient zu haben, lässt sich kaum kompensieren, da die Hausfrauenrolle wenig prestigehaltig ist. Diese Lebensphase ist für Frauen schwierig, sie ist aber besonders problematisch für diejenigen, die weder erwerbstätig noch ehrenamtlich tätig sind. Dazu kommen mit zunehmendem Alter hormonelle Umstellungen, die bei einer vergleichsweise großen Gruppe von Frauen zu depressiven Reaktionen führt. Schließlich nehmen mit zunehmendem Alter der Frauen die Einsamkeit und die Pflegebedürftigkeit zu, Erfahrungen, die allgemein in engem Zusammenhang mit Depressionen gesehen werden.

Neuroleptika werden eingesetzt zur Behandlung von Psychosen und Schizophrenie. Darüber hinaus werden sie aber auch zur Behandlung von geistiger Behinderung sowie von Schlafstörungen bei älteren (pflegebedürftigen) Personen verordnet. Zu den Neuroleptika zählen die typischen Mittel wie (Markennamen) Haldol und Haloperidol-ratiopharm, die Phenotiazine wie (Markennamen) Atosil, Melleril, Neurocil sowie die Atypica wie (Markennamen) Truxal, Leponex, Imap. Letztere Mittel werden auch als Alternativen zu den Beruhigungsmitteln eingesetzt, was durchaus problematisch sein kann.

Neuroleptika sind verschreibungspflichtig.

Abhängigkeitsentwicklungen sind nicht bekannt. Viele Neuroleptika haben schwere unerwünschte Nebenwirkungen. Neben vielen kleineren Befindlichkeitsstörungen geht es vor allem um Frühdyskinesien, Akathisien, Spätdyskinesien sowie das medikamentös bedingte Parkinson-Syndrom. Dazu kommt bei den Atypica die Gefahr einer Agranulozytose oder von Krampfanfällen (Klimke & Klieser 1998). Die Schwere der Nebenwirkungen hat in den 80er Jahren zu intensiven Diskussionen geführt (Finzen 1993), die in jüngster Zeit in Vergessenheit zu geraten scheinen. Jedenfalls wird der heute zu beobachtende Anstieg der Verordnungen für Neuroleptika außerhalb von Fachkreisen kaum kommentiert.

Die Vielzahl der unerwünschten Wirkungen der Neuroleptika führt zu Problemen bei der Compliance, denn manche Betroffenen setzen eben darum die Mittel möglichst schnell wieder ab, und das auch dann, wenn sie diese zur Alltagsbewältigung unbedingt benötigen. Bekannt sind entsprechende Probleme vor allem bei Personen, die an Psychosen und Schizophrenie leiden.

Tab. 4.4.: Neuroleptika-Verordnungen im Jahr 1997 (nach DDD) nach Geschlecht und Alter

	Altersklassen						
	20–29	30–39	40–49	50–59	60–69	70–79	>80
Frauen	1	3	5	5	5	5	11
Männer	2	4	4	4	3	3	9

Quelle: Krah 2001, 231

Obwohl Psychosen und Schizophrenien bei Frauen und Männern etwa gleich häufig diagnostiziert werden (vgl. Kapitel 3), findet man auch bei dieser Medikation geschlechtsspezifische Differenzen. Bis zum Alter von 40 Jahren liegen die Verordnungsraten für Männer über denen der Frauen, danach dreht sich das Verhältnis um. Es ist zu vermuten, dass Frauen über 50 Jahren diese Mittel als Alternative zu den Beruhigungsmitteln verordnet werden. Besonders häufig kommen entsprechende Mittel zum Einsatz, die als Depot gespritzt werden können, wie zum Beispiel Imap. Zwar ist bei den atypischen Neuroleptika, zu denen Imap gehört, das Risiko der schweren unerwünschten Wirkungen etwas geringer als bei den klassischen Mitteln, aber es ist keineswegs ganz auszuschließen. Nicht zuletzt darum handelt es sich hier um höchst problematische Entwicklungen.

Zu den **Psychostimulanzien** zählen die Amphetamine, Ephedrin und ihre Derivate sowie Koffein. Psychostimulanzien werden verordnet zur Leistungssteigerung und zur Behandlung von Narkolepsie; bei Kindern zur Behandlung von Aufmerksamkeitsdefiziten und Hyperaktivität.

Die meisten Psychostimulanzien sind rezeptpflichtig. Psychostimulanzien waren auch lange Zeit in Appetitzüglern enthalten, die meist nicht rezeptpflichtig waren. Nachdem in den letzten Jahren über die unerwünschten und zum Teil lebensgefährlichen Nebenwirkungen stimulierender Substanzen in Appetitzüglern breit informiert worden ist, spielen diese Medikamente im Alltag kaum noch eine Rolle.

Der Konsum von Stimulanzien bei Frauen und Männern ist insgesamt genommen unbedeutend. Selbst der Konsum von Appetitzüglern liegt insgesamt unter einem Prozent. Das schließt nicht aus, dass es im Einzelfall zur Abhängigkeit von Stimulanzien mit schweren gesundheitlichen Folgen für die Betroffenen kommen kann.

Schmerzmittel sollen Schmerzen lindern. Das Spektrum zum Einsatz von Schmerzmitteln ist sehr breit; es reicht von sehr spezifischen Schmerzen – z. B. Zahnschmerzen – zu diffusen und unklaren Schmerzen, die sowohl alleine als auch in Kombination mit Erkrankungen aller Schweregrade auftreten können.

Empirische Studien zeigen, dass Frauen im Vergleich zu Männern unter mehr diffusen psychosomatischen Symptomen wie Kopf- und Rückenschmerzen, Problemen mit den »Nerven«, Müdigkeit und Abgeschlagenheit, Depressionen und Schlaflosigkeit sowie Unterleibsschmerzen leiden. Es ist bislang ungeklärt, ob es sich dabei um faktische Unterschiede des Leidens handelt, ob zum Beispiel Frauen empfindlicher gegenüber Schmerzen sind als Männer, oder ob es sich um Unterschiede im Verhalten handelt, hier das Reden über Schmerzen und Leiden. Studien belegen jedenfalls durchgängig, dass Frauen pauschal betrachtet eher über Befindlichkeitsstörungen oder Krankheiten sowie über Schmerzen reden als Männer (Berkley 1997, Unruh 1996, Unruh et al. 1997, Vogt 1985, 1998), obwohl sich auch deutliche Angleichungen zwischen den Geschlechtern nachweisen lassen (Brähler et al. 1999). Neuere Studien machen darüber hinaus darauf aufmerksam, dass es auch Unterschiede unter den Frauen gibt, wobei man idealtypisch zwischen den »Klagsamen«, die viel über ihre Leiden reden, und den »Durchhalterinnen«, die eher wenig dazu sagen (Hasenbring 1993, Klesse et al. 1992), unterscheiden kann.

Problematisch ist weiterhin, dass es keinen eindeutigen Zusammenhang zwischen körperlichen Befunden und dem subjektiven Befinden gibt. Das heißt, dass Frauen und Männer, die nachweisbare körperliche Schäden aufweisen, von denen man annehmen würde, dass sie Schmerzen auslösen, sich selbst als schmerzfrei wahrnehmen können. Andere mit denselben Befunden haben aber Schmerzen, manche von ihnen beschreiben sie als unerträglich (Ernst 1998, Nilges & Gerbershagen 1994, Seemann 1998).

Umgekehrt können Frauen und Männer unter starken Schmerzen leiden, ohne dass dazu ein körperlicher Befund erhoben werden kann. Bislang ist weitgehend unklar, warum Befund und Befinden bei Schmerzen so stark auseinander klaffen können, warum also bei gleichem körperlichem Zustand die einen Schmerzen wahrnehmen und erheblich darunter leiden, andere aber nicht, und warum manche unerträgliche Schmerzen haben ohne jeden körperlichen Befund.

In der folgenden Tabelle sind die geschlechtsspezifischen Unterschiede im Schmerzerleben von Frauen und Männern als Angaben über die Zahl verschiedener (aktueller) Beschwerden dargestellt.

Tab. 4.5.: Anzahl der Beschwerden von Frauen und Männern in den letzten 3 Monaten

	Zahl der Beschwerden				
	Keine	1–2	3–5	6–10	11 und mehr
Frauen	12 %	18 %	26 %	29 %	15 %
Männer	18 %	20 %	26 %	26 %	10 %

Quelle: BZgA 1995

Betrachtet man die Angaben von Frauen und Männern der Altersgruppen zwischen 30 und 50 Jahren zu ausgewählten Arten von Schmerzen etwas genauer, zeigen sich wiederum geschlechtsspezifische Unterschiede.

Frauen klagen signifikant mehr über Kopfschmerzen als Männer, ebenso über Migräne (die hier nicht gesondert aufgeführt worden ist), und – was nicht weiter erstaunt – über Unterleibsschmerzen. Wenig Unterschiede zwischen den Geschlechtern

Tab. 4.6.: Angaben zu Schmerzen in den letzten 3 Monaten – Frauen und Männer in den Altersgruppen 30 bis 50 Jahre

Schmerzen	Altersgruppen			
	30–39 Jahre		40–49 Jahre	
	Frauen	Männer	Frauen	Männer
Kopfschmerzen/Woche	44 %	21 %	44 %	32 %
Schmerzen allgemein	3 %	3 %	9 %	4 %
Nacken- und Kreuzschmerzen	24 %	20 %	22 %	25 %
Zahnschmerzen	28 %	23 %	20 %	19 %
Unterleibsschmerzen	15 %	1 %	13 %	1 %

Quellen: BZgA 1990, Krah 2000

gibt es bei Nacken- und Zahnschmerzen. Da die Schmerzen bei Frauen wie Männern anhalten, suchen sie zu ihrer Behandlung ärztlichen Rat. Vor allem Allgemeinärzte verordnen ihnen psychotrope Medikamente, auch Beruhigungsmittel, Antidepressiva und Neuroleptika gegen die Schmerzen. Offenbar helfen alle diese Mittel nicht richtig, denn sie besorgen sich darüber hinaus rezeptfreie Schmerzmittel.

Schmerzmittel lassen sich in drei große Gruppen einordnen. Zur ersten Gruppe gehören die opioiden Mittel, die zur Behandlung von schweren Schmerzzuständen im Zusammenhang mit Operationen, Krankheiten wie Krebs, aber auch bei chronischen Schmerzzuständen, bei rheumatischen Erkrankungen usw., verordnet werden. Zu den wichtigsten Mitteln zählen (Markennamen) Morphin, Tramal, Temgesic, Valoron. Eine Sonderrolle spielen die opioiden Medikamente, die als Substitutionsmittel zur Behandlung von Heroinabhängigkeit eingesetzt werden (u. a. Methadon, Levomethadon, Codein und Dihydrocodein, Bubrenorphin, vgl. Gölz 1999, Lander & Möller 2001), auf die hier nur am Rande eingegangen wird.

Zur zweiten und dritten Gruppe zählen die nicht-opioiden

Medikamente. Zu diesen gehören die spezifischen Migränemittel zur Behandlung von Migräne sowie die unspezifischen Schmerzmittel, die im Alltag zur Behandlung aller nur denkbaren Schmerzzustände verwendet werden. Auf diese Mittel wird gleich noch genauer eingegangen.

Opioidhaltige Schmerzmittel sind verschreibungspflichtig. Die Mehrzahl der Mittel unterliegt zudem der Betäubungsmittel-Verschreibungsverordnung (BtMVV) des BtMG. Das Abhängigkeitspotenzial dieser Mittel wird allgemein als hoch eingeschätzt. Da Ärzte und Ärztinnen in Deutschland das mit den Medikamenten verbundene Abhängigkeitsrisiko fürchten, verordnen sie diese vergleichsweise selten. Davon ausgenommen ist ihr Einsatz in der Klinik bei Akutbehandlungen und im Zusammenhang mit Operationen. Spezialuntersuchungen bei Krebskranken belegen, dass diese Gruppe von Kranken mit Schmerzmitteln eher unterversorgt ist (Flöter 1998). Das hat in den letzten Jahren eine lebhafte Diskussion über den angemessenen Einsatz von opioidhaltigen Schmerzmitteln zur Behandlung von Schmerzen sowie um eine angemessene und professionelle Schmerztherapie ganz allgemein geführt.

Die Sachlage ist etwas anders, wenn es um die Behandlung von Heroinabhängigen mit einem Substitutionsmittel geht. Pauschal genommen wird diese Gruppe vergleichsweise gut mit einschlägigen Medikamenten versorgt. Die Bereitschaft von Ärzten und Ärztinnen, ihren Patienten und Patientinnen opioidhaltige Medikamente zu verordnen, ist also ganz unterschiedlich und variiert systematisch mit der Klientel, mit der sie es vorwiegend zu tun haben.

Es kann daher nicht verwundern, wenn in Bevölkerungsbefragungen, in denen Extremgruppen wie Akutkranke, Sterbende oder Drogenabhängige in der Regel nicht berücksichtigt werden, der Anteil derjenigen, die Verordnungen für opioidhaltige Medikamente erhalten, so gering ist, dass er sich kaum messen lässt (Meyer 1994). Das unterstreicht noch einmal, dass die opioidhaltigen Schmerzmittel eben nur an ausgewählte Gruppen verschrieben bzw. ganz gezielt zur Behandlung umschriebener Krankheiten und Leiden eingesetzt werden.

So spezifisch und so gering der Einsatz von opioidhaltigen Schmerzmitteln ist, so breit streut dagegen der der Migränemittel und der nicht-opioiden Schmerzmittel. Bekannte Migränemittel sind (Markennamen) Imigran, Migrätan N, Cafergot N, Ergo-Kranit, Migräton, Ergo Lonarid N, Migräne-Kranit N. Zu den wichtigsten unspezifischen Schmerzmitteln zählen (Markennamen) Aspirin, ASS-ratiopharm, Paracetamol-ratiopharm, Benuron, Novalgin, Optalidon N, Thomapyrin usw.

Die meisten typischen Migränemittel sind verschreibungspflichtig. Es ist unklar, wie hoch das Abhängigkeitsrisiko dieser Mittel einzuschätzen ist. Menschen, die unter Migräne leiden, verwenden die Mittel gelegentlich im Übermaß. Das kann ein Hinweis auf Abhängigkeit sein, es kann sich aber auch um eine falsch verstandene Vorsorgemaßnahme handeln, um den untauglichen Versuch, den nächsten Migräneanfall von vornherein zu unterdrücken. Dahinter stehen oft massive Ängste vor solchen Anfällen, die begleitet werden von starken Gefühlen von Hilflosigkeit. Diese Gefühle sollen mit den Medikamenten unterdrückt werden. Das ist bedenklich, da starker Konsum von Migränemitteln selbst Dauerkopfschmerzen auslösen kann. Gute Aufklärung und Einübung von alternativen Verhaltensweisen im Umgang mit Migräneanfällen können hier hilfreich sein.

Die meisten unspezifischen Schmerzmittel sind nicht rezeptpflichtig. Sie gehören zu denjenigen Medikamenten, die am häufigsten in Deutschland in Apotheken gekauft werden (Glaeske 1997). Nur gut 25 % der rezeptfreien Schmerzmittel werden von Ärztinnen und Ärzten zur Behandlung von Schmerzen, aber auch zur Vorbeugung von Herz-Kreislauf-Erkrankungen usw. verordnet. Rund 75 % der unspezifischen Schmerzmittel kaufen sich die Betroffenen selbst zur Behandlung einer Vielzahl von Beschwerden wie Erkältungen, allgemeinem Unwohlsein und eben von Schmerzzuständen aller Art. Das Abhängigkeitsrisiko der unspezifischen Schmerzmittel wird eher als gering eingeschätzt, da die Medikamente wenig bis gar keine Auswirkungen auf die Befindlichkeit haben, wenn man von ihrer Potenz, Schmerzen zu lindern, absieht. Besonders gering wird das Abhängigkeitsrisiko bei den Monopräparaten eingeschätzt, etwas

höher das von Kombinationspräparaten, insbesondere von denen, die zusätzlich Koffein enthalten. Allerdings haben die
Schmerzmittel andere unerwünschte Nebenwirkungen; sie können zu Schäden an Magen, Leber und Nieren führen.

Tab. 4.7.: Einnahme von (rezeptfreien) Schmerzmitteln im Jahr 1995 nach Geschlecht und Alter*

	Altersklassen					
	20–29	30–39	40–49	50–59	60–69	>70
Frauen	3	7	7	13	11	14
Männer	2	3	5	6	10	12

* Häufigkeitskategorien: »regelmäßig täglich« und »regelmäßig, nicht
  täglich« zusammengefasst
Quelle: Krah 2000, 12

Der Konsum von Schmerzmitteln setzt früh ein; er ist daher
auch in den Altersklassen von 20 bis 40 Jahren relativ häufig.
Die Angaben der Frauen zum Gebrauch von Schmerzmitteln liegen etwa doppelt so hoch wie bei den Männern. Bei beiden Geschlechtern steigt der Konsum von Schmerzmitteln mit dem Alter langsam an, steigert sich aber nur wenig in den höheren
Altersgruppen. Auffallend ist eine Angleichung zwischen den
Geschlechtern in den Angaben zum Schmerzmittelkonsum in
den Altersgruppen ab 60 Jahren. Ähnliche Befunde haben auch
Maffli & Bahner (1999) erhoben, die aber auch darauf hinweisen, dass bei den Hochbetagten ab 80 Jahren geschlechtsspezifische Differenzen wiederum ausgeprägt sind.

Es gibt klare Zusammenhänge zwischen dem subjektiv erlebten gesundheitlichen Befinden der Befragten, der Zahl ihrer
Krankheiten bzw. ihrer Beschwerden und ihrem Schmerzmittelkonsum. Frauen und Männer, die ihre eigene Gesundheit als
sehr gut oder gut bezeichnen, nehmen signifikant seltener
Schmerzmittel als diejenigen, die sie als schlecht oder sehr
schlecht einschätzen. Die Einschätzung der eigenen Gesundheit
ändert sich systematisch mit der Zahl der Krankheiten oder Be-

schwerden, unter denen die Befragten leiden: Wer in Befragungen wiederholt über Krankheiten, Befindlichkeitsstörungen und Schmerzen klagt, nimmt meist – neben anderen Medikamenten – auch Schmerzmittel. Dabei spielt das Alter der Befragten eine zentrale Rolle, denn mit diesem nehmen die gesundheitlichen Beschwerden systematisch zu. Das wirkt sich allerdings nur bedingt auf den Schmerzmittelkonsum aus, der längst nicht so stark ansteigt, wie das zu erwarten wäre. Auch die geschlechtsspezifischen Differenzen sind nicht besonders stark ausgeprägt (Knopf & Melchert 1998). Beim Schmerzmittelkonsum ist offenbar vieles anders als bei anderen psychotropen Medikamenten, insbesondere bei denen, die von Ärzten und Ärztinnen verordnet werden.

Erwerbstätigkeit hat für Männer einen protektiven Effekt, für Frauen nicht. Das heißt, dass der Anteil der Frauen, die Schmerzmittel nehmen, bei den Hausfrauen etwa ebenso groß ist wie bei den erwerbstätigen Frauen. Allerdings steigt der Schmerzmittelkonsum bei den Männern und Frauen, die am Arbeitsplatz physisch und psychisch stark belastet werden, erheblich an. Ob Schmerzen entstehen bzw. wahrgenommen werden und ob Frauen und Männer dagegen Schmerzmittel einsetzen, hängt also auch von der Ausgestaltung des Arbeitsplatzes ab, ebenso von der subjektiven Zufriedenheit mit der Arbeit.

Darüber hinaus gibt es Hinweise darauf, dass der Anteil der Frauen und Männer, die beständig unter Schmerzen leiden, zunimmt bzw. überhaupt erst sichtbar wird. Bis in die jüngste Zeit galten Schmerzen nicht als Krankheit eigener Art, sondern als unvermeidbare Begleiterscheinungen anderer Krankheiten; sie wurden dementsprechend »mitbehandelt« oder auch gar nicht behandelt. Das hat sich geändert. Schmerzen gelten heute als eigenständige Krankheiten, die professionell behandelt werden können (Flöter 1998, Sohn et al. 1995, Zimmermann & Möller-Streitböger 1995).

Was immer Schmerzen auslöst, wie immer es dazu kommt, dass Männer und Frauen Schmerzen haben, es lässt sich zusammenfassend feststellen, dass diejenigen von ihnen, die – ganz unabhängig vom Befund – Schmerzen mit Schmerzmitteln bekämpfen, und die, wenn die gewünschte Wirkung ausbleibt, die Dosis steigern, in Gefahr sind, Schmerzen von den Schmerzmitteln zu bekommen. Wer dagegen wiederum Schmerzmittel einsetzt, verstärkt systematisch die Schmerzen. Es kommt zu einem Teufelskreis, der auf diese Weise nicht aufzubrechen ist.

Die hier nur kurz und kursorisch dargestellten Befunde zu Schmerzen und zum Schmerzmittelkonsum von Frauen und Männern belegen, dass man es mit einem sehr wichtigen Problemfeld zu tun hat, mit dem man sich bislang noch wenig auseinander gesetzt hat. Selbst in der primären, sekundären und tertiären Prävention spielt das Thema kaum eine Rolle, was seiner Bedeutung nicht gerecht wird.

Mischkonsum. Alltagsbeobachtungen und Studien zum Konsum von psychotropen Stoffen belegen regelmäßig, dass viele Frauen und Männer nicht nur eine Substanz nehmen, sondern mehrere. Es gibt besonders beliebte und populäre Substanzmischungen wie die von Tabak und Alkohol oder von Tabak und Haschisch. In diesen Fällen sind es die Konsumenten selbst, die die Mischungen herbeiführen und genießen.

Auch Medikamente können miteinander kombiniert werden, zum Beispiel Beruhigungsmittel mit Schlafmitteln oder Beruhigungsmittel mit Antidepressiva und schließlich alle diese Mittel zusammen mit Schmerzmitteln. Handelt es sich um verschreibungspflichtige Mittel, sind die Mischungen manchmal vom Arzt gewollt, manchmal eher zufällig. Das ist dann oft der Fall, wenn man mehrere Ärzte konsultiert und wenn diese ihre Klienten/innen nicht danach fragen, welche anderen Arzneimittel sie zur Behandlung von Krankheiten oder Beschwerden einnehmen. Auf diesem Wege kommt es gelegentlich zu geradezu abenteuerlich anmutenden Kombinationen von verschreibungspflichtigen mit rezeptfreien Arzneimitteln, die die Betroffenen einnehmen. Oft spielen auch pflanzliche Mittel eine wichtige Rolle, die allgemein als harmlos gelten, die jedoch in der Mischung mit anderen Medikamenten problematische Wirkungen entfalten können. Nach Maffli & Bahner (1999) nimmt etwa ein Drittel der Befragten ihrer Stichprobe mehrere psychotrope Medikamente gleichzeitig ein. Am häufigsten werden Schmerzmittel mit anderen Medikamenten und Stoffen kombiniert.

Frauen kombinieren psychotrope Medikamente signifikant häufiger als Männer (Krah 2000, Maffli & Bahner 1999). Wie neuere Forschungen belegen, verlieren manche Medikamente an Effekt, wenn sie mit anderen Mitteln im Körper zusammenkommen, andere potenzieren sich und wieder andere lösen neue Krankheitsprozesse aus. Bei der Kombination bestimmter Mittel erhöht sich das Risiko einer Abhängigkeit erheblich, zum Beispiel bei der Einnahme von Beruhigungs- und Schlafmitteln. Auch wenn das Wissen über die kombinierten Wirkungen von 2 und mehr psychotropen Medikamenten noch immer vergleichsweise gering ist, ist davon auszugehen, dass sich unerwünschte und riskante Effekte häufen. Jedenfalls verschärfen sich die Symptome beim Absetzen der Mittel, und das spricht dafür, dass das Risiko bei Medikamentenkombinationen insgesamt zunimmt.

Die von Frauen und Männern selbst eingeleitete Kombination von verschreibungspflichtigen und rezeptfreien Medikamenten weist aber auch darauf hin, dass die Patienten und Patientinnen mit der Behandlung nicht zufrieden sind. Es wäre nun Aufgabe von Ärzten und Ärztinnen, genauer abzuklären, worauf die Unzufriedenheit zurückzuführen ist. Offenbar kommt das aber eher selten vor. Der Umgang von Frauen und Männern mit Beschwerden und vor allem derjenigen unter ihnen, die Schmerzen haben, zeigt, dass die Beziehung zwischen Ärzten und ihrer Klientel oft sehr schwierig ist (Vogt 2000, Vogt & Leopold 2001).

Die Sachlage kompliziert sich weiter, wenn man den Konsum von Alkohol und von Tabak berücksichtigt.

Zunächst zum Alkohol: Genauere Analysen zeigen, dass die Mehrzahl der Frauen, die Beruhigungs- und Schlafmittel nehmen, entweder überhaupt keinen oder sehr wenig Alkohol trinkt. Nur eine sehr kleine Gruppe kombiniert den Konsum dieser Medikamente mit einem hohen Alkoholkonsum. Die Angaben für die Männer sind etwas komplizierter; es deutet sich an, dass der Anteil derjenigen, die die Medikamente in Kombination mit mittleren und hohen Dosen von Alkohol einnimmt, erheblich größer ist als bei den Frauen.

Es liegt auf der Hand, dass die Kombination von Beruhigungs- und Schlafmitteln mit dem Konsum von Alkohol höchst problematisch ist, da die Substanzen sich in der Wirkrichtung gegenseitig verstärken. Beim Konsum von hohen Dosen eines der Mittel steigt das Risiko der Abhängigkeit erheblich an, aber auch das der Überdosierung mit möglichem letalem Ausgang. Auch Niedrigdosierungen von (benzodiazepinhaltigen) Beruhigungsmitteln und Alkohol schützen nicht vor Abhängigkeit. Man findet übrigens dieses Muster gehäuft bei Frauen, die wegen Problemen mit Medikamenten professionelle Hilfe suchen.

In stationären Einrichtungen findet man vor allem Frauen mit hohem Konsum von Medikamenten verschiedener Art in Kombination mit dem Konsum von Alkohol und Tabak. Diagnostisch steht bei ihnen der Medikamentenkonsum im Vordergrund, und daran orientiert sich die Behandlung. Bei Männern, die hohen Alkoholkonsum mit dem von Medikamenten und Tabak kombinieren, steht dagegen die Alkoholabhängigkeit im Vordergrund der Behandlung. Das hat zur Folge, dass ihre Probleme mit Medikamenten bzw. die dahinter liegenden Gesundheitsprobleme kaum angesprochen werden.

Eine Sonderrolle nehmen die Schmerzmittel ein. Nach dem Konsum von reichlich Alkohol und Zigaretten bietet es sich an, eines der vielen rezeptfreien Schmerzmittel zu nehmen, um die Kopfschmerzen zu kupieren, die sich nach solchen Exzessen eingestellt haben. Manche tun das auch schon vorsorglich, also bevor sich die Schmerzen überhaupt gemeldet haben. Offenbar wirkt die Mischung, ist aber nicht unproblematisch. Sie wirkt auch nicht dauerhaft, sondern eher vorübergehend. Es kommt schnell zu komplexen Wechselwirkungen zwischen den verschiedenen Substanzen, die die Entwicklung von Mehrfachabhängigkeit befördern.

Schließlich noch einige Ergebnisse zum Rauchen. Untersucht man zunächst nur die Kombination Rauchen und Schmerzmittelkonsum, dann ergibt sich, dass Raucherinnen im Vergleich mit Nichtraucherinnen signifikant häufiger Schmerzmittel nehmen (Krah 2000). Dieser Effekt findet sich so bei den Männern nicht; Raucher unterscheiden sich nicht von Nichtrauchern hinsichtlich ihres Konsums von Schmerzmitteln. Raucherinnen leiden im Vergleich zu Nichtraucherinnen häufiger unter Kopfschmerzen, was wiederum die Bereitschaft zur Einnahme von Schmerzmitteln erklären kann. Es ist auch nicht auszuschließen, dass Raucherinnen versuchen, mit Rauchen Schmerzen auszublenden, was nur sehr bedingt gelingt.

Geht es um Rauchen in Kombination mit anderen psychotropen Medikamenten, findet man keinen Geschlechtsunterschied. Allerdings belegen die Daten von Maffli & Bahner (1999) auch, dass man in der Gruppe von Konsumenten von psychotropen Medikamenten einen signifikant höheren Anteil von Raucherinnen und Rauchern als von Nichtraucher/innen findet. Demnach scheinen Raucher und Raucherinnen signifikant häufiger als Nichtraucher/innen auch Alkohol zu trinken, Schmerzmittel sowie andere psychotrope Medikamente zu nehmen. Das legt den Schluss nahe, dass Rauchen eine Art Schrittmacherfunktion hat im Hinblick auf den Konsum anderer psychtroper Medikamente und psychoaktiver Stoffe.

Zusammenfassend ist festzuhalten, dass Mischkonsum zwar ganz alltäglich, aber auch überaus problematisch ist. Je nach den Substanzmischungen nehmen die Gesundheitsgefährdungen erheblich zu, ebenso das Risiko der Entwicklung von Mehrfachabhängigkeit und schließlich die Gefahr, dass die Substanzen selbst die Symptome produzieren, zu deren Bewältigung sie eingesetzt werden. Das sind besondere Herausforderungen für die Beratung.

Abhängigkeit von psychotropen Medikamenten

Wie verschiedentlich erwähnt, leben Medikamentenabhängige meistens ganz unauffällig (Wendland & Lucius 1989, Salzman 1997). Sie erhalten die Mittel vom Arzt bzw. besorgen sie sich in der Apotheke. Die Einnahme der Substanzen findet im privaten Raum statt. Viele Betroffene reden nicht viel über ihre gesundheitlichen Beschwerden, zu deren Bewältigung sie die Medikamente einnehmen, andere sehr wohl (Gerbner et al. 1999, Hasenbring 1993). Unabhängig davon, wie Betroffene mit ihren Beschwerden umgehen, ob sie über diese reden und sich als »ängstliche Vermeider« oder als »fröhliche Durchhalter« darstellen, in der Regel stehen ihnen viele Wege offen, die gewünschten Medikamente legal zu besorgen. Es liegen daher auch vergleichsweise wenige Daten über Medikamentenabhängige in der Bevölkerung vor. Man behilft sich daher vielfach mit Schätzungen bzw. Hochrechnungen aufgrund von Verordnungszahlen (vgl. v. Ferber 1994) oder im Anschluss an ausgewählte Befragungsgruppen (Maffli & Bahner 1999). Die Ergebnisse dieser Verfahren belegen, dass der Anteil derjenigen, die körperlich von Medikamenten abhängig sein müssen, bei ca. 2 % liegt. In der Praxis der Beratung und Behandlung von Süchtigen spielt Medikamentenabhängigkeit eine untergeordnete Rolle.

In ambulanten Einrichtungen für Alkohol-, Medikamenten- oder Drogenabhängige liegt der Anteil derjenigen, die eine Hauptdiagnose wegen Problemen mit Medikamenten haben, bei knapp 1 % (Türk & Welsch 2000). Berücksichtigt man die Neben- oder Zusatzdiagnosen, dann kommt man auf einen Anteil von ca. 6 %; zwei Drittel davon sind Männer und ein Drittel Frauen. In der Praxis der ambulanten Hilfen für Suchtkranke sollten also nicht die Frauen mit ihren Medikamentenproblemen im Mittelpunkt stehen, sondern die Männer. Tatsächlich wird auf entsprechende Probleme der Männer in der Beratung und Behandlung kaum eingegangen.

In den verschiedenen stationären Einrichtungen liegt der Anteil derjenigen mit einer Hauptdiagnose Medikamentenabhängigkeit – genauer: Abhängigkeit von Schlafmitteln und Abhängigkeit von Beruhigungsmitteln – ebenfalls bei 1 % (Türk & Welsch 2000). Der Anteil der Frauen mit dieser Hauptdiagnose ist doppelt so groß wie der der Männer. Stationär werden zwar insgesamt sehr wenige Frauen und Männer wegen Medikamentenabhängigkeit behandelt, jedoch erheblich mehr Frauen als Männer. Neuere Studien weisen darauf hin, dass Frauen mit wenig Schulbildung und geringem Einkommen mehr Medikamente einnehmen als Frauen mit guter Schulbildung und mittlerem bis hohen Einkommen (Franke et al. 1998, 2001). Wenn sich diese Befunde in weiteren Studien erhärten lassen, dann heißt das, dass Frauen aus der Unterschicht pauschal genommen ein höheres Risiko haben, im Laufe des Lebens medikamentenabhängig zu werden als Frauen aus der Mittel- und Oberschicht.

Zur Praxis der Beratung bei Problemen mit psychotropen Medikamenten

Auch wenn Medikamentenabhängigkeit eher unauffällig verläuft und wenn viele von denjenigen, die regelmäßig Medikamente einnehmen, ihren Alltag offenbar gut regeln können, so stehen dahinter doch sehr häufig erhebliche gesundheitliche und soziale Probleme. Frauen und Männer, die sich selbst zur Bewältigung des Alltags auf die Einnahme von psychotropen Medikamenten angewiesen fühlen, benötigen Entlastung. Daher sollte man bei der Erstellung der Diagnose sowie der Problemanalyse grundsätzlich abklären, welche psychotropen Medikamente wie oft genommen werden.

Abzufragen ist der Konsum u. a. von folgenden Medikamentengruppen:

- Beruhigungsmittel;
- Schlafmittel;
- Antidepressiva;
- Neuroleptika;
- Stimulanzien;
- Schmerzmittel.

Im Einzelnen geht es darum, die Konsummuster im Kontext gesundheitlicher Beschwerden und ärztlicher Verordnungen genauer zu erkunden. Diese sind in Beziehung zu setzen zum Konsum von anderen psychotropen Substanzen, insbesondere zu dem von Alkohol und Tabak (Zigaretten).

Die Gefahr der Entwicklung einer Medikamentenabhängigkeit ist groß, wenn folgende Bedingungen gegeben sind (vgl. Barnas et al. 1993, Elsesser & Sartory 2001):

- Anlass für die Verschreibung der Medikamente waren/sind psychosomatische Beschwerden und unklare Schmerzzustände;
- die Beschwerden nehmen trotz Einnahme der Medikamente nicht ab;
- die Patientinnen und Patienten fühlen sich von ihrem Arzt bzw. ihrer Ärztin nicht gut behandelt, sie gehen auf Arztsuche und erhalten immer mehr Rezepte für eine immer längere Zeitdauer.

Noch einmal wird offensichtlich, dass es einen sehr engen Zusammenhang gibt zwischen dem gesundheitlichen Befinden der Betroffenen und ihrem Medikamentenkonsum. Diejenigen Frauen und Männer, deren Beschwerden sich mit der Einnahme von psychotropen Medikamenten bessern und die nicht auf eine Dauereinnahme der Mittel angewiesen sind, beenden in der Regel den Konsum mit dem Ende dieser Behandlung. Je nach Art und Dauer der medikamentösen Therapie muss darauf geachtet werden, dass beim Absetzen der Mittel möglichst wenig Entzugssymptome auftreten. Kurz, das Absetzen der Mittel muss professionell begleitet werden. Mit einem solchen Verlauf ist jedoch nicht bei denjenigen zu rechnen, die das Gefühl haben, dass die Beschwerden nicht besser, sondern sogar schlimmer werden und dass ihnen Ärzte und Ärztinnen mit der ganzen Bandbreite der angebotenen Behandlungen nicht helfen können. Für diese Gruppe steigt mit der Dauer und der Stärke der Beschwerden das Risiko der Medikamentenabhängigkeit.

Hilfreich für eine erste Abklärung einer Medikamentenabhängigkeit ist der Screening-Fragebogen von Watzl et al. (1991).

Bei vier oder mehr positiven Antworten (Trifft zu) liegt der Verdacht einer Medikamentenabhängigkeit nahe. Dieser muss dann genauer abgeklärt werden mit weiteren Explorationen. Bewährt hat sich hier zum Beispiel die Tagebuchdokumentation (Elsesser & Sartory 2001).

Tab. 4.8.: Screening-Fragebogen zur Medikamentenabhängigkeit (nach Watzl et al. 1991)

Kurzfragebogen zum Medikamentengebrauch

Auf dieser Liste werden eine Reihe von Gewohnheiten und Schwierig-keiten beschrieben, die sich bei der Einnahme von Medikamenten ein-stellen können. Es sind aber nur jene Medikamente gemeint, die *Ihre Stimmung* verändern und die Sie einnehmen, um *besser schlafen* zu können, um *ruhiger* oder *leistungsfähiger* zu werden oder um *weniger Schmerzen* zu haben.

Prüfen Sie jede Feststellung, ob diese auf Sie zutrifft oder nicht und kreuzen Sie dann das entsprechende Kästchen an. Bitte antworten Sie bei jeder Feststellung, lassen Sie keine davon aus.

	Trifft zu	Trifft nicht zu
Ohne Medikamente kann ich schlechter einschlafen.		
Ich habe mir sicherheitshalber schon einmal einen klei-nen Tablettenvorrat angelegt.		
Wenn ich keine Medikamente nehmen würde, wäre ich mit mir zufrieden.		
Zeitweilig möchte ich mich von allem zurückziehen.		
Es gibt Situationen, die schaffe ich ohne Medikamente nicht.		
Andere glauben, dass ich Probleme mit Medikamenten habe.		
Einmal möchte ich aufhören, Medikamente zu nehmen, dann wieder nicht.		
Weil ich Schmerzen habe, nehme ich oft Medikamente.		
In Zeiten erhöhter Medikamenteneinnahme habe ich weniger gegessen.		
Ich fühle mich ohne Medikamente nicht wohl.		
Manchmal war ich über mich selbst erstaunt, wenn ich mir überlege, wie viele Tabletten ich an einem Tag ein-genommen habe.		
Mit Medikamenten fühle ich mich oft leistungsfähiger.		

Tab. 4.9.: Beispiel für ein Tagesprotokoll zum Medikamenten-konsum

Datum	Beschwerden	Tageszeit		Stärke/ Intensität
		Einnahme	Beschwerde	
Medikament 1 Name				
Medikament 2 Name				
Medikament 3 Name				
Medikament 4 Name				
Weitere Medikamente Namen				
Zahl Zigaretten pro Tag				
Gläser Bier, Wein, Schnaps pro Tag				
Andere wichtige Ereignisse am Tag				
Kommentar				

Verdichten sich nach diesen ersten Abklärungen die Anzeichen dafür, dass Medikamentenabhängigkeit vorliegt, muss vor einer weiteren Behandlung eine medizinische Abklärung des Gesund-heitszustandes erfolgen. Es muss geprüft werden, ob die Einnah-me von psychotropen Medikamenten mit hohem Abhängig-keitsrisiko, also zum Beispiel von Beruhigungsmitteln der Benzodiazepingruppe, notwendig und unverzichtbar ist oder ob es dazu Alternativen gibt. Neben Psychotherapien zur Behandlung psychischer Probleme bieten sich Schmerztherapien an, ebenso andere psychotherapeutische und psychosoziale Behandlungen und Hilfen. Auch der Wechsel von einem Medikament zu einem anderen sollte erwogen werden. Wenn es zum Konsum bestimmter Medikamente keine Alternative gibt, sollte diese Entscheidung von allen am Hilfeprozess Beteiligten mitgetragen werden. Wie bereits erwähnt, ist der Nutzen von Medikamenten mit einem hohen Abhängigkeitsrisiko gelegentlich durchaus höher als der Nachteil, nämlich die Entwicklung einer Abhängigkeit. Das lässt sich aber nur im Einzelfall nach sorgfältiger Prüfung aller Möglichkeiten entscheiden.

Weiter ist zu bedenken, dass das Absetzen von Medikamenten mit Abhängigkeitspotenzial von schweren Entzugssymptomen begleitet sein kann. Auch hier ist wieder zu entscheiden, ob der gesundheitliche Zustand des Klienten oder der Klientin hinreichend stabil ist, um mit den Entzugssymptomen fertig zu werden.

Die wichtigsten Entzugssymptome beim Absetzen von benzodiazepinhaltigen Beruhigungs- und Schlafmitteln sind folgende (vgl. Soyka 1998, 85).

Entzugssymptome beim Absetzen von benzodiazepinhaltigen Beruhigungs- und Schlafmitteln

- Psychische und kognitive Symptome
  - Ängste
  - Depressionen
  - Stimmungsschwankungen
  - Depersonalisation, Derealisation
  - Gedächtnis- und Konzentrationsstörungen
  - Suizidgedanken

- Somatische Symptome
  - Schlafstörungen mit Alp- und Angstträumen
  - Herzrasen, Schwindel

- Schwitzen, Hitze- oder Kälteschauer
- Kopf- und Gliedschmerzen
- Appetitlosigkeit, Übelkeit, Schwächegefühl
- Bauchkrämpfe, Durchfall oder Verstopfung
- Motorische Unruhe

- Perzeptionsstörungen
  - Überempfindlichkeit gegenüber Sinnesreizen und veränderte sinnliche Wahrnehmungen (in Bezug auf Licht, Geräusche, Gerüche usw.)
  - Verschwommenes Sehen
  - Gleichgewichts- und Koordinationsstörungen
  - Kinästhetische Beschwerden
  - Parästhesien

Die Intensität und Schwere der Entzugssymptome variiert sehr stark zwischen den Betroffenen. Manche erleben nur sehr wenige und leichte Entzugssymptome, andere leiden sehr stark unter diesen. Im Durchschnitt dauert die Entzugsphase nach dem Absetzen der letzten Dosis vier bis sechs Wochen. Allerdings entwickeln etwa 10 % bis 15 % der Betroffenen so genannte prolongierte Entzugssymptome (Ashton 1987, 1995, Lader 1991, Schöpf 1981), die für sie außerordentlich quälend sind. Sie verschwinden nach erneuter Einnahme entsprechender Medikamente. Je länger Entzugssymptome andauern und je unangenehmer sie sind, umso größer ist die Wahrscheinlichkeit, dass es zu einem Rückfall kommt.

Der Ausstieg aus einer Medikamentenabhängigkeit hängt also auch davon ab, wie sich die Entzugssymptome entwickeln. Die Bedingungen sind günstig, wenn der Ausstieg aus dem Konsum kontrolliert und schleichend erfolgt, wenn also die medikamentöse Dosis langsam reduziert wird und wenn sich zudem keine schweren Entzugssymptome einstellen. Sie sind ungünstig, wenn es zu schweren und persistierenden Entzugssymptomen kommt.

An dieser Stelle muss noch einmal betont werden, dass die Behandlung einer Medikamentenabhängigkeit in Kooperation mit einem Arzt oder einer Ärztin erfolgen sollte. In Hilfeplange-sprächen ist abzuklären, was der Sachstand ist und wie weiter vorgegangen werden soll. Wenn der Medikamentenkonsum nicht zur Behandlung einer Krankheit dringend notwendig ist, muss das Absetzen der Medikation geplant werden. Die Pläne zum Ausschleichen aus der Medikation müssen koordiniert wer-den mit Plänen zur psychosozialen Unterstützung im Umgang mit den Entzugssymptomen, mit der Motivation zu Verände-rung der Lebensweise und mit Perspektiven für eine Zukunft, die nicht auf medikamentöse Krücken setzt.

Besonderheiten von Frauen mit Substanzproblemen

Frauen mit episodischer oder chronischer Abhängigkeit von ille-galen Drogen wie Heroin und den Ersatzmitteln Methadon oder Buprenorphin sowie Kokain und anderen ähnlichen Stoffen un-terscheiden sich in typischer Weise von nichtabhängigen Frauen im Schmerzerleben.

Viele drogenabhängige Frauen haben Schmerzen, nicht weni-ge leiden unter chronischen Schmerzen, aber sie nehmen diese nur sehr gedämpft wahr bzw. verdrängen sie aus ihrem Bewusst-sein. Dringen Schmerzen dennoch durch und werden sie wahr-genommen, dann suchen sie sofort nach Mitteln, um sie abzu-stellen. Bevorzugt nehmen sie dazu psychotrope Medikamente, bei Gelegenheit aber auch andere legale und illegale psychoakti-ve Substanzen.

Diese Gruppe von Frauen ist sehr erfinderisch, wenn es da-rum geht, von Ärzten und Ärztinnen Rezepte für Medikamente zu erhalten, wie folgendes Zitat zeigt (Vogt & Leopold 2001):

»Also erst hab ich die (Medikamente) immer verschrieben be-kommen, so, ach, die sind ja ganz gut. Und dann ging man noch mal zu dem Arzt und dann hat der gesagt: ›Nein, das dürfen Sie aber jetzt nicht so oft nehmen.‹ Natürlich ging man dann zu dem Arzt, wo man wusste, man bekommt es.

Und wo es dann gar nicht mehr ging, weil es dem natürlich auch spanisch vorkam, wenn man in einer Woche dreißig Stück brauchte, da hat man geschaut, wo bekomme ich die her … Und das war für mich nicht schwierig, weil ich hatte einige Ärzte, die dann privat Rezepte ausgestellt haben. Ich kannte auch mehrere Apotheker, wo man hingehen konnte, unter der Hand hat man das halt cash bezahlt oder auch für mehr Geld, und schwupps war man schon wieder an seinen hundert Stück. Weil, diese kleinen Packungen, das hat ja nicht gereicht. Ja, und so ist man dann durch sein Leben geschlichen.«

Das Beispiel zeigt, wie sich Frauen auf die Verordnungsgewohnheiten ihrer Ärzte/Ärztinnen einstellen, wie sie damit umgehen und wie sie ihren Vorrat an Medikamenten immer von neuem auffüllen. Es sind zudem gerade diese Frauen, die Gespräche über Krankheiten und Schmerzen vermeiden. Sie reden nicht mit Ärztinnen und Ärzten darüber, nicht mit Beraterinnen, nicht mit Freunden und Freundinnen. Typisch dafür ist folgende Aussage (Vogt & Leopold 2001):

»Also wissen Sie, ich möchte über Krankheiten nicht sprechen, nicht reden. Und ich treffe ab und zu Bekannte, welche bloß über Krankheiten reden können. Dann haue ich ab, ich habe eigene Probleme, jeder hat Probleme, über Krankheiten überhaupt möchte ich nicht reden. Habe ich die Probleme, dann muss ich selbst klarkommen, dann nehme ich regelmäßig die Tabletten. Das hilft nicht, immer quatschen. Ich möchte vergessen, ich möchte abschalten, das ist die beste Lösung … Ich bin der Meinung, da muss man einfach abschalten, vergessen.«

Hier deutet sich ein besonderer Mechanismus des Umgangs mit Schmerzen an, der für diese Gruppe wohl typisch ist. Man kann von folgender sehr vereinfachter Modellvorstellung ausgehen: Für diese Gruppe von Frauen ist – aus welchen Gründen auch immer – die Wahrnehmungsschwelle für Schmerzen generell erhöht. Dringen Schmerzen ins Bewusstsein, wird die Wahrnehmungsschwelle wiederum mit einschlägigen Mitteln erhöht. Sie sind auch nicht besonders wählerisch, was die Medikamente und Mittel selbst angeht. Sie nehmen bei Bedarf den Stoff, der gerade vorhanden ist. Opioide Medikamente erfüllen den Zweck offenbar genauso gut wie Heroin, aber ebenso Kokain und andere stark wirksame Stoffe. Entscheidend ist vielmehr, dass es Mittel sind, die unmittelbar und schnell auf das Bewusstsein einwirken und den Aufmerksamkeitsfokus von den Schmerzen abziehen. Die wiederholte Einnahme von bewusstseinsverändernden Mitteln scheint bei den meisten dann zu einer generellen Abstumpfung der Schmerzwahrnehmung zu führen, die auch in drogenfreien Intervallen anhält.

So wichtig das Thema Schmerzen und Schmerzbewältigung für diese Gruppe von Frauen ist, so schwierig ist es, mit ihnen darüber ins Gespräch zu kommen. Es bedarf einer langen Zeit der Vertrauensbildung, der Beharrlichkeit und der Zuwendung, um sie dazu zu bewegen, über ihre Schmerzen zu reden als einen ersten Schritt für eine konstruktive Auseinandersetzung mit der eigenen Geschichte, der eigenen Befindlichkeit.

5. Grundlagen der Beratung

Der Kontext von Beratung

Beratung und Psychotherapie haben ihren je eigenen Stellenwert in der Arbeit mit Menschen, die Probleme mit psychoaktiven Substanzen haben oder die substanzabhängig sind; sie ergänzen sich in der Regel in den verschiedenen Praxisbereichen der sekundären und tertiären Prävention, in denen man es hauptsächlich mit Risikopopulationen zu tun hat (Schmidt et al. 1998). Konkret heißt das, dass Substanzabhängige in bestimmten Phasen ihrer Entwicklung Beratung vorziehen, in anderen Psychotherapie. Beratung geht der Psychotherapie meist voraus bzw. folgt ihr nach, sie kann aber auch unabhängig von dieser in Anspruch genommen werden.

Mit der Einführung des Psychotherapeutengesetzes (PsychThG) von 1998/99 wurden die Arbeitsfelder Beratung und Psychotherapie neu abgesteckt und »ständisch« markiert. Danach gilt Psychotherapie als Heilbehandlung, Beratung nicht (Barabas 1999). Voraussetzung für eine Heilbehandlung ist u. a., dass eine (psychische) Krankheit – in diesem Fall zum Beispiel Substanzabhängigkeit – festgestellt worden ist, die nach den Regeln guter klinischer Praxis psychotherapeutisch zu behandeln ist. Liegen diese Bedingungen vor, übernehmen die Krankenkassen die Kosten der Behandlung. Auf Details des PsychThG sowie davon abgeleiteter gesetzlicher Regelungen soll hier nicht weiter eingegangen werden. Im Unterschied zu den psychologischen Psychotherapeuten, die als Heilkundige in die Behandlung von Substanzabhängigen eingebunden sind, sind Sozialarbeiter/innen als Beratende oder Betreuende aktiv. Da außerdem noch Ärzte und Ärztinnen in der Behandlung von Substanzabhängigen eine wichtige Rolle spielen, ebenso Krankenschwestern oder Pfleger, hat man es mit einem dichten Geflecht von helfenden Berufen zu tun, die hier aufeinander treffen und miteinander kooperieren sollen. Die Aufgaben- und Rollenverteilungen sind nicht immer eindeutig, es gibt Verschleifungen bzw. Überschneidungen zwischen den Arbeitsfeldern Beratung und Psychotherapie, aber auch zwischen Sozialarbeit und pflegerischen Arbeiten usw. Die Praxis widersetzt sich in gewissem Umfang den ständischen Regeln und Vorschriften.

Darauf haben die Kostenträger reagiert. In der Empfehlungsvereinbarung »Ambulante Reha Sucht (ARS bzw. EVARS 1995)« bzw. in der Vereinbarung »Abhängigkeitserkrankungen« von 2001 (vgl. dazu Stähler & Wimmer 2002, Stock 2002)[21] sind die Bedingungen definiert, die es Sozialarbeiter/innen erlauben, in entsprechenden Einrichtungen für Suchtkranke therapeutisch tätig zu werden. Entscheidend dafür sind Kriterien, die sich auf die Struktur der Einrichtung selbst richten, sowie auf die Qualifikation der Behandler. Danach müssen »Diplom-Sozialarbeiter und Diplom-Sozialpädagogen«, die in ambulanten oder in stationären Einrichtungen arbeiten, »tätigkeitsfeldspezifische, d. h. auf die Indikation ›Sucht‹ ausgerichtete Weiterbildungsgänge« absolviert haben. Ist das der Fall, dann können sie in diesen Einrichtungen sowohl Beratungen als auch Therapie übernehmen. Diese Regelungen weisen darauf hin, dass es wenig sinnvoll ist, Beratung von Psychotherapie scharf abzugrenzen, ein Unternehmen, das schon deshalb nicht ganz einfach ist, weil sie beide gemeinsame Wurzeln haben. Festzuhalten ist hier, dass Beratung nicht eingesetzt wird zur Heilung von Krankheiten, wohl aber im Sinne von »Hilfe zur Selbsthilfe« als Angebot an alle, die Probleme mit psychoaktiven Substanzen haben. Sie richtet sich also an Gesunde wie an Kranke, an Angepasste wie an Außenseiter. Damit gehört Beratung zu den wichtigsten Hilfsangeboten in der primären, sekundären und tertiären Prävention. Sie hat

---

21 Vereinbarung »Abhängigkeitserkrankungen« vom 4.5.2001 mit 4 Anlagen, getroffen zwischen den Bundesverbänden der gesetzlichen Krankenkassen und dem Verband deutscher Rentenversicherungsträger, Deutsche Rentenversicherung 1, 2002.

ihren festen Platz in der Sucht- und Drogenhilfe, die es pauschal betrachtet mit einer komplexen Klientel zu tun hat, von der nicht wenige mehrfachabhängig sind und zusätzlich unter anderen schweren (chronischen) Krankheiten leiden (zum Beispiel Lebererkrankungen, Erkrankungen des Immunsystems [HIV] usw.), oder die schwere Persönlichkeitsstörungen aufweisen. Ein erster Schritt in Richtung auf Beratung ist hier die Kontaktaufnahme und in Kombination damit das Angebot von Hilfen zum Überleben. Gelingt das, kann es zu einer Beratung kommen und darüber hinaus zu einer ärztlichen oder psychotherapeutischen Heilbehandlung.

Zusätzlich zur Abgrenzung der Arbeitsfelder kommen institutionelle Rahmenbedingungen dazu, die die Beratungsarbeit strukturieren. Da die Beratenden selbst Funktionsträger von Organisationen sind, gehen die institutionellen Bedingungen in das Beratungssetting ein. Wie wichtig die institutionellen Bedingungen sind, zeigt die lange, quälende und hitzige Auseinandersetzung über die Einführung von Methadonprojekten zur Behandlung von Drogenabhängigen (Schmid 2003) oder die Diskussion zum »Kontrollierten Konsum« von psychoaktiven Substanzen (Kruse et al. 2000, Batra 2003). Auch der Umgang mit der Geschlechterfrage ist hier von Bedeutung (Vogt et al. 1998). Zur Verdeutlichung kann man die Position der Beratenden folgendermaßen darstellen.

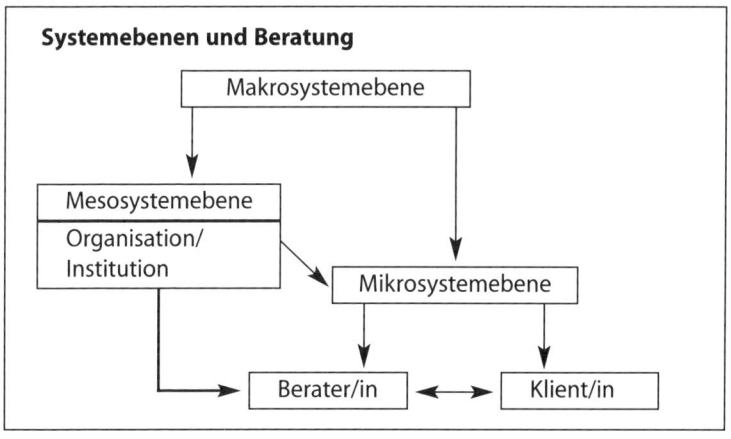

Wie man sieht, stehen alle Systemebenen miteinander in Beziehung. Die Struktur der Gesellschaft, die Verteilung von Reichtum und Armut, die Organisation des Gesundheitswesens usw., werden über die Makrosystemebene definiert; sie steht in unmittelbarer und mittelbarer Beziehung zur Mesosystemebene, also den Organisationen und Institutionen, die sich in einer modernen Gesellschaft herausdifferenziert haben, in unserem Fall zum System der Suchthilfe. Gemeinnützige Organisationen wie die Caritas, die Diakonie und viele kleinere Vereine, von denen die meisten im Paritätischen Wohlfahrtsverband zusammengeschlossen sind, dominieren die Suchthilfe. Diese Organisationen betreiben unter anderem Institutionen wie Beratungsstellen oder Anlaufstellen, die zur Mesosystemebene gehören und die wiederum unmittelbaren und mittelbaren Einfluss auf die Mikrosystemebene haben. Das lässt sich allein schon daran ablesen, dass die Beratungsstellen je nach Angebot und Verortung in Zeit und Raum für eine ganz unterschiedliche Klientel interessant sind. Andererseits hat die Klientel auch Einfluss darauf, wie sich die Beratungsstelle selbst versteht, wie sie funktioniert und wie sie sich entwickelt. Nicht zu vergessen sind hier die Einflüsse der Makrosystemebene unmittelbar auf die Mikrosystemebene, denn nicht nur die Verteilung von Armut und Reichtum in einer Gesellschaft hat direkte Auswirkungen auf das System Familie, das selbst prototypisch ist für die Mikrosystemebene, sondern auch die wohlfahrtsstaatlichen Regelungen der sozialen Sicherung und des Gesundheitswesens.

Die Dyade Berater/in und Klient/in repräsentiert auf der Mikrosystemebene das Familiensystem. In der Beratungsstelle begegnen sich Beratende und die Klientinnen und Klienten persönlich, gehen aufeinander zu und lassen sich auf eine Beziehung ein, die das Fundament für den Beratungsprozess bildet.

Strukturell betrachtet gehören die Beratenden sowohl der Mesosystemebene an, denn sie sind Teil ihrer Institutionen, als auch der Mikrosystemebene, auf der die Beziehungen zu den Ratsuchenden angesiedelt sind. In dieser Position haben sie es auf der einen Seite mit den Erwartungen der Institutionen an sie als

Funktionsträger und als deren Vertreter zu tun, auf der anderen mit denen der Ratsuchenden (Chur 1997). Sie befinden sich damit im Spannungsfeld von unterschiedlichen Akteuren mit gelegentlich recht verschiedenen Interessen. Dazu kommt, dass die Beratenden selbst eigene Interessen haben und diese gegenüber ihren verschiedenen Interaktionspartnern zumindest implizit vertreten. Selbst wenn man die Beratungssituation also stark vereinfacht darstellt, wird offensichtlich, dass es sich um eine Konstellation handelt, die mit Dynamik aufgeladen ist.

Die Interessen der Institutionen bzw. der Träger von Einrichtungen sind zum Teil normiert und in einer Reihe von Fällen im Einstellungsvertrag fixiert. Typisch dafür sind zum Beispiel Institutionen, die direkt oder indirekt von den christlichen Kirchen betrieben werden. Vor Ort handelt es sich dann in der Regel um Einrichtungen der Caritas oder der Diakonie. Die christlichen Kirchen stehen ganz offen zu ihren Interessen, die sie allgemein propagieren. Sie legen Wert darauf, dass ihre Berater/innen diese Positionen im Kern selbst vertreten; ganz entsprechend ist ihre Einstellungspolitik. Berater/innen wissen also recht genau, was in dieser Hinsicht von ihnen erwartet wird. Aber auch alle anderen Träger von Beratungsstellen haben ihre »Philosophie« mit den dazugehörigen Werten, Normen und Regeln, die mehr oder weniger klar und offen formuliert sind, meist aber noch einen informellen Überhang haben. Was immer die »Philosophie« ist und wie klar sie ausgesprochen wird, sie prägt das Klima in der Einrichtung. Was damit gemeint ist, soll an einem Beispiel sehr kurz dargestellt werden. In einer Institution, die die Abstinenzbehandlung in den Mittelpunkt des Umgangs mit Substanzabhängigen stellt, erwartet man von den Beratenden, dass sie diese Zielsetzung akzeptieren und aktiv verfolgen. Man erwartet von ihnen, dass sie ihre Aktivitäten in der Beratung entsprechend ausrichten, dass sie die Klientel entsprechend motivieren, zum Beispiel eine Entgiftungsbehandlung anzufangen mit dem Ziel einer daran anschließenden Entwöhnungsbehandlung. Beratende, die sich mit dieser Zielsetzung nicht anfreunden können, können Schwierigkeiten mit Kollegen/innen und im Team bekommen, sie können schließlich in eine Außenseiterposition geraten, wobei diese Entwicklung meist mit vielen Konflikten verbunden ist. Die »Philosophie« einer Einrichtung mit den richtungsweisenden Werten, Normen und Regeln fließt ein in die für das Alltagshandeln relevanten theoretischen Konstrukte sowie in die davon abgeleitete oder damit in Zusammenhang gebrachte Praxis. Auch Einrichtungen, die nur Frauen akzeptieren, haben ihre eigenen »Philosophien«, an denen sie sich mit entsprechend weitreichenden Folgen orientieren.

Die Erwartungen der Klientel an die Beratenden sind oft weniger klar, weniger eindeutig. Sie prüfen erst einmal ab, was diese ihnen »anbieten«, d. h., wie sie sich auf die Situation einlassen, wie stark sie sich engagieren, vielleicht auch, wie gut sie mit ihnen auskommen und wie stark man sie manipulieren kann. Sie wünschen sich, dass sich die Beratenden auf ihre Seite stellen, sie unterstützen, mit ihnen solidarisch sind und sie entlasten. Die Erwartungen der Klientel an die Beratenden können sehr schnell in Konflikt geraten mit denjenigen der Institution, ebenso mit den persönlichen Wertvorstellungen der Beratenden selbst.

Schließlich haben auch Berater/innen Erwartungen sowohl an ihre Träger als auch an ihre Klientel. Die Träger sollen ihnen im Rahmen der »Philosophie« Freiraum für die Beratung garantieren und sie darüber hinaus positiv unterstützen. Von den Klientinnen und Klienten erwarten sie, dass sie sich auf einen Dialog einlassen, auf Veränderung und Weiterentwicklung.

Jenseits aller dieser Erwartungen neigen die Beratenden dazu, sich selbst in der Nähe zur Klientel zu sehen und in einer gewissen Distanz zum institutionellen Träger. Wie realistisch diese Selbstwahrnehmung ist, bleibt offen.

Nach Chur (1997) ergeben sich daraus folgende potenziell konfliktträchtige Konstellationen:

- Die Beratenden identifizieren sich mit den Erwartungen der Institution und versuchen, diese mit den ihnen zur Verfügung stehenden Mitteln umzusetzen. In der Regel führt das zu Konflikten mit den Erwartungen der Klientel.

- Die Beratenden stellen sich anwaltschaftlich auf die Seite der Klientel, sie sind mit dieser solidarisch, stützend. In der Regel führt das zu Konflikten mit der eigenen Einrichtung sowie mit anderen Institutionen, mit denen man im Sinne von Case Management zusammenarbeiten muss.
- Die Beratenden bemühen sich um einen Interessenausgleich zwischen den Anforderungen der verschiedenen Institutionen und den Erwartungen der Klientel, sie suchen nach einem Kompromiss, bei dem allerdings ihre eigenen Erwartungen oft zu kurz kommen. Der Konflikt trifft sie selbst; sie tragen ihn mit sich selbst aus.

Aus diesen Verwicklungen hilft nur Professionalität. Dazu gehört zunächst, dass die Beratenden im Vorfeld prüfen, ob ihre eigenen Werte, Einstellungen und Interessen mit den offenen und verdeckten Interessen der Institutionen, eben deren »Philosophien«, zusammenpassen, ob es sich gewissermassen um kongruente Interessen handelt oder nicht. Das setzt voraus, dass die Beratenden ihre eigenen Interessen kennen und dass sie diese ernst nehmen. Je weniger die Interessen der Beratenden und der Institutionen übereinstimmen, je mehr sie auseinander driften, umso wahrscheinlicher ist es, dass es zu Konflikten kommt. Diese können ganz unterschiedlich bearbeitet werden. Von den vielen denkbaren Lösungsmöglichkeiten sollen hier nur einige wenige aufgeführt werden. (a) Die Institution trennt sich im Einvernehmen oder im Konflikt von der Beraterin oder dem Berater. (b) Die Beraterin und der Berater ändern die eigenen Werthaltungen und Interessen und passen sich denjenigen der Institution an. (c) Die Beraterin oder der Berater agiert die Konflikte mit der Institution auf Kosten der Klientel aus. (d) Die Beraterin oder der Berater verlagert die Konfliktebene nach innen, in die eigene Psyche; im ungünstigen Fall »brennt sie/er aus«[22]. (e) Die Beraterin oder der Berater sucht sich eine neue Stelle in

---

22 Die Gefahr des »Ausbrennens« ist in helfenden Berufen groß. Der Begriff steht für Prozesse der Gewöhnung an das Elend der Klientel, die einhergeht mit der Entwicklung einer gewissen Gleichgültigkeit und Härte im Umgang mit dieser. Der Alltag wird dann bestimmt vom »Dienst nach Vorschrift«.

einer Institution, die eine Philosophie vertritt, die mit den eigenen Positionen besser vereinbar ist, oder sie/er engagiert sich in einem neuen Arbeitsfeld.

Die hier zusammengetragenen Beispiele für Konfliktlösungen machen deutlich, dass die Macht zwischen den Interaktionspartnern ganz unterschiedlich verteilt ist. Die Institutionen bzw. die Träger von Institutionen haben erheblich mehr Machtmittel, ihre Interessen durchzusetzen, als die Beratenden. Zwar ist der Fall vorstellbar, dass auch die Beratenden die »Philosophie« der Institution beeinflussen und verändern, aber das passiert eher selten. Handelt es sich beim Träger um eine der christlichen Kirchen, ist ein solcher Fall recht unwahrscheinlich. Bei anderen Trägern, vor allem bei relativ jungen gemeinnützigen Vereinen, stehen die Chancen erheblich besser. Meist geht es aber auch in diesen Institutionen nicht ohne Machtkampf ab, und nicht selten werden die Probleme durch Abspaltungen und Neugründungen gelöst, nicht über Veränderungen innerhalb der alten Institutionen. Mit der ungleichen Machtverteilung ist also weitgehend entschieden, wer sich hier wem anpassen muss. Bei so ungleichen Ausgangslagen ist daher eine Verträglichkeitsprüfung der unterschiedlichen Interessenlagen schon im Vorfeld dringend geboten. Auf die Machtverteilung zwischen Beratenden und den Klientinnen und Klienten werde ich an anderer Stelle noch genauer eingehen.

Beratungssettings

Beratung kann in ganz unterschiedlichen Konstellationen stattfinden. Zu den klassischen Konstellationen gehören die **Einzelfallberatung** in Zweiergruppen (Dyade) oder in Dreiergruppen (Triade), auch gelegentlich in Vierer- oder Fünfergruppen (z. B. bei der Beratung einer Familie), und die **Gruppenberatung**. Weitere Ansätze stellen indirekte Beratungsformen dar wie die telefonische Beratung und die Beratung über Internet und per E-Mail. Weiterhin hat sich die Beratung ausgeweitet auf die kollegiale Beratung zum Beispiel in Qualitätszirkeln oder als

Coaching, Intervision und Supervision; darüber hinaus auf die Beratung von Institutionen und Organisation, auf die hier nicht eingegangen wird. Die unterschiedlichen Beratungskonstellationen stellen jeweils unterschiedliche Anforderungen an die Beratung, die im Folgenden sehr kurz beschrieben werden sollen.

Einzelfallberatung. Die Wurzeln für »Casework« liegen weniger im deutschen Fürsorgewesen, als vielmehr in den USA und England, obwohl Ersteres älter ist. Seit 1909 gab es zum Beispiel die »Trinkerfürsorge«, die in der Zeit der Weimarer Republik ein weit verzweigtes Netz von Hilfen für Trunksüchtige und ihre Familien, aber auch zu deren Überwachung aufgebaut hat (Baum 1919). In den USA war es Mary Richmond, die als Erste mit ihrem Buch »Social Diagnosis« von 1917 das »Social Casework« wissenschaftlich begründete (Sachße 1986). Das Werk erschien während des Ersten Weltkrieges. Es dauerte also eine Weile, bis es den Weg nach Europa fand und auf Betreiben von Alice Salomon schließlich 1926 in Deutschland bekannt wurde. Die theoretischen und praktischen Ansätze von Richmond und deren Weiterentwicklung durch Salomon hatten in Deutschland nur die kurze Zeit bis 1933, während der sie sich einbürgern konnten. Das gilt generell für die Einflüsse, die von der damals noch sehr jungen Psychoanalyse auf die Theorie und Praxis der Fürsorge insgesamt ausgestrahlt sind. Alle diese Entwicklungen endeten mit dem Beginn der nationalsozialistischen Diktatur im Jahr 1933. Die öffentliche Fürsorge trennte sich umgehend von allen Personen jüdischen Glaubens und distanzierte sich von deren »Gedankengut«, das als »undeutsch« galt. Sie wurde in der Zeit von 1933 bis 1945 zu einem Teil des nationalsozialistischen Überwachungsapparates, und in dieser Funktion arbeiteten viele Fürsorgerinnen und Fürsorger aktiv und oft mit viel Engagement bei der Umsetzung der Erb- und Rassengesetze mit, die neben anderen auch Personen mit Alkoholproblemen und Alkoholabhängige sowie ihre Familien betrafen. Die meisten von ihnen befürworteten die nationalsozialistischen Zwangsmaßnahmen wie Sterilisation, Einrichtung von Arbeitslagern, Einweisung oder Überführung in Konzentrationslager und schließ-

lich die physische Vernichtung von Personen, die als »Volks-
schädlinge« galten wie zum Beispiel Alkoholiker/innen (Ebbinghaus 1987, Aßfalg 2003).

In den USA wurde der Ansatz von Richmond mit Interesse
aufgenommen und weiterentwickelt. Dabei erwies sich für die
USA die Verbindung mit der Psychoanalyse sowie den aus ihr
hervorgegangenen Erweiterungen und Erneuerungen als besonders fruchtbar. Auf diesem Hintergrund wird verständlich, dass
Einzelfallarbeit zunächst stark an der Psychoanalyse orientiert
war. In der Folgezeit erweiterte sich das Spektrum um den klien-
tenzentrierten, den verhaltenstherapeutischen, den systemtheo-
retischen Ansatz usw.

In Anlehnung an die Psychoanalyse konstruierte man zunächst die Rolle des Beratenden als diejenige des Experten und
die des Ratsuchenden als die des Patienten. Anders als in der
Psychoanalyse wurde das Setting jedoch umgestaltet. Die Beratenden suchten die Patienten zu Hause auf bzw. bestellten sie in
die Beratungsstelle, in denen die Beratungen stattfanden. Das
psychoanalytische Setting wurde aufgegeben; die Ratsuchenden
wurden nicht auf die Couch gebeten, sondern saßen den Beratenden gegenüber, waren also so gesehen auf »derselben Augen-
höhe«. Tatsächlich befanden sich die Ratsuchenden eher in der
Rolle der Bittsteller, was ihre Situation oft sehr unangenehm
machte. Die Beratenden konnten erwarten, dass die Klientinnen
und Klienten bereitwillig auf die Angebote und Ratschläge ein-
gingen, die im Laufe einer Sitzung erarbeitet wurden. Ratsuchende, die von diesem Muster abwichen, sich widerspenstig
oder gar renitent verhielten, mussten mit Sanktionen rechnen,
zum Beispiel dem Vorenthalten von – freiwilligen – finanziellen
Leistungen oder von anderen materiellen Hilfen.

Mit der Erfindung und später der Einführung der klienten-
zentrierten Gesprächsführung (Rogers 1961) wurde das Beratungssetting erheblich verändert; insbesondere die Rollen-
zuschreibungen wurden modifiziert. Symptomatisch dafür ist
der Wechsel vom Begriff des Patienten zu dem des Klienten. Damit markierte Rogers (1972, 1973) den Übergang von patriar-
chalen Vorstellungen in der Beziehung zwischen Berater/in und

Ratsuchenden zu einem demokratischen Modell. Im Unterschied zum Patienten, der sich dem Therapeuten ausliefert, ist der Klient selbstbestimmt, allerdings oft behindert, seine eigenen Interessen wahrzunehmen und umzusetzen. Dabei soll ihm die Beraterin oder der Berater helfen, die mit ihrem Expertenwissen den Zugang zu seinen Selbsthilfekräften weisen können. Die Beratenden sollen also den Selbstheilungsprozess erleichtern, sie sollen ihn aber nicht bestimmen.

Vor allem die von der Psychoanalyse beeinflusste Ausformung der Einzelfallhilfe als einer Methode in der Sozialen Arbeit wurde in Deutschland in den 50er und 60er Jahren zur Kenntnis genommen. Andere Ansätze wurden in der Sozialen Arbeit erst in den 80er und 90er Jahren aufgegriffen. Es liegt zum guten Teil an der Selektivität der Rezeption der Einzelfallhilfe in diesem Sektor, dass diese in den 70er Jahren in die Kritik kam. Man machte der Einzelfallhilfe zum Vorwurf, dass sie Leiden viel zu sehr individualisiere und pathologisiere und die sozialen Ursachen vernachlässige. Armut sei eben nicht nur selbst verschuldet, sondern gesellschaftlich produziert, noch viel mehr gelte das für Opfer von Diskriminierungen, von Gewalt usw. Wenn Einzelfallhilfe ausschließlich die individuelle Seite von Leiden unter Absehung von den sozialen Kontexten betone, und wenn sie mit Mitteln, die der Psychoanalyse entlehnt seien, beraterisch oder therapeutisch arbeite, werde das den Intentionen der Sozialen Arbeit nicht gerecht, die von ihrem Ansatz her eben auch die Veränderung der gesellschaftlichen Bedingungen im Blick habe. So argumentierte man jedenfalls in den 70er Jahren des letzten Jahrhunderts.

Es kann nicht verwundern, dass die psychoanalytisch orientierte Einzelfallhilfe in der Sozialen Arbeit in dieser historischen Phase in Verruf geriet. Wegen ihrer Fokussierung auf das Individuum galt sie als reaktionär. Das hatte zur Folge, dass man in Sektoren wie zum Beispiel in der Drogenhilfe, in denen sich die Soziale Arbeit damals neu etablierte, mit allen möglichen anderen Arbeits- und Organisationsformen experimentierte, nur nicht mit modernen Ansätzen der Einzelfallhilfe. Aus ganz anderen Gründen wurden auch alle Ansätze und Methoden der Verhaltensmodifikation abgelehnt, die man als funktional oder – noch viel schlimmer – als manipulativ diffamierte. Die Soziale Arbeit hat sich damit über lange Zeit der Chance begeben, an den laufenden Diskussionen über unterschiedliche theoretische Ansätze der Beratung und deren Konsequenzen für die Praxis zum Beispiel in der Einzelfallhilfe teilzunehmen und diese inhaltlich mitzubestimmen.

Allerdings braucht die Soziale Arbeit theoretische Ansätze der Beratung und davon abgeleitete Umsetzungsmodelle für die Praxis. Das gilt auch für die Einzelfallhilfe, die in den letzten 20 Jahren ihre Orientierung an der (klassischen) Psychoanalyse aufgegeben hat. An deren Stelle sind integrative Ansätze getreten, die sich unterschiedliche theoretische Konzepte und vor allem die davon abgeleiteten praktischen Vorgehensweisen zu Nutze machen. In diesem Kontext passen die Lebenswelt- und Problemanalyse von Thiersch (1991), ebenso die Ansätze zum Case Management, die mittlerweile einen Platz in der Suchthilfe in Deutschland gefunden haben (Oliva et al. 2001, Wendt 1997). Darauf wird im Folgenden ausführlich eingegangen.

Arbeit in Gruppen, Gruppenberatung. Arbeit in Gruppen hat sich gut bewährt für Personen mit Alkoholproblemen bzw. für Alkoholabhängige und ihre Angehörigen. Das gilt sowohl für professionell angeleitete Gruppen im ambulanten und stationären Setting als auch für Selbsthilfegruppen.

In ambulanten Alkoholberatungsstellen und in stationären Institutionen zur Behandlung von Alkohol- und Medikamentenabhängigen hat die Arbeit mit und in Gruppen einen festen Platz. Die Arbeitsansätze variieren zwischen den Polen konfrontativ und supportiv, deutend und lernend. Detaillierte Studien über die Qualität der verschiedenen Ansätze liegen nur für den stationären Bereich und auch dort nur vereinzelt vor (Petry 1993). Probleme mit Gruppenarbeit ergeben sich jedoch dann, wenn man mit Drogenabhängigen im ambulanten Bereich entsprechende Verfahren anwenden will. In diesem Setting gelingt es nur selten, Gruppen überhaupt zusammenzubringen, und noch seltener, sie zum Arbeiten zu bringen. Im stationären Bereich wird auch mit Drogenabhängigen gewöhnlich in Gruppen gearbeitet. Eine kritische Auseinandersetzung darüber, wie effektiv diese Ansätze sind, liegt nicht vor. Allerdings weisen neuere Entwicklungen, in denen Gruppenarbeit heute mit Einzelfallberatungen kombiniert werden, darauf hin, dass die Behandler selbst Veränderungsbedarf sehen.

Die Gruppenarbeit bedient sich immer häufiger der für die Suchthilfe noch relativ neuen Ansätze der Psychoedukation, die sich bereits in anderen Arbeitsfelder bewährt haben. Dafür sind Manuale zusammengestellt worden, die auf dem Baukastenprinzip aufbauen. Themen, die in der Behandlung von Alkohol- und Medikamentenabhängigen wichtig sind, sind so aufbereitet, dass sie innerhalb einer Sitzung abgearbeitet werden können (Petry 1993). Die Psychoedukation wird im Rahmen des Modellprojekts zur heroingestüzten Behandlung von Opiatabhängigen auch für Drogenabhängige erprobt (Basdekis-Josza et al. 2002). Gelingt es, auch diese Klientel für diese Art der Gruppenarbeit zu gewinnen, ist mit einem weiteren Ausbau entsprechender Ansätze zu rechnen.

In Deutschland gibt es eine Reihe von Selbsthilfeorganisationen, von denen hier nur einige aufgezählt werden sollen, wie zum Beispiel die Anonymen Alkoholiker (AA), die Guttempler, das Blaue Kreuz und den Kreuzbund. Man schätzt, dass es etwa 8.000 Gruppen für Menschen mit Alkoholproblemen und ihre Angehörigen in Deutschland gibt und dass etwa 100.000 bis 200.000 Menschen pro Jahr Selbsthilfegruppen aufsuchen. Insbesondere die Anonymen Alkoholiker erreichen mit ihren Selbsthilfegruppen, die es fast in jeder Gemeinde in Deutschland gibt, eine große Zahl von Betroffenen und von deren Angehörigen. Auch wenn wegen der bewusst gewählten Anonymität konkrete Zahlen über den Erfolg der Gruppenarbeit fehlen, ist davon auszugehen, dass sie pauschal genommen sehr erfolgreich sind (Eisenbach-Stangl & Rosenqvist 1998). Belegt ist darüber hinaus, dass die Behandlungserfolge bei denjenigen nachhaltiger sind, die sich nach der professionellen Hilfe einer Selbsthilfegruppe anschließen (Küfner et al. 1988).

Selbsthilfeorganisationen und Selbsthilfegruppen für Frauen

und Männer, die Probleme mit illegalen Drogen haben, sind weniger bekannt (Fredersdorf 2002), obwohl es JES-Gruppen und die Narcotics Anonymous auch schon seit wenigstens 20 Jahren gibt. Erklärungen dafür, warum die Attraktivität der Selbsthilfegruppen für Menschen mit Alkoholproblemen in Deutschland so viel größer ist als für diejenigen mit Drogenproblemen, gibt es bislang nicht. Wie empirische Studien belegen, ist die Arbeit in Gruppen mit Drogenabhängigen besonders schwierig, da das Misstrauen zwischen den Mitgliedern sehr groß ist und immer wieder dazu führt, dass Gruppenprozesse nicht in Gang kommen, ja, dass die Bildung einer stabilen Gruppe einfach nicht gelingt (Vogt 1997).

Insgesamt ist festzuhalten, dass sich die professionelle Arbeit in Gruppen mit Substanzabhängigen einen festen Platz im Methodenarsenal der Suchthilfe gesichert hat, vor allem mit Personen mit Alkohol- oder Medikamentenproblemen. Dazu kommt das breite Angebot der Selbsthilfegruppen, die sich allein und in Kooperation mit der professionellen Suchthilfe sehr bewährt haben.

Indirekte Beratung – Telefonische Beratung, Internet- und E-Mail-Beratung. Ansätze zur telefonischen Beratung sind alt. Die Telefonseelsorge, die sich nicht gezielt an Menschen mit Substanzproblemen wendet, von diesen aber oft in Anspruch genommen wird, hat sich mittlerweile fest etabliert. Sie arbeitet weitgehend mit Freiwilligen, die den kleinen Stab an Professionellen tatkräftig beim Telefondienst unterstützt. Das Angebot gehört zum festen Bestand der sozialen Beratung in Deutschland.

Im Zuge der Popularisierung des Internets hat sich ein neuer Beratungszweig angemeldet, die Internet- und E-Mail-Beratung. Es begann zunächst mit Selbsthilfegruppen, die sich vernetzt und ihre »Chatrooms« aufgemacht haben. In ihrem Gefolge kamen dann auch erste Versuche der professionellen psychosozialen Beratung mit E-Mail (Janssen 1998).

Voraussetzung für Internet-Beratung ist die Präsenz der Beratenden im Netz über die Einrichtung einer Homepage. Neben der allgemeinen Bekanntmachung, dass Berater/innen über das Internet Hilfen anbieten, dient die Homepage auch der Information der Ratsuchenden über die Qualifikationen der Anbieter, das konkrete Angebot und die Arbeitsmethoden sowie die formalen und finanziellen Bedingungen, unter denen Beratung angeboten wird. Als wichtigstes Medium hat sich bislang der Austausch von E-Mail-Nachrichten herausgestellt. Bislang gibt es kein Regelwerk, an dem sich E-Mail-Beratung orientiert. Berater/innen, die E-Mail-Beratung anbieten, müssen daher ihr eigenes Regelwerk »erfinden« und durchsetzen.

E-Mail-Beratungen beginnen daher mit der Klärung von Formalien. Im Einzelnen geht es darum, festzulegen, wie oft und in welchen zeitlichen Abständen E-Mail-Kontakte stattfinden sollen, wie umfangreich Botschaften sein sollen, ob es einen Wechsel von E-Mail-Kontakten zu persönlicher Beratung geben soll usw. In den Fällen, in denen die E-Mail-Beratung nicht gratis ist und von einer Institution pauschal getragen wird, muss weiterhin die Form der Bezahlung der Kontakte geregelt werden, ebenso die Sicherstellung des Datenschutzes. Besonders schwierig stellt sich Krisenintervention über E-Mail-Kontakte dar, da die Nachricht meist mit erheblicher Zeitverzögerung abgesetzt wird. So gesehen eignet sich das Medium nicht für Kriseninterventionen.

Da sehr viele formale Fragen, die mit E-Mail-Beratung verbunden sind, bislang nicht befriedigend geklärt sind, hat sich diese Form der professionellen psychosozialen Beratung noch nicht durchgesetzt. Darüber hinaus weist Döring (2000) auf einige spezifische Probleme dieser Betreuungsform hin. Dazu gehört die Tatsache, dass der Anteil der Menschen, die sehr viel Zeit im Internet verbringen und möglicherweise danach »süchtig« werden, kontinuierlich zunimmt. Gerade diese Klientel ist es aber, die sich für E-Mail-Beratung interessiert – und gerade für sie ist der Einsatz des Mediums kontraindiziert.

Es lässt sich heute nicht absehen, ob sich professionelle Internet-Beratung für Frauen und Männer, die Probleme mit psychoaktiven Substanzen haben, eignet oder nicht, jedoch ist es eine interessante Form der Interaktion, auf deren Weiterentwicklung man gespannt sein kann.

Durchgesetzt hat sich mittlerweile der Chat im Internet mit Fremden wie mit Vertrauten in Selbsthilfegruppen. Alkohol- und Drogenabhängige sowie deren Angehörige finden im Internet Ansprechpartner/innen, mit denen sie ihre Probleme austauschen können. Auf diesem Umweg hat das Internet längst die Suchtberatung erreicht.

Einzelfallberatung: Definition, Bestimmungsstücke von Beratung und Bedeutung der Beziehung

Man kann Beratung folgendermaßen definieren:

> Beratung ist eine eigenständige, **geschlechtsspezifisch** ausgestaltete, **zielorientierte Beziehungs- und Interventionsstrategie**, die geleitet ist vom Prinzip des minimal Notwendigen, die orientiert ist an den **Fähigkeiten und Ressourcen** der Rat suchenden Frauen und Männer und die auf eine Erweiterung von deren Handlungskompetenzen, unter anderem über die Stärkung der Selbsthilfekräfte abzielt. Sie wird wesentlich moduliert durch die **kulturellen Bezugssysteme** der Rat suchenden Frauen und Männer. Beratung hilft bei der Suche nach adäquaten und realisierbaren Problemlösungen im jeweiligen sozialen System; sie bezieht sich auf Selbstmanagement wie auf institutionelles Management, und sie beleuchtet die Interdependenzen beider Seiten.

Von zentraler Bedeutung für die Beratung sind demnach:

- die Geschlechterperspektive;
- der Beziehungs- und Interventionscharakter von Beratung;
- die Orientierung an den Fähigkeiten und Ressourcen der Klientel;
- die interkulturelle Perspektive;
- die Zielorientierung der Beratung.

Zur Geschlechterperspektive

Das Geschlecht gehört zu den zentralen Dimensionen, an denen Frauen und Männer in allen Kulturen ihr Weltbild ausrichten. Folglich geht das Geschlechterverhältnis konstitutiv in den Beratungsprozess mit ein, den es strukturiert und dynamisch unterlegt. Theoretische und praktische Überlegungen zur Beratung können so gesehen ohne die Einbeziehung des Geschlechterverhältnisses nicht auskommen; sie sind vielmehr darauf verwiesen, sich mit diesem auseinander zu setzen, gerade weil es sich um ein konstitutives Element des Beratungsprozesses handelt.

Auch heute noch ist die Geschlechterbeziehung hierarchisch angelegt. Männer haben wegen ihres Geschlechts ein höheres Prestige und einen höheren Status als Frauen, und sie leiten daraus höhere Ansprüche nach Herrschaft und Macht ab. Das ist die Basis für strukturelle und personale Diskriminierungen von Frauen.

Man muss sich des Zusammenhangs von Macht und struktureller Diskriminierung bewusst sein, um der Komplexität der Dimension Geschlecht in der Beratung gerecht zu werden. Im Arbeitsalltag von Beratungsstellen spielt die Geschlechterungleichheit eine erhebliche Rolle; sie betrifft alle: Männer und Frauen als Beratende oder Vorgesetzte und Männer und Frauen als Klientel.

Auf der institutionellen Ebene der Sucht- und Drogenhilfe stehen Männer gewöhnlich an der Spitze der Hierarchie; sie leiten die Institutionen, Organisationen und die Einrichtungen (Vogt 1993, 1998). Frauen sind im Allgemeinen Mitarbeiterinnen sowie Zuarbeiterinnen, die hierarchisch neben, meistens jedoch unter den Männern stehen. Das Muster kann sich auf der Ebene der informellen Hierarchien wiederholen, wiederum sind es dann die Männer, die Spitzenpositionen einnehmen, was dazu führt, dass sie dominante Rollen übernehmen.

Ähnlich wie die Mitarbeiterinnen in der Suchthilfe nehmen auch die Klientinnen im Vergleich mit den Klienten einen vergleichsweise niedrigeren Status ein. Das liegt nicht einfach daran, dass sie zahlenmäßig eine Minderheit unter den Abhängigen von psychoaktiven Substanzen darstellen, sondern daran, dass sie wegen ihres Geschlechts diskriminiert werden. Das lässt sich ablesen an der unterschiedlichen Bewertung von Sucht bei Frauen und Männern: Süchtige Frauen gelten im Vergleich zu süchtigen Männern als »kränker«, als schwerer zu behandeln und als »therapieresistenter«. Zwar werden diese Einschätzungen empirisch nicht gestützt, dennoch halten sie sich zäh.

Die Lage von Frauen als Beratende wie als Klientinnen in psychosozialen Einrichtungen macht verständlich, warum Fragen nach der Hierarchie in der konkreten Beratungssituation so wichtig sind. Wie gesagt, schafft schon die Geschlechtszugehörigkeit Statusdifferenzen zwischen den Beratenden und zwischen Klienten und Klientinnen. Diese verschärfen sich, wenn Frauen als Ratsuchende in eine Institution kommen. Sie werden zur Bürde, wenn man dazu noch das Gefühl hat, man sei selbst an den Problemen oder den psychischen Störungen schuld. Frauen leiden oft sehr unter Schuldgefühlen, wenn sie ihre eigenen Probleme und die der Familie nicht aus eigener Kraft lösen können. Umso sensibler reagieren sie, wenn sie es mit Mitarbeitern zu tun haben, die die hierarchische Distanz betonen.

Im dyadischen Beratungssetting begegnet eine Rat suchende Frau einem Berater oder einer Beraterin. Automatisch stellt sich Hierarchie ein, die im ersten Fall zu einem starken Hierarchiegefälle zwischen dem Berater und der Ratsuchenden führt, im zweiten Fall zu einem weniger starken. In der Folge hängt vieles vom Vorgehen des Beraters oder der Beraterin ab; je nachdem kann sich das Gefälle verschärfen oder abflachen.

Feministische Beratung setzt auf einen Abbau des Machtgefälles zwischen den Interaktionsparteien (Chaplin 1999, Taylor 1996). Beide Seiten sollen darauf hinarbeiten, Machtungleichheit abzubauen und eine Gleichverteilung von Macht herzustellen. Die Beraterin soll die Ratsuchende so in ihren Interessen, Fähigkeiten, Handlungen stärken, dass sie Konzepte zur Veränderung ihrer Lebenslage entwickeln und diese dann mit entsprechender Unterstützung Schritt für Schritt im Alltag umsetzen kann. Die Beraterin nimmt am Beginn des Beratungsprozesses durchaus die Rolle der Expertin ein, die sie jedoch systematisch abbaut. Allerdings bleibt sie in der Rolle; sie ist Beraterin, nicht Freundin der Ratsuchenden. In schwierigen Fällen kann das zu einem Balanceakt werden, wenn die Ratsuchende sich nicht an Grenzen halten kann oder will und wenn sie alles daran setzt, die Beraterin aus ihrer Rolle zu locken. Umso wichtiger ist es für die Beraterin, ethische Standards einzuhalten (Bond 2000).

Wie gesagt, ist die hierarchische Distanz zwischen den Beraterinnen und den Ratsuchenden geringer als die zwischen den Beratern und diesen, weil Frauen in der Gesellschaft ganz allgemein weniger Macht und damit auch weniger Prestige haben als diese. Das hat Vor- und Nachteile.

Ein Vorteil liegt pauschal betrachtet darin, dass Beraterinnen gerade aus diesem Grund der Klientel näher sind, es daher leichter haben, den emotionalen Kontakt mit den Ratsuchenden herzustellen, was zunächst das Gespräch über Belastungen, Ängste, Verstörungen erleichtert. Quer dazu liegen schichtspezifische und kulturspezifische Differenzen. Aber auch dann gilt, dass die Beraterinnen der Klientel näher sind als die Berater.

Allerdings begegnen Beraterinnen und Berater stets Frauen und Männern, die allemal geschlechtsspezifisch auf das Beziehungsangebot in der Beratung reagieren. Sieht man von individuellen Unterschieden und Befindlichkeiten ab und bleibt man auf der strukturellen Ebene, dann belegt die Alltagserfahrung ebenso wie die Forschung, dass sich deutsche Männer emotional vor allem gegenüber Frauen öffnen. Beraterinnen können also mit Rat suchenden deutschen Männern leichter ins Gespräch kommen. Anders betrachtet profitieren Rat suchende deutsche Männer davon, wenn sie auf eine Beraterin treffen, und das besonders dann, wenn der emotionale Kontakt zwischen beiden hergestellt ist. Das gilt so nicht für Rat suchende Männer mit anderem kulturellem Hintergrund und aus Ländern, in denen Frauen besonders stark diskriminiert werden. In diesen Fällen ist es von Vorteil, wenn der Ratsuchende auf einen Berater trifft.

Beraterinnen haben es im Vergleich zu Beratern auch leichter, die Beziehung zu Rat suchenden Frauen aufzunehmen. Allerdings können sich dann sehr schnell Spannungen einstellen, denn die Begegnung mit Frauen belebt auch Konkurrenzverhältnisse wieder, die das Beratungsgespräch belasten können. Gelingt es den Beraterinnen, mit den Gefühlen von Konkurrenz und den damit verbundenen Aggressionen umzugehen und diese für die Beratung nutzbar zu machen, kann sich die geringere hierarchische Distanz wiederum sehr positiv auf den Beratungsprozess auswirken.

Aus der emotionalen Nähe entstehen aber auch Nachteile. Gerade weil den Beraterinnen ein im Vergleich mit den Beratern geringerer Status zugeschrieben wird, stehen die Ratsuchenden ihnen skeptischer gegenüber, trauen ihnen weniger Kompetenz zu und verhalten sich entsprechend. Beraterinnen müssen also ihre Kompetenz ganz anders unter Beweis stellen als Berater. Oft werden sie von den Ratsuchenden erst einmal auf die Probe gestellt, um zu erkunden, ob sie den Aufgaben gewachsen sind. Da Ratsuchende ohnehin nur begrenztes Vertrauen in den Beratungsprozess haben, das zudem eher instabil ist (Straus et al. 1988), stehen Beraterinnen unter einem starken Druck, sich als Expertinnen zu präsentieren, wobei das dann besonders schwierig wird, wenn sie zum Beispiel Männer mit anderem kulturellem und ethnischem Hintergrund beraten sollen. Das kann den Beratungsprozess behindern und in manchen Fällen zum Scheitern bringen.

Berater haben es in dieser Hinsicht leichter, was sie manchmal dazu verleitet, zu stark zu dominieren. Dominanz kann in vielen verbalen und nonverbalen Formen ausgedrückt werden; zu Letzteren zählen auch Berührungen der Klientinnen an Kopf, Haar, Schultern und Arm, ebenso Umarmungen zur Begrüßung oder zur Verabschiedung (Goffman 1994, Vogt 2001). Geht das Bedürfnis des Beraters, zu dominieren, einher mit Druck zur Anpassung an Verhaltensweisen, die typisch sind für die traditionelle Frauenrolle, dann hemmt das sehr oft die Entwicklung von Frauen.

Besonders kritisch wird die Beziehung zu den Ratsuchenden, wenn diese in Gewalthandlungen als Opfer und Täter verwickelt waren oder sind. Man geht heute davon aus, dass gut 60 % der Klientinnen der Sucht- und Drogenhilfe in ihrer Biographie Gewalterfahrungen haben (Schmidt 2000, Vogt 1994), meist eine Kombination von sexueller und körperlicher Gewalt. Schätzungen über Gewalterfahrungen im Leben von süchtigen Männern liegen nicht vor, jedoch ist davon auszugehen, dass viele von ihnen ebenfalls Erfahrungen mit Vernachlässigung in der Kindheit und mit körperlich ausgetragenen Konflikten in der Jugend und im Erwachsenenalter haben.

Erheblich weniger als über die Opfer weiß man über die Täter. Es gibt kaum Schätzungen daüber, wie hoch der Anteil der süchtigen Männer und Frauen ist, die selbst gewalttätig sind, sich also aggressiv gegen andere Erwachsene oder – und das ist wohl sehr viel häufiger – gegen Kinder wenden. Man kann aber mit guten Gründen davon ausgehen, dass es hier deutliche Differenzen zwischen den Geschlechtern gibt und dass erheblich mehr Männer als Frauen gewalttätige Ausbrüche kennen. Wie man weiß, passiert das häufig dann, wenn sie unter Drogenwirkungen stehen. Männer mit Suchtproblemen sind sich ihrer Macht, die sie vor allem gegenüber Frauen haben, sehr wohl bewusst, und viele sind auch bereit, Gewalt einzusetzen, wenn sie ihre Interessen durchsetzen wollen. Der Übergang von körperlicher Gewalt zu sexueller Gewalt ist fließend. Schätzungen über den Anteil von süchtigen Männer und Frauen, die sexuelle Gewalt gegenüber Kindern und Jugendlichen anwenden, liegen nicht vor.

Berater und Beraterinnen in der Sucht- und Drogenberatung haben viele Probleme im Umgang mit Opfern von Gewalt und noch mehr mit Gewalttätern. Frauen, die Opfer von Gewalthandlungen waren und die in der Beratung über ihre Gewalterfahrungen berichten, treffen oft auf Unglauben und Ablehnung auf Seiten der Beratenden. Berater fühlen sich zudem von diesen Klientinnen häufig selbst angeklagt, einfach weil sie Männer sind. Beraterinnen reagieren anders; manche von ihnen sind von den Berichten der Klientinnen übermäßig betroffen, andere wehren diese ab und gehen einfach nicht darauf ein. Berater und Beraterinnen verbauen sich mit diesen Reaktionen die Chance, Gewalterfahrungen zu thematisieren und erste Schritte in Richtung auf eine Bearbeitung der damit verbundenen traumatischen Erfahrungen einzuleiten.

Noch schwieriger scheint der Umgang mit Gewalttätern und -täterinnen zu sein. Offenbar vermeiden es die meisten Beraterinnen und Berater in der Sucht- und Drogenhilfe, solche Themen überhaupt anzusprechen, oder sie hören einfach nicht zu, wenn von Gewalttaten die Sprache ist. Die Abwehr funktioniert so gut, dass vom Gewaltpotenzial dieser Klientel heute nur selten die Rede ist, und wenn es thematisiert wird, dann meist im Zusammenhang mit Drohungen und Aggressionen, die sich gegen die Beratenden selbst richten.

Nun ist die Behandlung von Gewalterfahrungen, die zu psychischen Traumata und Posttraumatischen Belastungsstörungen geführt haben, nicht unbedingt Aufgabe der Beratung, jedoch lassen sich entsprechende Themen in der Beratung mit Süchtigen kaum umgehen. Im Ansatz sollten die Beratenden in diesem Arbeitsbereich also mit den Auswirkungen von Traumata vertraut sein, insbesondere auch im Umgang mit sexualisiertem Verhalten, das die Opfer häufig als eine Art Selbstschutz entwickeln (Teegen 1997). Ebenso sollten sie Erfahrungen im Umgang mit Gewalttätern mitbringen. Als hilfreich hat sich die Teilnahme an Selbsterfahrungskursen erwiesen, in denen Beraterinnen und Berater eine Reihe von Themen als Vorbereitung auf die Arbeit mit dieser Klientel (Zielke 1997) bearbeiten.

Tab. 5.1.: Themen der Selbsterfahrung	
Beraterinnen	• Bearbeitung eigener Erfahrungen mit Grenzverletzungen, Gewalt und sexueller Bedrohung; • Probleme der Überidentifizierung mit Frauen als Opfern von Gewalt oder Probleme mit überstarker Abgrenzung von diesen Klientinnen.
Berater	• Bearbeitung eigener Erfahrungen mit Grenzverletzungen, Gewalterfahrungen und Gewaltanwendung; • Auseinandersetzung mit der Zugehörigkeit zum männlichen Geschlecht und mit männlichen Idealbildern.
Beraterinnen und Berater	• Umgang mit Macht; • Umgang mit heftigen Gefühlen; • Nähe und Distanz zu Klienten und Klientinnen, die sexualisiertes Verhalten zeigen; • Bearbeitung der Gefühle gegenüber Gewalttätern und Gewalttäterinnen.

In der Auseinandersetzung mit Gewalterfahrungen und Gewalthandlungen werden Fragen zur Geschlechterbeziehung besonders virulent. Nachhaltige Selbsterfahrung mit diesem Themenkomplex ist wohl die beste Voraussetzung für eine angemessene geschlechtssensible Beratung in der Sucht- und Drogenhilfe.

Zur Bedeutung der Beziehung zwischen den Beratenden und den Ratsuchenden

In den USA hat Rogers (1972, 1973, 1991) maßgeblich zur inhaltlichen Füllung der Begriffe Beratung und Therapie beigetragen. Beratung und Therapie sind nach seinen Worten lediglich zwei Bezeichnungen für denselben Vorgang, »weil sie sich alle auf die gleiche grundlegende Methode beziehen – auf eine Reihe direkter Kontakte mit dem Individuum, die darauf abzielen, ihm bei der Änderung seiner Einstellungen und seines Verhaltens zu helfen« (Rogers 1972, 17).

Basisqualifikationen von Beraterinnen und Beratern
- **Akzeptanz,** verstanden als Wertschätzung der Ratsuchenden als eigenständige Personen – unabhängig von ihrem Lebensstil und ihren Problemlagen;
- **Empathie** als einfühlendes Verstehen in die Erlebniswelt der Ratsuchenden;
- **Kongruenz** im Sinne von Authentizität im Umgang mit den eigenen Gefühlen;
- **Fähigkeit, die Selbstwertgefühle und die Selbstwirksamkeit** der Ratsuchenden zu stärken;
- **Fähigkeit, ein Arbeitsbündnis** mit den Ratsuchenden aufzubauen und aufrechtzuerhalten.

Rogers hat immer wieder betont (vgl. 1991), dass die Beziehungen zwischen den Beratenden und den Ratsuchenden von entscheidender Bedeutung dafür sind, ob Veränderungsprozesse in Gang kommen, wie sie verlaufen und zu welchem Ergebnis sie führen. Er hat darauf hingewiesen, dass es vor allem auf einige grundlegende Haltungen oder Basisqualifikationen der Beratenden ankommt, damit eine positive Beziehung in der Beratungssituation entstehen kann. Nimmt man neuere Entwicklungen dazu, dann handelt es sich um die auf der vorhergehenden Seite dargestellten Basisqualifikationen.

Im Unterschied zu Rogers gehe ich jedoch nicht davon aus, dass eine gute Beziehung zwischen den Beratenden und ihren Klientinnen und Klienten bereits die hinreichende Bedingung dafür ist, dass Veränderungsprozesse stattfinden. Vielmehr ist eine gute Beziehung zwischen den Interaktionspartnern eine wichtige, vielleicht sogar die unverzichtbare Voraussetzung dafür, dass sich die Klientinnen und Klienten auf Veränderungen einlassen, dass sie zur Mitarbeit bereit sind und dass sie nicht gleich aufgeben, wenn sich Schwierigkeiten auftun beim Beschreiten neuer Wege oder bei der Durchsetzung neuer Verhaltensweisen. In diesem Sinne handelt es sich um Basisqualifikationen, die von den Beratenden einzubringen sind, damit ein Arbeitsbündnis zustande kommen kann.

Akzeptanz ist ein komplexes Konstrukt. Es bedeutet einmal, dass die Beratenden die Ratsuchenden annehmen, wertschätzen, sich für diese interessieren, sich auf sie einlassen und das angemessen zum Ausdruck bringen. Es bedeutet weiterhin, dass die Beratenden ihren Klientinnen und Klienten nicht vorschreiben, wie sie zu sein haben, sondern sich auf diese einstellen und sie in diesem Sinne nicht dominieren. Die Beratenden halten sich mit ihren Werturteilen zurück, aber das heißt nicht, dass sie ihr eigenen Wertvorstellungen aufgeben. Die Beratenden müssen nicht alles unkritisch »akzeptieren« oder gar gut finden, was Klientinnen und Klienten vorbringen oder wie sie sich verhalten. »Der Therapeut soll seine Bewertungen, Ansichten, Werte usw. zurückstellen, d. h., den Klienten gerade nicht nach seinen eigenen Wertvorstellungen betrachten … Daher kann ein Therapeut sich z. B. auf einen Klienten einlassen, der sadistische Phantasien und Handlungen erzählt, den Klienten in seiner Eigenart ernst nehmen, sich für ihn interessieren, selbst wenn nach den eigenen Wertvorstellungen des Therapeuten sadistische Handlungen nicht akzeptabel sind … Damit bedeutet Akzeptierung auch nicht, dass der Therapeut z. B. Diskrepanzen nicht wahrnehmen darf. Der Therapeut kann sehr wohl erkennen, dass die Probleme eines Studenten auf Faulheit beruhen, und er kann erkennen, dass der Klient dies gerne verschleiern möchte. Er kann sehr wohl den Klienten damit konfrontieren … Der Therapeut akzeptiert, was ist, er kann aber trotzdem sehr genau wahrnehmen, was ist« (Sachse 1999, 31). Das gilt in derselben Weise für Berater und Beraterinnen: Auch diese müssen sehr genau wahrnehmen, was ist, ohne die Sachverhalte gleich zu bewerten oder gar die Ratsuchenden abzuwerten.

Das ist die Voraussetzung dafür, dass Klientinnen und Klienten sich gegenüber den Beratenden öffnen und tatsächlich alles erzählen können, was sie beschäftigt, bewegt, beunruhigt, eben auch Verhaltensweisen, von denen sie in der Regel sehr wohl wissen, dass sie von den allgemein verbindlichen Werten und Normen abweichen, ja, diesen entgegenstehen.

Akzeptanz und **Empathie** hängen eng zusammen. Empathie als einfühlendes Verstehen in die Welt der Ratsuchenden meint, dass sich Beraterinnen und Berater auf deren Erlebniswelt einlassen, auf ihren inneren Bezugsrahmen, auf ihre Gefühle und Erfahrungen. Die Beratenden identifizieren sich probeweise mit den Ratsuchenden, sie versuchen, sich in diese hineinzuversetzen und die Welt aus deren Perspektive heraus zu betrachten. Bei substanzabhängigen Frauen kann das bedeuten, sich auf das Leben im Elend einschließlich Prostitution einzulassen, bei substanzabhängigen Männern auf Gewalttätigkeiten und Machtausübung und bei beiden auf Erfahrungen mit Verachtung, schmerzhafter Ausgrenzung und Vereinsamung. Es liegt auf der Hand, dass dies nur in einem gewissen Umfang gelingen kann, dass man sich also nicht vollständig in die Erlebniswelt der Klientinnen und Klienten begeben kann. Beraterinnen und Berater sollen sich aber darum bemühen, sich so weit wie möglich in ihre Klientinnen und Klienten einzufühlen, sie sollen ihnen so viel Empathie wie möglich entgegenbringen. Auf diesem Wege erfahren Ratsuchende, dass sie sich verständlich machen können und verständlich sind.

Das kann eine ganz wichtige Erfahrung sein, die sie dazu ermutigt, sich selbst weiter zu explorieren, um auf diesem Wege das eigene innere Bezugssystem zu klären.

Für Rogers stellt **Kongruenz** im Sinne von Authentizität im Umgang mit den eigenen Gefühlen eine weitere und unverzichtbare Basisqualifikation der Beratenden dar. Gemeint ist damit u. a., dass die Beratenden in der Interaktion mit den Ratsuchenden Zugang zu ihren eigenen Gefühlen und Gedanken haben. »Kongruent sein … heißt, sich aller Gefühle bewusst werden zu können, die der Klient in einem auslöst, ohne durch diese Gefühle darin behindert zu werden, sich in ihn einzufühlen und ihn in dem, was dabei verstanden wird, ohne Bedingungen positiv zu beachten. Der kongruente Therapeut muss seinen Klienten nicht mit dem beschäftigen, was er, der Therapeut, über ihn denkt oder im Zusammenhang mit dessen Erleben oder in der Reaktion darauf fühlt. Vielmehr kann der Therapeut in der therapeutischen Situation Kongruenz herstellen, sich seiner eigenen emotionalen Reaktionen – auch derer, die nicht unbedingte Wertschätzung sind – auf den Klienten bewusst werden und in ihnen eine Form des Verstehens des Klienten sehen« (Biermann-Ratjen et al. 1995, 25). So gesehen handelt es sich erst einmal um einen analytischen Prozess: Die Beratenden werden sich ihrer Gefühle gegenüber ihrer Klientel bewusst und nutzen diese Erkenntnis für den weiteren Beratungsprozess. Die praktische Umsetzung erfolgt in einem zweiten Schritt, wenn es die Beratenden für angemessen halten, eigene Werturteile in die Interaktion mit den Ratsuchenden einzubringen, ebenso eigene Gefühle, wobei die Kunst darin besteht, die Klientin oder den Klienten nicht abzuwerten. Es hängt vom Einzelfall und vom Verlauf der Beratung ab, wann und wie in diesem Prozess eine solche Auseinandersetzung um unterschiedliche Wertvorstellungen geführt werden soll. Beraterinnen und Berater sollten darauf gut vorbereitet sein.

Zu diesen drei nach Rogers geradezu klassischen Basisqualifikationen kommen heute noch ein oder zwei weitere dazu. Empirische Forschungen haben belegt, dass die Fähigkeit von Beraterinnen und Beratern, die **Selbstwertgefühle und die Selbstwirksamkeit** der Ratsuchenden zu stärken, wesentliche

Voraussetzung und Triebkraft dafür sind, dass Veränderungen angestrebt werden. Bekanntlich haben Klientinnen und Klienten, die eine Beratung nachfragen, im Vorfeld schon alles Mögliche versucht, um ihr Verhalten, ihre Lebenslage zu verändern, haben damit aber nicht den gewünschten Erfolg gehabt. Wenn sie schließlich aus eigener Überzeugung oder auf Drängen von anderen eine Beratungsstelle aufsuchen, dann haben die allermeisten von ihnen ein angeschlagenes Selbstwertgefühl. Darüber hinaus halten sie ihre eigenen Kompetenzen, ihre Situation zu ändern, für nicht ausreichend, und manche halten sich auch einfach nur noch für inkompetent. Sie glauben also nicht daran, dass sie selbst wirksam in ihr Leben eingreifen können, dass sie selbstwirksam sein können (Schwarzer 1996). Die Beratenden müssen also ihre Interventionen so aufbauen, dass die Kompetenzerwartungen der Klientinnen und Klienten ansteigen, dass sie sich trauen, ihre Handlungspotenzial, über das sie ja auch verfügen, auszuschöpfen. Wächst das Zutrauen in die eigene Handlungskompetenz und stellen sich allmählich kleine Erfolge ein, können zunehmend schwierigere Aufgaben gemeistert werden. Das wiederum wirkt sich aus auf die Kontrollüberzeugungen, also die Annahmen darüber, ob man Spielball äußerer Einflüsse ist (externale soziale und fatalistische Kontrollüberzeugungen) oder selbstbestimmt sein Leben gestalten kann (internale Kontrollüberzeugungen). Gelingt es den Beratenden, die internalen Kontrollüberzeugungen zu stärken, wirkt sich das positiv auf die Selbstwirksamkeitserwartungen aus. Dabei ist zu beachten, dass viele Frauen mit Substanzproblemen stärker negativ gefärbte Selbstwirksamkeitserwartungen haben als Männer[23]. Sie brauchen also mehr Unterstützung als Männer beim Aufbau von positiven Selbstwirksamkeitserwartungen und von

---

23 Frauen mit Substanzproblemen haben oft fatalistische Kontrollüberzeugungen, d. h., sie fühlen sich ihrem Schicksal ausgeliefert, dem sie, wie sie meinen, nichts entgegenzusetzen haben. Jeder Misserfolg bestätigt sie in ihrem Fatalismus. Dahinter stehen oft Lebensgeschichten voller Gewalterfahrungen. Das erschwert den Aufbau von positiven Kompetenzerwartungen und darüber hinaus von positiven Selbstwirksamkeitserwartungen, aber mit nachhaltiger Unterstützung durch die Beratenden kann es gelingen, die alten Kodierungen aufzubrechen und an ihre Stelle neue Erfahrungen zu setzen.

positiven Kompetenzerwartungen, sie brauchen mehr Hilfen, wenn es darum geht, schwierige Aufgaben anzugehen, und sie brauchen mehr positive Rückmeldungen, damit sie Veränderungen wahrnehmen und als ihre eigene Leistung einordnen können.

Gehen die Beratenden mit diesen Basisqualifikationen in die Beratungssituation, sind die Voraussetzungen gut, dass es zu einem positiven Beziehungsaufbau mit den Klientinnen und Klienten kommt und dass sich ein **Arbeitsbündnis** herstellen lässt. Worum es dabei im Einzelnen geht, wird im nächsten Kapitel genauer beschrieben.

Rogers ist davon ausgegangen, dass die Beziehung das entscheidende Agens ist, das es Ratsuchenden ermöglicht, selbst nach konstruktiven und positiven Lösungen für ihre Probleme und Schwierigkeiten zu suchen. Nach seiner Vorstellung sollten sich die Selbsthilfekräfte der Klientinnen und Klienten eben darum entfalten können, weil sich die Beratenden auf eine Beziehung mit ihnen einlassen[24]. Das mag in manchen Fällen durchaus zutreffen. In der Mehrzahl der Fälle reicht eine gute Beziehung aber nicht aus, damit süchtige Frauen und Männer sich auf Verhaltensänderungen einlassen und an ihnen auch dann festhalten, wenn sich Misserfolge einstellen und wenn neue Anforderungen auf sie zukommen, um die selbst gesteckten Ziele zu erreichen. Sie brauchen vielmehr gezielte Unterstützung auf dem Weg zu Verhaltensänderungen. Das hat viele Gründe, zu denen der Konsum der psychoaktiven Substanzen

---

24 Nach Untersuchungen von Asay & Lambert (2001, vgl. Tucker & King 1999) lassen sich die Wirkfaktoren der psychosozialen oder therapeutischen Behandlung vier Bereichen zuordnen: An erster Stelle stehen mit 40 % Faktoren, auf die die Behandlung keinen Einfluss hat (Kontextfaktoren), an zweiter Stelle steht mit 30 % die Qualität der Beziehung zwischen Behandler und Klientel, an dritter Stelle stehen mit 15 % die Methoden, die in der jeweiligen Behandlung eingesetzt werden, und an vierter Stelle, wiederum mit 15 %, die unspezifischen Erwartungen der Klientel an die Behandlung schlechthin (Placeboeffekt). Was hier für Wirkfaktoren bei der Behandlung von Depressionen nachgewiesen wurde, lässt sich wahrscheinlich generalisieren und damit auch auf die Behandlung von Süchtigen übertragen. Danach ist die Beziehung zwar sehr wichtig, garantiert aber nicht den Behandlungserfolg.

mit ihren spezifischen Wirkungen selbst gehört, der die Bereitschaft und die Fähigkeit, eine Verhaltensänderung auch nur ins Auge zu fassen, erheblich reduzieren kann. Das bedeutet nicht, dass man Beratung nur mit nüchternen Frauen und Männern durchführen kann; es heißt aber, dass die Bedingungen der Beratung erschwert sind, wenn die Klientinnen und Klienten unter dem Einfluss von Alkohol oder Cannabis, von Opiaten oder Kokain bzw. einer Mischung aus allen diesen Stoffen stehen.

Besonders problematisch wird es jedoch dann, wenn die Ratsuchenden nicht freiwillig in die Beratung kommen, sondern Auflagen vom Arbeitgeber oder vom Gericht haben. Dann müssen die Beratenden nach Wegen suchen, wie sie unter diesen widrigen Umständen überhaupt eine Zusammenarbeit mit der Klientel zustande bringen, wie sie sie dazu überreden können, sich auf eine Beziehung und schließlich auf ein Arbeitsbündnis einzulassen. Je weniger Druckmittel die Beratenden dabei einsetzen, umso größer sind ihre Chancen, auch diese Klientel zu gewinnen und sie davon zu überzeugen, dass sie selbst den größten Nutzen von Verhaltensänderungen haben.

An dieser Stelle ist daran zu erinnern, dass Beratung eine Dienstleistung ist, die eine materielle Grundlage hat (Hörmann & Zygowski 1991, Schaarschuch 1999). Die Beratenden werden dafür bezahlt, dass sie ihre Klientinnen und Klienten akzeptieren, zu ihnen empathisch sind und eine Beziehung zu diesen aufnehmen, dass sie diese dazu motivieren, ein Arbeitsbündnis einzugehen und sich auf Verhaltensänderungen einlassen. Wie in ähnlichen vergleichbaren Arbeitsverhältnissen auch hat die Dienstleistung, um die es hier geht, kein (unmittelbares) materielles Substrat. Die Dienstleistung geht vielmehr im »Akt des Produzierens« auf. Für die Beratenden hat die Beziehung zu den Ratsuchenden eine doppelte Funktion, sie ist sowohl die Bedingung ihres materiellen Unterhalts über psychosoziale und sozialarbeiterische Dienstleistungen als auch deren inhaltliche Verwirklichungsform. Das heißt, dass die Beratenden ihre Klientel nicht nur zur Sicherung ihres materiellen Lebensunterhalts brauchen, sondern auch, um sich selbst – als Beratende – zu verwirklichen. Die Beratenden sind also existenziell abhängig von ihrer Klientel; es ist die Klientel, die sie immer wieder in ihrem Selbstverständnis versichert. Bleibt die Klientel aus, stellt sich die Frage nach der Existenzberechtigung ihrer Position und über diese hinaus ihrer Einrichtung. Das macht die Sachlage recht prekär, denn es zeigt, wie sehr beide Seiten unter Druck stehen, nicht nur die Ratsuchenden, wenn sie zum Beispiel unter Auflagen in die Beratung kommen, sondern auch die Beratenden, die über die Zahl der Klientinnen und Klienten, mit denen sie »in Beziehung« stehen, belegen müssen, dass sie »gebraucht werden«, eventuell auch, dass ihre Arbeit effektiv ist.

Wie man sieht, hat man es mit einer doppelten Abhängigkeit zu tun: Die Ratsuchenden sind von den Beratenden abhängig, von deren Fähigkeiten, Beziehungen aufzubauen, von deren Kenntnissen, wie man am besten Verhaltensänderungen angeht und ausbaut, und die Beratenden von den Ratsuchenden, über die sie ihre Existenzberechtigung nachweisen können und müssen. Das belegt einmal mehr, wie prekär das System »Beratung« ist, wie nahe beieinander Unabhängigkeit und Abhängigkeit liegen, Macht und Ohnmacht.

Zur Ressourcenorientierung

Gewöhnlich sind es die Defizite der Ratsuchenden, die den Beratenden ins Auge springen: Defizite im Verhalten, im sozialen Status, im ökonomischen Bereich usw. Ratsuchende haben von dem einen oder anderen entweder »zu viel« oder »zu wenig«, jedenfalls nicht das »rechte Maß« und nicht den »rechten Umgang«. In vielerlei Hinsicht haben sie vor allem »zu wenig«, nämlich zu wenig psychosoziale Fähigkeiten und Fertigkeiten, zu wenig personale und materielle Ressourcen, zu wenig Selbstwertgefühl und Selbstwirksamkeitserwartung. Andererseits haben sie auch von einigem »zu viel« wie zu viel Impulsivität, Aggression, Risikobereitschaft usw. In der Beratung und Therapie stand daher sehr lange die Analyse der Defizite im Vordergrund. Von den Defiziten aus wurden die Probleme bestimmt und die

Ziele definiert, die im Mittelpunkt des Beratungsprozesses stehen sollten.

Die Analyse der Defizite beleuchtet zwar sehr klar die Verluste und Schwächen der Klientel, ist aber gerade darum recht einseitig. Menschen in allen Lebenslagen haben nicht nur Schwächen und Defizite, sie haben auch Stärken, verfügen über Wissen und Fähigkeiten, die ihnen das Überleben sichern helfen. Es sind also durchaus Ressourcen vorhanden, die allerdings in einem an Defiziten ausgerichteten Hilfekonzept keinen Platz haben. Das soll etwas genauer an einem Beispiel erläutert werden.

Personen ohne festen Wohnsitz, im Slang des Alltags häufig Obdachlose genannt, fallen dem Laien ebenso wie den Beratenden zunächst dadurch auf, dass sie Defizite aufweisen. An erster Stelle steht die Wohnungslosigkeit, mit der ihr Schicksal so sehr verknüpft zu sein scheint, dass es sogar namensbildend ist. Dazu kommt in der Regel noch eine Vielzahl von weiteren Problemen und Schwierigkeiten im Umgang mit sich selbst und mit anderen sowie mit der Umwelt im Allgemeinen, die den Lebensalltag weiter belasten. Alle diese Defizite lassen sich in Beratungsgesprächen recht gut aufdecken, sie lassen sich benennen und beschreiben, und sie lassen sich in Etiketten bündeln wie zum Beispiel »Obdachloser«.

Wie die Studie von Helfferich und Mitarbeiterinnen (2000) zeigt, wird darüber meist vergessen, dass Wohnen weit mehr bedeutet als »eine Wohnung haben«. Menschen mit festem Wohnsitz knüpfen an das Wohnen ganz bestimmte Vorstellungen von »Behausung« und »zu Hause sein« im Sinne von »bei sich sein«, von »Inbesitznahme des Raumes« als einem Ort, an dem man sich geborgen, sicher fühlt. So gesehen ist die Wohnung eine »dritte Haut«, die nach innen und für Intimitäten durchlässig ist und gegen außen, gegen Öffentlichkeit abschließt. Auch die Unbehausten, die Wohnungs- oder Obdachlosen wollen wohnen. Da sie keinen anderen Raum haben, stellen sie auf ihre Weise das Wohnen auf oder neben der Straße her, das heißt, sie suchen sich Orte, die sie in Besitz nehmen können, die ihnen eine gewisse Sicherheit zu bieten scheinen und die ihnen für ihre Anforderungen an Abgrenzung nach außen geeignet erscheinen.

Allein diese sehr kurzen Ausführungen zeigen, dass auch Wohnungslose wohnen, wenn auch ganz anders als die Mieter oder Besitzer von Wohnungen oder Häusern.

Um auf der Straße zu wohnen und um dort zu überleben, braucht man spezifische Kenntnisse und Fähigkeiten, die die meisten Beratenden nicht haben. Zunächst muss man wissen, welche Orte man als Wohnungsloser in einer Stadt, einer Gemeinde oder in einem Dorf in Besitz nehmen darf, an welchen Orten man also für eine gewisse Zeit geduldet wird. Man muss wissen, welche Alternativen es gibt, wenn man vom situativ hergestellten Wohnort auf der Straße vertrieben wird, also erneut »wohnungslos« und damit meist auch »besitzlos« wird. Außer dem Ort zum Wohnen braucht man Essen und Kleidung zum Überleben. Auch das muss täglich beschafft werden. Wie komplex es für Obdachlose ist, hygienische Bedürfnisse zu befriedigen, hat Wiseman schon 1970 für Alkoholabhängige in New York untersucht und beschrieben. Heute sind die Barrieren, die Wohnungslose zu bewältigen haben, um an eine Dusche, ein Bad oder gar an einen Friseur zu gelangen, nicht viel anders, auch wenn in manchen Bereichen die Barrieren etwas niedriger sind als vor 30 Jahren. Typisch dafür sind die Anlaufstellen für Drogenabhängige in den großen Städten, die in der Regel Duschen und andere Dienstleistungen anbieten. Über die Befriedigung der Grundbedürfnisse hinaus bedarf es aber noch der Spezialkenntnisse, um zum Beispiel den täglichen Bedarf an Drogen und Alkohol abzudecken. Man muss die Orte kennen, an denen sich die jeweiligen Szenen sammeln, man muss auch wissen, wie man an den Stoff kommt. Selbst Betteln als eine Methode, sich das Geld für Alkohol oder Drogen zu beschaffen, will gelernt sein. So gesehen verfügen wohnungslose Alkohol- oder Drogenabhängige über besondere Kenntnisse und Fähigkeiten, die für die Bewältigung ihres Alltags unverzichtbar sind. Dabei handelt es sich um Ressourcen, von denen einige in der Beratung gebraucht werden können.

Nach Nestmann (1997, 23) sind Ressourcen »alle Dinge, die wir in unserer Lebensgestaltung wertschätzen, die wir für die Lebensbewältigung benötigen und daher erlangen, schützen und bewahren wollen«. Diese Begriffsbestimmung ist sehr breit; sie definiert nicht, sondern umschreibt, worum es hier geht: um alle Dinge, die den Lebensalltag angenehm(er) machen können, die ihn erleichtern, die – je nach Kontext – Erfolg versprechen. Die Aufmerksamkeit richtet sich auf vorhandenes Wissen und verfügbare Kenntnisse der Ratsuchenden, auf deren Fähigkeiten und Fertigkeiten, auf Personen und Kontexte in ihrem Lebensalltag, die positiv besetzt sind, auf bislang unentdeckte und ungenutzte Entwicklungspotenziale. Die Ressourcenperspektive eröffnet über die Feststellung von Defiziten und Verlusten hinaus den Blick auf die Stärken und Handlungspotenziale der Ratsuchenden, an die man bei der Hilfeplanung bezogen auf den jeweiligen Fall anknüpfen kann.

Man unterscheidet zwischen Personenressourcen und Umweltressourcen. Zu den wichtigsten Personenressourcen gehören u. a. das Selbstwertgefühl, Selbstwirksamkeitserwartungen sowie Bewältigungs- und Problemlösungskompetenzen. Je nachdem, wie die verschiedenen Charakteristika und Kompetenzen ausgeprägt sind, hat man es mit Personen zu tun, die über viele oder wenige personenbezogene Ressourcen verfügen. In der Regel kommen diejenigen mit vielen personenbezogenen Ressourcen leichter mit Krisen zurecht als diejenigen, die nur wenig davon haben.

Allerdings sind die personenbezogenen sehr eng mit den umweltbezogenen Ressourcen verbunden. Gemeint sind damit Dimensionen wie Bildung, Beruf, Einkommen, Prestige und die daraus abgeleitete Zugehörigkeit zu einer sozialen Schicht oder einem sozialen Milieu sowie das soziale Netz, auf das man sich stützen kann. Es liegt auf der Hand, dass Bildung mit dem Selbstwertgefühl in enger Beziehung steht, ebenso mit Selbstwirksamkeitserwartungen und mit Problemlösungskompetenzen. Auch das Geschlecht steht mit den letzten beiden Dimensionen in systematischer Beziehung. Wie bereits an anderer Stelle erwähnt, haben Frauen pauschal betrachtet ein geringeres Selbstwertgefühl und weniger optimistisch geprägte Selbstwirksamkeitserwartungen als Männer. Weiter: Wer über hohe Kompetenzen zur Bewältigung von Problemen verfügt, hat in der Regel auch ein gut ausgebautes soziales Netzwerk. Auch hier gilt es einmal mehr, geschlechtsspezifische Differenzen zu beachten, denn Frauen haben wiederum pauschal genommen ein besser ausgebautes soziales Netzwerk als Männer. Das insgesamt genommen geringere Selbstwertgefühl und die weniger positiven Selbstwirksamkeitserwartungen der Frauen hindern sie nicht daran, gute Netzwerkerinnen zu sein. Daran lässt sich in der Beratung anknüpfen.

Im Allgemeinen ist es wohl so, dass sich personenbezogene und umweltbezogene Ressourcen gegenseitig bedingen, und wer von einem viel hat, hat oft auch vom anderen viel (Pearson 1997, Sickendiek et al. 1999).

Sehr grob lassen sich Frauen und Männer mit Substanzproblemen diesen beiden Polen zuordnen. Es gibt eine relativ große Gruppe von Frauen und Männern, die insbesondere in den Anfangsstadien des Missbrauchs von psychoaktiven Substanzen und bei ersten, noch relativ leichten Zeichen von Abhängigkeit über viele personenbezogene wie umweltbezogene Ressourcen verfügen. Oft handelt es sich um besonders beliebte Menschen, die häufig im Mittelpunkt von Gruppen stehen, die gerade darum andere anziehen und von diesen bewundert und unterstützt werden. Auch wenn der Substanzkonsum zunimmt und die Konsequenzen für Dritte unübersehbar werden, gelingt es etlichen, weiterhin ihr soziales Netzwerk aufrechtzuerhalten. Das hat gelegentlich negative Auswirkungen, weil auf diesem Wege die Abhängigkeitskarriere vorangetrieben wird. Soziale Netzwerke, das zeigt das Beispiel, sind nicht immer stützend, sondern manchmal auch zerstörerisch. Häufiger erweist sich das soziale Netzwerk jedoch als positiv, denn es hilft den Betroffenen bei der Bewältigung von Exzessen, Missbrauch und schließlich von Abhängigkeit. Das belegen besonders eindrucksvoll Studien über den selbst organisierten Ausstieg aus der Drogenabhängigkeit, die zeigen, dass diejenigen, die über intakte soziale Netzwerke außerhalb der Drogenszene verfügen, die besten Chancen haben, mit Hilfe von Familienmitgliedern oder von Freunden ihren Weg aus der Drogenkarriere zu finden (Klingemann 2000).

Die Mehrzahl der Substanzabhängigen und unter diesen vor allem diejenigen, die lange Karrieren hinter sich haben, haben sehr viele Ressourcen verloren und ganz neue aufgebaut. Typisch dafür ist das Beispiel der wohnungslosen Frauen und Männer, die durchaus über Ressourcen verfügen, jedoch nicht über solche, die im bürgerlichen Alltag gebraucht werden. Geht es in der Beratung darum, diesen Menschen Wege zurück in diesen bürgerlichen Alltag aufzuzeigen, dann geht es auch um den Aufbau von Ressourcen bzw. um die Erweiterung ihrer Kompetenzen um solche Fähigkeiten und Fertigkeiten, die für die Bewältigung eben dieses Alltags gebraucht werden.

Für beide Gruppen geht es also um eine Anpassung bzw. Optimierung der Ressourcen, jedoch sind die Ebenen je nach dem konkreten Fall ganz unterschiedlich. Für manche Drogenabhängigen ist ein Optimum offenbar dann erreicht, wenn sie einen sicheren Schlafplatz und eine feste Anlaufstelle haben, ein Netz von professionellen Helferinnen und Helfern und eine sichere Quelle für Drogen von guter Qualität, zum Beispiel ärztlich verordnetes Heroin (Uchtenhagen et al. 2000). Das passt zwar nicht in das Bild, das man sich als Beraterin oder Berater von einem »angenehmen Lebensalltag« macht, aber manche Abhängigen sind offenbar damit zufrieden. Auch das gehört zur Ressourcenorientierung: die Achtung vor der Entscheidung des Gegenübers für einen bestimmten Lebensstil.

Zur interkulturellen Perspektive

Die Bevölkerung in Deutschland ist komplex zusammengesetzt. Von den rund 82 Millionen Menschen, die in Deutschland leben, sind etwa 73 Millionen deutsche Staatsbürger, d. h., sie haben einen deutschen Pass. 9 % bis 10 % der Bevölkerung sind Ausländer. Mindestens 4 % derjenigen mit einem deutschen Pass leben jedoch erst seit 1985 in Deutschland. Es handelt sich dabei meist um Deutsche, die aus den ehemaligen Ländern des

Ostblocks nach Deutschland emigriert sind. Das Beispiel zeigt, dass ein deutscher Pass kein Beweis dafür ist, dass man in Deutschland aufgewachsen und entsprechend kulturell geprägt worden ist.

Das gilt auch umgekehrt: Viele von denen, die keinen deutschen Pass haben, sind in Deutschland geboren, aufgewachsen und von der Region, in der sie leben, kulturell geprägt. Die größte Gruppe der – oft schon in der zweiten oder dritten Generation in Deutschland lebenden – Ausländer kommt aus der Türkei, die zweitgrößte aus verschiedenen Ländern der Europäischen Union, die drittgrößte aus Serbien-Montenegro, Kroatien und Bosnien-Herzegowina. Alle anderen – etwa ein Drittel aller Ausländer – kommen aus sämtlichen anderen Ländern dieser Welt. Wie hoch der Anteil derjenigen ist, die in zwei Kulturen leben, die also sowohl die deutsche Kultur kennen wie diejenige des Landes, dessen Staatsbürger sie sind, ist unbekannt.

Zurzeit leben in Deutschland noch einmal etwa eine Million Flüchtlinge, von denen die meisten einen ungewissen Aufenthaltsstatus haben und die daher mit Abschiebung rechnen müssen. Unbekannt ist die Zahl derjenigen, die sich illegal in Deutschland aufhalten; man schätzt, dass es sich ebenfalls um etwa eine Million Menschen handelt (Settelmeyer 2000).

Die komplexe Zusammensetzung der Bevölkerung in Deutschland wirkt sich auf die Sucht- und Drogenhilfe aus, die einen steigenden Anteil von Ausländern und von Deutschen, die in zwei Kulturen leben, registriert. Statistische Zahlen liegen dazu nicht vor, aber der Augenschein bestätigt diese Entwicklung.

Der Anteil der Jungen und Männer, die in zwei Kulturen leben und die Probleme mit psychoaktiven Substanzen haben, übersteigt dabei bei weitem denjenigen der Mädchen und Frauen. Berater/innen haben es also vor allem mit Jungen und Männern zu tun, die andere kulturelle Erfahrungen und Erwartungen in die Beratung mitbringen. Dazu kommt eine eher kleine Zahl von Mädchen und Frauen, die Drogenprobleme haben und die gerade deswegen oft von ihren Familien ausgestoßen werden, also über keine sozialen Netzwerke mehr verfügen. Es ist davon auszugehen, dass Mädchen und Frauen mit nicht-deut-

scher kultureller Identität mit besonders krasser Diskriminierung rechnen müssen, wenn bekannt wird, dass sie süchtig sind.

Angesichts dieser Entwicklung ist »interkulturelle Kompetenz« im Umgang mit dieser Klientel gefragt. Im Einzelnen
geht es dabei um folgende Fähigkeiten und Kompetenzen (Koray 2000).

Überblick über interkulturelle Kompetenzen

- Respekt vor anderen Kulturen, wenn möglich Aneignung
  entsprechender Sprachkenntnisse; Erwerb von Wissen über
  Werte, Normen, Religion, kulturelle Praktiken im Alltag
  und bei der Regelung von Konflikten;
- Kenntnis über die Stellung der Geschlechter in diesen Kulturen und die damit verbundenen Erwartungen und Ängste;
- Kenntnis über Gesundheits- und Krankheitsvorstellungen
  in diesen Kulturen;
- Auseinandersetzung mit Menschenrechten allgemein und
  Bereitschaft, für diese im Konfliktfall einzustehen.

Im Umgang mit alkohol- und drogenabhängigen Aussiedlern,
Arbeitsmigranten der ersten, zweiten oder dritten Generation
und mit Flüchtlingen spielen Krankheitskonzepte eine wichtige
Rolle. Wenn es zutrifft, dass junge Aussiedler aus dem Ostblock
Drogenabhängigkeit als eine Art Krankheit begreifen, die mit
drastischen medizinischen Eingriffen und mit Medikamenten
behandelt werden muss (Riecken 1999, Schwichtenberg & Weig
1999), dann sollten sich Berater/innen nicht wundern, wenn jene Personen Angebote zur psychosozialen Beratung kaum annehmen. Das Reden über Hintergründe und Ursachen der Sucht
passt nicht zu einem an der Medizin orientierten Krankheitsbild
Sucht. Will man die Klientel für eine Behandlung gewinnen,
muss man die Angebote in gewissem Umfang an ihr Verständnis
von Sucht anpassen, und das heißt in diesem Fall, Handlungs-

elemente in der Beratung zu betonen und in den Vordergrund zu stellen.

Das Beispiel zeigt, dass sich interkulturelle Kompetenz nicht auf Sprachkenntnisse reduzieren lässt, sondern weit darüber hinausreicht. Allerdings erleichtern Sprachkenntnisse die Aufnahmen von Kontakten und die Vermittlung von Informationen als Basis für weiter reichende psychosoziale Hilfen.

Zur Zielorientierung

Beratung ist bewusst darauf angelegt, an den aktuellen Nöten der Ratsuchenden anzusetzen, diese in der Lebenswelt- und Problemanalyse genauer zu definieren und zu ordnen, in enger Kooperation und Abstimmung mit der Klientel nach Lösungsmöglichkeiten und -wegen zu suchen und diese in einem (ersten) Veränderungs- und Hilfeplan festzuschreiben. Daran schließt sich die konkrete Umsetzung des Planes an, der darauf angelegt ist, die Selbsthilfe- und Selbstheilungskräfte der Ratsuchenden möglichst schnell zu aktivieren. So verstanden ist Beratung darauf angelegt, auf dem kurzen Weg über konkrete Handlungen Veränderungen herbeizuführen in der Hoffnung, dass diese wiederum auf dem langen Weg zu Veränderungen im Selbstbewusstsein und im Selbstbild führen. Beratung sucht nach kurzen Wegen zur Lösung von Teilproblemen, ungeachtet der Tatsache, dass die Lösung mancher Probleme lange Wege nötig macht. So gesehen ist Beratung angelegt als kurzfristige bis mittelfristige, nicht als langfristige Intervention.

In der ambulanten wie der stationären Basisbehandlung von Frauen und Männern mit Substanzproblemen setzen sich neue Ansätze der kurz- und mittelfristigen Intervention immer mehr durch (Baer et al. 2001, Barry 1999, Bien et al. 1993, John et al. 1996, Miller & Rollnick 1999, Rollnick & Bell 1998). Besonders erfolgreich sind kurze Interventionen bei denjenigen, die am Anfang einer Suchtkarriere stehen (Hanewinkel & Wiborg 2002, Stetter 2000, Vogt et al. 2003), und mittelfristige bei jenen mit längeren Suchtkarrieren. So gesehen ist Beratung immer zielorientiert und auf ihr Ende hin angelegt. Darauf wird ausführlich im Zusammenhang mit der Aufstellung und Ausarbeitung von Veränderungs- und Hilfeplänen eingegangen.

Allerdings zeigt die Praxis auch, dass gerade Frauen und Männer mit Substanzproblemen wiederholt Beratung nachfragen. Das liegt u. a. daran, dass es vielen nicht gelingt, beim ersten Versuch die gewünschten Veränderungen ihrer Lebensweisen zu erreichen. Dazu kommt, dass viele nach einer erfolgreich abgeschlossenen Behandlung rückfällig werden. In manchen Fällen gehören solche Rückfälle zum Ausstieg aus der Sucht dazu, in anderen markieren sie den Wiedereinstieg in die Abhängigkeit. In diesen Fällen liegt es nahe, die Beratung erneut aufzunehmen.

Ethische Standards, Grenzen und Grenzverletzungen

In angloamerikanischen Ländern wie den USA und in England liegen mittlerweile komplexe kodifizierte Standards nicht nur für die Psychotherapie, sondern auch für die psychosoziale bzw. psychotherapeutische Beratung vor (BAC 1993, Gelso & Fretz 1992, Shilito-Clarke 1996). In Deutschland ist die Diskussion über ethische Standards in der Sozialen Arbeit noch nicht so weit entwickelt wie in diesen Ländern. Eckpunkte für ethische Standards finden sich als Soll-Vorschriften im Kinder- und Jugendhilfegesetz (KJHG) sowie im Bundessozialhilfegesetz (BSHG) bzw. im Sozialgesetzbuch IX, ebenso in einschlägigen Paragraphen des Bürgerlichen Gesetzbuches (BGB) sowie in einigen Paragraphen des Strafrechts (Barabas 1999). In den Berufsverbänden der Sozialarbeiter/innen wird relativ wenig über ethische Standards in der Beratung diskutiert. Ethische Positionen und Probleme werden in einschlägigen Publikationen eher am Rande erörtert – ungeachtet der Tatsache, dass Fragen der Qualitätssicherung einen zentralen Stellenwert im berufspolitischen Diskurs einnehmen. Es ist davon auszugehen, dass sich das in den nächsten Jahren ändern wird, denn mit der Professionalisierung der psychosozialen Beratung geht die Ausarbeitung von ethischen Standards Hand in Hand.

In der Sucht- und Drogenhilfe ist eine intensive Diskussion über ethische Standards überfällig. Das ist vor allem deshalb wichtig, weil es noch in den 80er Jahren für selbstverständlich genommen wurde, dass die Beratenden »wussten«, was für ihre Klientel »gut« war, und dass sie entsprechend handelten und entschieden, ohne diese in diesen Prozess aktiv einzubeziehen. Heckmann (1980, 136) hat diese Haltung als Forderung an die Klientel nach der »prinzipiellen Anerkennung der Überlegenheit der Mitarbeiter« beschrieben, die diese mit einer erstaunlichen Machtfülle ausstattete. Die Beratenden und Therapierenden konnten Privilegien vergeben und Sanktionen verhängen, ohne darüber Rechenschaft ablegen zu müssen. Das hat zu mancherlei Auswüchsen geführt. In der Zwischenzeit haben sich viele dieser Auswüchse abgeschliffen, aber der Umgang mit der Macht ist bis heute wenig normiert und wird noch weniger kontrolliert.

Zu den zentralen Leitlinien der ethischen Standards zählen die **Kompetenz**, die von den Berater/innen eingefordert werden kann, ihre Bereitschaft, **Verantwortung** zu übernehmen und mit dem ihnen entgegengebrachten **Vertrauen** ihrer Klientinnen und Klienten sorgsam umzugehen, die **Schweigepflicht** strikt einzuhalten, niemanden zu **diskriminieren, auszunutzen** oder **sexuell auszubeuten**.

Über angemessene Kompetenzen, die Beraterinnen und Berater in den Beruf mitbringen sollen, wird in Deutschland zurzeit intensiv diskutiert. Nicht zuletzt die Leistungsträger pochen auf eine Standardisierung der Ausbildung bzw. der Zusatzausbildung, wie die Vereinbarungen zur Behandlung von Abhängigkeitserkrankungen belegen (EVARS bzw. die Vereinbarung »Abhängigkeitserkrankung«, vgl. Kapitel 2 und 8). Bislang liegen jedoch noch keine festgelegten Ausbildungs- und Berufsordnungen vor, allerdings gibt es vielfache Ansätze für einschlägige Regelungen.

Auf das Thema Verantwortungsübernahme von Beratenden wird im nächsten Kapitel noch genauer eingegangen. Die folgenden Ausführungen konzentrieren sich daher auf den Missbrauch von Vertrauen und, als besonders schwere Form dieses Missbrauchs, auf sexuelle Ausbeutung.

Tschan (2001) zählt eine Reihe von Faktoren auf, die für verschiedene Arten von Missbrauch typisch sind und die Relevanz für Beratung und Behandlung von Süchtigen haben. Dazu gehört Folgendes:

Missbrauch in der Beratung

- Dienstleistungen und materielle Vorteile von Klienten oder Klientinnen entgegennehmen (unbezahlte ebenso wie bezahlte);
- Eingehen von persönlichen Beziehungen außerhalb von Beratung und Behandlung (z. B. Einladungen zum Kaffee oder zum Essen, zum gemeinsamen Besuch von Veranstaltungen usw.);
- Selbsteröffnung über einen konkreten Anlass hinaus und Rollenumkehr – die Beratenden holen den Rat des Klienten oder der Klientin zum Umgang mit eigenen Problemen ein;
- sexistische, rassistische und anderweitig diskriminierende Sprache;
- sexuelle Beziehung mit Klientin, Klient.

Die Praxis lehrt, dass Beratende gelegentlich materielle Vorteile von ihrer Klientel annehmen. Dabei kann es sich um Arbeiten aller Art handeln, also Büroarbeiten für die Beratenden, Hilfen im Haushalt oder bei Reparaturen aller Art usw. Nicht selten wird das vermischt mit Privilegien, die die Beratenden im Gegenzug den Klientinnen und Klienten gewähren. Dazu gehören Einladungen zu Treffen außerhalb der Beratungs- oder Behandlungsstelle sowie das Eingehen von persönlichen Beziehungen. Klientinnen und Klienten sind für diese Art von Ansprachen besonders anfällig, da sehr viele von ihnen ohnehin Beziehungsprobleme haben. Die Angebote, die ihnen die Beratenden machen, sind für sie daher besonders wertvoll, denn sie scheinen zu belegen, dass sie durchaus zu Beziehungen fähig sind, auch und gerade zu den von ihnen besonders geschätzten und geachteten Beraterinnen und Beratern. Im Allgemeinen sind diese Beziehungsangebote so nicht gemeint; sie sind vielmehr gedacht als Kompensation für andere Formen tendenzieller Ausbeutung, eben von Dienstleistungen verschiedener Art. Es liegt auf der Hand, dass es sich hierbei um materiellen und emotionalen Missbrauch der Ratsuchenden handelt.

Im Übergang vom materiellen zum emotionalen und schließlich zum sexuellen Missbrauch spielt Sprache eine sehr wichtige Rolle. Besonders auffallend ist die sexuelle Aufladung der Atmosphäre in der Beratung mit inadäquaten und sexuell gefärbten Komplimenten, unanständigen Witzen usw. Berater und Therapeuten, die sexuelle Übergriffe planen, machen oft Bemerkungen über das Aussehen und die Kleidung ihrer Klienten und Klientinnen und loben sie, wenn sie sich so kleiden, wie es ihnen gefällt. Nicht selten lassen sie sich sexuelle Praktiken der Klientel ausführlich schildern und erzählen selbst von ihren sexuellen Erlebnissen und bevorzugten Praktiken. Schließlich kommt es zur Offenbarung von Liebesgefühlen gegenüber der Klientin oder dem Klienten, zu intensiven körperlichen Berührungen und einer Reihe von sexuellen Handlungen.

Tatsächlich kann man verbale, emotionale und sogar physische Grenzüberschreitungen in den Einrichtungen der Sucht- und Drogenhilfe vergleichsweise häufig beobachten. In manchen Anlaufstellen für Drogenabhängige hat sich ein rüder verbaler Umgangsstil eingeschliffen, der von der Klientel ausgeht, jedoch von den Beratenden nur partiell sanktioniert wird. Sexistische und rassistische Kraftsprüche hört man in Anlaufstellen und Einrichtungen mit Konsumräumen für Drogenabhängige ziemlich häufig. Über die Sprache hat sich die Klientel offenbar eine Art Freiraum geschaffen, der entsprechend ausgenutzt wird. Dazu kommen Rempeleien zwischen Klienten und Klientinnen, die häufig Machtdemonstrationen sind, aber auch mit sexueller Bedeutung aufgeladen sind. Dagegen setzen die Beratenden ihre Sanktionsmacht ein, allerdings sind die Regeln, nach denen sanktioniert wird, für die Klientel oft nur schwer durchschaubar.

Unklare Regeln sind ein Hinweis darauf, dass die Machtfrage in der Schwebe gelassen wird; implizit wird damit Machtmissbrauch erleichtert.

In stationären Einrichtungen ist die Machtfülle der Beratenden um ein Vielfaches größer als in ambulanten Beratungsstellen. Dort bestimmen die Therapeuten und Berater von Anfang an die Regeln, die sie oft nach Bedarf interpretieren (Küfner et al. 1994). Von den vielen möglichen Beispielen soll nur eines herausgegriffen werden, weil es die Komplexität ethischer Verwicklungen besonders deutlich macht. Viele Fachkliniken zur Behandlung von Alkoholabhängigkeit arbeiten mit lokalen Gruppen der Anonymen Alkoholiker (AA) zusammen. Klientinnen und Klienten werden nachdrücklich aufgefordert, an den Treffen dieser Gruppen, die in der Regel außerhalb der Klinik stattfinden, teilzunehmen. Das ist zunächst einmal positiv zu bewerten, weiß man doch aus Katamnesestudien, dass die positiven Effekte der Behandlung bei denjenigen besser sind, die sich in der Folgezeit einer Selbsthilfegruppe anschließen (Küfner et al. 1988, 1999). Schwierig wird es, wenn dieser Rat mit starken Kontrollbedürfnissen auf der Seite der Behandler zusammenfällt. Klientinnen und Klienten müssen sich dann nach jeder Teilnahme an einer Gruppensitzung bei den AA ihre Anwesenheit vom Versammlungsleiter bescheinigen lassen. Dieses Vorgehen ist ethisch problematisch, denn es werden folgende Grundsätze der AA in Frage gestellt: (1) der der Freiwilligkeit und (2) der der Anonymität. Unklar ist, ob mit dem Kontrollverfahren auch das Prinzip der Vertraulichkeit berührt wird, denn es werden Dritte in den Behandlungsprozess involviert, die mit diesem im engeren Sinn nichts zu tun haben. Eine Diskussion über die hier sehr kurz angerissenen ethischen Probleme gibt es nicht.

Beispiele für Diskriminierung in stationären Einrichtungen gibt es viele. Das Folgende bezieht sich auf Frauen, die sich offenbar als Opfer besonders anbieten. Typisch dafür sind so genannte Beziehungsverbote während der Therapie, d. h., Frauen und Männer, die in derselben Einrichtung behandelt werden, dürfen keine emotionalen und sexuellen Beziehungen eingehen. Passiert das doch, werden in der Regel Frauen von der Therapie ausgeschlossen, nicht selten werden sie deshalb disziplinarisch entlassen. Je nach Fall kann das dazu führen, dass der Leistungsträger die Finanzierung einer Anschlusstherapie versagt. Auch hier vermisst man eine Diskussion über ethische Standards.

Wie empirische Studien zeigen, kommt es sowohl in ambulanten wie in stationären Einrichtungen der Drogen- und Suchthilfe auch zu körperlichen und sexuellen Übergriffen der Beratenden auf ihre Klientel (Arnold et al. 2000, Moggi 1997, Vogt 1993, 2001, Vogt et al. 1999). Es sind vor allem Berater, die ihre Klientinnen körperlich berühren, ihnen verbal nahe treten, sie emotional an sich binden und einige wenige von ihnen missbrauchen diese auch sexuell. Wie man heute weiß, stehen dahinter Helferphantasien, die sexuelle Übergriffe mit Liebe verwechseln. Dabei handelt es sich um einen unzulässigen Machtmissbrauch der Beratenden gegenüber ihrer Klientel, der auch dann nicht zu rechtfertigen ist, wenn Letztere ganz unverhohlen sexuelle Angebote macht.

Seit 1998 steht sexueller Missbrauch unter Ausnutzung eines Beratungs-, Behandlungs- oder Betreuungsverhältnisses unter Strafandrohung (§ 174c StGB).

---

§174c Strafgesetzbuch

§ 174c StGB Sexueller Missbrauch unter Ausnutzung eines Beratungs-, Behandlungs- oder Betreuungsverhältnisses

(1) Wer sexuelle Handlungen an einer Person, die ihm wegen einer geistigen oder seelischen Krankheit oder Behinderung einschließlich einer Suchtkrankheit zur Beratung, Behandlung oder Betreuung anvertraut ist, unter Missbrauch des Beratungs-, Behandlungs- oder Betreuungsverhältnisses vornimmt oder an sich von ihr vornehmen lässt, wird mit Freiheitsstrafe bis zu fünf Jahren oder mit Geldstrafe bestraft.

(2) Ebenso wird bestraft, wer sexuelle Handlungen an einer Person, die ihm zur psychotherapeutischen Behandlung anvertraut ist, unter Missbrauch des Behandlungsverhältnisses vornimmt oder an sich von ihr vornehmen lässt.

Angesichts der Gesetzeslage wird es höchste Zeit, dass sich die Berufsverbände der Sozialen Arbeit intensiv mit Fragen nach ethischen Standards auseinander setzen, dass sie darauf drängen, auf der Grundlage ausführlicher Diskussionen ein verbindliches Regelwerk zu entwickeln und dafür zu sorgen, dass es in den verschiedenen Berufsgruppen umgesetzt wird.

Man geht heute davon aus, dass sexueller Missbrauch in der Beratung und Therapie eine Traumatisierung darstellt, die – wenn sie nicht be- und verarbeitet werden kann – chronifiziert und zu Posttraumatischen Belastungsstörungen (PTSD) (vgl. Kapitel 3) mit oder ohne Persönlichkeitsstörungen führen kann. Die wichtigsten Symptome und Störungen sind dann folgende (Tschan 2001, 118ff.):

Symptome von Traumatisierung und von Posttraumatischen Belastungsstörungen nach sexuellem Missbrauch in Beratung und Therapie

- Ambivalenzen in Bezug auf die Liebes- und Vertrauensfähigkeit;
- massive Erschütterung des Selbstwertgefühls und der Selbstwirksamkeit;
- Verunsicherung in Bezug auf die eigene Urteils- und Wahrnehmungsfähigkeit;
- sexuelle Störungen;
- Schuld- und Schamgefühle;
- Wut, Trauer, Depressionen mit Suizidgedanken;
- Alkohol- und Drogenexzesse, Substanzabhängigkeit.

Die Berichte von Frauen und Männern, die in Einrichtungen der Sucht- und Drogenhilfe sexuell ausgebeutet worden sind, belegen, dass viele von ihnen auf die sexuellen Übergriffe mit massiven Störungen, vor allem mit Depressionen und mit Alkohol- und Drogenexzessen reagieren. Sexuelle Anmache und sexuelle Übergriffe in der Beratung machen Rückfälle in süchtiges Verhalten doppelt wahrscheinlich, sie zementieren damit süchtige Karrieren.

6. Ein integrierter Ansatz zur Beratung mit Motivational Case Management – MOCA

Überblick über Ansatz und Ablaufschema von MOCA

Motivational Case Management, kurz **MOCA** (Schu et al. 2002), ist ein Verfahren, das Case Management (Oliva et al. 2001, Wendt 1997) mit Motivational Interviewing verknüpft (Miller & Rollnick 1999, 2002, Miller 1999). Wie sich gezeigt hat, funktioniert das sehr gut. **MOCA** ist ein Verfahren, das sich in vielen Feldern der Sozialen Arbeit einsetzen lässt, nicht nur bei Behandlung von Frauen und Männern mit Substanzproblemen, sondern ebenso bei der Arbeit mit Angehörigen, Freunden und Freundinnen, und, in der Erweiterung, mit Nachbarn, Arbeitskollegen und -kolleginnen, und darüber hinaus in gemeindenahen Projekten (zum Beispiel der Community Reinforcement Therapy, vgl. Meyers & Smith 1997, Meyers et al. 1999, Vogt et al. 2003). Die Entscheidung darüber, wer außer den Betroffenen selbst in die Beratung und Behandlung einbezogen werden soll, ob andere Institutionen, Familienmitglieder oder andere Ausschnitte des sozialen Netzwerkes, hängt vom Einzelfall ab und setzt eine gründliche Lebenswelt- und Problemanalyse voraus. **MOCA** ist ein Verfahren, das in der Einzelfallhilfe eingesetzt wird. Darauf bauen die folgenden Darstellungen in erster Linie auf.

Case Management und Motivational Interviewing haben verschiedene Wurzeln (Schmid & Vogt 2001, Schu et al. 2001), aber auch einige Gemeinsamkeiten. Beide Ansätze sind direktiv, wenn auch in ganz unterschiedlicher Weise, sie sind zielorientiert, und sie akzentuieren darüber hinaus die Ressourcen der Klientinnen und Klienten, die diesen zur Problembewältigung und zur Verhaltensänderung zur Verfügung stehen. Beratende, die mit MOCA arbeiten, sind sich der Bedeutung der Beziehung zu ihrer Klientel bewusst, und sie übernehmen für die Beziehungsgestaltung die Verantwortung. Sie setzen aber auch ganz direkt auf Aktionen, die – wenn nötig – von ihnen selbst angestoßen und in Gang gesetzt werden. Was damit gemeint ist, wird im Folgenden noch genauer beschrieben.

Case Management

Hier soll nicht auf die Geschichte und die verschiedenen Entwicklungen von Konzepten von Case Management eingegangen werden. Vielmehr werden aktuelle Positionen herausgearbeitet.

Case Management geht von den Problemlagen von Klienten/innen aus und zielt ab auf eine umfassende Veränderung der Lebensführung. Im Idealfall heißt das Ziel Abstinenz und Wiedereingliederung in das »bürgerliche« Milieu. Im Alltag handelt es sich häufiger um kleinere Ziele, die am konkreten Einzelfall ausgerichtet sind. Case Management orientiert sich an einem strukturierten Vorgehen, das im Folgenden genauer beschrieben wird. Besondere Bedeutung kommt der systematischen Einbeziehung von zusätzlichen formalen Hilfequellen zu, also der Zuschaltung von anderen Institutionen wie zum Beispiel der Schuldnerberatung oder der Erziehungsberatung usw., die bei der Bewältigung von spezifischen Problemen hilfreich sein können. Im Einzelfall kann es ebenso wichtig sein, informelle Netzwerke in den Hilfeprozess einzubeziehen, d. h. Kontakte zur Familien und Verwandten oder Freunden/innen aufzubauen und Nachbarn für Mithilfen zu gewinnen, oder auch einfach, Informationen über Selbsthilfegruppen und -organisationen zu vermitteln. Case Management bezieht sich also auf das strukturierte Vorgehen im Hilfeprozess unter konsequenter Nutzung vorhandener formaler und informeller Ressourcen. Dazu gehört es, darauf zu achten, dass die verschiedenen Hilfenetze funktionieren und dass die zugesagten

Hilfen auch erbracht werden. Case Management nimmt aber nicht nur Dritte in die Pflicht, sondern auch die Klientinnen und Klienten, die selbst Verantwortung übernehmen müssen für Veränderungen in der Lebensführung. Berater/innen, die sich dem Ansatz von Case Management verpflichtet fühlen, übernehmen die damit verbundenen Rollenerwartungen; sie sind sowohl Beratende als auch Interessenvertreter ihrer Klientel, ohne dabei die notwendige Distanz zu verlieren oder sich in Rollenkonflikten zu verwirren.

Motivational Interviewing

Motivational Interviewing nimmt Ansätze der Motivationsforschung sowie der Beratungs- und Therapieforschung auf. Im Zentrum steht ein Entwicklungsmodell der Motivation, das von einem dynamischen Modell ausgeht (Miller & Rollnick 2002, Prochaska & DiClemente 1982, 1984; Rollnick et al. 2001, Schwarzer 1996). Bewährt hat sich die Vorstellung, dass die Motivation zur Veränderung nicht nach einem »Alles-oder-nichts«-Prinzip funktioniert, sondern verschiedene Sta-

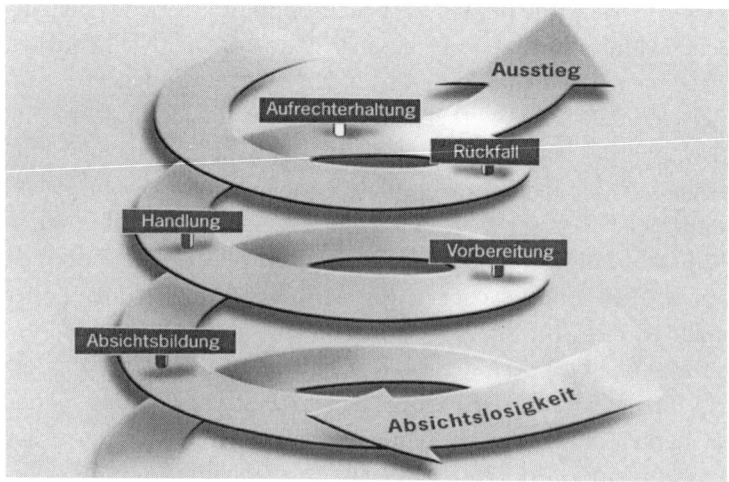

Stadien der Veränderung

dien durchläuft, wenn es darum geht, den Lebensstil nachhaltig zu ändern[25].

Am Anfang des Veränderungsprozesses steht das Stadium der **Absichtslosigkeit** (precontemplation). In diesem Stadium befinden sich Menschen, die nicht oder fast nicht über Verhaltensänderungen nachdenken. Im nächsten Stadium setzt Nachdenken über das Verhalten ein und es kommt zur ersten und durchaus vorläufigen **Absichtsbildung** (contemplation). Typisch dafür sind Ambivalenzen gegenüber dem aktuellen Verhalten und ebenso gegenüber Veränderungen. Einerseits ahnt man, dass das eigene Verhalten die Gesundheit und das Wohlbefinden beeinträchtigt, andererseits genießt man das eigene Tun durchaus. Das lässt sich besonders gut am Beispiel des Zigarettenrauchens zeigen. Raucher/innen ahnen nicht nur, sondern wissen ganz gut, dass Rauchen ihre Gesundheit gefährdet, und viele wissen das auch aus eigener Erfahrung. Das hält sie aber nicht davon ab, sich auf »kleine Fluchten« (Franzkowiak 1986) zu begeben und den schnellen Genuss beim Rauchen einer Zigarette zu suchen. Auf der kognitiven Ebene kommen die präventiven Botschaften an, auf der Verhaltensebene jedoch nicht. Am Ende steht eine Art Gefühlsbrei, dem sich die meisten Raucher/innen mit den Techniken zur Reduzierung der kognitiven Dissonanz entziehen. Dazu gehört, dass man unerwünschte Sachverhalte aus dem Bewusstsein einfach ausblendet, sie je nach Bedarf beschönigt oder sonst wie positiv interpretiert. Daneben hält sich aber das Wissen, dass Rauchen ungesund ist und dass man im Interesse der eigenen Gesundheit eigentlich das Verhalten ändern müsste. Absichtsbildung findet statt in diesem Spiel der Kräfte, man schwankt hin und her, weiß nicht, wohin man will, ist irgendwie beunruhigt, aber in keiner Weise entschlossen. Wenn sich schließlich der Wunsch nach Veränderung verfestigt, steigt die Bereitschaft, das aktuelle Verhalten zu verändern.

---

25 Das Stadienmodell der Veränderungsmotivation konnte bislang empirisch nicht belegt werden (Heidenreich & Hoyer 1998, Hoyer 2003, Project Match 1998, Sutton 2001), was jedoch nichts an seinem heuristischen Wert vor allem für die praktische Arbeit ändert.

Man nähert sich also dem **Vorbereitungsstadium** (Preparation) an, macht erste Pläne über Veränderungen und überlegt, wie diese umzusetzen sind. Typisch für diesen Zustand ist es, dass man Kosten und Nutzen verschiedener Verhaltensweisen gegeneinander abgewägt. Auf der subjektiven Ebene bestimmen sich Kosten und Nutzen nicht nach rationalen Kriterien (»rational choice«), sondern danach, welche Befriedigung der augenblickliche Konsum von psychoaktiven Stoffe verspricht. Überwiegen die Kosten den Gewinn, stärkt das die Motivation, das Verhalten zu ändern. Das leitet über zum **Handlungsstadium** (action), zu konkreten Aktionen und Maßnahmen, um Veränderungen herbeizuführen. Das heißt gewöhnlich, dass man sehr viele sehr kleine Schritte unternehmen muss, um sich dem Idealziel zu nähern, was am Ende mit großen Veränderungen verbunden ist. Das klingt einfach, ist aber in der praktischen Umsetzung höchst komplex.

Ist es gelungen, vertraute Verhaltensmuster zu ändern, geht es im nächsten Stadium darum, die Veränderungen und Fortschritte beizubehalten. Im Fachjargon spricht man von **Aufrechterhaltung** der Veränderungen (Maintenance). Im Idealfall geht es darum, keine Zigaretten und auch kein Cannabis zu rauchen, keinen Alkohol zu trinken oder kein Heroin und kein Kokain zu nehmen. Je nach dem Einzelfall kann das Ziel auch anders definiert sein. Für Personen, die regelmäßig Methadon nehmen, kann es heißen, keine anderen psychoaktiven Substanzen zu nehmen. Veränderung ist also relativ; sie ist stets abhängig von der Ausgangslage und dem Ziel, das anvisiert wird.

Hat sich eine Klientin oder ein Klient dazu entschlossen, ein bestimmtes Verhalten zu ändern und haben sie erste Schritte in diese Richtung unternommen, kann es immer auch zu **Rückfällen** in alte Verhaltensweisen kommen. Rückfälle bedeuten nicht, dass der Veränderungsprozess beendet ist, sondern nur unterbrochen. Tatsächlich weiß man aus der Alkohol- und Drogenforschung, dass der Weg zu Verhaltensänderungen über Umwege und Nebenwege geht, die offenbar nicht zu vermeiden sind. Nach jedem Rückfall beginnt der Kreislauf von neuem, aber jetzt auf einem anderen Niveau, da man ja bereits Erfahrungen gemacht hat mit Versuchen, bestimmte Verhaltensweisen zu ändern, die man aber im ersten Anlauf nicht hat durchhalten können, ebenso mit den positiven Erfahrungen, die mit den Veränderungen verbunden waren. Man hat einen Zugewinn an Wissen über Kosten und Nutzen, die mit einer ganz bestimmten Veränderung des Verhaltens verbunden sind, das in alle zukünftigen Planungen und Anstrengungen zu Verhaltensänderungen eingeht. Was das bedeutet, hängt vom Einzelfall ab.

In der Regel durchlaufen Klientinnen und Klienten mit Suchtproblemen den hier dargestellten Kreislauf der Veränderungsmotivation mehrfach, denn bei den meisten reift der Entschluss zu nachhaltigen Verhaltensänderungen langsam. Die Aufgabe der Beratenden ist es, die Klientinnen und Klienten bei den Bewegungen in diesen Veränderungsprozessen zu unterstützen. Zum einen geht es dabei darum, vorhandene Motivationen zur Veränderung zu bekräftigen und zur Entwicklung weiterer Veränderungen beizutragen. Darüber hinaus gibt es aber auch Techniken, mit denen man Veränderungsmotivation befördern kann. Allerdings wirken nicht alle Techniken in jedem Motivationsstadium gleich gut. Das Vorgehen der Beratenden sollte also in gewissem Umfang dem jeweiligen Motivationsstadium, in dem sich die Klientinnen und Klienten befinden, angemessen sein. Das heißt, dass Klientinnen und Klienten im Stadium der Absichtslosigkeit anders beraten und behandelt werden sollten als solche, die sich im Stadium der Vorbereitung befinden, und diese wieder anders als jene, die zwar schon das Verhalten verändert haben, aber sich von Rückfällen bedroht fühlen oder schon einen ersten Rückfall hinter sich haben.

Im Motivational Interviewing kommt der Beziehung zwischen Beratenden und der Klientel eine zentrale Rolle zu, wie dies im Vorhergehenden ausführlich beschrieben worden ist. Verhaltensänderungen werden wahrscheinlicher, wenn Menschen Vertrauen zu ihrer Beraterin oder ihrem Berater aufbauen können und wenn diese sie darin bestärken, dass sie fähig und in der Lage sind, sich zu verändern. Der Ansatz von Motivational Interviewing unterstreicht die Bedeutung der Selbstwirksamkeitserwartung der Klientel. Das setzt voraus, dass die Beratenden selbst daran glauben, dass ihre Klientinnen und Klienten die Kraft, den Willen und im Prinzip auch die Fähigkeiten haben, sich zu verändern, und dass sie diesen Glauben entsprechend vermitteln können. Die Klientinnen und Klienten müssen sich von diesem Glauben anstecken lassen, sie müssen schließlich selbst überzeugt sein, dass es sich für sie lohnt, sich auf Verhaltensänderungen einzulassen, und dass sie diese auch durchhalten können, auch wenn der Erfolg auf sich warten lässt, weil sie zum Beispiel erst bestimmte Fähigkeiten und Fertigkeiten erlernen müssen, die zur Problembewältigung unerlässlich sind. Dazu kommen immer mal wieder Rückschläge, die bewältigt werden wollen. Dennoch gilt es, die Erwartungen an den Erfolg aufrechtzuerhalten, damit sich dieser schließlich auch einstellt.

Miller und Rollnick haben fünf Grundprinzipien für das Motivational Interviewing formuliert, mit denen sich dieser Beratungsansatz charakterisieren lässt. Zunächst geht es darum, die Klientinnen und Klienten zu **akzeptieren**, sie mit **Empathie** und Interesse aufzunehmen und sie darin zu bestärken, dass mit dem Beginn der Beratung ein erster und wichtiger Schritt hin zu Verhaltensänderungen gemacht ist. Wie im Vorhergehenden dargestellt, fördert eine gute Beziehung zwischen den Beratenden und der Klientel die Veränderungsmotivation. Hier sind die Beratenden gefordert, die mit ihren Grundhaltungen die Voraussetzungen schaffen, damit sich Klientinnen und Klienten bei ihnen aufgehoben fühlen, Vertrauen fassen und sich auf einen komplexen Beratungsprozess einlassen. Motivation zur Verhaltensänderung entsteht, wenn **Ambivalenzen** bzw. **Diskrepanzen** zwischen der aktuellen Lebensweise und der erwünschten Lebensweise wahrgenommen werden. Deshalb sollen die Beratenden aktiv darauf hinwirken, dass solche Ambivalenzen sichtbar werden. Beratende sollen sich jedoch **nicht auf Rechthaberei, einen Streit** mit ihrer Klientel oder auf **Beweisführungen einlassen**, denn das fördert die Veränderungsmotivation nicht. Das vor allem deshalb, weil Rechthaberei und Streit Widerstand provozieren. Klientinnen und Klienten wehren sich auf ihre Weise dagegen, wenn sie von den Beratenden vorgeführt werden – und so erleben sie im Allgemeinen Rechthaberei und Streit. So gesehen ist Widerstand kein Problem der Klientel, sondern eine Herausforderung an die Beratenden. **Beratende sollen vielmehr mit dem Widerstand** der Klientinnen und Klienten gegenüber Verhaltensänderungen »**mitgehen**« (»roll with resistance«), sie sollen ihn positiv im Sinne von Teilziel- und Zieldefinition nützen. Vor allem sollen sie den Glauben der Klientinnen und Klienten an ihre eigenen Kompetenzen und Fähigkeiten, sich zu verändern, unterstützen, sie sollen die **Selbstwirksamkeitserwartungen** der Klientel stärken. Erwartungen an die eigene Selbstwirksamkeit und die Umsetzung von Verhaltensänderungen stehen in einem engen Zusammenhang miteinander: Wer glaubt, dass er sich verändern kann, hat die besseren Chancen, die Ziele, die er anpeilt, auch zu erreichen. Wer nicht an die eigenen Fähigkeiten zur Veränderung glaubt, hat die schlechteren Karten; er muss mehr Energie aufbringen, um Veränderungen anzugehen, und er hat es schwerer, diese durchzusetzen und aufrechtzuerhalten.

In Deutschland wurde Motivational Interviewing bislang vor allem im Zusammenhang mit der Beratung und Behandlung von Klientinnen und Klienten mit Alkoholproblemen und im Allgemeinkrankenhaus erprobt (John et al. 1996, Kremer 2000, 2003), aber auch im Rahmen der Rückfallprävention (Kruse et al. 2000). **MOCA** ist eine Weiterentwicklung dieser Ansätze und findet gerade Eingang in die Praxis der Sozialen Arbeit mit Substanzabhängigen (vgl. Schu et al. 2002).

MOCA hat das Ziel, durch die Verbindung der formalen und organisatorischen Elemente des Case Management mit dem Ansatz des Motiavationsmodells und den damit verknüpften Vorstellungen von der Rolle der Beratenden ein Beratungskonzept anzubieten, das für beide Seiten, die Beratenden wie ihre Klientinnen und Klienten, ideale Bedingungen bietet. Die Beratenden sind gefordert, sich inhaltlich und methodisch ganz auf die Situation der Klientel einzustellen, insbesondere auf ihre Bereitschaft zur Veränderung, wobei sie sich dabei an einem einfachen Organisationsmodell orientieren können. Die Klientinnen und Klienten wiederum sind gefordert, sich auf Veränderungsprozesse einzulassen, allerdings in einem Tempo und einem Umfang, der ihrer jeweiligen Motivationslage angemessen ist.

Wie im folgenden Modell dargestellt, läuft **MOCA** idealtypisch als geregelter Prozess ab. Die einzelnen Schritte, die dabei durchlaufen werden, werden anschließend im Überblick kurz beschrieben und im Weiteren ausführlich dargestellt. Dazu gehören auch eine Reihe von Techniken der Gesprächsführung und der Motivationsarbeit, die sich in den verschiedenen Stadien besonders bewährt haben.

Am Anfang des Prozesses stehen die **Kontaktaufnahme** und die daran anschließenden ersten **Gespräche** der Beraterin oder des Beraters mit der Klientin oder dem Klienten. Wie gut der

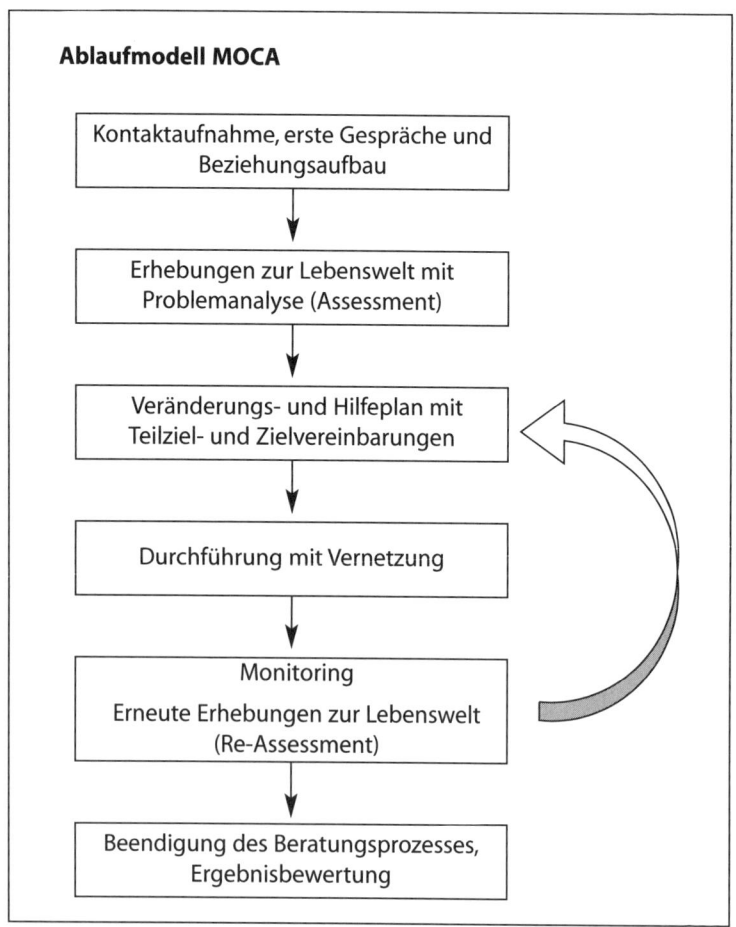

Ablaufmodell MOCA

Kontaktaufnahme, erste Gespräche und Beziehungsaufbau

↓

Erhebungen zur Lebenswelt mit Problemanalyse (Assessment)

↓

Veränderungs- und Hilfeplan mit Teilziel- und Zielvereinbarungen

↓

Durchführung mit Vernetzung

↓

Monitoring
Erneute Erhebungen zur Lebenswelt (Re-Assessment)

↓

Beendigung des Beratungsprozesses, Ergebnisbewertung

Kontakt gelingt, liegt wesentlich am Beziehungsangebot, das die Beratenden ihrer Klientel schon bei der Kontaktaufnahme machen, das heißt, wie sie auf sie zugehen, wie sie diese verbal und nonverbal begrüßen, welches Interesse sie ihnen entgegenbringen usw. Wie bereits beschrieben, baut die helfende Beziehung auf Akzeptanz, Empathie und der Fähigkeit, die Selbstwirksamkeitserwartung der Klientel zu fördern, auf. Das setzt voraus, dass die Beratenden entsprechende Einstellungen mitbringen und diese verbal und nonverbal zum Ausdruck bringen. Typische Techniken dafür sind freundliche Aufnahme des Kontakts mit den Klientinnen und Klienten, das *Stellen von offenen Fragen, aktives und reflexives Zuhören* und *Zusammenfassen*. Mit offenen Fragen werden die Klientinnen und Klienten dazu ermuntert, von sich und ihrem Leben zu erzählen, damit die Beratenden sich ein Bild von der Entwicklung und der augenblicklichen Situation machen können. Dazu gehört weiterhin, dass die Beratenden den Klientinnen und Klienten interessiert und aktiv zuhören, d. h., dass sie sich mit ihrer ganzen ungeteilten Aufmerksamkeit diesen zuwenden und aufnehmen, was diese ihnen gerade berichten. Für erste Rückmeldungen eignen sich reflexive Rückmeldungen und Zusammenfassungen, die auch eingesetzt werden können, um abzuklären, ob man das, was die Klientinnen und Klienten berichten, richtig verstanden hat.

Verläuft die Kontaktaufnahme positiv und zeichnet sich nach einem oder mehreren Gesprächen ab, dass die Klientinnen und Klienten Beratungsbedarf haben und motiviert sind, ihre Lebensweise zu verändern, wird das **Arbeitsbündnis** geschlossen. Unter anderem geht es darum, dass die Beratenden ihren Klientinnen und Klienten erläutern, was sie für sie tun können und wollen und was sie ihrerseits von ihnen erwarten. Klientinnen und Klienten sollen erfahren, dass die Beratenden für sie da sind und sich für sie einsetzen, dass dies aber auf einem Kooperationsmodell beruht. Kurz, beide Seiten gehen mit dem Arbeitsbündnis Verpflichtungen ein. Die Beratenden sind in der Pflicht, den Kontakt zu ihrer Klientel aufrechtzuerhalten, ihn gegebenenfalls neu zu knüpfen, wenn er abgerissen ist. Aufsuchende Arbeit ist also Teil des Arbeitsauftrags der Beratenden. Die

Klientinnen und Klienten verpflichten sich, mitzuarbeiten, Aufgaben zu übernehmen, Veränderungen anzustreben. Sie können sich diesen Pflichten entziehen, indem sie Widerstand aufbauen, die Mitarbeit verweigern, Termine nicht einhalten und eines Tages ganz wegbleiben. Das Arbeitsbündnis ist also fragil; es bedarf der Pflege, damit es die Belastungen, die auf die Klientinnen und Klienten mit den Verhaltensänderungen zukommen, aushält.

Als Nächstes stehen **Erhebungen zur Lebenswelt** (Assessment) an[26], die die Grundlage für die Problemanalyse bilden. Zu den Techniken des *aktiven und reflexiven Zuhörens* und des *Stellens von offenen Fragen* kommen dazu das *Stellen von Informationsfragen* und das *Reden über Ressourcen und Stärken* der Klienten und Klientinnen. Es geht also einmal um die Erhebung von sehr konkreten Informationen zur gegenwärtigen Lebenslage und zur Entwicklungsgeschichte, soweit das für das Verständnis und die Veränderungs- und Hilfeplanung notwendig ist. **MOCA** legt großen Wert darauf, dass systematisch nach den Stärken und Ressourcen gefragt wird, dass die Klientinnen und Klienten also nicht nur und nicht überwiegend von ihren Schwächen und Misserfolgen berichten, sondern im etwa selben Anteil über das, was sie gut können, worauf sie sich verstehen und was ihnen im Leben gelungen ist.

Beratende haben für ihre Arbeit Hilfsmittel zur Hand. Bewährt hat sich **die Anlage einer Klientenakte**, in der wichtige Daten dokumentiert werden[27]. Dazu gehören die Angaben zur Lebenswelt und die Ergebnisse der **Problemanalyse** sowie wei-

---

26 Medizin und Psychologie haben eine lange Tradition im Hinblick auf die Erhebung von Informationen, die zur Behandlung von Krankheiten oder Störungen wichtig sind. In der Medizin hat sich der Begriff der Anamnese durchgesetzt, der mittlerweile auch in der Psychologie geläufig ist. Daneben hält sich der Begriff der Exploration. Erhebungen zur Lebenswelt knüpfen an das Postulat von Thiersch (1992) an, dass die Sozialarbeit in ihrer Interaktion mit der Klientel lebensweltbezogen handeln soll.

27 Klientenakten können »altmodisch« als Papierversion geführt werden, sie können aber ebenso gut als PC-Akten angelegt sein. Im Idealfall kann es zu einer arbeits- und Zeit sparenden Verknüpfung mit dem Dokumentationssystem kommen, das in einer Institution ohnehin angewendet wird.

tere Dokumente und Testergebnisse. Zu den Techniken, die bislang schon angewandt worden sind, kommen neue hinzu, zum Beispiel die *Einschätzung der Veränderungsmotivation* in verschiedenen Lebens- und Problemfeldern, die *Triangulierung*, das *Bestätigen* und das *Rückmelden (Feedback)*, das Aufzeigen von *Ambivalenzen* sowie die Arbeit mit Ambivalenzen (»change talk«, vgl. dazu Körkel & Veltrup 2003). Je nach Sachlage bietet es sich an, einen *Hausbesuch* zu vereinbaren.

Im Anschluss an die Problemanalyse und in enger Kooperation mit der Klientel können dann **Veränderungs- und Hilfepläne mit Teilziel- und Zieldefinitionen** erstellt werden.

Die Hilfepläne werden heruntergebrochen auf die *nächsten Schritte*, die unternommen werden müssen, um erste kleine Teilziele zu erreichen. Es geht also um die **Durchführung mit Vernetzung**. Hier spielen *Arbeitsaufträge* und *Hausaufgaben* eine große Rolle. Zum Beispiel steht in einem Fall an, mit anderen Institutionen Kontakte aufzunehmen, oder es geht in einem anderen Fall darum, eine stationäre Therapie vorzubereiten, usw. Von Treffen zu Treffen werden die Hausaufgaben neu formuliert und vereinbart, und diese werden zu Beginn des nächsten Treffens besprochen. Nicht immer wird es der Klientin und dem Klienten gelingen, die verabredeten Aufgaben zu erledigen. Dann muss geklärt werden, warum das nicht gelungen ist, wobei die oben erwähnten Grundsätze von **MOCA** zu beachten sind. Klientinnen oder Klienten müssen sich nicht rechtfertigen, wenn sie Hausaufgaben nicht erledigt haben. Es geht für die Beratenden vielmehr darum, zu verstehen, warum sie diese nicht bearbeitet haben, um ähnliche Fallen in der Zukunft zu vermeiden.

Um die Zusammenarbeit zwischen den Beratenden und der Klientel zu optimieren, sollten zunächst solche Teilziele zur Bearbeitung herausgesucht werden, die für die Betroffenen bedeutungsvoll sind und die dennoch in kurzer Zeit leicht erreicht werden können. Für die Beratenden wie für die Klientel ist es immer wieder wichtig, Erfolge zu haben. Positive Erfahrungen stärken die Beziehung zwischen den Beratenden und ihrer Klientel. Sie sind weiterhin Anlass dafür, über die *Stärken* der Klientinnen und Klienten zu reden, sie zu *bestätigen* und ihnen ein *positives Feedback* zu geben, was wiederum das Selbstwert-gefühl der Klientel und ihre Erwartungen an ihre Selbstwirk-samkeit fördert. Im Gespräch ergeben sich dann Situationen, in denen auch mal ein *Ratschlag* angesagt ist. Systematisch sind die *Ambivalenzen* zwischen den aktuellen Lebensweisen und den gewünschten herauszuarbeiten. Das leitet über zu *selbstmotivieren-den Aussagen* der Klientel, die zu weiteren Bestätigungen und positiven Rückmeldungen Anlass geben.

Manchmal ist es vorteilhaft, mit der Klientin und dem Klienten mit Hilfe der »*Entscheidungswaage*« Argumente zusammen-tragen, die für und gegen eine Verhaltensänderung sprechen. Das Verfahren hilft der Klientin und dem Klienten, für sich zu klären, wie wichtig ihnen gerade diese Verhaltensänderungen sind und wie nachhaltig sie sich dafür engagieren wollen. Das Verfahren der Entscheidungswaage legt auch unterschiedliche Bewertungen zwischen der Klientel und den Beratenden offen. Die Beratenden sollen sich dieser Unterschiede bewusst sein und sie dann thematisieren, wenn das für den Beratungsprozess för-derlich ist.

Für die Planung weiterer Schritte sind Kenntnisse und Wissen über die *Netzwerke* und *Hilfsangebote vor Ort* erforderlich. Dabei geht es sowohl um die persönlichen Netzwerke der Ratsuchen-den als auch um die institutionellen Hilfen. Beratende können allerdings nur dann effektiv an der **Vernetzung** arbeiten, wenn die Klientel damit einverstanden ist. Entsprechende Abklärun-gen sind Teil der Netzwerkarbeit.

Je nach Situation kann auch eine **Hilfeplankonferenz** einberu-fen werden, zu der wichtige Personen aus anderen Institutionen oder auch aus dem Lebensumfeld der Klientel zusammenkom-men. Geht es um Vernetzung auf formaler Ebene mit anderen Diensten oder Institutionen sowie mit Personen aus dem infor-mellen Umfeld, wie Familienmitgliedern oder Freunden und Freundinnen, ist es oft notwendig, dass sich die Beratenden eine **Entbindung von der Schweigepflicht** einholen. In den Hilfe-plankonferenzen selbst geht es um die *anwaltschaftliche Vertre-tung* der Interessen der Klientinnen und Klienten gegenüber

Dritten. Zur Vorbereitung auf die Hilfeplankonferenz, aber auch für die Umsetzung zum Beispiel von Arbeitsaufträgen, sind *Rollenspiele* nützlich, in denen die Klientinnen und Klienten probeweise andere Rollen ausprobieren und üben, wie sie ihre Interessen am besten gegenüber Dritten vertreten können.

Beratende sollen die verschiedenen Stadien des Beratungsprozesses dokumentieren. Es hat sich bewährt, von jedem Treffen oder jeder Sitzung ein kurzes Protokoll anzufertigen. Es versteht sich von selbst, dass die Ergebnisse der Erhebungen zur Lebenswelt, der Problemanalyse, die Veränderungs- und Hilfepläne mit den Teilzielen und Zielen, »nächsten Schritten« sowie die verschiedenen Arbeitsaufträge und deren Umsetzung schriftlich festgehalten werden. Es handelt sich dabei um wichtige Unterlagen zum **Monitoring**, das die Beratung begleitet. Die Dokumentation erleichtert es den Beratenden, den Beratungsprozess zu strukturieren und die Vernetzungen im Auge zu behalten, in die die Klienten/innen eingebunden sind.

Stellt sich bei der Umsetzung des Veränderungs- und Hilfeplans im Monitoring heraus, dass wichtige Teilziele nicht erreicht werden können, sind die Beratenden zunächst gefordert, zu analysieren, woran das liegt, um anschließend nach neuen Wegen zu suchen, die es erlauben, diese doch noch zu erreichen. Teilziele, die nicht erreicht werden, werden also nicht als Widerstand der Klientin oder des Klienten gegen Veränderung gedeutet, sondern als Hindernisse auf dem Weg zu Veränderungen, die zu umgehen sind. **MOCA** versteht Misserfolge gerade nicht als Hinweis auf Widerstand oder den Versuch von Klientin oder Klient, sich der Verantwortung zu entziehen oder sich Veränderungen zu widersetzen, vielmehr sind sie eine Herausforderung an die Beratenden, sich zusammen mit den Klientinnen und Klienten um neue Perspektiven zum Problemverständnis zu bemühen. Das leitet über zur Technik der *Umstrukturierung (Reframing)*, um die Situation aus einer anderen Perspektive betrachten zu können. Gelingt dieser Umstrukturierungsprozess, öffnen sich meist Erfolg versprechende Alternativen. Erweist sich auch dieses Vorgehen als nicht sonderlich erfolgreich, gilt es, das Teilziel selbst in Frage zu stellen. Hier bietet sich eine **er-**

neute Erhebung zur Lebenswelt (Re-Assessment) an mit einer vertieften Exploration der kritischen Problemlagen und einer daran anschließenden Überprüfung des Hilfeplans, der dann entsprechend adjustiert und modifiziert werden muss. Eventuell müssen neue Ziele und Teilziele definiert werden. Auf diesem Wege wird eine Qualitätsschleife in das Verfahren eingebaut, die es anschlussfähig für moderne Verfahren zur Qualitätsentwicklung und -sicherung macht.

Verläuft die Beratung erfolgreich, soll zur Absicherung des Erreichten die *Rückfallprävention* vorbereitet werden. Klientinnen und Klienten sollen wissen, welche Situationen und Gefühle in der Regel einem Rückfall – zum Beispiel erneuter oder vermehrter Konsum von psychoaktiven Stoffen – vorausgehen, und sie sollen einige Techniken kennen, die sie selbst einsetzen können, um diesen zu vermeiden. Sie sollen darüber informiert sein, dass Rückfälle unterbrochen werden können und dass es nach einem Rückfall durchaus zügig mit dem Hilfeplan oder mit anderen, selbst gewählten Maßnahmen zur Alltagsbewältigung weitergehen kann.

Erweist sich die Beziehung zwischen Beratenden und ihren Klientinnen und Klienten als stabil und gelingt es diesen, immer mehr Teilziele zu erreichen, immer sicherer zu werden im Umgang mit schwierigen oder kritischen Situationen, wird es Zeit, die **Beendigung des Beratungsprozesses** vorzubereiten. Dazu gehört es, einen Termin für das Ende festzusetzen. In den letzten Beratungsgesprächen sollen wiederholt die positiven Ergebnisse und Veränderungen im Leben der Klientinnen und Klienten herausgearbeitet werden und auf das Ende der Zusammenarbeit hingewiesen werden. Alle Beteiligten sollen sich auf den mit dem Beratungsende notwendigen *Abschied* vorbereiten. In der letzten Sitzung soll der Prozess der Beratung noch einmal aus der Sicht des Beratenden und aus der Sicht der Ratsuchenden reflektiert und wichtige Ereignisse, die Veränderungen beschleunigt oder verzögert haben, benannt werden. Wie man weiß, decken sich die Einschätzungen von Beratenden und ihrer Klientel darüber, was für die Beratung wichtig war, nur teilweise, und wenn es um einschneidende Erfahrungen geht, eher nicht. Gerade darum sind entsprechende Rückmeldungen der Klientel an die Beratenden besonders wertvoll, denn sie erweitern oft ungeahnt das Spektrum der Selbstwahrnehmung der Beratenden[28].

Der Fall wird abgeschlossen mit einer **Ergebnisbewertung**. Die Beratenden überprüfen noch einmal, welche Teilziele und Ziele ursprünglich anvisiert worden sind, welche Modifikationen sich im Laufe der Beratungsarbeit ergeben haben, was erreicht worden ist und was nicht und was das für die gesamte Lebenssituation der Klientin bzw. des Klienten bedeutet.

Dieses Ablaufschema ist individuell auf den Einzelfall und die jeweilige motivationale Situation der Klientel abzustimmen. Klientinnen und Klienten ohne Veränderungsabsicht werden nicht ohne weiteres zu einer umfangreichen Lebenswelt- und Problemanalyse (Assessment), zu einer Veränderungsplanung und zu Zielvereinbarungen zu motivieren sein. Vielmehr kommt es hier dann darauf an, zu entscheiden, ob es sich um einen Krisenfall handelt, der eine **Krisenintervention** notwendig macht, oder ob es sich um Personen handelt, die möglichst unverbindlich Kontakt aufnehmen wollen. Steht die **Kontaktaufnahme** im Zentrum des Interesses der Klientel, können die Beratenden Angebote der *Informationsvermittlung* machen und – bei Bedarf – *Soforthilfen* anbieten. Damit unterbreiten sie ein *Beziehungsangebot*, das die Betroffenen dann aufnehmen können, wenn sie selbst an einer Veränderung ihrer Lebenssituation interessiert sind. Erst wenn die Ratsuchenden eine gewisse Absicht haben, sich zu verändern, sollte das oben skizzierte Verfahren angegangen werden. Um Hilfe- und Veränderungsplanungen durchzuführen und wirklich umzusetzen, muss Veränderungsmotivation vorhanden sein, die in etwa der Stufe der Vorbereitungs-

---

28 Die Beratung sollte auch dann zu einem Ende kommen, wenn der Erfolg ausbleibt, d. h., wenn die Ratsuchenden nicht bereit sind, ihre Lebensweisen zu ändern. Die Beendigung der Beratung ist nicht gleichzusetzen mit dem Abbruch des Kontakts zu der »erfolglosen« Klientel, vielmehr soll zwischen Kontakt und Beratung differenziert werden. Das Angebot, Kontakt zu halten, wird also aufrechterhalten, ebenso das, bei Krisen zu helfen, nicht jedoch das einer strukturierten Beratung.

oder Handlungsphase entspricht. Verläuft der Prozess erfolgreich, zeigt sich das daran, dass die Klientinnen und Klienten die Veränderungen aktiv angehen und einiges unternehmen, um sie aufrechtzuerhalten.

Wie im Einzelnen vorgegangen werden kann und welche Techniken sich besonders gut für welche Prozesse eignen, wird in den folgenden Abschnitten ausführlich dargestellt.

Kontaktaufnahme, erste Gespräche und Beziehungsaufbau

Mit der Kontaktaufnahme zwischen Beratenden und einer Klientin oder einem Klienten werden wichtige Weichen dafür gestellt, wie sich die Beziehung zwischen den Interaktionspartnern gestalten wird und ob es zu einem Arbeitsbündnis kommt oder nicht. Entscheidend dafür sind die »initialen Szenen« bei den ersten Treffen, wenn man der anderen Person gewahr wird, ihn oder sie in Augenschein nimmt, das Äußere »begutachtet«, die Stimme hört und vor allem die »ersten Sätze«, mit denen die Kommunikation eröffnet wird. Es waren zunächst Psychoanalytiker, die auf die Bedeutung der ersten Begegnung, der »initialen Szene« und der »ersten Sätze« aufmerksam gemacht haben (Argelander1989, Brähler & Brähler 1986). Im Mittelpunkt der Betrachtungen standen dabei die Klientinnen und Klienten, nicht die Beratenden. Heute ist man da kritischer und untersucht die Selbstinszenierungen beider Seiten bzw. das Ergebnis dieser Inszenierungen, eben die Eingangssequenz einer Kontaktaufnahme bzw. eines ersten Gesprächs.

Man muss keine Anleihen bei der Psychoanalyse machen, um die Bedeutung der Kontaktaufnahme zwischen Beratenden und den Klientinnen und Klienten zu erkennen. Es geht um einen ersten und entscheidenden Eindruck, den sich beide Seiten vom jeweiligen Gegenüber machen. Dabei stellen sich unwillkürlich Sympathie oder Antipathie ein, die sich an Äußerlichkeiten festmachen können, am Erscheinungsbild der anderen Person, am Ton der Stimme, an Gerüchen usw. Je nach dem, wie die Kontaktaufnahme verläuft, welche Gefühle sich dabei einstellen und welche Hoffnungen sich insgeheim aufbauen, entscheidet sich bereits in diesem Vorfeld, ob es zu einer längeren Beratung kommt oder nicht. Es liegt auf der Hand, dass gerade in dieser Phase die Basisqualifikationen der Beratenden gegenüber den Klientinnen und Klienten zum Zuge kommen, also die Wertschätzung, die sie diesen entgegenbringen, die Empathie, mit der sie sich in deren Lebenswelt einfühlen, und der Glaube daran, dass Veränderungen möglich und machbar sind.

Form und Dauer der Kontaktaufnahme variieren mit dem Setting. Sie läuft »im Feld«, also auf der Straße oder in Anlaufstellen anders ab als in einer Beratungsstelle oder in einer stationären Einrichtung. »Im Feld« treffen die Beratenden häufig auf eine Klientel, die sich in der Rolle von eher unzufriedenen und deshalb oft grantigen Bittstellern befindet, die einen Kaffee haben will, ein Bett zum Übernachten oder einfach nur einen Platz zum Sitzen. Die Beratenden sind diejenigen, die die Bitten gewähren oder ablehnen können. Das macht die Kontaktaufnahme eher schwierig, jedenfalls sind die Bedingungen für eine positive Beziehungsaufnahme nicht besonders günstig. Kommen dazu noch andere Faktoren, die Stress erzeugen, entstehen leicht negative Emotionen und Antipathien, die eine Beratung blockieren können. In einem solchen Ambiente beschränken sich die Gespräche meist auf das Notwendige, auf die Sicherung des Überlebens. Die Beratenden gewähren Bitten und vermitteln Informationen. Immerhin kommt es auch in diesem Setting zu Verabredungen für weitere Gespräche, die dann aber an einem anderen Ort stattfinden sollten. Die Straße und das Café einer Anlaufstelle sind keine geeigneten Räume für eine strukturierte Beratung im Sinne von **MOCA**.

Dabei ist zu beachten, dass manche süchtigen Frauen und Männer gerade die Unverbindlichkeit solcher Gespräche suchen, weil sie sich auf Verbindlichkeiten nicht einlassen wollen oder können. An die Stelle von Beratung treten Wünsche nach kurzer Ansprache, Informationen, »Hilfe sofort« ohne Gegenleistung, ohne Verpflichtung zu eigenem Engagement. Stellt sich allmählich Vertrauen ein zu einer bestimmten Beraterin oder einem

Berater, nehmen auch diese Klientinnen und Klienten Angebote für eine strukturierte Beratung an.

Die Kontaktaufnahme verläuft etwas anders, wenn man sich in einer Beratungseinrichtung begegnet. Je nach Situation findet die Kontaktaufnahme am Telefon oder an Tagen mit offenen Sprechstunden in den Räumen der Einrichtung statt. In jedem Fall haben die Beratenden Raum und Zeit, sich ganz auf ihr Gegenüber zu konzentrieren, sich auf ihre Stimme, ihr Aussehen einzulassen, einen ersten Eindruck zu gewinnen. Sie können sich auch selbst Rechenschaft darüber ablegen, wie die Klientinnen und Klienten auf sie wirken, wie sympathisch oder weniger sympathisch sie diese erleben usw. Wiederum spielen Akzeptanz und Empathie eine zentrale Rolle, wenn die Kontaktaufnahme gelingen soll.

Noch einmal anders ist die Situation, wenn die Klientinnen und Klienten zu einem vereinbarten Termin in die Beratungsstelle kommen. Die Beratenden bewegen sich in den Räumen »ihrer« Beratungsstelle, sie sind sozusagen »bei sich zu Hause« und erwarten dort den Besuch einer Klientin oder eines Klienten. Häufig kennen sich die Interaktionspartner nicht, gelegentlich sind sie sich jedoch schon vorher am Telefon oder in einer anderen Institution begegnet. Im ersten Fall treffen also zwei (oder mehr) fremde Personen aufeinander, im letzten Fall Personen, die sich mehr oder weniger flüchtig kennen. Dennoch stellt die Begegnung im Beratungszimmer eine neue Situation dar, in der wiederum das Gewahrwerden des anderen, die »initialen Szenen« und die »ersten Sätze« darüber mitentscheiden, ob es zu einem konstruktiven Beziehungsaufbau kommt oder nicht.

Haben sich Klientinnen und Klienten in der Beratungsstelle angemeldet, liegen im Allgemeinen einige Informationen über sie vor. Handelt es sich um Klientinnen und Klienten, die schon seit längerer Zeit oder in Intervallen in derselben Institution behandelt werden, können auch Aktenunterlagen vorhanden sein. Beratende sollen sich die Informationen, die über ihre Klientinnen und Klienten vorhanden sind, zunutze machen und sich entsprechend auf diese vorbereiten und einstellen, sofern es sich dabei nicht um Akten handelt, für deren Einsicht die Zustimmung der Klientel notwendig ist. Solche Unterlagen können also erst dann in den Beratungsprozess einbezogen werden, wenn Klientinnen und Klienten sich damit einverstanden erklärt haben, dass diese Akten in der Beratung berücksichtigt werden sollen bzw. wenn eine Entbindung von der Schweigepflicht vorliegt.

Kommt die Klientin oder der Klient freiwillig in die Anlauf- oder Beratungsstelle und sind beide Seiten darauf eingestellt, eine über mehrere Sitzungen geplante Beratung zu beginnen, ist die Kontaktaufnahme gewöhnlich unproblematisch. In der Regel wollen diese Klientinnen und Klienten über ihre Probleme reden, sie wollen sich mitteilen. Je nach Situation kann die Informationssammlung zur Lebenswelt dann sehr schnell nach einer ersten Anwärmphase beginnen. Das ist schon deswegen angemessen, weil allein der Besuch einer Beratungsstelle zeigt, dass die Klientinnen und Klienten selbst aktiv geworden sind, dass sie also ein starkes Interesse daran haben, etwas an ihrer Lebenssituation zu ändern. Die Beratenden können mit gutem Grund unterstellen, dass bei dieser Klientel Veränderungsmotivation vorhanden ist, die allerdings noch recht diffus sein kann.

Kommen die Klientinnen und Klienten unfreiwillig in die Beratungsstelle, weil sie zum Beispiel im Zusammenhang mit Alkoholproblemen am Arbeitsplatz eine Auflage ihres Arbeitgebers zu erfüllen haben oder weil sie Teilnehmer in einem Modellprojekt sind, hat das Auswirkungen auf die Kontaktaufnahme und die ersten Gespräche. Da die Beratenden den Besuch der Beratungsstelle bescheinigen bzw. den Gesprächsverlauf bewerten müssen, haben sie zudem ein überaus starkes Machtinstrument in der Hand, das auf die Klientel bedrohlich wirkt. Die sehr ungleiche Machtverteilung zwischen der Klientel, die unfreiwillig in die Beratung kommt, und den Beratenden strukturiert das Gespräch. Im Normalfall ist es unter diesen Bedingungen sehr schwierig, einen positiven Kontakt zur Klientel mit einem auf die Zukunft gerichteten Beziehungsangebot aufzubauen. Klientinnen und Klienten verweigern mit ihren Mitteln ein Gespräch, sie bagatellisieren zum Beispiel ihre Probleme oder sie blockieren die Interaktion mit Aggressionsausbrüchen oder mit langem Schweigen, was Beratende oft als Zurückweisung ihrer Person erleben. Mit freundlicher Offenheit, Respekt und Empathie sowie mit Angeboten zu einem informativen Gespräch können die Beratenden die Situation entschärfen. Gelingt es, die Klientel davon zu überzeugen, dass Beratung für sie selbst von Nutzen sein kann, dann ist die erste Hürde zum Aufbau einer Beziehung genommen. Schwierige Ausgangsbedingungen behindern zwar die Beratung, oft aber nur kurzfristig.

Diese Beispiele machen deutlich, dass die Kontaktaufnahme und die ersten Gespräche in ganz unterschiedlichen Settings stattfinden können mit erheblichen Auswirkungen auf deren Verlauf. Auch geübte Beraterinnen und Berater können mit ihren Gesprächsangeboten an der Klientel scheitern, wenn die sich auf ein konstruktives Gespräch nicht einlassen will. Thiersch (1991) spricht hier vom »Eigen-Sinn« der Klientel, den es zu respektieren gilt.

Form und Art der Kommunikation kommt eine große Bedeutung zu. Über die Sprache vermittelt sich u. a. der Respekt, den Beratende gegenüber ihren Klientinnen und Klienten haben. Die Übernahme von Szenejargons (hier bezogen auf alle möglichen Szenen wie Jugendszenen, Erlebnisszenen, Drogenszenen, Obdachlosenszenen usw.) ist dabei eher hinderlich als förderlich, weil sie meist recht grobschlächtig und darum gerade nicht geeignet sind, Respekt zum Ausdruck zu bringen, vor allem nicht gegenüber Klientinnen. Beratende sollen sich daher um eine Sprache bemühen, die den Klientinnen und Klienten gegenüber Höflichkeit, Zuwendung, Interesse ausdrückt. Einfache Eingangsstatements wie »Ich freue mich, dass Sie in die Beratungsstelle gekommen sind«, »Schön, dass Sie da sind« und aufmunternde Blicke entspannen die Situation und vermitteln dem Gegenüber das Gefühl, dass es willkommen ist. Im Übrigen gehört es zur professionellen Rolle der Beratenden, Distanz und Nähe in ein ausgewogenes Verhältnis zu bringen. Anrede und Sprache sind Mittel, mit denen man einerseits Nähe und andererseits die nötige Distanz perfekt zum Ausdruck bringen kann.

Am Ende von Kontaktaufnahmen auf der Straße, in Anlaufstellen oder in Beratungsstellen müssen die Interaktionspartner entscheiden, wie es weitergehen soll. Die Beratenden müssen überlegen, ob im konkreten Fall Soforthilfe angesagt ist oder eine Krisenintervention, ob eine Kurzintervention mit einigen wenigen Gesprächen sinnvoll ist (Kremer 2003) oder ob eine mittelfristige Beratung und Betreuung angestrebt wird. Dazu gehört es, anhand der ersten Informationen abzuschätzen, wie es um die Veränderungsbereitschaft der Klientel in verschiedenen Lebensbereichen bestellt ist. So kann eine Klientin sehr wohl ein starkes Interesse daran haben, ihre Wohnsituation zu verändern, aber wenig, ihren Drogenkonsum zu verringern oder gar aufzugeben. Das heißt, dass Veränderungsmotivation zumindest in einem Segment der Lebenswelt vorhanden ist, womit die Voraussetzungen für eine weiter gehende Zusammenarbeit gegeben sein kann.

Um sich alle Möglichkeiten der über eine Kontaktaufnahme hinausgehenden Beratung offen zu halten, sollten Beratende je nach dem Setting so viele Informationen zur Person und zu ihren Problemen erheben wie möglich. Selbst bei einer Kontaktaufnahme auf der Straße können Basisdaten wie Name, Adresse mit Telefonnummer und aktuelle Bedürfnisse erfragt und in einer Klientenakte festgehalten werden. Weitergehende Informationen zur Person und detailliertere Beschreibungen der Probleme sind erwünscht, können aber nicht in jedem Fall erhoben werden.

TECHNIKEN

Einige Beispiele für die Gesprächseröffnung und Begrüßung
B: »Ich freue mich, dass Sie heute gekommen sind …
– Schön, dass Sie den Weg hierher gefunden haben …
– Das ist gut, dass Sie den Mut gefunden haben, in die Beratungsstelle zu kommen …«

Aktives und reflexives Zuhören

Aktives und reflexives Zuhören gehört zu den wichtigsten Methoden von **MOCA**. Grundlage für das aktive Zuhören sind Akzeptanz und Empathie, also die Bereitschaft, sich in die Lebens- und Gedankenwelt einer Klientin oder eines Klienten einzufühlen. Beratende signalisieren damit die Bereitschaft, die Klientin bzw. den Klienten als Person – trotz aller Unterschiede in Einstellungen, Werten und im Lebensstil – anzunehmen und wertzuschätzen. Aktives Zuhören ist ganz wörtlich gemeint: Die Beratenden sollen ihren Klientinnen und Klienten mit gespannter Aufmerksamkeit zuhören, sie nicht unterbrechen, wenn etwas nicht sofort verständlich ist, und warten, bis diese an das Ende ihrer Geschichte kommen.

Wie alle Interaktionen sind auch die zwischen Beratenden und ihrer Klientel sehr komplex und finden auf mehreren Ebenen statt. Zur Kommunikation gehören nonverbale und verbale Mitteilungen wie Kleidung, Gesten, Mimik, Sitzposition bzw. Anordnung im Raum, Selbstdarstellung, Tonfall, Sprache und sprachliche Inhalte etc. Zum aktiven und reflexiven Zuhören wird einfühlendes Verstehen dann, wenn man das, was man verstanden hat, in das Gespräch zurückfließen lässt. Ziel ist dabei nicht, das Gehörte einfach zu wiederholen. Vielmehr sollen die Beratenden behutsam, aber aktiv Einfluss nehmen auf den Gesprächsverlauf, indem sie aus der Gesamtheit der Informationen zentral erscheinende Aspekte auswählen und diese in eigenen Worten wiedergeben. Auf diese Weise können Beratende zeigen, dass sie dem Gespräch gefolgt sind, und sie können weiterhin klären, ob sie das Gesagte richtig verstanden haben oder nicht.

Aktives Zuhören zielt darauf ab, Klientinnen und Klienten zum Reden zu bringen, sie Themen selbst explorieren zu lassen. Aufgabe der Beratenden ist es, zuzuhören, das Gesagte zu behalten und – soweit möglich und nötig für das eigene Verständnis – zu ordnen. Ausschmückungen können dabei ebenso wahrgenommen werden wie Auslassungen und Leerstellen, Widersprüche und unlogische Abfolgen oder andere Formen von Verwirrungen. Falls nötig, lassen sich durch kurze Nachfragen

Unklarheiten ausräumen und Verständigung über Sachverhalte einholen. Aber manche Widersprüche sind Teil der Probleme, die die Ratsuchenden in die Beratung treiben. Kurz, aktives Zuhören vermittelt Erkenntnisse auf ganz unterschiedlichen Ebenen, die die Beratenden im Anschluss an das Gespräch sortieren sollen. Widersprüche und Unklarheiten lassen sich meist sehr einfach in den folgenden Gesprächen klären.

Aktives Zuhören kann mit reflexiven Kommentaren kombiniert werden wie in den folgenden Beispielen.

Einige Beispiele für aktives und reflexives Zuhören

K: »Es ist so schwer, darüber zu reden. Ich schäme mich so, dass ich immer so viel trinke und es einfach nicht fertig bringe, damit aufzuhören. Sie können das wahrscheinlich gar nicht verstehen, weil Sie keine solchen Probleme haben …«

B: »Sie meinen, dass Sie vor lauter Scham mit niemandem über Ihr Alkoholproblem sprechen können.«

K: »Wenn ich in die Disco gehe, muss ich einfach Ecstasy nehmen. Alle meine Kumpels dort machen das auch. Was würden die sagen, wenn ich jetzt ankäme und mich weigern würde, Pillen zu nehmen? Ich könnte dann auch gar nicht so lange durchhalten, wie das alle machen, ich würde ganz schnell schlappmachen, und das wäre einfach furchtbar.«

B: »Sie meinen, dass Sie Ihre Freunde verlieren könnten, wenn Sie etwas an Ihrem Ecstasy-Konsum ändern.«

K: »Na ja, manchmal übertreibe ich es mit meinen Kokain-Konsum, aber ich bin nicht abhängig! …«

B: »Sie meinen einerseits, dass Ihr Kokain-Konsum Sie behindert, aber Sie wollen andererseits nicht, dass man Sie deswegen mit einem Etikett versieht.«

Generell soll aktives Zuhören in allen Phasen der Beratung die Kommunikation bestimmen. Beratende sollen mehr zuhören und weniger selbst reden. Das ist zwar gerade in den ersten Gesprächen nicht ganz einfach, da man einiges erklären und klären muss, aber man sollte es trotzdem versuchen.

Offene Fragen

Offene Fragen sind Fragen, auf die man nicht mit »ja« oder »nein« (oder vergleichbar knapp) antworten kann. Geschlossene Fragen hingegen können im Wesentlichen mit »ja« oder »nein« oder anderen kurzen, sachlichen Auskünften beantwortet werden. Beratende sollen möglichst viele offene Fragen stellen. Nur damit erreichen sie, dass Klientinnen und Klienten tatsächlich etwas von sich erzählen. Vor allem in der Anfangsphase, etwa während der Kontaktaufnahme und der sich daran anschließenden Erhebung zur Lebenswelt (Assessment), ist es wichtig, die Klientel zum Erzählen zu bewegen. Dazu einige Anregungen.

Einige Beispiele für offene Fragen

B: »Was führt Sie zu mir, was kann ich für Sie tun? ... Welche Probleme belasten Sie gegenwärtig?

– Ich würde gerne (besser) verstehen ... wie Sie die Dinge sehen ... wie Sie das meinen ... was für Sie in dieser Situation das größte Problem ist/war.

– Helfen Sie mir, damit ich mir ein klares Bild von der Sache/der Situation machen kann, und beschreiben Sie mir den Ablauf ganz genau. Am besten nehmen Sie ein Beispiel und erzählen einfach, was da im Einzelnen passiert ist ..., was Sie da gemacht haben ..., wie Sie sich da gefühlt haben.

– Gibt es sonst noch etwas, worüber Sie jetzt gerne (noch) reden würden? ... was Ihnen zurzeit Probleme macht, was Sie bedrückt? ... was für Sie zurzeit ganz wichtig ist und was Sie mir jetzt gleich sagen wollen?

– Beschreiben Sie mir einfach einmal einen ganz normalen Tagesablauf an einem ganz gewöhnlichen Tag; wie läuft das bei Ihnen ab? Fangen Sie einfach morgens mit dem Aufstehen an und gehen Sie dann den ganzen Tag Stunde für Stunde durch.«

Zusammenfassen

Nach längeren Gesprächsphasen und am Ende eines Beratungsgesprächs kann man die wichtigsten Punkte, über die gesprochen wurde, zusammenfassen.

Bei fortlaufenden Beratungen bietet es sich auch an, ein Beratungsgespräch mit einer kurzen Zusammenfassung der Themen und Fragen, die in der letzten Sitzung besprochen worden sind, zu beginnen. Solche Zusammenfassungen sind aus mehreren Gründen sinnvoll. Substanzabhängige Klientinnen und Klienten sind oft nicht sehr strukturiert in ihren Gedanken, und sie sind es auch nicht gewohnt, schwierige Entscheidungen, Beschreibungen, ambivalente Einstellungen etc. bewusst zu strukturieren. Dazu kommt, dass sie oft nicht erwarten, dass ihnen jemand aktiv zuhört und dabei konzentriert aufnimmt, was sie sagen. In solchen Fällen bewähren sich Zusammenfassungen sehr, die den Klientinnen und Klienten signalisieren, dass sie ernst genommen werden mit ihren Berichten und in ihren Nöten.

Das Zusammenfassen ist für die Beratenden eine aktive Aufgabe: Sie ordnen das Gesagte, sortieren und akzentuieren es und bringen es so in einen neuen Bezugsrahmen. Darüber hinaus können motivierende Aspekte oder Ambivalenzen, die sich im Gespräch ergeben haben, herausgestellt und betont werden. Zusammenfassungen sind keine Instrumente der Manipulation; sie müssen vielmehr nahe am Original bleiben, damit sich die Klientinnen und Klienten in diesen wiederfinden. Zur Absicherung des Verfahrens werden die Klientinnen und Klienten aufgefordert, die Zusammenfassung zu kommentieren; sie sollen sagen, ob die Beratenden sie richtig verstanden haben oder nicht. Das versetzt sie in die Expertenrolle, was die Beziehung fördert und das Arbeitsbündnis festigen hilft. Zusammenfassungen sollen in der Regel schriftlich festgehalten werden.

In eine Zusammenfassung soll also Folgendes einfließen: die wichtigsten Themen, die in einer Gesprächssequenz bearbeitet worden sind, selbstmotivierende Aussagen, Ambivalenzen und Veränderungswünsche.

Beispiele für verschiedene Formen von Zusammenfassungen

Zusammenfassung des Inhalts einer Gesprächssequenz:

B: »Ich versuche mal das, was Sie mir bis jetzt gesagt haben, mit eigenen Worten zusammenzufassen. Sagen Sie mir, ob ich Sie richtig verstanden habe. Und sagen Sie mir auch, ob ich etwas Wichtiges vergessen habe ...«

Zusammenfassung des Gesprächs einer ganzen Sitzung:

B: »Unsere Stunde geht dem Ende zu. Ich versuche jetzt, das zusammenzufassen, was Sie mir heute berichtet und worüber wir gesprochen haben. Das hilft uns beiden, zu sehen, wo wir stehen und wohin wir gehen wollen. Sagen Sie mir, wenn ich etwas Wichtiges vergessen oder etwas falsch verstanden habe ...«

Zusammenfassung am Anfang einer Sitzung:

B: »Ich versuche mal, die wichtigsten Punkte, über die wir in den letzten Sitzungen gesprochen haben, grob zusammenzufassen. Wir sehen dann beide noch einmal genauer, was wir bisher erreicht haben und was noch ansteht. Wenn ich etwas vergesse, das für Sie wichtig ist, oder wenn ich etwas anders darstelle, als Sie es sehen, dann sagen Sie mir das bitte, damit wir darüber sprechen können.«

Zeichnet sich in den ersten Kontakten ab, dass eine Klientin oder ein Klient keine Absicht hat, sich sofort auf weiter gehende Veränderungsprozesse einzulassen (Stadium der Absichtslosigkeit), dann sollte man wichtige Informationen vermitteln und kurzfristige Hilfen einleiten, aber nicht darauf setzen, einen weiter gehenden Beratungsprozess zu beginnen.

Kriseninterventionen, Soforthilfen und Kontaktaufnahmen mit Informationsvermittlung

Kriseninterventionen und Soforthilfen

Kennzeichen einer Krise ist, dass sie sich vom Alltag unterscheidet, nur ausnahmsweise auftritt und wieder zu Ende geht. Eine solche Definition bereitet allerdings bei Alkohol- und Drogenabhängigen Schwierigkeiten, deren Leben manchmal wie eine einzige Abfolge von Krisen aussieht. Dennoch gibt es auch hier Unterschiede im Hinblick auf Extremsituationen und extreme Reaktionen der Klientinnen und Klienten, wie die folgende Zusammenstellung zeigt.

Einige Beispiele für emotionale Zustände und problematische Lebenssituationen der Klientel, die Kriseninterventionen notwendig machen

- Hinweise auf Suizid oder Ankündigung von Suizid (besonders gravierend, wenn dazu noch Hinweise auf frühere Suizidversuche vorliegen);
- Reaktionen auf Katastrophen (Erdbeben, Feuer, Fluten, Flugzeugabsturz usw.);
- Reaktionen auf Vergewaltigung oder andere Formen personaler Gewalterfahrungen;
- psychotischer Schub;
- Gefährdung des Kindeswohls;
- akute Notsituation (Obdachlosigkeit, Hunger, schwere körperliche Vernachlässigung oder schwere körperliche oder psychische Krankheiten ohne angemessene Behandlung);
- Androhung der Wohnungsräumung.

Je nach Problemlage sind die Anforderungen an die Fähigkeiten der Beratenden bei Kriseninterventionen sehr groß (Bergold & Schürmann 2001, Sonneck 2000). Das gilt ganz besonders dann, wenn Suizidgefahr besteht. Da Suizidprophylaxe eine Beraterin oder einen Berater allein im Allgemeinen überfordert, sollte man sich mit Kollegen und Kolleginnen aus der eigenen oder nahe stehenden Institutionen zusammenschließen und eine Art Krisenstab bilden, in dem Entscheidungen über das weitere Vorgehen schnell beraten werden können. Dazu gehört auch die Entscheidung darüber, ob eine Einweisung in eine Psychiatrische Klinik notwendig und sinnvoll ist, um das Ausmaß der Selbstgefährdung zu reduzieren. Darüber hinaus sollten alle in der Region vorhandenen Ressourcen genutzt werden, wie zum Beispiel Selbsthilfegruppen, die sich für Suizidgefährdete und ihre Angehörigen einsetzen. Beratende sind für solche Fälle gut gerüstet, wenn sie sich mit diesen Gruppen und mit anderen Fachleuten der Region vernetzt haben, also schnell in der Lage sind, Hilfen zu organisieren.

In der Sucht- und Drogenhilfe hat man es außer mit Krisen sehr oft mit Notfällen zu tun. Die Übergänge zwischen Krisen und akuten Notfällen sind fließend. Viele süchtige Menschen erleben ihre Lebensumstände nicht als eine Krise, auch wenn sie aus der Sicht der Beratenden so erscheint. Notfälle können bei Personen vorliegen, die obdachlos sind und über keine finanziellen Mittel zur Befriedigung ihrer Basisbedürfnisse verfügen. Allerdings haben gerade Obdachlose oft ihren »Eigen-Sinn«: Sie sehen sich nicht als Notfälle, jedoch als Personen, die an bestimmten Soforthilfen Interesse haben. Das begrenzt dann auch ihre Bereitschaft, sich auf Hilfsangebote einzulassen.

Einige Beispiele für Soforthilfen und Kriseninterventionen

Typische Kriseninterventionen können sein:
- Vernetzung mit Angehörigen oder anderen Hilfenetzen zur Verhütung von Selbstschädigungen (Suizidversuche);
- Einweisung in ein psychiatrisches Krankenhaus;
- erste Hilfen bei der Bewältigung personaler Gewalterfahrungen;
- Anrufe beim Vermieter bzw. einer Wohnungsbaugesellschaft, um eine drohende Wohnungsräumung aufzuschieben oder in letzter Minute zu verhindern usw.

Typische Soforthilfen können sein:
- die Vermittlung eines Notschlafbettes und die damit verbundene schnelle Intervention beim Sozialamt zur Klärung akuter finanzieller Fragen (zum Beispiel Kostenübernahme für Notschlafstelle);
- die Vernetzung mit anderen Hilfeinstitutionen (Suppenküchen, Kleiderkammern usw.);
- der schnelle Termin bei einem Arzt.

Soforthilfen und Kriseninterventionen zielen auf Hilfe im Hier und Jetzt, jedoch sind langfristige Veränderungen und Verbesserungen immer mitgedacht. Der Vorteil solcher Interventionen liegt darin, dass sie kurzfristig Abhilfe schaffen, für Erfolgserlebnisse sorgen und einen wichtigen Beitrag zum Aufbau einer Beziehung und in manchen Fällen eines Arbeitsbündnisses zwischen Beratenden und der Klientel leisten. Nachteilig ist allerdings, dass sie, weil sie nicht in einen Veränderungsplan eingebunden sind, nur selten mittel- und langfristige Problemlösungen bringen.

Es versteht sich von selbst, dass man als Berater/in Kriseninterventionen und Soforthilfen einleitet, wenn das nötig und von der Situation gefordert ist. Dazu gehört vor allem die schnelle Vernetzung mit anderen Institutionen und Hilfeeinrichtungen in der Region, gerade bei Hinweisen auf Suizidgefährdung oder nach einer Vergewaltigung.

Die Bewältigung der Krise steht zunächst im Vordergrund, ebenso die schnelle Hilfe in einem Notfall. Je nach Problemfall geht es aber auch darum, nach langfristigen Veränderungen zu suchen, die geeignet sind, Krisen von vornherein zu verhindern.

Kontaktaufnahme mit Informationsvermittlung

Klientinnen und Klienten, die wenig eigene Motivation haben und zum Beispiel von Angehörigen oder vom Arbeitgeber gedrängt worden sind, eine Beratungsstelle aufzusuchen, zeigen das oft sehr deutlich. Das heißt jedoch nicht, dass sie keinerlei Interesse an der Beratung haben, jedoch sind die Umstände, die sie in eine Beratungsstelle geführt haben, nicht dazu angetan, dass sie Beratung annehmen können.

Beratende haben es also schwer, mit diesen Klientinnen und Klienten Kontakt aufzunehmen. In diesen Fällen hat es sich bewährt, Informationen weiterzugeben. Je nach Sachlage können das Informationen sein, die sich im weiteren oder engeren Sinn auf die Probleme beziehen, die Anlass für den Besuch der Beratungsstelle sind. Es können Informationen über Hilfsangebote in der Region sein, zum Beispiel zu den Angeboten der Alkohol- oder Drogenhilfe, über die finanziellen Bedingungen einer Behandlung, über Vor- und Nachteile von ambulanten und stationären Behandlungen usw. Dazu kommen Informationen über Selbsthilfegruppen sowie über wichtige Internetadressen mit Hinweisen auf Internetberatungsstellen, Internetgruppen oder

Chats, in die man sich einklinken kann, wenn man eigene Probleme mit Betroffenen diskutieren will.

Die Informationsvermittlung gehört zu den selbstverständlichen Dienstleistungen, die Klientinnen und Klienten von Beratenden erwarten können. Die Weitergabe von nützlichen und hilfreichen Informationen trägt aber auch zur Kontaktanbahnung bei.

Am Ende der ersten Gespräche sollte entschieden werden, wie es weitergeht, ob es bei unverbindlichen Kontaktaufnahmen mit Soforthilfen bleibt oder ob es zu intensiveren Beratungskontakten kommen soll. Im letzteren Fall sollen die Beratenden ihren Klientinnen und Klienten die Arbeitsprinzipien und das weitere Vorgehen von **MOCA** erläutern. Das bezieht sich auf die Erhebungen zur Lebenswelt- und Problemanalyse, auf die Erarbeitung eines Veränderungs- und Hilfeplans, die Erschließung von Hilfen über andere Institutionen sowie die Vernetzung mit formalen und informellen Gruppen und die Maßnahmen zur Qualitätssicherung. Die Ratsuchenden sollen wissen, welche Verantwortung die Beratenden übernehmen und welche Erwartungen auf sie selbst zukommen. Dazu gehören auch Hinweise auf die Dauer der Beratung, d. h. auf die zeitliche Begrenzung der Intervention.

Kommen die Beratenden und ihre Klientinnen und Klienten überein, mit **MOCA** fortzufahren, sind die Grundlagen für das Arbeitsbündnis gelegt. Die gegenseitigen Verpflichtungen, die die Beratenden und die Klientinnen und Klienten eingehen wollen, können in einem Kontrakt festgeschrieben werden. Dieser hat natürlich keine rechtliche Verbindlichkeit, sondern ist eine Selbstverpflichtung, die auf dem Hintergrund einer guten professionellen Beziehung zwischen den Beratenden und ihrer Klientel wirksam wird.

Die Lebenswelt als Zugang zum Problemverständnis und als Basis für die Problemanalyse

Erhebungen zur Lebenswelt

Frauen und Männer, die eigene Probleme mit psychoakiven Substanzen haben oder sich als Angehörige von Substanzabhängigen sorgen, sind in heterogene Lebenswelten eingebunden. Betrachtet man allein die Lebensform, findet man sogleich eine Fülle von verschiedenen Konstellationen. Einige leben allein in einer Wohnung, andere zusammen mit einem Partner, einer Partnerin oder dem Ehemann, wieder andere bei den Eltern, viele leben zusammen mit Kindern, manche davon allein mit Kindern, andere zusammen mit dem Ehemann oder einem Partner, der selbst Kinder in die Gemeinschaft mitgebracht hat, einige leben zusammen mit Freunden oder in einer Wohngemeinschaft, manche in Institutionen und einige sind obdachlos, haben also kein Zuhause. Wie die Aufzählung zeigt, hat man es je nach der Lebensform mit ganz unterschiedlichen Lebenswelten zu tun, mit denen sich auch die Problemlagen der Frauen und Männer, die Beratungsbedarf haben, verändern. Im Vorfeld jeder Problemanalyse sollte also eine genaue Erkundung der Lebenswelt der Klientinnen und Klienten stehen, damit die Beratenden überhaupt wissen, wie diese leben und auf welchem Hintergrund sich ihre Probleme abspielen. Die Lebenswelten der Klientinnen und Klienten der Sozialarbeit sind oft sehr schwierig, und es fällt nicht immer leicht, sich auf diese einzustellen.

Dazu kommt, dass die Beratenden möglichst schnell abschätzen sollen, welcher Hilfebedarf im Einzelfall besteht und ob Kriseninterventionen angezeigt bzw. rechtlich vorgeschrieben sind. Das gilt vor allem in solchen Situationen, in denen es um das Wohl von Kindern oder der Frauen selbst geht, wenn Gewalt droht. In seltenen Fällen sind es auch schon mal die Männer selbst, die von Gewalt bedroht sind, aber das sind eher Ausnahmen im Tagesgeschäft von Beratenden in der Alkohol- und Drogenhilfe. Auf andere Konstellationen, die eine Krisenintervention notwendig machen, ist bereits eingegangen worden.

Über Soforthilfen und Krisenintervention hinaus müssen die Beratenden weiter entscheiden, welche Interventionen im Einzelfall sinnvoll und notwendig sind. Zur Auswahl stehen neben anderem kurzfristige Interventionen oder langfristig angelegte Beratung (ohne und mit medizinischer Betreuung), Vermittlung in eine Entgiftung sowie in ambulante oder stationäre Therapie, Vermittlung in eine Nachsorgeeinrichtung usw. Der Einstieg über die Erkundung der Lebenswelt erleichtert es den Beratenden, anstehende Entscheidungen über weitere Behandlungen vorzubereiten.

Nicht jede kurzfristig angesetzte Intervention bezieht sich auf eine Krise. Vielmehr unterscheidet man von der Krisenintervention die **Kurzintervention**, die nicht an eine Krise gebunden ist und die eine Zwitterstellung zwischen primärer und sekundärer Prävention einnimmt.

Kurzinterventionen

Kurzinterventionen (ohne akute Krise) beschränken sich auf zwei bis fünf Begegnungen der Beratenden mit den Klientinnen und Klienten von jeweils bis zu 60 Minuten Dauer (Barbor 1994, Demmel 2001). Kurzinterventionen haben ihren festen Platz in der amerikanischen Suchthilfe. In Deutschland werden sie noch relativ wenig eingesetzt. Zurzeit werden verschiedene Ansätze für Ärzte in verschiedenen Settings erprobt. Man geht davon aus, dass sich die ärztliche Sprechstunde besonders gut für Kurzinterventionen eignet.

Neue Manuale geben Hilfestellungen zu Kurzinterventionen in der ärztlichen Sprechstunde (BZgA 2001). Sie bauen auf den Prinzipien des Motivational Interviewing auf, wie sie hier dargestellt worden sind. Ärzte und Ärztinnen werden nachhaltig dazu aufgefordert, alle ihre Patientinnen und Patienten nach ihrem Alkohol- und Tabakkonsum zu befragen und zu den Ergebnissen – etwa des Cage-Tests (oder anderer einfacher Screening-Verfahren) – Stellung zu den Befunden zu nehmen. Ziel der Intervention ist es, die Veränderungsmotivation der

Patientinnen und Patienten zu stärken, sie dazu zu ermuntern, zum Beispiel weniger zu trinken, alkoholfreie Tage in die Woche einzubauen, das Rauchen zu reduzieren oder besser ganz aufzugeben. Es geht nicht darum, Moralpredigten zu halten, sondern die Sensibilität für riskante Konsumgewohnheiten zu erhöhen, ebenso die Akzeptanz für Verhaltensänderungen.

Wie vielfach nachgewiesen werden konnte, sind solche Kurzinterventionen in der ärztlichen Sprechstunde bei ausgewählten Gruppen von Klientinnen und Klienten wirksam (vgl. Kremer 2003). Der Ansatz kann über dieses Setting hinaus erweitert werden, er kann auch in den Einrichtungen zur Beratung von Personen mit Substanzproblemen genutzt werden. Es spricht vieles dafür, dass sich Kurzinterventionen besonders gut eignen im Übergang von der primären zur sekundären Prävention, zum Beispiel in Gesprächen mit Jugendlichen, die mit Drogen wie Cannabis und Ecstasy experimentieren. Viele dieser Jugendlichen sind an Gesprächen über Drogen interessiert; sie sind sicherlich auch zu Verhaltensänderungen zu motivieren, wenn sie entsprechend angesprochen werden.

Klassische Beratung

Geht man von den Lebenswelten der Klientinnen und Klienten aus, fällt in jedem Gespräch sofort eine Menge an Informationen und Daten an. Für eine sich über einige Gespräche hin erstreckende Intervention ebenso wie für eine darüber hinausgehende langfristige Beratung, Betreuung und Behandlung von Klientinnen und Klienten werden eine Reihe von Angaben benötigt, die dokumentiert werden müssen. Die wichtigsten Basisinformationen, die entweder vor Beginn der Beratung oder in den ersten Gesprächen erhoben werden müssen, sind hier zusammengestellt[29].

---

29 In den USA hat sich der Addiction Severity Index (ASI) als Instrument zur Erhebung von Basisdaten durchgesetzt. In Deutschland hat sich der ASI bislang nicht etabliert, was auch daran liegt, dass bereits seit den 70er Jahren mit verschiedenen Dokumentationssystemen experimentiert wird.

Tab. 6.1.: Überblick über Angaben zur Statusdokumentation	
Personendaten	Name, Adresse (Telefon- und Handy-Nummer), E-Mail-Adresse, Geburtsdatum, Angaben über andere wichtige Personen (im selben Haushalt), andere wichtige Angaben.
Kontaktaufnahme/ Probleme	Angaben zur Kontaktaufnahme: Wer hat den Kontakt initiiert (Klientin/Klient, andere Beratende, Institution usw.)? Erfolgt die Kontaktaufnahme freiwillig oder unfreiwillig? Welche Probleme führen die Klientin und den Klienten in die Beratung? Welche weiteren Probleme ergeben sich im Beratungsgespräch?
Daten zur sozialen Lage	Familienstand, Religionszugehörigkeit, Religiosität, Nationalität, Aufenthaltsstatus, Geburtsort, Migrationserfahrungen, aktuelle kulturelle Milieus, aktuelle Wohnsituation, höchster Schulabschluss und höchster Berufsabschluss, aktuelle Berufstätigkeit, Berufsbezeichnung, Stellung im Beruf, eigenes Einkommen, Familieneinkommen, Angaben zu Schulden, Probleme mit der Justiz, wichtigste aktuelle Bezugspersonen, allgemeine Einschätzung der eigenen Lebenssituation.

So wichtig diese Informationen als Basis für das weitere Vorgehen sind, so schwierig kann es im Einzelfall sein, sie zu erheben. Es ist auch klar, dass die Datenerhebung sich unter Umständen anderer Mittel bedienen muss als des aktiven Zuhörens und des Stellens von offenen Fragen. Die Beratenden müssen also in jeder Situation abwägen, welche Informationen sie sofort erheben können, welche erst später und wie sie die entsprechenden Fragen einbringen wollen. Die Datenerhebung gelingt besser, wenn eine professionelle Beziehung zur Klientin und zum Klienten bereits aufgebaut worden ist, wenn diese also das Gefühl haben, dass sie von den Beratenden angenommen worden sind.

Im Mittelpunkt der Erhebungen zur Lebenswelt stehen die Problemsichten der Klientinnen und Klienten. Sie sollen schildern, welche Probleme sie – freiwillig oder unfreiwillig – zu den Beratenden geführt haben. In dieser Hinsicht sind sie die Experten, denn nur sie können sagen, was sie bewegt, beunruhigt, ängstigt, zum Ausrasten und Ausagieren bringt usw. Es geht also zunächst darum, die Klientinnen und Klienten dazu zu ermutigen, über ihr Leben und ihre Probleme zu sprechen. In einem nächsten Schritt ist zu erkunden, welche Erklärungen sie sich für diese Probleme zurechtgelegt haben. Was sind aus ihrer Sicht die Hintergründe oder Ursachen der Probleme, wie sind sie entstanden und wie haben sie sich bis zur Gegenwart entwickelt? Wie sehen andere aus der Familie, der Verwandtschaft die Probleme, wie stehen die Freundinnen und Freunde dazu, die Arbeitskolleginnen und -kollegen usw.? Im Weiteren geht es darum, zu klären, welche konkreten Schritte die Klientinnen und Klienten bereits unternommen haben, um die Probleme anzugehen und zu lösen. Was hat das gebracht? Wie haben sich die Probleme dadurch verändert? Und welche Ratschläge haben andere ihnen gegeben, um die Probleme zu lösen? Wie hilfreich oder nutzlos sind aus ihrer Sicht die Ratschläge der anderen? Ebenso ausführlich wie über die Probleme sollten die Beratenden über die Ressourcen ihrer Klientinnen und Klienten reden. Welche Ressourcen sind vorhanden;

über welche Fähigkeiten und Fertigkeiten verfügen sie? Wie lassen sich die Ressourcen einsetzen, um die Probleme zu lösen? In einem letzten Schritt geht es darum, die Veränderungsvorstellungen der Klientinnen und Klienten zu thematisieren. Welche Veränderungen in welchen Lebensfeldern können sie sich überhaupt vorstellen? Wie sieht das bei jedem einzelnen der von ihnen genannten Probleme aus? Gibt es Probleme, die sie vorerst lieber nicht angehen wollen, aber andere, die sie dringend lösen möchten? Ergibt sich daraus eine Hierarchie der Motivation zur Veränderung?

TECHNIKEN

Stellen von Informationsfragen

Für die Beratung ist die Erhebung einfacher Informationen unverzichtbar. Daher müssen in den ersten Gesprächen auch Informationsfragen gestellt werden.

Einige Beispiele für das Stellen von Informationsfragen

B: »Sie haben mir nun erzählt, was Ihre wichtigsten Probleme sind, was Sie am meisten beschäftigt. Bevor wir hier weitermachen, habe ich ein paar ganz konkrete Fragen an Sie. Bitte sagen Sie mir, unter welcher Anschrift ich Sie erreichen kann ... und unter welcher Telefonnummer ...

– Sind Sie verheiratet? Und leben Sie mit Ihrem Mann (Ihrer Frau) zusammen? Haben Sie Kinder? ...

– Gibt es eine Person, mit der Sie immer mal wieder über Dinge reden, die für Sie wichtig sind? ... und der Sie vertrauen? ...

– Sagen Sie mir bitte, wann und wo Sie geboren sind ...

– Sind Sie dort auch aufgewachsen? ...

– Wo sind Sie zur Schule gegangen? Und wie war das in der Schule? ...

– Haben Sie eine Berufsausbildung? Wie sind Sie darauf gekommen, gerade diesen Beruf zu wählen? ...

– Bitte sagen Sie mir auch, wie hoch ungefähr Ihr monatliches Einkommen ist? Kommen Sie mit dem Geld einigermaßen zurecht oder müssen Sie Schulden machen? ... Wie hoch schätzen Sie Ihre gegenwärtige Verschuldung?«

Nicht nur Informationen über aktuelle Lebensumstände und – in beschränktem Umfang – die Entwicklungsgeschichte interessieren für die Planung von Beratung, sondern ebenso die Ressourcen, über die die Klientinnen und Klienten verfügen. Es handelt sich dabei um ein breites Bündel von Einstellungen, Fähigkeiten, Kompetenzen, Beziehungen, Netzwerken usw. Daher sollte schon in den ersten Gesprächen über Ressourcen gesprochen werden.

Reden über Ressourcen, Stärken

Beraterinnen und Berater müssen gewöhnlich selbst das Gespräch auf die Fähigkeiten und Stärken ihrer Klientinnen und Klienten bringen, damit sie etwas darüber erfahren. Ratsuchende kommen als Bittsteller in die Beratungsstellen, als Personen, die nicht (mehr) in der Lage sind, ihre Probleme aus eigener Kraft zu regeln. Schon darum verbietet es sich, eigene Stärken herauszustellen. Viele wissen gar nicht mehr, dass sie selbst Kompetenzen haben und über Ressourcen verfügen. Man muss ihnen oft dabei helfen, eigene Fähigkeiten und Kompetenzen darzustellen und Ressourcen wahrzunehmen. Daher sollen Fragen nach Ressourcen, nach Stärken, Fähigkeiten und Kompetenzen den gesamten Beratungsprozess begleiten. Darüber hinaus handelt es sich um eine eigene Übung, denn Reden über Ressourcen heißt, über die eigene Person positiv zu reden, ohne dabei maßlos zu übertreiben.

> **Einige Beispiele für das Reden über Ressourcen und Stärken**
> B: »Wie haben Sie das geschafft, mit all dem zurechtzukommen …? Woher hatten Sie die Kraft, immer weiterzumachen und das alles zu ertragen …?
> – Was tun Sie, wenn Sie in schwierigen Situationen sind …? Wie machen Sie das, dann mit allem zurechtzukommen …?
> – Erzählen Sie mir mal, was Sie richtig gut können …? Was sind Ihre Stärken im Alltag …? Haben Sie einfach Mut und beschreiben Sie mir das, was Sie gut können, an ein paar Beispielen …

– Wer hilft Ihnen, wenn Sie Unterstützung brauchen ...? Wer sind die Familienmitglieder, die Ihnen helfen ... wer sind Ihre Freunde und Freundinnen? ... Wie gut können Sie sich auf die verlassen?
– Wie machen Sie das, wie bringen Sie andere Leute dazu, Ihnen zu helfen?«

Wer über Ressourcen redet, sagt auch etwas über das eigene soziale Netzwerk und über die Unterstützung, die er oder sie dort findet. Man erfährt mit diesen und ähnlichen Fragen also viel über Art und Stärke der sozialen Vernetzung der Klientel, über die positiven und negativen Seiten der Personen im Netzwerk, über diejenigen, die für die Problemlösung förderlich oder behindernd sein können. In späteren Gesprächen lässt sich zudem erkunden, wer den Klientinnen und Klienten bei Anzeichen für einen Rückfall beistehen würde, an wen sie sich also wenden können, wenn sie Angst vor einem Rückfall haben.

Auch mit Bezug auf die Probleme der Klientinnen und Klienten lassen sich positive Aspekte abfragen. An erster Stelle interessiert hier, unter welchen Bedingungen der Druck abnimmt, der mit den Problemen verbunden ist. Es liegt auf der Hand, dass vor allem die Situationen interessieren, in denen die Klientel weniger oder sogar keine psychoaktiven Substanzen einnimmt. Was ist das Spezifische an diesen Situationen, wie unterscheiden sie sich von anderen, wenn das Bedürfnis nach Alkohol und anderen Stoffen übermächtig wird und der Konsum geradezu zwingend? Antworten auf diese Fragen geben Hinweise darauf, welche Faktoren, Personen oder Umstände entspannend und protektiv wirken. Fragt man weiter, was sie selbst dazu beitragen können, damit Probleme sich abschwächen oder ausbleiben, erhält man Aussagen über vorhandene und einschlägige Kompetenzen und Fähigkeiten, die von den Beratenden dann gezielt gefördert werden können.

Einige Beispiele von Ausnahmesituationen

B: »Denken Sie noch einmal kurz an Situationen, die Sie belastend
finden, und denken Sie jetzt an solche Situationen, in denen Sie
das weniger merken: Was sind das für Situationen, in denen Sie
weniger Problemdruck haben? Beschreiben Sie solche Situationen einmal ganz genau … Gibt es noch andere Situationen, in
denen es besser ist? … Und haben Sie auch manchmal weniger
Problemdruck, wenn Sie mit bestimmten Personen zusammen
sind?

– Was ist anders im Alltag oder an besonderen Tagen, wenn Sie
das Problem nicht haben (z. B. unstillbare Lust auf Alkohol
und Drogen oder das Gefühl, ohne Alkohol oder andere Drogen den Tag nicht überstehen zu können)?

– Was machen Sie anders, wenn das Problem nicht auftritt …
worin unterscheiden sich diese Tagen von anderen?

– Gibt es manchmal auch etwas, das Sie ganz gezielt tun, damit
das Problem/die Situation nicht eintritt? … Was ist das genau,
was machen Sie dann genau? Beschreiben Sie einfach an einem
Beispiel, was Sie dann tun.«

Zurück zu den Erhebungen zur Lebenswelt. Geht es um langfristig angelegte Beratung oder Betreuung mit etwa 20 bis 50 Kontakten insgesamt (was ungefähr einer Beratungszeit von 12 bis
18 Monaten entspricht), dann bleibt es nicht bei diesen ersten
Erkundungen über die Problemsicht der Klientel. Vielmehr folgen weitere Erkundungen und Problemvertiefungen, die alle darauf angelegt sind, die Problemanalyse zu erleichtern und den
Veränderungs- und Hilfeplan zu verbessern.

Für eine genauere Problemanalyse sind im Allgemeinen auch
Informationen über die Herkunftsfamilie sowie einige Angaben
zur Biographie wichtig. Allerdings geht es nicht darum, die Entwicklung in der Kindheit und Jugend psychoanalytisch auf-
zurollen, sondern darum, die Belastungen und die Stärken der
Klientinnen und Klienten in der eigenen Entwicklung etwas genauer zu beleuchten. Der Akzent liegt in der Regel auf der Gegenwart, nicht auf der Vergangenheit.

Dennoch ist es zum besseren Verständnis des Einzelfalls oft
notwendig, genauere biographische Angaben zu erheben. Wie

bereits beschrieben, ist das Risiko von Kindern aus Familien mit substanzabhängigen Eltern recht groß, selbst problematisches Verhalten zu entwickeln oder abhängig zu werden. Das gilt vor allem für diejenigen von ihnen, deren Kindheit und Jugend von dem abhängigen Elternteil geprägt worden ist. Auch Erfahrungen mit Vernachlässigung, Gewalt oder von sexuellem Missbrauch erhöhen das Risiko für Substanzmissbrauch in der Jugend oder im Erwachsenenalter. Die mit der Substanzabhängigkeit der Eltern oder mit den Gewalterfahrungen verbundenen negativen Vorbilder und Traumatisierungen können vor allem dann lebenslang nachwirken, wenn die Betroffenen keine Chance hatten, ihre Erlebnisse mit Hilfe von anderen Bezugspersonen aus der erweiterten Familie oder von erwachsenen Freundinnen oder Freunden zu bearbeiten und zu kompensieren. Diese wenigen Beispiele zeigen bereits, wie wichtig die Biographie zum Verständnis der aktuellen Problemlagen von Klientinnen und Klienten ist. Die ersten Gespräche sollten daher auch dazu genutzt werden, biographisch bedeutsame Erfahrungen und Ereignisse zu thematisieren.

Im Gespräch selbst ergibt es sich, wie ausführlich verschiedene Themen zur Sprache kommen. Allerdings liegt der Fokus immer auf den aktuellen Problemen der Klienten/innen, nicht auf der Vergangenheit. Unbeschadet der Tatsache, dass viele Probleme ihre Wurzeln in der Vergangenheit haben, spielt für deren Bearbeitung ihre aktuelle Gestalt die zentrale Rolle. Der Begriff Gestalt steht für ein Bündel von Faktoren. Dazu gehören die Bedingungen und Umstände, die ein Problem aktualisieren, die Aktionen und Reaktionen, mit denen die Klientin oder der Klient und ihre Bezugspersonen darauf reagieren, die konkreten Verhaltensweisen aller Akteure in einer (problematischen) Situation sowie die damit zusammenhängenden kurz-, mittel- und langfristigen Konsequenzen. Eine solche Gestalt ist für jeden von der Klientin oder dem Klienten genannten Problembereich herauszuarbeiten.

Zum besseren Verständnis helfen ganz genaue Beschreibungen von Situationen und Szenen. Man kann sich dabei an folgenden Fragen orientieren: Was ist eine typische Szene,

Tab. 6.2.: Überblick über Fragen zur Herkunftsfamilie und zur eigenen Biographie

Daten zur Herkunftsfamilie und zur eigenen Biographie	*Angaben zur Herkunftsfamilie:* Alter der Eltern, Zahl der Geschwister, ökonomische Lage der Familie, Bedeutung des Geschlechts, kulturelle Identität; Belastungen und Stärken der Eltern, der Geschwister und anderer wichtiger Bezugspersonen in der Kindheit; zentrale Wertvorstellungen und Umgang mit Normen in der Familie; familiäre Belastungen (chronische Krankheiten in der Familie usw.), Stärken der Familie im Alltag und bei der Bewältigung von Krisen. *Angaben zur eigenen Biographie:* eigene Position in der Familie in Kindheit und Jugend; Stärken in Kindheit, Jugend und in der Gegenwart; Rollenverteilungen in der Familie, Rollenbilder heute; Qualität der Beziehungen zu den verschiedenen Familienmitgliedern heute; traumatische Erfahrungen in Kindheit und Jugend (Trennungen/Verluste/Migration, Vernachlässigung/Gewalterfahrungen, Flucht/Terror/Folter usw.); Erfahrungen mit der Schule und im Beruf; Erfahrungen mit der Justiz, mit Gefängnisaufenthalten; Furcht vor Kindern oder Hoffnung auf Kinder, Kinderwünsche in der Zukunft; Beziehungen und aktuelles soziales Netzwerk; Höhe- und Tiefpunkte im bisherigen Leben; aktuelle Stärken und Bewältigungskompetenzen sowie Zukunftspläne.
Gesundheit und Krankheiten	Überblick über die wichtigsten Krankheiten in der Kindheit, im Jugendalter und im Erwachsenenalter (akute und chronische Erkrankungen wie Schmerzen, Sucht, Lebererkrankungen, Krebs usw., Art und Zahl der Operationen usw.); Schwangerschaften, Vaterschaft, Mutterschaft; subjektive Einschätzung der aktuellen Gesundheit.

worum geht es gewöhnlich? Wer ist daran beteiligt? Zu welcher Tageszeit kommt es dazu? An welchen Orten? Was sind die Auslöser dafür? Wie läuft die Szene ab, wie endet sie? Wie oft hat sich eine solche Szene in den letzten Wochen oder Monaten abgespielt? Gibt es Alternativen dazu? Welche Bedingungen müssen erfüllt sein, damit die Szene anders abläuft oder ganz vermieden werden kann? Je genauer die Klientinnen und Klienten die jeweiligen Probleme und Szenen im Alltag beschreiben, umso konkreter wird das Bild, das sich die Beratenden davon machen können. Deren Aufgabe ist es dann, in der Problemanalyse typische Bedingungskonstellationen der Probleme und des damit einhergehenden Verhaltens der Klientin oder des Klienten und ihrer Bezugspersonen aufzuzeigen und zusammenzufassen.

Gesundheitliche Beschwerden und Beeinträchtigungen stehen ebenfalls meist in engem Zusammenhang mit den aktuellen Problemen, zumal der exzessive Konsum von psychoaktiven Substanzen selbst die Gesundheit belastet und krankheitsauslösend sein kann. An erster Stelle stehen die Beeinträchtigungen durch die Stoffe selbst, also Räusche und andere Zustände der Intoxikation, Substanzmissbrauch und Substanzabhängigkeit, wie in Kapitel 3 ausführlich dargestellt. Darüber hinaus kann der Missbrauch von psychoaktiven Substanzen indirekt zu Erkrankungen ganz unterschiedlicher Organsysteme beitragen (Herz-Kreislauf-Beschwerden, Beeinträchtigungen des Atmungsapparats, Leberbeschwerden usw.). Wiederum stehen die aktuellen Beschwerden und Krankheiten im Vordergrund. Allerdings haben sie gelegentlich eine lange Geschichte, die weit in die Kindheit oder Jugend zurückreichen kann. Je nach der Bedeutung und der Stärke dieser Beschwerden können sie die Klientin oder den Klienten in ganz unterschiedlichem Ausmaß belasten. Sie können den Handlungsspielraum der Klientel einengen, was die Suche nach Strategien zur Problemlösung erschweren kann.

Es versteht sich von selbst, dass die Beratenden den aktuellen Konsum von psychoaktiven Subtanzen abfragen. Je nach Sachlage können einfache Screening-Instrumente verwendet werden, von denen einige in Kapitel 3 und 4 vorgestellt worden sind, es können aber auch vorläufige Diagnosen nach ICD-10 oder DSM-IV gestellt werden.

TECHNIKEN

Aktives Zuhören ist auch im Rahmen von Erhebungen zur Lebenswelt sehr wichtig. Nur durch aktives und reflexives Zuhören kann es gelingen, Lebenswelt und Gedankengänge der Klientel kennen zu lernen.

Offene Fragen sind unverzichtbar, wenn man sich auf die Lebenswelt der Klientel einlassen will.

Zusammenfassungen tragen dazu bei, längere Gesprächssequenzen inhaltlich zu ordnen, Ambivalenzen aufzuzeigen und selbstmotivierende Aussagen herauszuheben.

Reden über Ressourcen/Stärken

In jedem Beratungsgespräch sollten die Klientinnen und Klienten dazu aufgefordert werden, über ihre eigenen Kompetenzen und Fähigkeiten zu reden, ebenso über Personen, mit denen sie gerne zusammen sind, und Situationen, in denen sie sich wohlfühlen.

Einschätzung der Veränderungsmotivation von Klientinnen und Klienten

Für das weitere Vorgehen ist die Einschätzung der Veränderungsmotivation sehr wichtig. Diese speist sich sowohl von Fakten, vor allem aber von subjektiven Überzeugungen und von Leitmotiven. Zu den Fakten zählen zum Beispiel Art und Umfang der Schul- und Berufsausbildung, Erfahrungen im Erwerbsleben, Erfolge aber auch Misserfolge im Beruf. Je nach dem haben Klientinnen und Klienten ein positiv oder ein negativ gefärbtes Selbstbild mit hohen oder niedrigen Erwartungen an die Selbstwirksamkeit. Relativ einfache Hilfsmittel zur Einschätzung der subjektiven Überzeugungen sind Schätzskalen sowie der Fragebogen zur generalisierten Kompetenzerwartung.

Tab. 6.3.: Beispiel für Schätzskalen

Lebensbereiche		Einschätzung durch Berater/in Einschätzung durch Klientin/ Klient
Einschätzung der Qualität der aktuellen Lebenssituation	Einschätzung der Veränderungsmotivation	
Beziehung/ Partnerschaft	Beziehung/ Partnerschaft	1 2 3 4 5 6 7 8 9 10
Beziehung zu Eltern, Familie	Beziehung zu Eltern, Familie	1 2 3 4 5 6 7 8 9 10
Beziehung zu Freunden/innen	Beziehung zu Freunden/innen	1 2 3 4 5 6 7 8 9 10
Wohnung	Wohnung	1 2 3 4 5 6 7 8 9 10
Arbeit	Arbeit	1 2 3 4 5 6 7 8 9 10
Gesundheit	Gesundheit	1 2 3 4 5 6 7 8 9 10
Sucht	Sucht	1 2 3 4 5 6 7 8 9 10
Probleme mit der Justiz	Probleme mit der Justiz	1 2 3 4 5 6 7 8 9 10

1 = sehr gut/kein Problem oder keine Veränderungsmotivation bis 10 = sehr schlecht/nicht vorhanden oder hohe Veränderungsmotivation

Die Schätzskalen können von den Klientinnen und Klienten allein, von den Beratenden allein oder gemeinschaftlich ausgefüllt werden. Die Einschätzungen der Qualität der aktuellen Lebenssituation durch die Klientinnen und Klienten und die Beratenden wird oft unterschiedlich ausfallen. Das kann man produktiv für die Beratung nutzen. Man stellt dann u. U. fest, dass die Klientinnen und Klienten aus Gewohnheit eine bedrängende Situation als »normal« erleben, die Beratenden das aber ganz anderes beurteilen. In manchen Fällen haben die Klientinnen und Klienten einfach auch eine viel optimistischere Meinung über ihre Lebensweisen als die Beratenden. In allen diesen Fällen ergibt sich der Bedarf, über die unterschiedlichen Einschätzungen in der Beratung zu reden, wobei es nicht darum geht, herauszufinden, wer Recht hat, sondern zu erkunden, wie die Zukunftsperspektiven der Klientinnen und Klienten beschaffen sind und was sie dazu bewegt, einzelne Lebensbereiche besonders optimistisch oder besonders pessimistisch einzuschätzen.

Lässt man die Schätzskalen in verschiedenen Phasen der Beratung ausfüllen, geben sie auch Auskunft über Entwicklungen in den verschiedenen Lebensbereichen. In diesem Sinne können Schätzskalen wichtige Hilfsinstrumente des Monitorings sein.

So interessant die Einschätzung der Problembelastung in den verschiedenen Bereichen ist, so sagt sie doch wenig über die Bereitschaft der Klientinnen und Klienten aus, sich darin auch zu verändern. Man kann daher die Veränderungsbereitschaft ebenfalls einschätzen, was allerdings für viele Klienten/innen schwierig ist. Ein einfaches Modell hilft hier weiter.

Beispiel für die Bereitschaft, sich zu verändern

Nicht bereit	unsicher	bereit
x	x	x

Man kann Klient/innen fragen, ob sie in verschiedenen Lebensbereichen bereit sind, Veränderungen anzugehen, oder ob sie eher noch unsicher sind, ob sie das tun wollen, oder ob sie gar nicht daran denken, das zu tun. Die Motivation, sich zu verändern, kann sehr schwanken. Wer bereit ist, seine Wohnungssituation zu verbessern und wer sich vorstellen kann, dafür auch einiges an Anstrengung zu investieren, muss deshalb noch lange nicht bereit sein, auf Drogen zu verzichten.

Der Fragebogen zur generalisierten Kompetenzerwartung (Jerusalem & Schwarzer 1986, Schwarzer 1996) kann eingesetzt werden, um einen ersten Überblick über Art und Ausmaß der Selbstwirksamkeitserwartungen der Klientinnen und Klienten zu erhalten.

Tab. 6.4.: Fragebogen zur generalisierten Kompetenzerwartung

Bitte geben Sie für die folgenden Fragen an, wie sehr sie für Sie im Moment zutreffen. Bitte kreuzen Sie immer nur eine Antwort pro Aussage an.

	Stimmt nicht	Stimmt kaum	Stimmt eher	Stimmt genau
Wenn mir jemand Widerstand leistet, finde ich Mittel und Wege, mich durchzusetzen.	1	2	3	4
Die Lösung schwieriger Probleme gelingt mir immer, wenn ich mich darum bemühe.	1	2	3	4
Es bereitet mir keine Schwierigkeiten, meine Absichten und Ziele zu verwirklichen.	1	2	3	4
In unerwarteten Situationen weiß ich immer, wie ich mich verhalten soll.	1	2	3	4
Auch bei überraschenden Ereignissen glaube ich, dass ich gut damit zurechtkommen werde.	1	2	3	4
Schwierigkeiten sehe ich gelassen entgegen, weil ich mich immer auf meine Fähigkeiten verlassen kann.	1	2	3	4
Was immer auch passiert, ich werde schon klarkommen.	1	2	3	4
Für jedes Problem finde ich eine Lösung.	1	2	3	4
Wenn ich mit einer neuen Sache konfrontiert werde, weiß ich, wie ich damit umgehen kann.	1	2	3	4
Wenn ich mit einem Problem konfrontiert werde, habe ich meist mehrere Ideen, wie ich damit fertig werde.	1	2	3	4

Zur Auswertung zählt man alle Punktwerte zusammen, die zwischen 10 und 40 variieren können. Je niedriger der Wert, umso geringer ist die Selbstwirksamkeitserwartung der Klientel. Klientinnen und Klienten, die sich selbst wenig zutrauen, können zur Veränderung von Verhalten immer nur kleine Schritte machen. Für größere Schritte fehlen ihnen erst einmal der Mut und die Hoffnung auf Erfolg. Das ist bei der Hilfeplanung zu berücksichtigen, damit es nicht sofort zu einer Überforderung kommt mit zu großen Erwartungen an Veränderungen, die nicht umgesetzt werden können. Misserfolge, die auf diese Weise eingeleitet werden, zementieren die negativen Selbstwirksamkeitserwartungen. Das ist für die Behandlung kontraproduktiv. Erst wenn im Laufe der Beratung das Selbstvertrauen und ein Wissen um eigene Kompetenzen sich erholt oder neu einstellt, können größere Veränderungen ins Auge gefasst und langsam angegangen werden.

Zur Vorbereitung des Hilfeplans kann weiterhin abgefragt werden, welche Ziele der Klient oder die Klientin überhaupt angehen will und welche Schritte er/sie dazu unternehmen will, wie in folgendem Plan.

Vorbereitung von Veränderungszielen
Veränderungen, die ich mir für die nächsten 12 Wochen vornehme:

....

....

....

Plan für die Schritte, die dazu notwendig sind:

....

....

....

Personen, die mir dabei helfen können:

....

....

....

Größte Hindernisse auf dem Weg bzw. Ereignisse, die mich davon abbringen können:

....

....

....

Arbeitet man mit diesem Schema, dann bezieht man automatisch das soziale Netzwerk der Klientel in die Hilfe- und Veränderungsplanung mit ein. Ebenso wird die Rückfallprävention hier schon mitgedacht.

Diagnostische Befunde nutzen – Triangulierung

Wer Zugang zu Informationen hat, die über das hinausgehen, was man selbst erhoben hat, also zum Beispiel Ergebnisse von ärztlichen Untersuchungen, sollte diese unbedingt nutzen. Voraussetzung dafür ist allerdings, dass man sich von den Klientinnen und Klienten eine Schweigepflichtsentbindung einholt. Wenn man weiß, dass eine Klientin oder ein Klient neben der Abhängigkeit von psychoaktiven Stoffen zum Beispiel unter anderen körperlichen und psychischen Krankheiten leidet, wenn also Doppel- und Mehrfachdiagnosen vorliegen, dann kann man das in der Beratung nutzen. Man kann diese Befunde als »dritte Informationsquelle« einführen und zum Gegenstand der

Situationsklärung machen. Dabei ist darauf zu achten, dass es nicht zu negativen Zuschreibungen oder gar zu Abwertungen kommt. Die Klienten/innen sollen nicht zusätzlich unter Druck gesetzt werden; sie sollen vielmehr dafür gewonnen werden, Veränderungen realistisch anzugehen.

Bestätigen

Beratende sollen die Anstrengungen der Klientinnen und Klienten, die sie mit der Behandlung auf sich nehmen, anerkennen und ihnen das entsprechend rückmelden. Bestätigung und Anerkennung dienen dazu, das Selbstwertgefühl zu stärken, betonen die Selbstverantwortung, verstärken selbstmotivierende Äußerungen und festigen das Arbeitsbündnis.

Einige Beispiele für bestätigende Aussagen
B: »Ich finde es gut, dass Sie den Stress auf sich genommen haben und hier in die Beratungsstelle gekommen sind.
– Sie haben schon oft versucht, Ihr Leben zu ändern. Dass Sie jetzt einen neuen Anlauf unternehmen, verdient Respekt.
– Das haben Sie richtig gut gemacht mit dem Besuch im Sozialamt, den wir in der letzten Stunde geplant und durchgespielt haben.
– In den letzten Wochen haben Sie schon eine ganze Menge erreicht (hier: konkrete Beispiele anführen). Sie sind mit Ihrem Plan, Ihr Leben zu verändern, ein gutes Stück vorangekommen. Das wollen wir hier ausdrücklich festhalten.«

Ambivalenzen erkennen und Diskrepanzen aufzeigen

Die Wahrnehmung von ambivalenten Gefühlen und von Gefühlsschwankungen zwischen wichtigen Zielen und der aktuellen Lebensweise, die nicht zusammenpassen, kann die Veränderungsmotivation stärken. Beratende sollen daher solche Ambivalenzen und Diskrepanzen aufzeigen, wenn sie sich im

Gespräch mit der Klientin oder dem Klienten ergeben. Am wirkungsvollsten ist es allerdings, wenn nicht die Beratenden auf solche Diskrepanzen hinweisen, sondern wenn die Klienten diese selbst erkennen und benennen. Zum Aufzeigen von Ambivalenzen und Diskrepanzen gibt es verschiedene Möglichkeiten. Dazu gehört zum Beispiel das Gespräch über Differenzen zwischen den Vorstellungen der Klientinnen und Klienten, wie sie leben möchten, und ihrem tatsächlichen Verhalten und den sich daraus ergebenden Problemen. Auch im Anschluss an einen Besuch der Klientinnen und Klienten in ihrer Lebenswelt (Hausbesuch, Besuch in einer Institution usw.) drängen sich oft entsprechende Gespräche auf. Hilfreich kann auch der »Blick zurück« oder der »Blick nach vorne« sein, eine in die Vergangenheit bzw. Zukunft orientierte Reflexion darüber, wie man früher gelebt hat und wie man in Zukunft gerne leben möchte.

Beispiele für Ambivalenzen und Diskrepanzen in Aussagen von Klientinnen und Klienten

K: »Ich nehme mir wirklich ganz fest vor, keinen Alkohol zu trinken. Wenn ich dann aber abends schon wieder alleine zu Hause sitze, und mein Mann ist mal wieder mit seinen Kumpels zum Angeln gefahren, dann halte ich das einfach nicht aus, dann muss ich mir halt einen genehmigen, um mit meiner Wut fertig zu werden.

– Eigentlich bin ich fest entschlossen, nur Wasser zu trinken, wenn ich mit meinen Kollegen zusammensitze, aber das geht einfach nicht, das ist einfach zu blöd. Und dann bestell ich mir halt wieder ein Bier, und dann geht halt wieder alles von vorne los.

– Ich würde ja gerne besser mit meiner Freundin auskommen, aber das geht halt nicht; ich brauch meine Drogen, und wenn nichts im Haus ist, dann muss sie eben für uns anschaffen gehen.

– Eigentlich möchte ich nicht auf den Strich gehen, aber wenn ich dann an Crack denke, muss ich das einfach haben, und dann geh ich eben wieder anschaffen.«

Feedback

Nach jedem etwas längeren Gespräch ist es hilfreich, wenn die Beratenden den Klientinnen und Klienten ein Feedback zu den besprochenen Themen geben. Rückmeldungen können sich auf die Erhebungen zur Lebenswelt beziehen, auf die aktuellen Konsummuster oder die diagnostische Befunde, ebenso auf Veränderungsschritte, die die Klientinnen und Klienten in der letzten Zeit unternommen haben. Inhalt und Thema des Feedbacks werden sich im Verlauf des Beratungsprozesses verändern. Diese Technik schließt an die Technik des Bestätigens an. Wie dort sollen die positiven Rückmeldungen dominieren, allerdings kann auch einmal Kritik angemessen sein. Bei kritischen Rückmeldungen ist es vor allem wichtig, dass das Feedback nicht verletzend ist, sondern konstruktiv wirkt. Es ist sinnvoll, sich zum Feedback schriftliche Notizen im Beratungsprotokollbogen zu machen.

Beispiele für Feedback

B: »Alles in allem genommen ist Ihre finanzielle Situation zurzeit nicht besonders gut. Ich schlage Ihnen vor, wir überlegen zusammen, was sich daran ändern lässt. Wie sehen Sie das, was könnten Sie da tun?

– Wir haben jetzt zusammengetragen, welche Drogen in welcher Dosis Sie zurzeit nehmen. Das hilft mir, Ihre Situation besser zu verstehen.

– Bei unserem letzten Treffen haben wir eine Reihe von Aufgaben verabredet, die Sie bis zu dieser Sitzung erledigen wollten. Wie wir bei der Besprechung der Aufgaben gesehen haben, hat das nicht so ganz geklappt mit der Umsetzung. Ich finde es aber (sehr) gut, dass Sie die (meisten) Aufgaben angegangen sind.« (Feedback und Bestätigung)

– Ich habe aber noch nicht ganz verstanden, was im Einzelnen so schwierig war. Am besten beschreiben Sie mir das noch einmal ganz genau an einem Beispiel. Wie war das, was hat Sie davon abgehalten, zum Sozialamt zu gehen? Wann genau wollten Sie da hingehen, für welchen Tag hatten Sie sich das vorgenommen? Und was ist dann passiert? Was kam Ihnen dazwischen? Und was haben Sie dann gemacht?« (Feedback und offene Frage)

Hausbesuch

Es kann in Einzelfällen sinnvoll sein, dass sich die Beratenden ein Bild davon machen, wie die Wohn- und Lebenssituation einer Klientin oder eines Klienten beschaffen ist. Wie sieht es in der Wohnung aus, wie ist sie eingerichtet? Wie viele Personen leben in der Wohnung, wie viel Platz gibt es für jede Person in der Wohnung? Wie sind die Kinder untergebracht? Gibt es Spielzeug für die Kinder? Wie ist das Leben in dieser Wohnung, wie kann man sich den Alltag dort vorstellen?

Hausbesuche stellen keinen Rückfall in alte fürsorgerisch-kontrollierende Haltungen dar, sondern gehen von modernen sozialarbeiterischen Konzepten aus, insbesondere denen der sozialpädagogischen Familienhilfe (Helming et al. 1999, Woog 1998). Wenn nicht Gefahr im Verzug ist (Suizidgefahr, Gewalttätigkeiten in der Familie) und wenn es nicht um das Wohl der Kinder im Haushalt von Klientinnen und Klienten geht, handelt es sich dabei um geplante Hausbesuche. Die Klientinnen und Klienten sind also informiert darüber, dass ein Hausbesuch stattfindet; sie kennen den Zeitpunkt des Besuchs. Vorankündigungen bei Hausbesuchen sind unerlässlich, weil sonst die Kontrollaspekte zu sehr dominieren.

Hausbesuche müssen vorbereitet werden. Zu einer solchen Vorbereitung gehören Überlegungen, ob die Beratenden den Besuch allein oder zusammen mit Kollegen planen. Die Entscheidung darüber, wie viele Personen zum Hausbesuch kommen, hängt einmal davon ab, mit welchen Klienten/innen man es zu tun hat, wie gut oder schlecht der Kontakt zu diesen ist und ob diese psychisch eher stabil oder labil sind, zum anderen davon, welche Ziele damit verbunden sind. Je schwieriger sich der Kontakt in der Vergangenheit gestaltet hat und je labiler die psychische Lage der Klienten/innen eingeschätzt wird, umso mehr spricht dafür, den Hausbesuch nicht alleine vorzunehmen. Die Ziele, die mit dem Besuch verbunden sind, können weit streuen. Geht es darum, den Hausbesuch zu nutzen, um den Klienten oder die Klientin zu ermutigen, wieder an Beratungsgesprächen teilzunehmen, steht Empathie im Mittelpunkt. Die Beratenden nutzen dann den Hausbesuch, um den Klienten/innen ihre besondere Wertschätzung zu zeigen und sie wissen zu lassen, dass sie in ihnen immer einen Ansprechpartner haben. Hausbesuche können aber auch zur Klärung spezifischer Themen genutzt werden. Ist das der Fall, sollten die Beratenden sich entsprechend darauf vorbereiten und diese Themen ins Zentrum des Besuches stellen. Umstände, die das Gespräch erschweren können, wie zum Beispiel laufende Fernseher oder laute Musik, sollten – soweit möglich – abgestellt werden. Darüber hinaus sollten kulturelle Differenzen und Besonderheiten bedacht werden. Man sollte also darauf eingestellt sein, dass man mit einer Reihe von Unwägbarkeiten konfrontiert wird, wenn man Hausbesuche unternimmt.

Hausbesuche sind ein Angebot an die Klientinnen und Klientin. Wird der Vorschlag abgelehnt, ist diese Entscheidung unbedingt zu respektieren, vorausgesetzt, es geht nicht um Kriseninterventionen (bei Suizidgefahr, Gewalttätigkeiten oder der Gefährdung des Kindeswohls), die Hausbesuche unvermeidlich machen.

Hausbesuche und aufsuchendes Arbeiten gehören generell zum Ansatz von **MOCA**. Ihre Handhabung will aber gut bedacht und sorgfältig vorbereitet sein.

Prinzipiell hat es sich in der Sozialarbeit bewährt, neben der traditionellen Komm-Struktur der Beratung auch auf die Geh-Struktur zu setzen. Beratende sollten also mit ihren Klientinnen und Klienten darüber sprechen, was zu tun ist, wenn diese den Kontakt abbrechen. Besteht Übereinstimmung, dann sollten sie ihre Klientinnen und Klienten in ihrer Lebenswelt aufsuchen. Wie Studien zeigen, schätzen Menschen mit Substanzproblemen diese Form des Kontakthaltens (Oliva et al. 2001). In anderen Fällen kann man den Kontakt zum Beispiel durch Anrufe und Briefe aufrechterhalten und warten, bis die Klientinnen und Klienten sich wieder in der Beratungsstelle einfinden. Besonders wichtig ist diese Form des aktiven Aufrechterhaltens des Kontakts bei Personen, die außer unter Alkohol- und Drogenproblemen zusätzlich unter psychischen Störungen leiden, was das Eingehen von Beziehungen zusätzlich erschwert.

Methoden der Selbstbeobachtung

Die Selbstbeobachtung ist ein wichtiges Hilfsmittel zur Bestimmung problematischer Verhaltensweisen sowie als Ausgangspunkt für Veränderungen. Es setzt ein aktives Engagement der Klientin oder des Klienten voraus, denn diese sollen ihr eigenes Verhalten genau beschreiben und festhalten. Voraussetzung dafür ist eine präzise Übereinkunft darüber, welches Verhalten über einen Zeitraum von einer bis zwei Wochen genau beobachtet und mit welchen Mitteln es beschrieben werden soll.

Die einfachste Form der Selbstbeobachtung stellt die Strichliste dar. In der Strichliste können Klienten/innen festhalten, wie viel Gläser Alkohol sie im Laufe eines Tages trinken. Interessanter ist es freilich, auch das alkoholische Getränk zu notieren sowie Kommentare anzufügen, also ein kleines Tagesprotokoll anzufertigen, wie im folgenden Beispiel.

Tab. 6.5.: Beispiel für ein Tagesprotokoll zur Registrierung des Alkoholkonsums			
Datum:			
Tages-zeit	Alkoholi-sches Getränk	Zahl der Gläser	Kommentar (z. B. Trinksituation – allein oder zusammen mit anderen, Ort, Anlass, Gefühle)
7–8			
8–9			
9–10			
11–12			
12–13			
13–14			
14–15			
15–16			
16–17			
17–18			

Tageszeit	Alkoholisches Getränk	Zahl der Gläser	Kommentar (z. B. Trinksituation – allein oder zusammen mit anderen, Ort, Anlass, Gefühle)
18–19			
19–20			
20–21			
21–22			
22–23			
23–24			
24–1			
1–2			
2–3			
3–4			
4–5			
5–6			
6–7			

Für jeden Tag der Beobachtungsperiode wird eine neue Liste angelegt. Am Ende von einer, höchstens zwei Wochen können die Klienten/innen an den eigenen Protokollbögen ablesen, wann im Tagesablauf sie gewöhnlich Alkohol trinken, wann der Konsum einen Höhepunkt erreicht, welche Anlässe häufig vorkommen usw.

Dieses Schema eignet sich ebenso gut zur Protokollierung anderer Konsumvorgänge wie Rauchen, Einnahme von Medikamenten oder von illegalen Drogen, ebenso von Süßigkeiten oder Essen allgemein, aber auch zur Protokollierung von Schmerzattacken, anderen körperlichen Beschwerden usw. (vgl. Linden & Hautzinger 1994). Das Schema kann auch zur Beschreibung des Tagesablaufs benutzt werden, wenn es um die Beobachtung der Tagesstruktur geht. In diesem Fall ist die Kopfzeile entsprechend anzupassen. Auch die Zeitskala lässt sich mit einfachen Mitteln dem Tages- oder Nachtablauf der Klientel anpassen. Legt man das Protokoll als Datendokument im Computer an, lässt sich anschließend mit einfachen Mitteln eine Grafik erstellen, aus der sich Verläufe ablesen lassen.

Damit Klientinnen und Klienten erfolgreich Selbstbeobachtungen durchführen können, müssen die Beratenden mit ihnen ausführlich über den Sinn und Zweck dieser Übung sprechen. Sie müssen ihnen erklären, welchen Gewinn sie selbst haben, wenn sie sich auf eine Selbstbeobachtung einlassen. Wichtig ist weiterhin, dass die beobachteten Verhaltenseinheiten einfach und klar definiert werden. Aus diesem Grund sollten möglichst einfache Verhaltensweisen ausgesucht werden, die leicht zu protokollieren sind. Lassen sich Klientinnen und Klienten auf die Selbstbeobachtung ein, muss das Ergebnis mit ihnen besprochen werden; das Verfahren muss einen Platz in der Beratung haben.

Selbstbeobachtung kann man zur Klärung von Problemverhalten, aber auch zur Darstellung von Verhaltensänderungen einsetzen. Geht es um Letzteres, sind bei der Besprechung positive Veränderungen herauszustreichen. Das kann die Motivation von Klientinnen und Klienten zu weiteren Verhaltensänderungen erheblich stärken.

Selbstbeobachtungen sind ein wichtiges Instrument im Rahmen von Selbstmanagementansätzen. Die Beobachtenden wollen für sich klären, wie sie sich verhalten bzw. welche Wirkungen welche Verhaltensweisen zum Beispiel in der Interaktion mit anderen haben. Die Kontrolle liegt bei den Beobachtern selbst; sie bestimmen, was sie beobachten, wie lange sie das tun und welche Konsequenzen sie aus den Erfahrungen ziehen wollen.

Methoden der Netzwerkanalyse

Man kann Netzwerke auf ganz unterschiedliche Weise und zu verschiedenen Zwecken erheben. Im Folgenden sollen zwei Ansätze herausgestellt werden, einmal Fragen zum sozialen Netzwerk der Klientinnen und Klienten und zum anderen Checklisten für das regionale Hilfesystem.

Soziale Netzwerke spielen für das subjektive Wohlbefinden im Alltag eine große Rolle. Je stärker, dichter und stabiler die Netzwerke sind, umso eher halten sie Belastungen stand. Wer ein funktionierendes soziales Netzwerk hat, der bleibt auch dann in Beziehung zu Personen, wenn er sich in einer akuten süchtigen Krise befindet oder chronisch abhängig ist. Für die Betroffenen ist der Erhalt des Kontakts zu Menschen, die selbst nicht chronisch psychisch belastet sind und die auch sonst gut in ihr soziales Milieu integriert sind, sehr wichtig. Sie stellen eine Art Anker dar, der einen hält, wenn sonst alles ins Schwimmen kommt; sie sind eine Art Bezugssystem, an dem man die eigenen Vorstellungen eines »anderen Lebens« ausrichten kann. Noch einmal wird hier deutlich, dass soziale Beziehungen nicht einfach in Co-Abhängigkeit aufgehen, sondern wichtige stabilisierende Funktio-

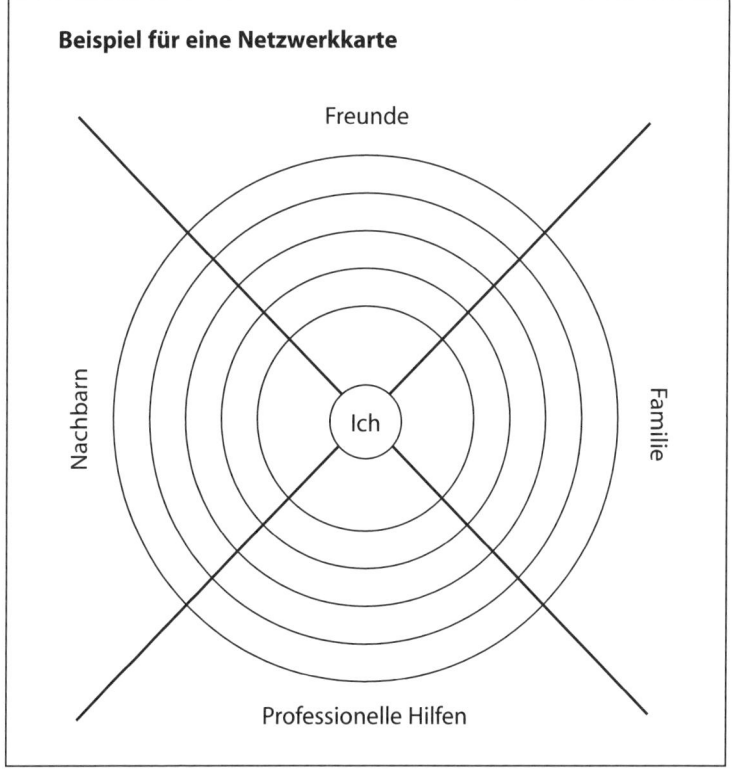

Beispiel für eine Netzwerkkarte

Freunde

Nachbarn

Ich

Familie

Professionelle Hilfen

nen haben. Vor allem Studien zum selbst organisierten Ausstieg aus der Sucht belegen die Bedeutung der sozialen Beziehungen für die Betroffenen. Mit der Unterstützung von Laien, von Angehörigen, Freunden und Freundinnen schaffen es viele, süchtige Episoden zu überwinden.

Zur Erhebung von sozialen Netzwerken kann man Netzwerkkarten einsetzen, wie dieses Beispiel zeigt. In eine solche Karte können die Klientinnen und Klienten eintragen, wer aus der Herkunftsfamilie und der eigenen Familie ihnen nahe steht oder wer ihnen ganz fern steht, wen sie als Freund oder Freundin verstehen usw. Auch die professionellen Hilfen einschließlich der Selbsthilfen sollen bedacht und eingezeichnet werden. Die Netzwerklinien selbst geben an, wie eng die Beziehungen aus der Sicht der Klientel sind. Netz 1 ist ihnen also besonders nahe, Netz 5 sind Beziehungen, die eher lose sind, auf die man sich also in schwierigen Zeiten nicht so besonders gut verlassen kann. Die Netzwerkkarte gibt einen ersten Überblick darüber, wie das Netzwerk einer Klientin und eines Klienten beschaffen ist.

Das reicht aber nicht aus, um die Netzwerke zu verstehen, in die die Klienten/innen eingebunden sind. Vielmehr ist die Qualität der Netzwerke im Gespräch noch genauer zu erkunden (Janker et al. 2002).

Beispiel zur Analyse von Netzwerken
- Welche Personen aus den verschiedenen Netzwerken sind mir besonders wichtig? Welche stehen mir besonders nahe – aus der Familie, von den Freunden und Freundinnen, von den Kollegen und Kolleginnen, aus der Nachbarschaft, der Arbeit, der Freizeit, von den professionellen Helfern und Beratenden usw.?
- Wie schätze ich die Unterstützung ein, die ich von diesen Personen erhalte, sind sie für mich zurzeit eher förderlich oder eher hinderlich?
- Wessen Unterstützung brauche ich besonders, wenn ich mich verändern will, vor allem, wenn ich weniger oder keine psychoaktiven Substanzen nehmen will?
- Und wer behindert mich dabei wahrscheinlich am meisten?
- Mit wem kann ich – nüchtern – Spaß haben? Mit wem kann ich zum Beispiel auch dann noch genussvoll kochen und essen, wenn

ich abstinent lebe? Mit wem kann ich an Sportveranstaltungen teilnehmen?
- Wen will ich selbst unterstützen? Wie könnte diese Unterstützung aussehen?

Neben diesen Hilfsmitteln gibt es auch standardisierte Fragebögen zur Untersuchung des sozialen Netzwerkes, auf die hier jedoch nicht eingegangen werden soll (Baumann et al. 1987, Sommer & Fydrich 1989, Röhrle 1994).

Einen anderen Ansatz verfolgt man, wenn man sich als Beratungsstelle und als Beraterin oder Berater in einer Einrichtung einen Überblick über das regionale Hilfesystem verschafft. Dieser sollte möglichst breit angelegt sein, da man ja nicht weiß, welche Kooperationspartner man bei der Bearbeitung von Einzelfällen braucht. Zur Untersuchung des regionalen Hilfesystems hat es sich bewährt, die **Klientenbezogene Checkliste** einzusetzen.

Tab. 6.6.: Klientenbezogene Checkliste des regionalen Hilfesystems		
Angebote	**In der Stadt/ Gemeinde vorhanden – Adressen**	**In der Region vorhanden – Adressen**
Ambulante Beratungsstellen: Alkohol/Medikamente Illegale Drogen Spieler/ Kaufrausch/ Internet Ess-Störungen Selbstschädigendes Verhalten		
Selbsthilfeangebote Alkohol Drogen Andere Süchte Suizidgefährdete Anderes		

Angebote	In der Stadt/ Gemeinde vorhanden – Adressen	In der Region vorhanden – Adressen
Substitutionsangebote: Arztpraxen Substitutionsambulanzen		
Stationäre Behandlungen: Entzug (auch teilweise) Entwöhnung Nachsorge		
Angebote wie Psychiatrie Tagesklinik Nachtklinik		
Allgemeine medizinische Dienste Bei HIV/Aids Hepatitiden		
Betreutes Wohnen: Für Abstinente Für Substituierte Für Abhängige Für schwer kranke Abhängige		
Andere Hilfen zum Wohnen: Hotelbetten Wohngemeinschaften Anderes		
Hilfen für Aus- und Weiterbildung, für Beschäftigung (tertiärer Sektor), für Arbeit (sekundärer Sektor), für Wiedereinstieg in das Erwerbs- leben (primärer Sektor)		
Angebote zur Tagesstruktur Orte für Gruppentreffen Freizeitgestaltung		

Angebote	In der Stadt/ Gemeinde vorhanden – Adressen	In der Region vorhanden – Adressen
Allgemeine Soziale Dienste Jugendamt, ASD usw. Sozialamt Sozialpädagogische Familienhilfe Jugendhilfe allgemein		
Andere Hilfen, z. B. Erziehungsberatung Lebensberatung		

Die Liste ist nicht vollständig und sollte von den Beratenden vor Ort entsprechend den eigenen Bedürfnissen ergänzt werden.

Für den Einzelfall ist jeweils zu prüfen, ob diejenigen Angebote, die für die Versorgung des Klienten oder der Klientin optimal wären, vor Ort oder in der Region vorhanden sind und ob die Klientel die sozialrechtlichen Anspruchsvoraussetzungen mitbringt. Hilfepläne müssen sich am vorhandenen Angebot, das die Klienten/innen auch in Anspruch nehmen können, orientieren.

Problemanalyse

In der Problemanalyse werden die in den ersten Gesprächen thematisierten Informationen zu Ressourcen und Problemen, Szenen und Beschreibungen sowie Ergebnisse von Fragebogen usw. gebündelt und inhaltlich geordnet. Zur Sicht der Klientin oder des Klienten kommt die des Beratenden, die sich keineswegs decken muss. Darauf wird noch etwas genauer einzugehen sein.

In der Problemanalyse werden die sozioökonomischen und psychosozialen Probleme und Ressourcen der Klientinnen und Klienten detailliert aufgeführt, beschrieben und auf ihre Relevanz für den Hilfeplan geprüft. Zur Vereinfachung des Verfahrens wird schrittweise vorgegangen.

Die sozioökonomischen Rahmenbedingungen

Viele Probleme der Klientel der Sozialarbeit haben sozioökonomische Hintergründe. Zu nennen sind hier u. a. Armut, Arbeitslosigkeit, Flucht und Migration. Armut und Arbeitslosigkeit treffen vor allem bestimmte Segmente der Gesellschaft, diese dann aber in beträchtlichem Ausmaß. Es liegt auch nicht einfach am individuellen Versagen, wenn man sich der Probleme, die mit Armut und Arbeitslosigkeit einhergehen, nicht entledigen kann. Frauen und Männer mit geringer Schul- und Berufsbildung, die mit 45 arbeitslos werden, weil ihr Betrieb zum Beispiel wegen Missmanagement schließt, haben wenig Chancen, einen neuen Arbeitsplatz zu finden, ganz gleich, wie sehr sie sich darum bemühen. Anhaltende Arbeitslosigkeit allein ist schon bedrückend genug, wird daraus dauerhafte Armut, dann ist das oft Grund für Resignation und Demoralisierung. Die Kräfte, sich zu verändern, in der Hoffnung, auch die sozioökonomische Lage zu verändern, erlahmen; man beginnt, sich im eigenen Elend einzurichten.

Relevant für die Analyse der sozioökonomischen Rahmenbedingungen sind die Angaben zum Alter, zur Wohnsituation, zur Schul- und Berufsbildung, zum aktuellen Status im Erwerbsleben, zum Einkommen, zu Schulden und zur Gesundheit. Die Zusammenschau der zu diesen Fragen vorliegenden Informationen ermöglicht nicht nur eine Einschätzung der sozioökonomischen Lage der Klientin oder des Klienten, sondern weist auch auf Problembereiche hin.

Bei der Datenerhebung sollte nicht vergessen werden, nach den Stärken der Klientinnen und Klienten zu fragen und zu erkunden, wie sie mit den bedrückenden Lebensumständen fertig werden. Es ist ja nicht einfach so, dass Menschen mit der Arbeitslosigkeit und der Armut alle Phantasie verlieren, vielmehr entwickeln manche gerade unter diesen Bedingungen Fähigkeiten, die sie vorher nie genutzt haben. Ein Beispiel von vielen: Eine Familienfrau mit sechs Kindern verkauft regelmäßig auf dem Flohmarkt Kleider und andere Gegenstände, die die Familie vom Sperrmüll gesammelt oder sich erbettelt hat. Von den bescheidenen finanziellen Mitteln, die auf diese Weise zusätzlich hereinkommen, gibt es ein Eis oder einen Kuchen.

Beispiel 1: Eine 30-jährige Frau lebt in der Wohnung ihres Freundes (hat also keine eigene Wohnung), hat einen Hauptschulabschluss, aber keine abgeschlossene Berufsausbildung, hat nur sporadisch als Kellnerin gearbeitet und lebt zurzeit von Sozialhilfe. Über Schulden ist nichts bekannt. Sie hat keine gesundheitlichen Probleme, konsumiert regelmäßig sehr viel Alkohol, unregelmäßig andere psychotrope Substanzen.

Problemanalyse: Die sozioökonomische Lage dieser Klientin ist gekennzeichnet von Armut. Tendenziell ist sie von Obdachlosigkeit bedroht. Um aus der Armut herauszukommen, braucht die Klientin eine Berufsausbildung (als Anlernberuf oder eine volle Berufsausbildung mit Abschluss).
Darüber hinaus ist Folgendes abzuklären: Diagnose des Konsums von Alkohol und Medikamenten, Beziehung zum Freund, Zukunftsvorstellungen.

Beispiel 2: Ein 50-jähriger Mann lebt bei seiner Mutter in der Wohnung, hat einen Hauptschulabschluss und hat 30 Jahre als Fahrer in einem mittelständischen Betrieb gearbeitet. Aufgrund eines Alkoholproblems, das in letzter Zeit wegen einiger kleinerer Unfälle offenkundig geworden ist, ist er nach mehreren Abmahnungen fristlos gekündigt worden. Er erhält zurzeit Arbeitslosenunterstützung. Er hat keine Schulden. Seine Gesundheit ist angeschlagen (Verdacht auf chronischen Alkoholmissbrauch).

Problemanalyse: Die sozioökonomische Lage dieses Klienten ist gekennzeichnet von drohender Armut und drohendem sozialem Abstieg. Um aus dieser Situation herauszukommen, muss er sein Alkoholproblem aktiv angehen und sich aktiv um eine Arbeitsstelle bemühen.

Darüber hinaus ist Folgendes abzuklären: Diagnose Alkoholabhängigkeit, gesundheitlicher Status, Beziehung zur Mutter,
Zukunftsvorstellungen.

Beispiel 3: Der Klient ist obdachlos. Die Sozialarbeiterin hat
den Kontakt zu ihm in einer Notunterkunft aufgebaut. Sie
schätzt sein Alter auf 35 Jahre. Über Schul- und Berufsbildung ist nichts bekannt; seine finanzielle Situation ist unklar.
Er ist drogenabhängig (Heroin und Crack) und wirkt sehr
krank. Auffallend ist seine Unruhe, verbunden mit Wahnvorstellungen.

Problemanalyse: Der Klient lebt im Elend. Er braucht zuerst
Soforthilfen wie ein Notschlafbett sowie weitere Überlebenshilfen, die nicht gekoppelt sind an Forderungen nach Verhaltensänderungen. Die Arbeit konzentriert sich zunächst darauf, Kontakt mit dem Klienten zu halten.
Wenn möglich, ist Folgendes abzuklären: Dauer und Art der
Mehrfachabhängigkeit, Komorbidität (Psychose), Fähigkeiten
und Fertigkeiten im Umgang mit Beziehungen und in Bezug
auf Wohnen, Zukunftsvorstellungen.

Die psychosozialen Rahmenbedingungen

Kritische Lebensphasen lassen sich besser überwinden, wenn
man ein positives Selbstbild hat und von der eigenen Selbstwirksamkeit, den eigenen Kompetenzen überzeugt ist, wenn man gute Beziehungen zu einem Partner oder einer Partnerin und den
Mitgliedern der eigenen Familie hat und überhaupt in ein gut
funktionierendes soziales Netzwerk eingebunden ist und wenn
man realistische Zukunftspläne hat. Personen, die über all das
verfügen, sind meist in der Lage, schwierige und kritische Le-
bensereignisse aus eigener Kraft und mit Hilfe von Menschen,
die ihnen nahe stehen, zu meistern. Sie sind nicht die typische

Klientel von Beratungsstellen, schon gar nicht der Suchtberatung. Vielmehr hat man es dort mit Menschen zu tun, die in manchen dieser Bereiche Stärken, aber auch Schwächen haben.

Zur Abklärung der Selbstwertgefühle und der Selbstwirksamkeitserwartungen, der sozialen Netzwerke usw. stehen die oben beschriebenen Methoden und Hilfsmittel zur Verfügung, ebenso die Verhaltensbeobachtung bei der Kontaktaufnahme und in den ersten Gesprächen. Auf diesem Wege kann man die eigenen Einschätzungen, die man in den ersten Gesprächen gewonnen hat, zwar absichern, aber das ändert nichts daran, dass die Wahrnehmungen der Beteiligten auseinander gehen können. Das hat zur Folge, dass die Problemsichten von Klientinnen oder Klienten und den Beratenden häufig nicht übereinstimmen. Was für die Klientin oder den Klienten ein drängendes Problem ist, für das sie oder er dringend eine Lösung sucht, mag aus der Sicht der Beratenden eher von untergeordneter Bedeutung sein. Diese Diskrepanzen sind in der Problemanalyse und vor allem in der Veränderungs- und Hilfeplanung zu berücksichtigen.

Arbeitsleitend sind die Problemsichten der Klientinnen und der Klienten. Sie bestimmen letztlich, was überhaupt ein Problem ist, welche Lösungswege ihnen zusagen und in welchem Tempo sie sich auf Veränderungen einlassen wollen. Beratende, die den »Eigen-Sinn« ihrer Klientel nicht respektieren, müssen damit rechnen, dass diese wenig Veränderungsmotivation aufbringen. Am Ende kommt es zur Abstimmung mit den Füßen, d. h., die Klientel verweigert die Zusammenarbeit.

Beispiel 4: Eine 35-jährige attraktive junge Frau kommt in die Beratung. Sie hat gerade eine stationäre Alkoholabstinenztherapie beendet. Sie ist (noch) verheiratet, lebt aber getrennt von ihrem Mann. Sie hat ein Kind (8 Jahre). Sie ist erfolgreiche Sachbearbeiterin in einem Unternehmen und kehrt demnächst an diesen Arbeitsplatz zurück. Wie aus den ersten Gesprächen hervorgeht, fürchtet sie sich vor dem Alleinleben und dem Alleinsein nach der Arbeit. Sie fürchtet, dass sie an den langen Abenden, an denen sie mit ihrer Tochter allein zu Hause sitzt, rückfällig werden könnte. Sie wünscht sich, dass ihr Mann wieder zu ihr zurückkehrt, damit »alles wieder gut wird«. Aus der Biographie, insbesondere der Schilderung ihrer Ehe, ist bekannt, dass sie in wichtigen Fragen sich immer nach ihrem Mann gerichtet hat, auch wenn sie dessen Entscheidungen nicht akzeptabel fand. Ihr Mann hat sie immer mit seiner Mutter verglichen, ein Vorbild, das sie nie erreichen konnte. Sie sagt selbst, dass sie sich sowohl im Beruf wie in der Ehe »immer gut angepasst« hat, hält das aber nicht für problematisch. Auffällig wurde sie erst mit der Alkoholabhängigkeit. Sie hat viele Schuldgefühle, weil sie »im Leben« versagt hat. Ihre nächsten Bezugspersonen sind ihre Eltern, die allerdings wegen eigener Krankheiten wenig belastbar sind, und ihr Bruder, der jedoch in einer anderen Stadt wohnt. Sonst hat sie wenig Freundinnen oder Freunde, auch nicht unter den Arbeitskollegen. Außer der Alkoholabhängigkeit hat sie keine ernsthaften Krankheiten. Aus ihrer Sicht ist ihr Gesundheitszustand gut.

Problemanalyse: Die sozioökonomische Situation der Klientin ist zurzeit stabil; sie hat eine eigene Wohnung, einen Beruf sowie einen Arbeitsplatz.

Wichtigste Probleme aus der Sicht der Klientin: Angst vor Einsamkeit. Sie hofft, dass diese mit der Rückkehr des Ehemannes in die eigene Wohnung aufhört. Sie wünscht sich Unterstützung dabei, den Mann zur Rückkehr in die Familie zu bewegen. Andere Probleme belasten sie nicht.

Stärken der Klientin: Erfolg im Beruf; Bereitschaft zur Abstinenztherapie und zur Nachbehandlung; hohe Veränderungsmotivation in Bezug auf Alkoholkonsum bzw. Abstinenz; gute Gesundheit.

Problembelastungen aus Sicht der Beratung in folgenden Bereichen: Angst vor Einsamkeit und Angst vor Rückfall in Alkoholabängigkeit; negatives Selbstbild, geringes Selbstwertgefühl und geringe Erwartungen an Selbstwirksamkeit; Beziehung zum Ehemann; schwache bzw. fehlende soziale Netzwerke.

Beispiel 5: Die Beraterin hat mit dem 30 Jahre alten Mann Kontakt beim Einchecken in eine Notunterkunft aufgenommen. Er ist seit 10 Jahren drogenabhängig, wirkt sehr krank mit Abszessen an den Armen und Beinen, ungesunder Hautfarbe, ist sehr fahrig. Er hat sich überreden lassen, am nächsten Tag in die Beratungsstelle zu kommen; die Beraterin hat ihm versprechen müssen, dass sie alle seine Angaben strikt vertraulich behandelt und niemandem etwas weitersagt. Er ist in Deutschland geboren und spricht breites Hessisch, er hat die Hauptschule abgeschlossen und die Berufsausbildung abgebrochen, und er hat einige Jahre verschiedene Aushilfsjobs vor allem bei Verwandten übernommen. Die Eltern stammen aus der Türkei und leben seit gut 40 Jahren in Deutschland. Sie sind empört darüber, dass ihr Sohn drogenabhängig geworden ist. Sie haben ihn anfangs, als sie merkten, dass er Drogen nahm, für einige Zeit zu Verwandten in die Türkei geschickt; er hat es dort aber nicht ausgehalten und ist sehr schnell wieder weggelaufen und nach Deutschland zurückgekehrt. Er spricht auch nur schlecht Türkisch und hatte es schwer, sich dort überhaupt verständlich zu machen. Seit dieser Zeit hat er keinen Kontakt mehr zu seiner Familie, was ihm schwer zu schaffen macht. Er lebt von Kleinkriminalität und Drogenhandel und hat sehr große Angst, dass er von der Polizei erwischt wird, weil er sich vor der Abschiebung fürchtet. Er weiß nicht, wie es um seinen Aufenthaltsstatus steht. Es geht ihm jetzt so schlecht, dass er dringend Hilfe braucht, er weiß aber nicht, was er für sich tun kann, ohne aufzufliegen.

Problemanalyse: Die sozioökonomische und rechtliche Situation des Klienten ist ungesichert; er lebt auf der Straße, hat kein geregeltes Einkommen, erhält keine Sozialhilfe und sein Aufenthaltsstatus in Deutschland ist unbekannt. Drogenabhängigkeit und andere mögliche Krankheiten. Kriminalität und Drogenhandel.

Stärken des Klienten: Organisierung des Lebensalltags in einer insgesamt gesehen »feindlichen Umwelt«, bislang nicht strafrechtlich aufgefallen.

Wichtigste Probleme aus Sicht des Klienten: Klärung des Aufenthaltsstatus, finanzielle Unterstürzung.

Problembelastungen aus Sicht der Beratung in folgenden Bereichen: Gesundheit, finanzielle Situation und zukünftige Erwerbssituation, Probleme wegen krimineller Handlungen, Beziehung zur Familie.
Vor jeder weiteren Beratungsarbeit ist der Aufenthaltsstatus des Klienten zu klären. Dazu muss die Beraterin zu anderen Institutionen Kontakt aufnehmen, und das setzt voraus, dass der Klient bereit ist, eine Schweigepflichtsentbindung zu akzeptieren. Es kann sein, dass er den Kontakt mit der Beraterin abbricht, wenn das zur Sprache kommt.

Beispiel 6: Eine 50-jährige Frau kommt in die Beratungsstelle. Sie hat mehrfach angerufen und um einen Termin gebeten, sie wirkt aufgeregt und insistiert darauf, umgehend einen Termin zur Beratung zu bekommen. Aus den Telefonanrufen ist bekannt, dass sie selbst keine Probleme mit psychoaktiven Substanzen hat, dass aber ihr Mann Alkoholiker sein soll. Sie ist nicht berufstätig, hat zwei erwachsene und selbstständige Kinder. Der Mann ist berufstätig, musste aber wegen seiner Alkoholprobleme mehrfach die Stelle wechseln. Im Erstgespräch wird deutlich, dass die Klientin sowohl ökonomisch wie auch psychisch auf ihren Mann angewiesen ist. Allerdings ist sie im Alltag dominant, macht klar, dass der Mann »nichts recht macht« und wegen seiner Alkoholprobleme ein Versager ist. Die Klientin war noch nie erwerbstätig und kann sich auch nicht vorstellen, selbst für ihren Lebensunterhalt zu sorgen. Sie ist aber ehrenamtlich stark engagiert. Die Familie wohnt im eigenen Haus. Sie sagt, man habe keine Schulden. Nach ihrer Darstellung ist die Alkoholabhängigkeit des Mannes manifest. Dennoch ist er erwerbstätig; er ist deshalb auch ständig mit dem Auto unterwegs, oft auch, wenn er getrunken hat. Sie ärgert sich sehr über ihren Mann, macht sich aber auch große Sorgen um ihn, weiß nicht, was sie tun kann, um die Situation zu verändern.

Problemanalyse: Die sozioökonomische Situation der Klientin ist stabil, aber riskant, da vom Einkommen des Ehemanns abhängig. Abgeschlossene Berufsausbildung, aber keinerlei Erfahrung in der Erwerbsarbeit. Seit 30 Jahren Hausfrau, zwei erwachsene Kinder.

Wichtigste Probleme aus der Sicht der Klientin: Alkoholabhängigkeit des Ehemanns, seine gesundheitliche Gefährdung durch Alkohol sowie im Straßenverkehr.

Stärken der Klientin: Zusammenhalt der Familie; Erziehung der Kinder; starkes soziales Engagement sowie gute soziale Netzwerke; sucht aktiv nach Hilfen.

Problembelastungen aus Sicht der Beratung in folgenden Bereichen: ökonomische und psychische Abhängigkeit vom Ehemann bei gleichzeitiger emotionaler Dominanz in der Ehe und der Familie; Selbstbild und eigene Rolle in der Beziehung zum Ehemann; Alkoholabhängigkeit des Ehemanns.

Problemstellung

Die verschiedenen Schritte der Problemanalyse müssen schließlich zu einer ganzheitlich angelegten Problemstellung zusammengefasst werden. Im Einzelnen geht es um Folgendes:

- Benennung, Abgrenzung und Ordnung der Probleme;
- Gewichtung nach Dringlichkeit;
- Überprüfung der Veränderungsmotivation von Klientin oder Klient in den einzelnen Lebensbereichen und vorläufige Abschätzung der Erfolgsaussichten bei der Problembearbeitung.

Wie aus den Fallbeispielen hervorgeht, lassen sich jeweils unterschiedliche Problembelastungen herausarbeiten. In Zusammenarbeit mit der Klientin oder dem Klienten sind diese zu benennen, gegeneinander abzugrenzen, zu ordnen und nach ihrer Dringlichkeit zu gewichten. Auch wenn die Problemwahrnehmungen der Klientin oder des Klienten und der Beratenden auseinander fallen, wie in den Fallbeispielen 4 und 6, entscheidet die Klientin über die Problemhierarchie. Die Diskussion über die Probleme und die Dringlichkeit ihrer Bearbeitung eröffnet den Beratenden die Möglichkeit, der Klientel ihre Sicht der Problembelastungen vorzustellen und zu begründen. Sie müssen aber auch offen sein für die Problemsicht der Klientel, die durchaus anders ausfallen kann.

Die Abklärung der Veränderungsmotivation sowie die Abschätzung der Erfolgsaussichten bei der Problembearbeitung helfen beiden Seiten, die Sachlage ohne viel Beschönigung zu betrachten. Hat sich eine Klientin oder ein Klient im Elend oder der Illegalität eingerichtet, muss die Motivation zur Veränderung erst aufgebaut werden. Resignation und das Bewusstsein, in der Illegalität überleben zu können, behindern zwar die Veränderung, sie sind aber nicht unüberwindlich. Beratende, die mit resignierten Frauen und Männern arbeiten, müssen in jedem Einzelfall nach Wegen und Mitteln suchen, um deren Veränderungsmotivation zu aktivieren.

Die Problemanalyse ist beendet, wenn eines oder mehrere Probleme benannt sind, ihre Ordnung zueinander bestimmt, die Dringlichkeit der Bearbeitung festgelegt ist und die Klientin oder der Klient motiviert ist, sich auf die Bearbeitung des ersten Problems aktiv einzulassen.

Beispiel 7: Die Klientin ist 39 Jahre alt. Mit 17 Schwangerschaft. Die Eltern erzwangen eine Freigabe des Kindes zur Adoption. Mit 19 initiiert sie ihr damaliger Freund, den sie kurz danach heiratet, in den Konsum von Kokain und Heroin. Erste Eheschließung mit 19 Jahren, Scheidung nach drei Jahren (»wegen eines Seitensprungs«); zweite Eheschließung mit 28, Tod des Ehemanns nach sechs Jahren (Überdosis Drogen). Hat zurzeit einen Freund, den sie »nicht so liebt« wie ihre Ehemänner, mit dem sie aber zusammenlebt, weil sie sich vor dem Alleinsein fürchtet. Seit 20 Jahren mit Unterbrechung durch Abstinenzphasen drogenabhängig. Bevorzugte Drogen: Heroin, andere Opiate, Kokain, Crack. Mindestens drei Verurteilungen wegen Verstößen gegen das BtMG mit anschließender Haft. In der Haft entwickelt sie Haftpsychosen bzw. schwere körperliche Krankheiten, die regelmäßig zu einer Haftverschonung führen. Nach Haft sowie nach Therapie meist sehr schnell Rückfall. Seit neun Jahren mit Unterbrechungen (durch Haft, Therapie) in einem Methadonprogramm mit sehr hoher Einzeldosierung. Zurzeit kein Konsum anderer Drogen. Sie lebt zurzeit (allein) in einer betreuten Wohngemeinschaft für medikamentengestützte Drogenabhängige ohne Beikonsum. Sie besucht ihren Freund immer mal wieder. Sie plant, sich demnächst um eine neue Wohnung zu bemühen.
Die Klientin hat eine komplizierte Krankengeschichte, die bis in die Kindheit zurückreicht. Sie hat »einen Nierenschaden« seit ihrer Geburt. Seit Beginn ihrer Drogenabhängigkeit mehrere hepatische Erkrankungen. Seit 14 Jahren HIV-positiv und Behandlung mit entsprechenden Medikamenten. Behandlung der Drogenabhängigkeit mit hohen Dosen Metha-

don. Wenn Beikonsum, dann Kokain und Crack und manchmal Heroin. Asthmaanfälle.

Nach der Schwangerschaft und der Adoption der Tochter verließ die Klientin ihr Elternhaus. Sie hat seither nur noch sporadisch Kontakt zu den Eltern und den beiden Brüdern; seit zehn Jahren überhaupt kein Kontakt zur Familie. Vor zwei Jahren erster Kontakt zu ihrer Tochter (die damals 20 Jahre alt war), den sie lose weiterführt. Seit dem Tod des letzen Ehemanns keine Bezugsperson, auf die sie sich »emotional verlassen kann«. Hat sehr viele »Freunde« unter den Drogenabhängigen, von denen sie die meisten seit vielen Jahren kennt. Keine Kontakte zu Personen außerhalb der Drogenszene.

Keine Berufsausbildung, hier und da Gelegenheitsjobs, meist in Bars. Beschaffung der Geldmittel für die Drogen meist mit Dealen, Kaufhausdiebstählen, Einbrüchen sowie dem Geld vom Sozialamt.

Problemanalyse: Die sozioökonomische Situation der Klientin ist gekennzeichnet von Armut und Elend. Tendenziell ist sie obdachlos.

Gesundheit: Seit 20 Jahren drogenabhängig (Heroin, andere Opiate, Kokain, Crack), seit 14 Jahren HIV-positiv, seit 9 Jahren in medikamentengestützter Behandlung (Methadon). Zusätzliche gesundheitliche Beeinträchtigungen: »Nierenschäden«, Spätfolgen hepatischer Erkrankungen, Asthmaanfälle, »Haftpsychosen«.

Kriminalität: mehrere Verurteilungen, mehrere Haftstrafen, Dealen mit illegalen Drogen, Diebstähle, Einbrüche.

Die Selbstdarstellung der Klientin legt die Vermutung nahe, dass Schwangerschaft und erzwungene Adoption des Kindes zu den auslösenden Faktoren der Drogenkarriere und zum Bruch mit der Familie/den sozialen Normen gehören. Dieser Sachverhalt ist in weiteren Gesprächen zu vertiefen, wenn sich das als wichtig für die Hilfeplanung erweist.

Stärken der Klientin: Überlebenswille, Zukunftspläne.

Problembelastungen aus der Sicht der Beratung in folgenden Bereichen: Drogenabhängigkeit mit chronischem Verlauf, Posttraumatische Belastungsstörung mit chronischem Verlauf (als Folge der Schwangerschaft und der erzwungenen Adoption des Kindes sowie des Todes des zweiten Ehemanns; muss diagnostisch weiter abgeklärt werden), mehrere schwere körperliche Erkrankungen mit chronischem Verlauf; Beziehung zum Freund und schwache soziale Netzwerke; schlechte sozioökonomische Lage; kriminelle Belastungen; mögliche Überschätzung der Selbstwirksamkeit.

Problemstellung nach Dringlichkeit und erste Überlegungen zur Veränderungs- und Hilfeplanung

Primäre Ziele:

1. Wohnsituation: Es muss überprüft werden, ob die Klientin in der Lage ist, allein in einer Wohnung zu leben. Zu beachten ist hier: Der schlechte Gesundheitszustand der Klientin, ihre Angst vor dem Alleinsein, ihre Schwierigkeiten, soziale Normen zu akzeptieren, erschweren es ihr, allein in einer Wohnung zu leben. Zusammen mit der Klientin sollte nach alternativen Wohnmöglichkeiten gesucht werden (z. B. Wohngemeinschaften). Rollenspiel zum Zusammenleben mit anderen durchführen. Vernetzung mit psychiatrischen Selbsthilfegruppen einleiten.

2. Drogenabhängigkeit: Die Klientin muss in ihren Bemühungen, auf Drogen wie Kokain/Crack und Heroin zu verzichten, unterstützt werden. Rückfallprävention vorbereiten und trainieren.

3. Soziales Netzwerk/Tagesstrukturierung: Die Klientin ist nach 20 Jahren Drogenabhängigkeit nicht allein in der Lage, ihren Tagesablauf zu strukturieren. Eine Einbindung in Beschäftigungsprojekte (Tagelöhnerarbeit) oder in eine schützende Werkstatt könnte ihr helfen, den Tag mit Inhalt auszufüllen. Vernetzung mit entsprechenden Institutionen herstellen.

4. Kontakt zu Angehörigen: Wenn von der Klientin gewünscht, Hilfen zur Stabilisierung der Kontakte zur Toch-

ter anbieten. Falls Bedarf besteht, Kontaktaufnahme mit den Eltern vorbereiten.

5. Gesundheit: Unterstützung bei Arztkontakten; Vernetzung mit den Ärzten, um bessere Hilfenetzwerke aufzubauen.

6. Vermittlung in Psychotherapie zur Bearbeitung der Posttraumatischen Belastungsstörungen der Klientin.

Beispiel 8: Der Klient ist 48 Jahre alt. Seine Eltern betrieben eine Gastwirtschaft auf dem Lande, wo der Klient zusammen mit seinen zwei Geschwistern, einer älteren und einer jüngeren Schwester, aufgewachsen ist. Die Mutter wollte immer, dass der Sohn »etwas wird«, dass er es besser haben sollte als die Eltern. Sie trieb ihn immer an, kontrollierte seine Schulaufgaben und sorgte auf ihre Weise dafür, dass er immerhin die Realschule (statt des Gymnasiums) beendete. Er beschreibt seine Mutter als »fordernd und hart«, aber auch als »verwöhnend«. Der Vater war sehr streng, schlug zu, wenn er oder die Schwestern nicht parierten, kümmerte sich aber sonst nicht um ihn. Schon früh erlebte er sich als Versager, der nicht in der Lage war, die Erwartungen seiner Mutter und später seiner Frau und seiner Tochter zu erfüllen.

Nach der Schule wird er Industriekaufmann, geht anschließend für drei Jahre zur Bundeswehr und dann zurück in seinen Beruf und arbeitet zehn Jahre bei einer großen Kaufhauskette. Während der Zeit beim Bund hat er regelmäßig sehr viel getrunken, was aber nicht aufgefallen ist, da alle anderen ebenfalls sehr viel getrunken haben. In den Jahren danach hat er den Konsum deutlich reduziert; am wenigsten hat er getrunken, als er seine Frau kennen gelernt hat. Nach der Geburt der Tochter, auf die er sich sehr gefreut hat, hat er wieder mehr getrunken, weil seine Frau weniger Zeit für ihn hatte. Er war häufig mit Arbeitskollegen zusammen und hat dann auch recht viel getrunken. Später hat er dann schon mal während der Arbeitszeit ein Bier getrunken. Mit ca. 35 Jahren hatte er in angetrunkenem Zustand einen schweren Autounfall. Sein Arbeitgeber drängte auf eine Behandlung; er ging daraufhin in eine Beratungsstelle, die ihn an eine Selbsthilfegruppe verwiesen hat. Er besuchte ein paar Mal die Gruppe, blieb dann weg, weil »sie ihm nichts brachte«. Er hält sich noch einige Jahre in der Firma, wird aber nach mehreren Abmahnungen wegen Trunkenheit am Arbeitsplatz mit ca. 40 Jahren gekündigt. Danach hat er immer mal wieder Gelegenheitsjobs, kann aber nirgends Fuß fassen, weil er sehr häufig betrunken zur Arbeit kommt oder sich im Laufe der Arbeitszeit betrinkt. Zurzeit trinkt er 5 bis 10 Flaschen Bier am Tag und an »guten Tagen« noch eine halbe Flasche Korn.

Erste und einzige Eheschließung mit 28 Jahren, Geburt der Tochter mit 30 Jahren. Nach dem Unfall verschlechtert sich die Beziehung zur Ehefrau ständig. Wenn er betrunken nach Hause kommt, schlägt er sie gelegentlich. Auch die Tochter ist mehrfach in die Auseinandersetzungen der Eltern hineingezogen worden und hat dann auch Schläge abbekommen. Seine Frau macht ihm ständig Vorwürfe, hat sich aber bis jetzt noch nicht von ihm getrennt, obwohl sie das schon mehrfach angekündigt hat. Sie ist auch diejenige, die für die finanzielle Grundsicherung der Familie sorgt.

Auf Anraten seines Sachbearbeiters im Arbeitsamt kommt er in die Beratungsstelle. Er erwartet sich nicht viel von der Beratung, die ja auch beim ersten Mal nichts gebracht hat. Er versteht auch nicht, warum alle, vor allem seine Frau, sagen, dass er Alkoholiker ist. Er findet, dass er nicht mehr trinkt als die Kumpels, mit denen er oft zusammen ist. Er hat keine Beschwerden mit Alkohol, und wenn er mal laut wird, liegt das daran, dass seine Frau ewig herumnörgelt.

Problemanalyse: Die sozioökonomische Situation des Klienten ist einerseits gut, da seine Frau für die finanzielle Grundsicherung der Familie sorgt, andererseits schlecht, da sein eigenes Einkommen unregelmäßig und gering ist. Er ist also finanziell abhängig von seiner Frau, die in letzter Zeit immer deutlicher zeigt, dass sie sich von ihm trennen will. Setzt sie diesen Plan um, droht ihm Obdachlosigkeit.

Seine Erwerbssituation ist ungesichert.

Erste Phase von Alkoholmissbrauch (und Abhängigkeit?) während der Zeit in der Bundeswehr; zweite Phase von Alkoholmissbrauch beginnt mit 30 Jahren, steigert sich schnell und hält bis heute an. Unter Alkoholeinfluss unkontrolliert (Unfall) und gelegentlich gewalttätig gegen Frau und Tochter. Er hält sich bedeckt, wenn es um diese Gewalttätigkeiten geht. Es gibt Hinweise darauf, dass er die Frau mindestens einmal so schwer verletzt hat, dass sie behandelt werden musste.

Er kommt auf äußeren Druck in die Beratungsstelle und steht den Beratungsangeboten skeptisch gegenüber.

Stärken des Klienten: Seine Frau hält (noch) zu ihm; der soziale Abstieg ist (noch) gebremst, er hat (noch) ein soziales Netzwerk.

Problembelastungen aus der Sicht der Beratung in folgenden Bereichen: Alkoholabhängigkeit mit chronischem Verlauf und damit zusammenhängend Gewalttätigkeiten gegenüber Frau und Tochter; unklare medizinische Folgen der Alkoholabhängigkeit (sollte medizinisch abgeklärt werden); Probleme mit dem Beruf; Probleme in der Beziehung zur Frau; wenig Zukunftserwartungen; keine bis geringe Veränderungsmotivation in allen Problembereichen.

Problemstellung nach Dringlichkeit und erste Überlegungen zur Veränderungs- und Hilfeplanung:

1. Behandlung der Alkoholabhängigkeit. Im Verlauf der ersten Gespräche haben sich jedoch nur sehr schwache Anzeichen dafür ergeben, dass der Klient an einer Veränderung interessiert ist. Er befindet sich aktuell im Stadium der Absichtslosigkeit, muss also in der Beratung behutsam motiviert werden (Techniken: aktives Zuhören und offene Fragen stellen, Ambivalenzen erkennen und Diskrepanzen aufzeigen; Entscheidungswaage; Informationen vermitteln). Auf medizinische Abklärung von gesundheitlichen

Problemen durch fortgesetzten Alkoholmissbrauch hinarbeiten.
2. Beziehung zur Ehefrau verbessern, z. B. eine Paartherapie
anregen.
3. Probleme mit dem Beruf thematisieren und bearbeiten.
4. Entwicklung von Zukunftsvorstellungen.

Im Anschluss an die Problemanalyse, die die Beratenden aus
praktischen und methodischen Gründen in der Regel allein vornehmen bzw. in der Intervision oder in Qualitätszirkeln, jedoch
ohne die Klientinnen und Klienten, geht es darum, diese in die
weiteren Beratungen sehr eng einzubeziehen, mit ihnen zusammen Hilfepläne auszuarbeiten.

Veränderungs- und Hilfeplan

Wenn Veränderungsmotivation vorhanden ist, auch wenn es
sich nur um anscheinend kleine Änderungsabsichten handelt,
befindet man sich im Übergang vom Stadium der Absichtsbildung in das der Vorbereitung bzw. der Handlung. Damit sind
die Bedingungen erfüllt für einen Veränderungs- und Hilfeplan.
Da die Klientinnen und Klienten die Veränderungsarbeit leisten
müssen, bestimmen sie, welche Teilziele und Ziele definiert und
angegangen werden. Die Erarbeitung der Veränderungs- und
Hilfeplanung setzt also eine enge Zusammenarbeit mit dem
Klienten und der Klientin voraus. Die oft noch recht diffusen
Veränderungswünsche der Klientinnen und Klienten werden damit in zielgerichtetes Handeln übersetzt. Der diffuse Wunsch
danach, weniger Alkohol zu konsumieren oder den Kontakt zu
den Mitgliedern der Herkunftsfamilie wieder aufzunehmen,
muss in klare und operationalisierte Schritte übersetzt werden.
Diese müssen in Verbindung zu vorhandenen und zu erschlie-
ßenden Ressourcen gebracht werden.

Ziele sollen einfach formuliert sein. Geht es um Wohnen,
kann das Ziel heißen: »Wohnung suchen und in eigener Woh-

nung leben lernen«. Zur Wohnungssuche gehören konkrete Schritte wie: »zum Wohnungsamt gehen; eine Anzeige an das Schwarze Brett des nächsten Supermarktes wegen einer Wohnung heften; Freunde und Bekannte auf eigenen Wohnungsbedarf ansprechen«. Klienten/innen sollen aktiv mitarbeiten, wenn es um die Festlegung der *Arbeitsaufträge* geht, die sie als Aufgaben übernehmen und in einer bestimmten Zeit erledigen. Das setzt voraus, dass sie das auch können. Soweit die Fähigkeiten und Fertigkeiten der Klientel noch nicht abgefragt worden sind, muss dies vor bzw. mit der Formulierung des Hilfeplans nachgeholt werden[30].

Auch das soziale Netzwerk der Klienten/innen soll für den Hilfeplan aktiviert werden. Der Klient und die Klientin sollen also ganz genau überlegen, welche Personen und darüber hinaus welche Ämter oder Institutionen bei der Verfolgung der Ziele hilfreich sein können, bei wem sie sich welche Unterstützung holen können. Und sie sollen festlegen, wann sie was machen wollen.

Die Hilfeplanung ist keine Einbahnstraße; nicht nur die Klienten/innen übernehmen Aufgaben, sondern auch die Beratenden. Dazu gehören vor allem Aufgaben der Vernetzung und des Trainings von spezifischen Fähigkeiten und Fertigkeiten, die die Klientel zur Erreichung ihrer Ziele benötigt.

---

30 Wer nicht oder schlecht lesen und schreiben kann, kann in der Regel Anträge nicht allein ausfüllen. Es nützt also wenig, wenn sich ein Klient vornimmt, in einer bestimmten Zeit auf dem Wohnungsamt einen Antrag für Wohnungshilfe abzuholen und auszufüllen, da ihm dazu die Fähigkeiten fehlen. Misserfolg ist damit vorprogrammiert. Dieser sollte jedoch vermieden werden. In der Praxis hat man es häufiger als erwartet mit Personen zu tun, die Schwierigkeiten mit dem Lesen und Schreiben haben. Meist steht darüber nichts in den Akten, da die Betroffenen längst eine Reihe von Techniken gelernt haben, mit denen sie ihre fehlenden Fähigkeiten verschleiern können. Ähnlich verhält es sich mit einer Reihe von weiteren Kompetenzen. Je nach Sachlage sollte an gezielte Kompetenztrainings in verschiedenen Verhaltensbereichen gedacht werden, insbesondere in den Bereichen Hygiene, Wohnen-Lernen und Kommunikation.

Tab. 6.7.: Hilfe- und Veränderungsplan					
Datum Hilfeplan					
Klient/in					**Berater/in**
Meine Ziele	**Was muss ich tun, um das Ziel zu erreichen?**	**Welche Personen können mir dabei helfen?**	**Welche Ämter oder Einrichtungen können mir dabei helfen?**	**Wann mache ich was?**	**Welche Aufgaben übernimmt der Berater?**
Ziel 1					
Ziel 2					
Ziel 3					
Nächster Termin für Hilfeplanprüfung:					

Werden Teilziele, die sich ein Klient für einen bestimmten Zeitraum vorgenommen hat, nicht erreicht, muss genau untersucht werden, woran es gelegen hat, dass er die dafür notwendigen Schritte nicht gehen konnte. Es reicht nicht aus, wenn Klientinnen und Klienten zur Begründung, warum sie bestimmte Handlungen nicht unternommen haben, sagen, dass ihnen der Konsum von Drogen wichtiger war. Vielmehr ist herauszufinden, welche Stimmungen und Umstände dazu geführt haben, dass sie sich so und nicht anders verhalten haben.

Aus Misserfolgen ist freilich nicht der Schluss zu ziehen, das die Klienten/innen es »ohnehin nicht schaffen« werden, sondern es ist zu überlegen, ob die Schritte richtig gewählt waren, ob die Mittel und Wege, sie zu erreichen, optimal waren und ob es andere Ansätze gibt, die in diesem Fall erfolgversprechender sind. Teilziele, die Klientinnen und Klienten erreichen, stärken die Selbstwirksamkeitserwartungen, was wiederum die Veränderungsmotivation ankurbelt. Gerade darum ist es so wichtig, die Schritte auf dem Weg zum Ziel so zu planen, dass die Klientinnen und Klienten sie auch gehen können.

Wie aus dem Ablaufschema von **MOCA** hervorgeht, ist eine Qualitätssicherungsschleife in den Hilfeplan eingebaut, insofern dieser in regelmäßigen Abständen überprüft werden soll. Der Termin für die Überprüfung wird jeweils festgelegt. Hilfepläne werden also fortgeschrieben; als probat hat sich eine Überprüfung jeweils nach drei Monate erwiesen.

Übernehmen die Beratenden Vernetzungsaufgaben, dann sind die Datenschutzbestimmungen zu berücksichtigen. Sehr oft wird es nötig sein, die Klienten/innen um eine Schweigepflichtsentbindung zu bitten.

In manchen Fällen wird es nötig sein, die Vernetzung auf eine andere Grundlage zu stellen. Dazu eignen sich **Hilfeplankonferenzen**[31], die dann ganz gezielt von den Beratenden einzuberufen sind. Da die Einberufung einer Hilfeplankonferenz in der Suchthilfe nicht vorgeschrieben ist, es sich vielmehr um freiwillige Leistungen und Formen der Zusammenarbeit handelt, müssen Beraterinnen und Berater, die mehrere Beteiligte an einen Tisch bringen wollen, um Hilfeleistungen abzuklären, darum werben. Sie müssen also Kolleginnen und Kollegen sowie anderen Helfern verständlich machen, welchen Gewinn eine Hilfeplankonferenz für sie hat, in welcher Weise diese das Behandlungskonzept befördern und positiv beeinflussen kann.

---

31 Hilfeplankonferenzen sind lediglich in der Jugendhilfe verpflichtend festgelegt (vgl. § 36, Absatz 2 und 3 des KJHG). Wenn im Folgenden also von Hilfeplankonferenzen gesprochen wird, handelt es sich in der Regel um freiwillige Zusammenkünfte und um freiwillig vereinbarte Zusammenarbeit der verschiedenen Institutionen mit den Betroffenen und mit Laienhelfern oder Familienangehörigen.

Im besten Fall können alle am Fall Beteiligten in der Hilfeplankonferenz in enger Zusammenarbeit mit der Klientin oder dem Klienten ein gemeinsames Verständnis über die aktuelle Lage und die anstehenden Aufgaben erarbeiten. Dabei ist behutsam vorzugehen: Es geht nicht darum, aus der Sicht der verschiedenen Professionen die Schwächen der Betroffenen zu beleuchten, sondern vielmehr darum, deren Stärken und Ressourcen herauszuarbeiten, an diese anzuknüpfen und ihre Chancen zur Veränderung zu stärken. Gelingt es, eine positive Atmosphäre herzustellen, können alle Beteiligten Vorgehen, Zuständigkeiten, Aufgabenverteilung und den Zeitrahmen bestimmen. Die Ergebnisse der Konferenz sollten schriftlich festgehalten werden; sie sind dann Teil des Veränderungs- und Hilfeplans.

Hilfeplankonferenzen müssen sehr gut vorbereitet werden, damit sie überhaupt zustande kommen und damit sie für alle Beteiligten, insbesondere die Klientinnen und Klienten, positiv verlaufen. Die Beratenden haben dabei **anwaltliche Funktionen** für ihre Klientel, deren Interesse sie ja auch gegenüber den Helfern aus anderen Institutionen, zum Beispiel aus einer Sozialbehörde, der Gerichtshilfe, einer Nachsorgeinstitution usw., aber auch gegenüber Laienhelfern oder Familienangehörigen, mitvertreten. Selbstverständlich haben die Klientinnen und Klienten gleiches Mitspracherecht wie alle anderen Beteiligten an der Hilfeplankonferenz. Allerdings reagieren viele von ihnen auf die geballte Expertenmacht mit Ängsten, die leicht umschlagen können in Trotz und Aggression. Es ist ratsam, im Vorfeld von Hilfeplankonferenzen mit den Klientinnen und Klienten Rollenspiele durchzuführen, um den Verlauf des Treffens zu optimieren.

Wer Hilfeplankonferenzen einberuft, ist für deren Organisation zuständig. Die Beratenden bereiten also die Konferenz vor, sprechen Termine ab, übernehmen den Schriftverkehr, wählen den Ort für das Treffen aus, stellen die Tagesordnung zusammen, moderieren diese und führen Protokoll, das sie an alle Beteiligten versenden. Dazu kommen im Nachgang weitere Managementaufgaben, zum Beispiel das Erinnern von zugesagten Hilfen anderer Dienste usw. Es handelt sich dabei um originäre und typische Aufgaben von Case Management (Oliva et al. 2001).

Wie schon in den vorherigen Abschnitten ausgeführt, geht es immer wieder um aktives Zuhören, das Stellen von offenen Fragen, Zusammenfassungen, Bestätigungen, Feedback, und das Aufzeigen von Ambivalenzen bzw. von Diskrepanzen zwischen der aktuellen Lebensweise und den Zukunftswünschen. Weitere Techniken sind u. a. die folgenden.

Selbstmotivierende Aussagen hervorrufen

MOCA hat das Ziel, Klientinnen und Klienten dabei zu helfen, gute Gründe für eine Verhaltensänderung zu finden. Soziale extrinsische und intrinsische Gründe motivieren dazu, Veränderungen anzugehen und Verführungssituationen auszuhalten. Selbstmotivierenden Aussagen kommt dabei besondere Bedeutung zu.

Einige Beispiele für typische selbstmotivierende Aussagen

K: »Wenn ich so darüber nachdenke, wird mir klar, dass mein Alkoholkonsum einfach zu hoch ist.
- Wenn ich nicht aufhöre zu koksen, nutzt die ganze Umschuldung nichts, da ich ja sowieso das ganze Geld in Kokain umsetze.
- Es wird höchste Zeit für mich, anders mit meiner Freundin umzugehen, sonst verlässt sie mich eines Tages doch noch.
- Diese Arbeitsstelle will ich nicht wieder verlieren! Was kann ich tun, um nicht ständig zu spät zu kommen?
- Ich habe mich entschieden, und jetzt ziehe ich das auch durch!
- Diesmal schaffe ich es! Ich schaffe es, nicht wieder rückfällig zu werden!«

Einige Beispiele für Fragen, die selbstmotivierende Aussagen hervorrufen können

B: »Warum denken Sie, dass Sie weniger Alkohol trinken sollen?
- Warum machen Sie sich Sorgen wegen der Bewährungsauflagen?
- Wenn Sie einmal in die Zukunft blicken: Wie möchten Sie gerne in zehn Jahren leben? ... Und was müssen Sie dafür tun?«

Für alle selbstmotivierenden Aussagen gilt: Sie kommen nicht so leicht und so oft vor, wie man das gerne hätte. Deshalb müssen die Beratenden aufmerksam sein und Hinweise auf selbstmotivierende Aussagen im Gespräch aufgreifen, rückmelden und mit geeigneten Methoden verstärken (z. B. mit Bestätigungen und Feedbacks sowie in Zusammenfassungen).

Als besonders geeignet zur Aufdeckung von Ambivalenzen, aber auch von Selbstmotivation hat sich das Verfahren »Entscheidungswaage« erwiesen.

Entscheidungswaage

Kennzeichnend für ambivalente Einstellungen und schwierige Zielfindungsprozesse ist, dass es Gründe für und gegen ein bestimmtes Verhalten gibt. Oft halten sie sich »die Waage«, was dazu führen kann, dass die Betroffenen in ihrer Entscheidung gelähmt sind und darum einfach so weitermachen wie bisher. Verändert sich dagegen etwas, kommt es vor, dass eine Seite »an Gewicht« gewinnt, dann entsteht Bewegung. Einerseits weiß ein Abhängiger, der seit Jahren Kokain nimmt, dass er seinen Drogenkonsum zumindest reduzieren muss, will er nicht ständig Geld-, Gesundheits- und andere Sorgen haben. Andererseits ist jeder einzelne Konsumvorgang lustvoll genug, um genügend Gründe für den nächsten Konsum zu liefern.

Ambivalente Einstellungen können mit der Technik der Entscheidungswaage offen gelegt und bewertet werden. Die Klientinnen und Klienten werden aufgefordert, die positiven Seiten verschiedener problematischen Verhaltensweisen zu benennen, dann die negativen. Sie sollen also Gründe zusammentragen, die dafür sprechen, dass sie zum Beispiel weiterhin viel Alkohol trinken, Crack rauchen usw., und festhalten was die Kosten davon sind. Anschließend sollen sie sagen, was dafür spricht, das Verhalten zu ändern, und was dann die Kosten sind.

Wichtig bei dieser Übung ist es, nicht nur die Vorteile der Verhaltensänderung und die Nachteile des Fortsetzens der gewohnten Verhaltensweisen aufzuzählen, sondern auch die Vorteile, wenn es nicht zu einer Verhaltensänderung kommt, und die Nachteile, wenn es zu einer kommt. Es handelt sich also im Kleinen um eine Kosten-Nutzen-Abwägung: Was gewinne ich, wenn ich so weitermache wie bisher, und was kostet mich das, und was gewinne ich, wenn ich mich verändere, und welche Kosten entstehen dabei. Am besten ist es, die jeweiligen Nutzen und die Kosten schriftlich festzuhalten.

Es kann hilfreich sein, wenn die Beratenden alles aufzählen, was gegen eine Verhaltensänderung spricht. Meist führt das zu einem Verhaltensumschlag bei den Klienten/innen, die dann mit Entschiedenheit Argumente vorbringen, die für eine Verhaltensänderung sprechen. Das stärkt indirekt ihre Veränderungsmotivation und gibt ihnen zudem das Gefühl, dass sie nicht »über den Tisch« gezogen werden.

Tab. 6.8.: Entscheidungswaage	
Vorteile beim Fortsetzen des bisherigen Verhaltens: Wenn ich weiterhin …	**Nachteile beim Fortsetzen des bisherigen Verhaltens:** Wenn ich weiterhin … ....
Nachteile bei der Veränderung des bisherigenVerhaltens: Wenn ich …	**Vorteile bei der Veränderung des bisherigen Verhaltens:** Wenn ich … ....

Sind die einzelnen Vorteile und Nachteile der verschiedenen Optionen offen gelegt, werden sie diskutierbar und sind nicht mehr in einem diffusen Gefühlssammelsurium versteckt. Bewertungen, was einem wirklich wichtig ist und worauf man vielleicht doch verzichten könnte, werden damit erleichtert. Allerdings sollte man nie erwarten, dass die Schlussfolgerungen, die Klientinnen und Klienten aus der Entscheidungswaage ziehen, identisch sind mit ihren Zielvorstellungen. Die Bedeutung, die Menschen Zielen zuordnen, variieren nach sozialem Kontext und individuellen Wertvorstellungen. In gewisser Hinsicht sind Zielvorstellungen also »flüssig«; sie passen sich den Lebensumständen an. Dazu kommt, dass Menschen, die ihre Selbstachtung verloren haben, bestimmten positiven Zielen wenig Bedeutung zumessen (Miller & Rollnick 1999) nach dem Motto: »Ja, ich weiß, dass ich mich selbst damit umbringe, aber was soll's?« Manchmal ist zunächst der Aufbau von Selbstachtung notwendig, damit überhaupt Veränderungsmotivation entstehen kann.

Arbeitsaufträge und (Haus-)Aufgaben

Schon bei den Erhebungen zur Lebenswelt kann es notwendig und sinnvoll sein, die Klientinnen und Klienten darum zu bitten, von Beratungstermin zu Beratungstermin kleine Aufgaben zu erfüllen. Dazu gehören die Verfahren der Selbstbeobachtung, also das Anfertigen von Protokollen, um genauer zu bestimmen, wann bestimmte Zustände gehäuft auftreten, wann und wie bestimmte Verhaltensweisen ablaufen usw. Es handelt sich dabei um typische Hausaufgaben, die am Ende eines Gesprächs zwischen den Interaktionspartnern verabredet werden. Die Klientin oder der Klient sagt zu, dass sie oder er diese Aufgaben erfüllen will.

Im Laufe einer Beratung muss immer von neuem ausgehandelt werden, welche Aufgaben die Klientin oder der Klient von Woche zu Woche übernimmt. Oft ist der Rückgriff auf den Hilfeplan nützlich, in dem die Klienten/innen ja festgelegt haben, was sie in welchem Zeitraum tun und erreichen wollen. Arbeitsaufträge sollen die Handlungsbereitschaft der Klientin oder des Klienten stärken. Sie müssen daher so zugeschnitten sein, dass sie auch bewältigt werden können, dass es zu Erfolgserlebnissen kommt. Die Beratenden sind also gefordert, bei der Formulierung der Aufgaben darauf zu achten, dass sich Klienten/innen nicht überfordern, sondern realistische Anforderungen übernehmen. Gelingt es, Aufgaben auszuhandeln, die in der vereinbarten Zeit bewältigt werden können, dann trägt das zur Stärkung des Selbstwertes und der Selbstwirksamkeit der Klientel bei. Die Beratenden sollen die Klienten/innen dabei unterstützen, dass sie sich den Erfolg selbst zuschreiben und laut sagen, dass sie das geschafft haben.

Beratende, die mit ihren Klienten/innen Arbeitsaufträge und Hausaufgaben aushandeln, müssen diese am Anfang jeder Beratung abfragen und entsprechend kommentieren. Wie immer geht es darum, den Erfolg zu betonen und den Misserfolg auf seine Hintergründe hin zu untersuchen.

Der nächste Schritt

Das Aushandeln von Arbeitsaufträgen und die Technik, auf den nächsten Schritt hinzuweisen, hängen eng zusammen. Bei dieser Technik geht es u. a. darum, die Kreativität der Klientinnen und Klienten zu nutzen, um Lösungswege für konkrete Probleme zu finden, wie in folgenden Beispielen.

Beispiele für den nächsten Schritt
B: »Was, meinen Sie, sollten Sie in so einer Situation tun? Was sollte sich ganz konkret ändern? Wie können Sie das angehen?
– Welche Möglichkeiten sehen Sie, was können Sie ganz konkret tun, um zu verhindern, dass Sie nach der Arbeit mit Ihren Leuten in die Kneipe ziehen und dort anfangen zu trinken? Welche Schritte bieten sich da als Erste an, um diesen Ablauf zu verändern?
– Wenn Sie an Ihrer Wohnsituation etwas ändern wollen, was können Sie als Erstes tun, was als Zweites?«

Wenn die Klientinnen und Klienten wenig einbringen, was sie tun können, um eine konkrete Situation zu verändern, bringen die Beratenden entsprechende Vorschläge ein. Sie spornen die Klientel an, den nächsten Schritt zu wagen, statt sich auf dem Erreichten auszuruhen.

Beispiele für das Anspornen zum nächsten Schritt

B: »Machen Sie einen Anfang, gehen Sie gleich morgen Vormittag zum Sozialamt und sprechen Sie mit Ihrem Sachbearbeiter darüber, dass Sie unbedingt ein neues Paar Schuhe brauchen. Wenn Ihnen diese Vorstellung Angst macht, sagen Sie es mir, wir können dann die ganze Szene hier einmal durchspielen, das hilft Ihnen und gibt Ihnen Sicherheit, damit Sie das morgen auch tun können.

– Seien Sie mutig und wagen Sie den ersten Schritt; schauen Sie, andere Klienten vor Ihnen haben das auch mit Erfolg ausprobiert.«

Ratschlag

Aus Studien zu Kurzinterventionen ist bekannt, dass Ratschläge, sofern sie in einem Klima von Akzeptanz, Empathie und Respekt vorgetragen werden, durchaus Anstöße zu wirksamen Verhaltensänderungen geben können. Das gilt sogar für den einfachen Ratschlag des Hausarztes, weniger zu trinken, zu rauchen etc. Das Modell des Arztes sollte aber in anderen Beratungsbeziehungen nicht einfach übernommen werden, zumal Klientinnen und Klienten Ratschlägen, die nicht vom Arzt kommen, recht kritisch gegenüber stehen. Dennoch spielen Ratschläge gelegentlich eine wichtige Rolle. Es kommt dabei vor allem auf den richtigen Zeitpunkt, das richtige Thema und die richtige Art und Weise an, einen Ratschlag vorzubringen. Allerdings sollten Beratende behutsam mit Ratschlägen umgehen und sie vorsichtig dosieren. Der Akzent von **MOCA** liegt darauf, dass die Klientinnen und Klienten selbst ihren Weg zur Lösung ihrer Probleme finden; die Beratenden stehen ihnen dabei zur Seite, sie unterstützen sie – aber sie geben ihnen in der Regel keine fertigen Lösungen vor.

Umstrukturierung und Perspektivwechsel

Immer, wenn man sich festgefahren hat, empfiehlt es sich, die Situation aus einer anderen Perspektive zu betrachten und den Bezugsrahmen zu verschieben. Wenn Klientinnen und Klienten aus einer bestimmten Situation heraus keinen Weg mehr wissen oder wenn sich das Gespräch zwischen ihnen und den Beratenden in einer Sackgasse befindet, hilft es, den Rahmen bzw. die Perspektive zu wechseln und das Problem in einen anderen Zusammenhang zu stellen.

> **Beispiele für Umstrukturierung und Perspektivwechsel**
> B: »Sie sagen, dass Ihre Mutter immer mit Ihnen streitet, weil Sie zu viel trinken. Das kann aber auch heißen, dass Ihre Mutter sich große Sorgen um Sie macht; sie kann das aber nicht einfach sagen, sondern nur, indem sie Ihnen Vorwürfe macht.
> – Wenn Sie mal die Position Ihres Mannes einnehmen, wie würden Sie dann Ihr Verhalten beschreiben, wenn Sie von den fröhlichen Runden mit Ihren Arbeitskollegen nach Hause kommen?«

Wahlmöglichkeiten bieten

Für die Lösung von Problemen gibt es viele Mittel und Wege, daher kann man auch immer zwischen verschiedenen Möglichkeiten wählen. Auch Klientinnen und Klienten haben immer die Wahl zwischen ganz verschiedenen Mitteln und Wegen, Teilzielen und Zielen. Beratende sollen der Klientel helfen, die Wahlmöglichkeiten zu sehen, die es für sie gibt. Die Entscheidung darüber, in welche Richtung es geht, müssen letztendlich die Klientinnen und Klienten treffen. Das Aufzeigen von Wahlmöglichkeiten verdeutlicht ihnen, dass sie tatsächlich wählen können, und das heißt auch, dass sie wählen müssen. Das bezieht sich auf die Ziele, aber auch auf die einzelnen Schritte, die zur Erreichung dieser Ziele notwendig sind. Einen Königsweg zur Erreichung bestimmter Ziele gibt es nicht. Da die Wege zur Veränderung oft recht beschwerlich sind, erreichen manche Klientinnen und Klienten ihre Ziele nicht im ersten Anlauf, sondern erst nach einer Reihe von Versuchen. Wenn Neuplanungen notwendig sind, sollten in der Beratung alternative Vorstellungen dafür entwickelt werden, mit welchen anderen Mitteln oder auf welchen anderen Wegen man das Ziel auch ansteuern kann.

Beispiele für Wahlmöglichkeiten

B: »Wir haben jetzt Ihre finanzielle Situation durchgesprochen. Dabei hat sich ergeben, dass Sie ziemlich viele Schulden haben. Hier bietet es sich an, eine Schuldnerberatung in Anspruch zu nehmen. Sie haben also die Wahl zwischen zwei Möglichkeiten: entweder alles so zu lassen, wie es ist, oder die Sache (langsam) anzugehen und zum Beispiel einen Termin mit einem Schuldnerberater auszumachen.
Ich kenne da einen sehr guten Kollegen, den ich Ihnen empfehlen kann. Ich kann Ihnen die Telefonnummer geben.
Wenn Sie wollen, kann ich auch für Sie bei ihm anrufen, aber den Termin für das erste Treffen sollten Sie dann selbst mit ihm aushandeln.
– Sie fühlen sich also fit genug, um wieder arbeiten zu gehen, und suchen jetzt nach einer Beschäftigung. Da gibt es mehrere Möglichkeiten: Wenn Sie es etwas langsamer angehen lassen wollen und testen wollen, wie das mit der Arbeit geht, können Sie sich nach einem Job im Rahmen des Hilfe-zur-Arbeit-Projektes umschauen. Interessant könnte auch der Qualifizierungskurs des Projektes XY sein … Sie können aber auch gleich einen Termin beim Arbeitsamt oder bei der privaten Arbeitsvermittlung vereinbaren.«

Wer eine Wahl hat, hat ein Stück Entscheidungsfreiheit. Für Menschen mit Substanzproblemen ist es wichtig, zu erfahren, dass sie trotz aller Zwänge, die sie kennen und erleben, Entscheidungsfreiheiten haben. Sie erfahren, dass sie nicht nur Getriebene sind, sondern selbstbestimmt handeln können.

Durchführung mit Vernetzung

Nach der Aufstellung des Hilfeplans sollen die nächsten Schritte angegangen werden. Das klingt trivial, ist es aber nicht. Es geht darum, die Klientinnen und Klienten dabei zu unterstützen, das zu tun, was sie sich vorgenommen haben, und das heißt, gewohnte und für selbstverständlich genommene Verhaltensweisen aufzugeben und Alternativen auszuprobieren. Das gelingt umso besser, wenn die professionelle Beziehung zwischen den Beratenden und der Klientel gut ist, wenn Klientinnen und Klienten Vertrauen in ihre Beraterin oder ihren Berater haben und mit diesen nicht nur über Erfolge reden, sondern auch über Schwierigkeiten bei der Umsetzung ihrer Ziele.

Gerade weil es den meisten Klientinnen und Klienten nicht leicht fällt, gewohnte Verhaltensweisen aufzugeben und sich auf neue einzulassen, ist ständiges Monitoring angesagt. Die Beratenden müssen genau darauf achten, ob und wie die vereinbarten Maßnahmen eingehalten werden, ob und wie die konkreten Schritte umgesetzt werden, um auf Schwierigkeiten oder Verweigerungen sofort zu reagieren. Stellt man fest, dass eine Klientin oder ein Klient den verabredeten »nächsten Schritt« nicht gemacht hat, dann muss das im nächsten Gespräch thematisiert werden. Es geht jedoch nicht darum, dem Klienten oder der Klientin vorzuhalten oder damit zu konfrontieren, dass er/sie die Arbeitsaufträge nicht erledigt hat, sondern darum, gemeinsam die Gründe herauszuarbeiten, die ihn/sie davon abgehalten hat. Je nach Fall und Situation sind Umstrukturierungen angesagt, Perspektivwechsel mit ganz konkreten Überlegungen darüber, welche Alternativen sich anbieten, auch, welche anderen Schritte erfolgversprechender sind.

Dazu ein Beispiel: Hat ein Klient die Aufgabe, innerhalb einer bestimmten Frist mit seinem Sachbearbeiter im Sozialamt Fragen von Sonderzulagen zu klären (z. B. die Übernahme der Kosten für ein neues Paar Schuhe), und schafft er das nicht, dann ist das kein Grund, ihn dafür zu »bestrafen«, zum Beispiel mit dem Entzug von Zuwendung oder verbal mit Vorwürfen; vielmehr ist herauszufinden, warum er diesen Schritt nicht gehen konnte. Welche Erfahrungen hat er überhaupt mit Sachbearbeitern auf dem Sozialamt, welche mit diesem besonderen Sachbearbeiter? Fühlt er sich von diesem »schon immer« schlecht behandelt? Welche Schwierigkeiten hat er, seine Bitte um die Kostenübernahme vorzubringen? Diese und ähnliche Fragen sind zunächst abzuklären. Ergibt sich im Gespräch, dass der Klient gerade mit diesem Sachbearbeiter immer Streit bekommt und dass er anschließend sofort Drogen nimmt, um das Ganze zu vergessen, dann war die Aufgabe wohl einfach zu schwierig. Der Klient war mit ihr überfordert. Sind die Hintergründe geklärt, die den Klienten dazu bewogen haben, die Aufgabe nicht anzugehen, dann ist zu überlegen, welche anderen Schritte möglich sind. Vielleicht bedarf es einiger Zwischenschritte, bevor der Klient diesen Sachbearbeiter aufsuchen kann. Vielleicht hilft ihm ein Rollenspiel. Vielleicht ist es aber auch nötig, dass die Beraterin oder der Berater ihn bei diesem Gang begleitet und für ihn anwaltliche Funktionen übernimmt.

Es kann also im Einzelfall sinnvoll sein, dass Beratende ihre Klientinnen und Klienten zu Ämtern begleiten, wenn das als Anleitung der Hilfe zur Selbsthilfe angelegt ist. Die Klientinnen und Klienten sollen optimalen Nutzen aus solchen Aktionen ziehen. Sie sollen lernen, dass die Sachbearbeiter und Mitarbeiterinnen anderer Dienste ansprechbar sind, dass man sie für sich und die eigenen Anliegen gewinnen kann, dass Interessenkonflikte zu regeln sind und dass beide Seiten etwas davon haben, wenn Besuche und Termine erfolgreich verlaufen. Das setzt eine konsequente Vorbereitung und Nachbereitung der Besuche und Ämtergänge voraus. Die Begleitung dient dem Ziel, die Handlungsfähigkeit der Klientinnen und Klienten zu erweitern, ihnen Verfahren an die Hand zu geben, wie sie selbst Interaktionen steuern bzw. bestehen können. So gesehen handelt es sich um Übungen zum Selbstmanagement »im Feld« (Kanfer & Schmelzer 2001).

Zu der Aufgabe der Beratenden, die Klientinnen und Klienten bei ihrem Bemühen, ihr Verhalten zu verändern, beständig und nachhaltig zu unterstützen, kommt diejenige der gezielten Netzwerkarbeit. Das bezieht sich nicht nur auf formale Netzwerke, also solche zwischen Institutionen und Diensten, sondern auch auf die informellen, also auf Familienmitglieder, die bereit sind, sich in den Prozess einbinden zu lassen, Freunde und Freundinnen, andere Personen aus der Lebenswelt der Klientel. Dazu kann es nötig sein, nicht nur formale Kontakte zu aktivieren, sondern auch mal die Klientinnen und Klienten in ihre Lebenswelt zu begleiten und dort die Personen zu treffen, von denen diese sich Unterstützung erhoffen. Auch hier ist eine gute Vorbereitung der Besuche angesagt. Man sollte wissen, auf wen man trifft, wenn man eine Klientin oder einen Klienten nach Hause begleitet oder in ihre Milieus, man sollte auf die Personen, die dort warten, vorbereitet sein. Aufgabe der Beratenden ist es, informelle Kontakte (wieder) herzustellen, um Verständnis und Kooperation zu werben und Streit zu vermeiden.

Wer gewohntes Verhalten ändert, muss mit Krisen und Rückfällen in alte Routinen rechnen. So ist das auch, wenn man Konsummuster ändert oder sich für Abstinenz entscheidet. Man muss damit rechnen, dass Krisen auftreten, dass die Sehnsucht (»Suchtdruck«, Craving) nach einer oder vielen psychoaktiven Substanzen übermächtig zu werden droht, dass Rückfälle passieren. Das Modell der Stadien der Veränderung, das im Vorhergehenden dargestellt worden ist, nimmt das vorweg; es geht davon aus, dass Veränderungen von Krisen und Rückfällen begleitet sein können. Klienten/innen sollten daher über Techniken verfügen, wie sie auf Krisen reagieren und mit Rückfällen umgehen können.

Strategien, eine Krise zu meistern oder einen Rückfall zu vermeiden bzw. abzufangen, wenn er stattgefunden hat, setzen darauf, die Klienten/innen für Situationen, Emotionen und Stimmungen zu sensibilisieren, die mit besonderen Risiken, in alte Gewohnheiten zurückzufallen, verbunden sind (vgl. Kruse et al. 2000, Marlatt & Gordon 1995, Petry 1993a und b) und Handlungsalternativen anzubieten. Solche Gefahrenmomente sind individuell; sie ergeben sich aus der Lebensgeschichte der Personen. Krisenmanagement und Rückfallprävention sind daher immer individuell, nicht kollektiv. Unter Anleitung der Beratenden lernen die Klientinnen und Klienten allein oder in Gruppen, die Gefahrenmomente differenziert wahrzunehmen und darauf selektiv zu antworten.

| TECHNIKEN |

Zu den bekannten Techniken – aktives Zuhören, Stellen von offenen Fragen, Zusammenfassen, Bestätigen, Feedback geben, Ambivalenzen thematisieren, Wahlmöglichkeiten bieten, Hilfeplan aufstellen, Aufgaben und ›nächste Schritte‹ festlegen bzw. abfragen und besprechen, motivierende Aussagen hervorrufen, Anspornen, neue Perspektiven eröffnen usw. – kommen einige neue hinzu.

Die anwaltliche Vertretung von Klientinnen und Klienten

In der Auseinandersetzung mit anderen Institutionen und Diensten kommt es vor, dass Beratende die Interessen ihrer Klientel diesen gegenüber vertreten müssen. Das liegt auch daran, dass viele Klientinnen und Klienten am Anfang einer Behandlung Probleme haben, sich verbal verständlich zu machen oder sich in der Kommunikation mit Amtsinhabern oder anderen Personen, die ihnen Angst machen, freundlich, aber bestimmt durchzusetzen. Vielen sind auch die Regeln solcher Kommunikationen nicht (mehr) geläufig, sie geben daher entweder zu schnell auf oder werden zu schnell aggressiv. Beide Verhaltensweisen sind meist kontraproduktiv. Daher sollen Beratende ihnen in diesen Auseinandersetzungen helfen, ihre Interessen zu vertreten, die »Kunst des Überredens« zu betreiben, um das gewünschte Resultat zu erzielen. Im Konfliktfall sollen die Beratenden über Grundlagen der Mediation verfügen, also über Kenntnisse und Wissen, wie man mit streitenden Parteien umgeht, um einen für alle Seiten brauchbaren Kompromiss zu erzielen.

Rollenspiel

Sehr bewährt hat sich das Training von Verhaltenssequenzen im Rollenspiel. Bestimmte Rollenspiele können sehr gut in der Einzelfallberatung durchgeführt werden, also mit nur zwei Personen. Dazu gehört zum Beispiel der Besuch in einem Amt. Ein Klient kann zunächst die eigene Rolle spielen, also die des Bittstellers, der in das Amt geht und den Sachbearbeiter um Unterstützung bitten muss. In dieser Konstellation übernimmt der Berater die Rolle des Sachbearbeiters, der als der Mächtigere das Spiel steuert. In der Nachbesprechung kann der Berater dem Klienten erklären, warum welche Ansprachen zu welchen Reaktionen führen. Eine Rollenumkehr kann allerdings schneller zum Ziel führen. In diesem Fall übernimmt der Klient die Rolle des Sachbearbeiters und der Berater die des Klienten. Im Spiel erfahren die Klienten schnell, was den Sachbearbeiter angenehm berührt und was eher unangenehm und welches Verhalten des Bittstellers eher zum Erfolg führt und welches weniger. Wie immer werden nach dem Spiel die Rollen und die mit den Rollen verbundenen Gefühle besprochen. Daran kann sich ein weiterer Block von Rollenspielen anschließen, in denen die Klientinnen und Klienten sich selbst spielen und üben, wie sie einen bestimmten Sachbearbeiter erfolgreich ansprechen können.

Man kann in bestimmten Situationen auch das imaginative Rollenspiel einsetzen. Der Klient oder die Klientin »spielt« in diesem Fall alle Rollen selbst. Zunächst spielen sie sich selbst, sie schlüpfen nach Bedarf in bestimmte andere Rollen, zum Beispiel die des Freundes oder der Freundin oder die der Mutter oder des Vaters. Diese Personen können durch einen leeren Stuhl (oder mehrere) symbolisiert werden. Wenn der Klient oder die Klientin aus der eigenen Rolle herausgeht und die Rolle des Gegenübers einnimmt, wechselt er den Ort, setzt sich zum Beispiel auf den Stuhl und verdeutlicht so, dass er jetzt zum Beispiel die Freundin spielt. Imaginative Rollenspiele dienen mehr der Aufdeckung von Emotionen und Ambivalenzen in der Beziehung zu anderen Personen, weniger dem Üben von konkreten Handlungen. Sie sind daher eine interessante Ergänzung zu Übungen mit der Entscheidungswaage, in denen eher die rationalen Seiten von Ambivalenzen zur Sprache kommen.

In der Einzelfallberatung sind die Grenzen des Rollenspiels vergleichsweise schnell erreicht. Komplexere Situationen lassen sich nur begrenzt nachstellen oder nachspielen. Auch fehlt »das Publikum« für Rückmeldungen. Immerhin lassen sich in dieser Konstellation die Grundlagen des Rollenspiels vermitteln und es lassen sich für bestimmte Situationen Übungssequenzen ausarbeiten und durchspielen.

Das Rollenspiel entfaltet sich erst richtig, wenn es in einer Gruppe eingesetzt wird, worauf hier nicht ausführlich eingegangen werden soll (vgl. u. a. Buer 1989, Moreno 1961).

»Suchtdruck« (Craving) und Krisen

Substanzabhängigkeit gehört – je nach Verlauf – zu den langwierigen chronischen Erkrankungen. Hat man es mit einer chronischen Erkrankung zu tun, gehören Krisen und Rückfälle zur Umsetzung von Verhaltensänderungen. Nach einer ambulanten oder stationären Behandlung finden sich Klienten/innen in Situationen wieder, in denen sowohl der »Suchtdruck« als auch die Verführung steigen. Sie befinden sich in einer akuten Krise. Wie damit umzugehen ist, wird im Folgenden dargestellt.

Rückfallprävention

Wenn Klienten/innen die Kontrolle über die Krise verlieren, werden sie rückfällig. Rückfälle sind nach heutiger Sicht Teil des Veränderungsprozesses. Umso wichtiger ist es für Klienten und Klientinnen, die rückfällig geworden sind, sich nicht in die Situation hineinzusteigern, nicht zu glauben, dass der Rückfall unumkehrbar ist und dass man dem nichts entgegenzusetzen hat, sondern zu wissen, wie sie diesen stoppen und bewältigen können. Dafür steht die Rückfallprävention (Körkel et al. 1995).

Ziel der Rückfallprävention ist es, das persönliche Risiko des Rückfalls zu reduzieren bzw. die Folgen abzumildern. Beratende sollen mit ihren Klientinnen und Klienten über Rückfälle sprechen, gerade auch dann, wenn diese sich sicher sind, dass ihnen das »nie wieder« passiert. Rückfälle kündigen sich an, sie haben Vorboten. Sie sind von Person zu Person verschieden, bündeln sich aber um bestimmte emotionale Zustände, Stimmungen und Situationen.

Einleitung der Rückfallprävention
B: »Wir wollen jetzt zusammen herausfinden, wie es zu Ihrem letzten Rückfall gekommen ist. Denken Sie zurück an den Tag, an dem Sie wieder angefangen haben zu trinken. Wie war das genau, was ist an diesem Tag passiert? …
Erinnern Sie sich noch daran, wie Sie sich an diesem Tag unmittelbar vor dem Rückfall gefühlt haben? Versuchen Sie, Ihre Gefühle möglichst genau zu beschreiben …«

Klientinnen und Klienten erinnern sich meistens recht gut an die genauen Umstände, die zu einem Rückfall geführt haben. Man kann also anhand früherer Rückfallsituationen herausfinden, welche emotionalen Zustände, Stimmungen und Situationen besonders riskant sind.

Typische Auslöser für Rückfälle
- Negative Gefühle, emotionale Spannungen ausgelöst durch Enttäuschungen, Ärger;
- Ängste, Trauer, Einsamkeit, Langeweile;
- Konflikte und Streit mit anderen;
- Wünsche nach Gruppenzugehörigkeit oder Gruppendruck;
- »Suchtdruck« (Craving);
- körperliche Beschwerden wie Unruhe, Schmerzen, Schlaflosigkeit;
- angenehme Gefühle wie Freude, Stolz, Erfolg.

Anhand dieser Liste können Klienten/innen herausarbeiten, welche Situationen für sie besonders schwierig sind und wann am ehesten der Rückfall droht. Die Gefahrensituationen signalisieren Krisen, in denen gewöhnlich der »Suchtdruck« steigt. Gelingt es den Klienten/innen nicht, sich diesen Situationen zu entziehen, kommt es häufig zum Rückfall.

Typische Situationen und typische Emotionen und Gefühlslagen, die dem Rückfall vorausgehen, sollen schriftlich festgehalten werden. Ebenso soll schriftlich festgehalten werden, welche alternativen Handlungen der Klientin und dem Klienten offen stehen, wenn sich die Anzeichen für einen Rückfall verdichten. Sehr bewährt hat es sich, mit Personen in Kontakt zu kommen, zu denen man Vertrauen hat und mit denen man reden kann.

Tab. 6.9.: Riskante Situationen, riskante Orte und »Suchtdruck«
Wenn ich in eine riskante Situation komme, dann mache ich Folgendes:
....
Ich verlasse den Ort, die Situation sofort – und gehe an sichere Orte wie:
....
Ich denke an Situationen, in denen ich erfolgreich war – und meinen »Suchtdruck« kontrolliert habe, wie:
....
Ich lenke mich ab und denke an etwas Positives wie:
....

Die AA arbeiten seit langem mit großem Erfolg mit dem Modell, dass Personen, die Angst vor Rückfall haben, »Paten« haben, an die sie sich persönlich oder telefonisch in einer Krise wenden können. Rückfallgefährdete tragen also Listen mit Namen und Telefonnummern ihrer »Paten« mit sich herum, die sie dann ohne jede Verzögerung anrufen können. Im Idealfall funktioniert das Netz Tag und Nacht.

Das Modell hat inzwischen viele Nachahmer. In Übungen zur Rückfallprävention werden Klientinnen und Klienten aufgefordert, Listen von Personen aufzustellen, an die sie sich in einer akuten Krise wenden können. Anders als bei den AA stehen aber nur wenige Freunde, Verwandte oder Nachbarn Tag und Nacht für Kriseninterventionen bereit. Im Allgemeinen sind solche Listen also recht kurz. Die Klientinnen und Klienten sollen diese Liste mit sich tragen, damit sie im Notfall die Adressen und die Telefonnummern der Personen ihres Vertrauens zur Hand haben und sie sofort anrufen können, wenn sie in einer Krise sind und der Rückfall droht.

Tab. 6.10.: Rückfallprävention
Gefühle und Ereignisse, die bei mir zum Rückfall führen können:
....
Ich wende mich sofort an: Name: Adresse, Telefon/Handynummer:
Name: Adresse, Telefon/Handynummer:

Ist eine Klientin, ein Klient rückfällig geworden, so kommt es darauf an, den Rückfall möglichst schnell zu unterbrechen. Die Klientel muss wissen, das ein Rückfall nicht den Abbruch der professionellen Beziehung zu den Beratenden bedeutet und damit das Ende der Beratung. Das professionelle Angebot besteht – unbeschadet des Rückfalls – weiter; Sanktionen finden nicht statt. Oft ist es sinnvoll, nach einem Rückfall erneute Erhebungen zur Lebenswelt (Re-Assessment) durchzuführen und die gesamte Situation, die zum Rückfall geführt hat, in einem breiteren Kontext zu analysieren.

Rückfälle belasten Beratende oft sehr stark. Neben Besorgnis und Mitgefühl mit den Klienten/innen sind es vor allem Gefühle von Enttäuschung und Wut, die die Beraterinnen und Berater beschäftigen. Das liegt daran, dass die Beratenden es auch als eine Art »eigenes Versagen« erleben, wenn Klientinnen oder Klienten rückfällig werden – und eben das kann negative Gefühle auslösen. Beratende brauchen selbst Anleitung, wie sie mit Rückfällen umgehen können; sie brauchen darüber hinaus kollegiale Beratung, Intervision oder externe Supervision, um mit ihren Gefühlen zurechtzukommen und um weiterhin produktiv mit diesen Klienten und Klientinnen zusammenzuarbeiten.

Monitoring und wiederholte, vertiefte Erhebungen zur Lebenswelt (Re-Assessment)

Wie schon im letzten Abschnitt deutlich geworden ist, sind die Beratenden aufgefordert, ständig zu überprüfen, ob ihre Klientinnen und Klienten ihren Zielen näher kommen, ob die anvisierten Verhaltensänderungen umgesetzt werden. Beratende haben also Monitorfunktionen. Es gehört zu ihren genuinen Aufgaben, den Fortgang der Behandlung zu kontrollieren und ihre Klientel nach Kräften bei ihren Bemühungen um Verhaltensänderungen zu unterstützen.

In regelmäßigen Abständen, am besten alle drei Monate, sollen Beratende in einem Vergleich der Soll-Vorgaben den Ist-Zustand prüfen und feststellen, was inzwischen erreicht worden ist und was nicht. Dabei geht es einmal darum, den Klienten und Klientinnen Erfolge und Fortschritte zurückzumelden und sie weiter anzuspornen, an ihren Zielen festzuhalten. Zum andern geht es darum, den Beratungsprozess selbst zum Gegenstand der Reflexion zu machen. Die Beratenden sollen sich im Sinne einer Selbstevaluation fragen, welche ihrer Hilfestellungen für bestimmte Klienten und Klientinnen förderlich waren und welche eher nicht. Welche Veränderungsprozesse konnten sie anstoßen, wie sehen die Fortschritte auf dem Weg zu den verschiedenen Zielen aus?

Der Fortschreibungsbogen zur Veränderungs- und Hilfeplanung ist ähnlich aufgebaut wie der erste Hilfeplan. Die Beratenden sollen dokumentieren, welche Ziele (mit welchen Maßnahmen) in den letzten Monaten erreicht worden sind und welche nicht.

Läuft alles gut und haben die Klienten/innen erste Teilziele erreicht, wird der Hilfeplan im Prinzip einfach fortgeschrieben. Mehren sich die Hinweise darauf, dass die Klientinnen und Klienten die Techniken des Selbstmanagements weitgehend beherrschen, soll langsam auf das Ende der Beratung hingearbeitet werden.

Bei solchen Zwischenbilanzen stellt sich vielleicht heraus, dass bei den Erhebungen zur Lebenswelt (Assessment) einzelne Aspekte nicht genügend berücksichtigt worden sind und dass deshalb die Ziele zu anspruchsvoll angesetzt worden sind. Es kann auch zu Krisen und Rückfällen gekommen sein, die eine Überprüfung des Hilfeplans notwendig machen. Wo auch immer die Ursachen dafür liegen, dass die Ergebnisse der Durchführung nicht mit den Planungen übereinstimmen: Regelmäßiges Monitoring und daran anschließende erneute Erhebungen zur Lebenswelt (Re-Assessment) in relevanten Lebensbereichen ermöglichen es, Fehlentwicklungen frühzeitig zu erkennen und zu korrigieren. Aus einem linearen Modell wird durch Monitoring und Re-Assessment mit anschließender vertiefter Problemanalyse und Hilfeplanung ein dynamischer Prozess, der den tatsächlichen Gegebenheiten in der Suchtberatung Rechnung trägt.

Ergibt es sich, dass der Hilfeplan korrigiert werden muss, tut man gut daran, diesen nicht mit Anforderungen und Aufgaben zu überladen, sondern einfacher zu gestalten als beim ersten Mal. Daher sind in der Fortschreibung des Hilfeplans nur 2 Ziele, die die Klienten/innen bestimmen, aufgelistet, nicht mehr 3.

Die **erneuten Erhebungen zur Lebenswelt** (Re-Assessment) orientieren sich an den Vorgaben zum ersten Durchgang. Der Akzent liegt jedoch darauf, aufzuklären, warum bestimmte Schritte nicht gemacht und bestimmte Arbeitsaufträge nicht erledigt worden sind. Was im Leben der Klientin oder des Klienten hat sie daran gehindert, ihre Pläne in die Tat umzusetzen? Welche Gewohnheiten stehen den gewünschten Verhaltensänderungen im Wege? Welche Hindernisse stehen entgegen und wie lassen sich diese aus dem Weg schaffen oder umgehen? Verfügen

Tab. 6.11. Fortschreibung des Hilfeplans					
Datum 2. Hilfeplan					
Klient/in					**Berater/in**
Meine Ziele	**Was muss ich tun, um das Ziel zu erreichen?**	**Welche Personen können mir dabei helfen?**	**Welche Ämter oder Einrichtungen können mir dabei helfen?**	**Wann mache ich was?**	**Welche Aufgaben übernimmt der Berater?**
Ziel 1					
Ziel 2					
Nächster Termin für Hilfeplanprüfung:					

die Klienten/innen über die Fähigkeiten und Fertigkeiten, die es braucht, um bestimmte Aufgaben anzugehen? Sind weitere gezielte Untersuchungen oder Tests nötig, um die Kompetenzen der Klientel in verschiedenen Lebensbereichen weiter abzuklären? Müssen dazu weitere Fachleute in den Hilfeprozess einbezogen werden? Wenn alle diese Fragen beantwortet sind, wird der Hilfeplan formuliert und entsprechend fortgeschrieben.

Die Beratenden sollen auch prüfen, ob die Vernetzung mit anderen Diensten funktioniert und ob diese die Dienstleistungen liefern, die zum Beispiel mit der Klientin oder dem Klienten oder in der Hilfeplankonferenz abgesprochen worden sind. Das kann das Verhältnis zu Kolleginnen und Kollegen empfindlich berühren. Vielfältige Problemlagen (Konkurrenz um öffentliche Mittel, Konkurrenz um die Klientel, Statuskonflikte und ganz

allgemein Rivalität zwischen Diensten und Berufsgruppen) können die Zusammenarbeit im Interesse der Klientel erschweren.
Kontinuierliche und um Kooperation bemühte Pflege der Kontakte mit den Kolleginnen und Kollegen aller einschlägigen
Dienste und Institutionen trägt in der Regel dazu bei, die Konflikte zu vermindern. Telefonische Kontakte und persönliche
Treffen helfen, die Kooperation der Mitarbeiterinnen und Mitarbeiter im sozialen Sektor zu verbessern.

Beendigung der Beratung und Ergebnis-
bewertung

MOCA endet im Idealfall dann, wenn alle Ziele erreicht sind,
wenn sich eine Klientin oder ein Klient stabilisiert hat und sich
im Motivationsstadium der »Aufrechterhaltung« befindet. In
solchen Fällen hat die Hilfe zur Selbsthilfe den gewünschten Effekt gehabt; die Klientel hat das Selbstmanagement übernommen (Kanfer & Schmelzer 2001) und findet sich allein zurecht.

In der Praxis ist das nicht immer so einfach und so geradlinig.
Vielmehr gibt es »Typologien« des Beratungsverlaufs und unterschiedliche Gruppen von Klientinnen und Klienten mit verschiedenen Bedürfnissen.

Eine dieser Gruppen bilden Klientinnen und Klienten, die
sich so sehr daran gewöhnen, dass ihnen Beratende mit Rat und
Tat zur Seite stehen, dass sie gar nicht gewillt sind, den Beratungsprozess zu einem Ende zu bringen. Immer wenn das Ende
bevorsteht, kommt es zu Krisen, Rückfällen usw. und das macht
anscheinend weitere Beratung notwendig. Dennoch muss auch
bei diesen Klientinnen und Klienten der Beratungsprozess zu einem Ende kommen. Schließlich geht es wortwörtlich um Hilfe
zur Selbsthilfe, nicht um lebenslange Versorgung mit Beratung,
die ja auch immer ein Stück Bevormundung ist.

Zu einer anderen Gruppe gehören Klientinnen und Klienten,
die eine Zeit lang aktiv am Veränderungsprozess mitarbeiten, eine Reihe von Teilzielen und auch einige Ziele erreichen – und
dann die Mitarbeit gewissermaßen einstellen. Fühlen sie sich zu

sehr bedrängt, weitere Veränderungen in Angriff zu nehmen, brechen sie die Beratung ab. Hier ist ein behutsameres Vorgehen angesagt, auch die Bereitschaft der Beratenden, den Prozess früher zu einem (kurzen) Ende zu bringen als ursprünglich geplant.

Wieder andere Gruppen von Klientinnen und Klienten fallen dadurch auf, dass bei ihnen die Entwicklung nach einiger Zeit stagniert und dass sie keine Motivation mehr zeigen, sich weiter zu verändern. Manche von ihnen befinden sich in einer Art Entwicklungspause. Ist diese überwunden, sind sie sehr wohl an weiterer Beratung interessiert. Andere können (oder wollen) sich für weitere Veränderungen oder Verbesserungen nicht mehr anstrengen; sie richten sich sozusagen in ihrem Elend ein, in dem sie sich immerhin auskennen und in dem sie sich auch zurechtfinden. Dahinter stehen nicht immer nur Resignation und Fatalismus, sondern auch das Gefühl, dass der Freiheitsspielraum derer, die im Elend leben, in gewisser Weise größer ist als bei denjenigen, die es von den sozial Deklassierten gerade mal eine Stufe höher geschafft haben. Auch in diesen Fällen sollte die Beratung beendet werden, jedoch sollten Angebote für unverbindliche Kontakte gegeben werden, ebenso solche zur Krisenintervention sowie – soweit nötig – medizinische und juristische Notfallhilfen. Vielen chronisch Drogenabhängigen reichen die unverbindlichen Angebote der niedrigschwelligen Einrichtungen aus; sie nutzen die Anlaufstellen und Cafés nach Bedarf, bleiben auf diesem Wege in Kontakt mit den Helfern und intensivieren diesen in Krisen oder wenn sich Wünsche nach weitergehenden Veränderungen melden.

Bei einer letzten und gar nicht so kleinen Gruppe von Klientinnen und Klienten sind es die Beratenden, die den Prozess abbrechen. Anlass für den Behandlungsabbruch sind gewöhnlich Verletzungen der wichtigsten Normen und Regeln (Gewalthandlungen, die sich gegen die Beratenden, andere Klientinnen und Klienten oder gegen die Institution richten, oder unerlaubter Konsum von psychoaktiven Substanzen vor Ort usw.). Die Prozesse, die einem Behandlungsabbruch vorausgehen oder diesen begleiten, sind aber oft sehr komplex. Im Allgemeinen ist es nicht nur ein Regelverstoß, der zu einem Behandlungsabbruch führt, sondern es ist eine ganze Serie. Manche Klienten fordern Hausverbote und den Abbruch des Kontakts mit den Helfern geradezu heraus. Warum sie das tun, lässt sich meist nicht (mehr) aufklären. In solchen Fällen kommt das Ende der Hilfe abrupt.

Schließlich kommt die Beratung auch dann zu einem Ende, wenn die Klientinnen oder Klienten eine ambulante oder stationäre Therapie beginnen oder überhaupt eine andere Behandlung anfangen. Beratende sind in diesen Prozess involviert, meist unterstützen sie ihre Klientel bei den Bemühungen, diese Behandlungen anzufangen. Dazu gehören die Anfertigung des Sozialberichts, die Vermittlung von Arztterminen sowie Hilfen bei der Regelung der Kostenfragen (vgl. Kapitel 8).

Im Idealfall beschließen die Beratenden gemeinsam mit den Klientinnen und Klienten, den Beratungsprozess zu beenden. Etwa zwei Monate vor dem absehbaren Ende einer Beratung empfiehlt es sich, das Ende zu thematisieren. Die Klientinnen und Klienten sollen wissen, dass die Beratung zu Ende geht und dass das für beide Seiten gut ist.

TECHNIKEN

Ankündigung des Endes und Abschiednehmen

Beratende sollen etwa zwei Monate vor dem regulären Ende darauf hinweisen, dass die Beratung ausläuft. Sie sollen ganz konkret sagen, wie viele Treffen noch geplant sind und wann das letzte Treffen voraussichtlich stattfinden wird. Die Klientinnen und Klienten sollen sich an die Vorstellung gewöhnen, dass sie sehr bald ganz auf sich gestellt sind. Die Beratenden unterstützen in dieser Phase noch einmal nachhaltig die positiven Selbstwirksamkeitserwartungen der Klientel und bestärken sie darin, dass sie in der Lage ist, selbst mit schwierigen Situationen fertig zu werden. Die letzte Sitzung ist für das Abschiednehmen reserviert. Dabei geht es auf der rationalen Ebene um eine Ergebnisbewertung. Dazu kommt die emotionale Ebene, das Abschiednehmen der Beratenden von der Klientin oder dem Klienten und umgekehrt, dieser von jenen. Je nach der Qualität der Beziehung kann es dabei zu sehr intensiven Begegnungen kommen.

Zum Abschluss einer Beratung gehört es, diese zu bewerten. Berater/innen sollen aus ihrer Sicht die Qualität der Beratung mit ihren Klienten/innen einschätzen, zum Beispiel anhand eines Fragebogens.

Tab. 6.12.: Fragebogen für Beratende zur Ergebnisbewertung					
Datum Beginn der Beratung: **Datum Ende der Beratung:**			**Dauer der Beratung:** **Zahl der Treffen:**		
Wie zufrieden sind Sie mit:	**Sehr zufrieden**	**Eher zufrieden**	**Eher unzufrieden**	**Sehr unzufrieden**	**Trifft nicht zu**
der Beratung insgesamt					
der Beziehung zu Klient/in					
dem Engagement von Klient/in					
der Zusammenarbeit mit anderen Institutionen					
Wie beurteilen Sie Folgendes:	**Sehr gut**	**Eher gut**	**Eher schlecht**	**Sehr schlecht**	**Weiß nicht**
die Erreichung der Ziele von Klient/in					
die Situation von Klient/in in der Gegenwart					

Wie beurteilen Sie Folgendes:	Sehr gut	Eher gut	Eher schlecht	Sehr schlecht	Weiß nicht
die Zukunftsaussichten von Klient/in					

Was schätzen Sie: Wie zufrieden ist Klient/in	Sehr zufrieden	Eher zufrieden	Eher unzufrieden	Sehr unzufrieden	Trifft nicht zu
mit der Beratung					
mit den erreichten Veränderungen					
mit der Beendigung der Beratung					

Wie war die Beendigung der Beratung:
- ☐ gemeinsam vereinbart
- ☐ beendet durch Klient/in
- ☐ Abbruch durch Klient/in
- ☐ Abbruch durch Berater/in
- ☐ Weitervermittlung an andere Hilfeeinrichtung

Kommentar:

....

....

....

Bestehen Verabredungen über weitere Formen des Kontakthaltens im Anschluss an die Beratung?
- ☐ ja, lose Kontakte
- ☐ ja, Angebot der Krisenintervention
- ☐ nein

Was war für Sie besonders wichtig in diesem Beratungsprozess?

....

....

....

....

Bei der Ergebnisbewertung und Evaluation geht es darum, noch einmal den gesamten Beratungsprozess Revue passieren zu lassen. Was ist seit Beginn der Beratung geschehen? Wie ist der Verlauf der Beratung zu bewerten? Wie viel Veränderungsbereitschaft hat die Klientin/der Klient mitgebracht, in welchem Maße und in welchen Bereichen hat sich Veränderungsbereitschaft im Beratungsprozess entwickelt? Welche Ziele standen am Anfang der Beratung? Wie haben sich die Ziele verändert und warum? Welche Ziele konnten erreicht werden? Welche anderen konnten nicht oder nur eingeschränkt erreicht werden und warum? Welche Verhaltensänderungen hat die Klientin/der Klient umgesetzt und wie hat sich das auf ihre/seine Lebenswelt ausgewirkt? Wie stabil sind die Veränderungen?

Auch die eigene Rolle soll noch einmal reflektiert werden. Wie haben die Beratenden sich selbst in der Interaktion mit dieser Klientin/diesem Klienten erlebt? Wie gut war die Balance zwischen Nähe und Distanz? Konnten die Beratenden diese Klientin/diesen Klienten in kritischen Phasen genügend unterstützen? Wie gut hat die Kooperation mit anderen Institutionen funktioniert, wie gut die mit der Familie, mit Freunden usw.? Wie fest haben die Beratenden an die Veränderungsfähigkeit dieser Klientin/dieses Klienten geglaubt und wie hat sich das umgesetzt in deren Selbstwirksamkeitserwartungen? Wie ist der Beratungsprozess beendet worden? Wie zufrieden sind die Beratenden mit diesem Beratungsfall?

Auch die Klienten/innen sollen den Beratungsprozess abschließend beurteilen, wiederum anhand eines Fragebogens.

Tab. 6.13.: Fragebogen für Klientin/Klient zur Ergebnisbewertung			
Datum:			
Ziele	**Ja, Ziele vereinbart**	**Nein, keine Ziele vereinbart**	**Weiß nicht, kann mich nicht erinnern**
Haben Sie am Beginn der Beratung Ziele vereinbart?			
Haben Sie später in der Beratung Ziele vereinbart?			

Wie zufrieden sind Sie mit:	**Sehr zufrieden**	**Eher zufrieden**	**Eher unzufrieden**	**Sehr unzufrieden**	**Weiß nicht/ trifft nicht zu**
der Beratung insgesamt					
der Beziehung zu Berater/in					
dem Engagement der Berater/in					
den Veränderungen in Ihrem Konsumverhalten					
den Veränderungen hinsichtlich Abhängigkeit					

Wie zufrieden sind Sie mit:	Sehr zufrieden	Eher zufrieden	Eher unzufrieden	Sehr unzufrieden	Weiß nicht/ trifft nicht zu
den Veränderungen in Ihrer Lebensweise insgesamt					
den Veränderungen in den Beziehungen zu Ihrer Familie					
den Veränderungen in den Beziehungen zu Ihren Freunden					
den Veränderungen im Arbeitsleben					
den Veränderungen bei Verschuldung					
den Veränderungen gegenüber Polizei und Justiz					
Wie beurteilen Sie heute:	**Sehr verbessert**	**Eher verbessert**	**Eher verschlechtert**	**Sehr verschlechtert**	**Weiß nicht**
Ihr psychisches Befinden					
Ihr körperliches Befinden					
Ihre Gesundheit allgemein					

Was war für Sie besonders wichtig in dieser Beratung?

....

....

....

....

Klienten/innen sollen diesen Fragebogen allein ausfüllen und ihn in einem Umschlag verschlossen in der Beratungsstelle hinterlegen.

Die Zusammenschau der Meinungen und Urteile über die Beratung von den Beratenden einerseits und den Klienten/innen andererseits rundet das Bild ab und gibt einen Gesamteindruck des Beratungsprozesses. Es handelt sich dabei um wichtige Schritte, die Qualität von Beratung zu prüfen.

Damit ist der Durchlauf durch MOCA abgeschlossen. Verläuft die Beratung erfolgreich und gelingt es den Klienten/innen, sich im bürgerlichen Milieu einzurichten, endet die Beziehung zwischen Beratenden und Klientel mit der Abschlussevaluation. In der Sucht- und Drogenhilfe hat man es jedoch häufig mit chronisch kranken und beeinträchtigten Klienten und Klientinnen zu tun, die auch nach einer Beratungssequenz Hilfe benötigen. An MOCA schließen sich dann weitere Maßnahmen an, zum Beispiel das Angebot, den Kontakt aufrechtzuerhalten und für Kriseninterventionen bereitzustehen. In diesen Fällen bleiben die Beratenden in losem Kontakt mit diesen Klienten/innen, sie arbeiten aber nicht strukturiert mit ihnen an gezielten Veränderungen ihrer Lebensweisen.

7. Besondere Problemlagen von Schwangeren, Müttern oder Vätern mit Kindern

Datenlage, Kontextbedingungen und die Gefährdung des Kindes durch psychoaktive Substanzen

Das Wissen darum, dass Kinder mit Vätern aufwachsen, die Alkoholiker sind, ist nicht neu. Neu ist allenfalls, dass zu den alten Alkoholproblemen inzwischen Drogenprobleme dazugekommen sind und dass nicht nur Männer Alkohol- und Drogenprobleme haben, sondern auch Frauen, von denen wiederum manche Mütter sind. Auf entsprechende Probleme ist im Vorhergehenden verschiedentlich hingewiesen worden. In diesem Kapitel sollen die besonderen Problemlagen von substanzabhängigen Schwangeren, Müttern oder Vätern mit Kindern ausführlich dargestellt und einschlägige Behandlungsansätze aufgezeigt werden.

Wie aus Lebensgeschichten von erwachsenen Kindern alkoholabhängiger Mütter und Väter sowie aus Fallberichten von Sozialarbeiterinnen und Sozialarbeitern hervorgeht, leiden Kinder sehr an den Substanzproblemen ihrer Eltern und auch die Eltern leiden oft selbst an ihrer Krankheit (Arenz-Greiving & Dilger 1994, Zobel 2000).

Die ganze Familie ist betroffen, wenn ein Familienmitglied substanzabhängig ist. Das gilt auch für Familien, in denen ein Familienmitglied unter einer anderen psychischen Störung leidet wie zum Beispiel unter einer Depression oder unter einer Psychose (Bosshard et al. 1999, Goffman 1982, Mattejat & Lisofsky 1998). Kinder als die schwächsten Mitglieder im Verband trifft die psychische Erkrankung eines Elternteiles oder eines nahen Angehörigen, der in der Familie lebt, besonders hart, und je jünger die Kinder sind, umso negativer kann sich das auf ihre Entwicklung auswirken.

Allerdings muss man sich diese Zustände nicht statisch vorstellen, sondern dynamisch: Eltern sind nicht permanent süchtig oder depressiv; es gibt vielmehr Phasen, in denen der Vater oder die Mutter (oder beide) süchtig oder depressiv ist, und es gibt andere, in denen sie das nicht sind. Je nachdem, wie häufig solche Phasen vorkommen und wie lange sie andauern, in welchem Entwicklungsstadium sie das Kind treffen, wie stark es in das Geschehen einbezogen ist und wie die Ressourcen der Familie insgesamt beschaffen sind, mit solchen Krisen umzugehen, sind die Auswirkungen für alle Beteiligten stärker oder schwächer. Wohl auch darum gibt es erwachsene Kinder aus Familien mit Alkoholikern oder Drogenabhängigen, die sehr stark und sehr selbstbewusst ihr Leben angehen und die offenbar kaum von der Krankheit des Vaters oder der Mutter betroffen sind.

Zunächst stellt sich die Frage, wie viele Kinder grob geschätzt von der Substanzabhängigkeit ihrer Eltern betroffen sind. Bezieht man den Konsum von Zigaretten in die Betrachtung mit ein, dann wird deutlich, dass sehr viele Kinder mit Müttern und Vätern aufwachsen, die rauchen. So gesehen gehören Substanzprobleme der Eltern zum Alltag der Kinder. Geht es um akute und offensichtliche Probleme mit Alkohol oder mit illegalen Drogen, sieht die Sache etwas anders aus. Anhand der vorliegenden Daten über den Anteil der Erwachsenen mit Alkoholproblemen in der Bevölkerung sowie den Angaben darüber, wie viele von ihnen Kinder haben, lassen sich Schätzungen über den Anteil der Kinder und Jugendlichen ableiten, die in solchen Familien aufwachsen. Danach schätzt man, dass 10 % bis 15 % der Kinder und Jugendlichen in der Bevölkerung in Familien mit Alkoholproblemen leben (Klein 2001, Klein & Zobel 2001). Die Angaben sind bislang noch recht ungenau, was vor allem daran liegt, dass es dazu sehr wenige gezielte Studien gibt. Immerhin weisen die Daten darauf hin, dass ein beachtlicher Anteil von Kindern und Jugendlichen unmittelbar mit den Alkoholproblemen der Erwachsenen, insbesondere der Väter, konfrontiert ist.

Wir wissen allerdings sehr wenig darüber, in welchem Alter

die Kinder sind, die in Familien mit Alkoholproblemen aufwachsen. Nun gibt es aber gute Gründe dafür, anzunehmen,
dass die Alkoholkrankheit eines Familienmitgliedes die Kinder
in den ersten zwei Dekaden ihres Lebens anders trifft als in den
nachfolgenden. Wie stark die Kinder in ihrer Entwicklung in der
Phase zwischen 0 und 15 Jahren von der Alkoholkrankheit des
Vaters[32] oder der Mutter beeinflusst werden, ist also weitgehend
unbekannt. Hier gibt es noch sehr viel Forschungsbedarf im Interesse dieser Kinder.

Geht es um Abhängigkeit von illegalen Drogen, so weiß man,
dass etwa jede zweite drogenabhängige Frau Kinder hat. Wenigstens die Hälfte der Kinder lebt bei den Eltern, in der Regel bei
der Mutter (Simmedinger et al. 2001). Schätzt man aufgrund
dieser Daten den Anteil der betroffenen Kinder und Jugendlichen, dann liegt dieser zwischen 0,1 % bis 0,5 % der Kinder
und Jugendlichen in der Bevölkerung.

Der Versuch, die Größenordnung des Problems mit Hilfe
epidemiologischer Daten herauszuarbeiten, ergibt, dass ein er-
schreckend hoher Anteil von Kindern und Jugendlichen mit
alkohol- oder drogenabhängigen Müttern und Vätern aufwächst. Bedenkt man, dass jeder Einzelfall eine Tragödie sein
kann und dass jedes Kind, das in einer solchermaßen belaste-
ten Familie aufwächst, ein schweres Trauma davontragen
kann, wird deutlich, dass man es mit einem drängenden gesellschaftlichen Problem zu tun hat, das jedoch weitgehend
übersehen wird.

Die Problembelastungen der Kinder und Jugendlichen beginnen oft nicht erst mit der Geburt, sondern schon vorher, wäh-

---

32 Es fehlen vor allem Studien, die sich mit der Rolle der Väter in Familien
mit Suchtproblemen beschäftigen. Zwar gibt es sehr viele Berichte und hinreichend viele Studien, die belegen, dass alkohol- und drogenabhängige Väter oft gewalttätig sind und dass das Folgewirkungen vor allem für die
Söhne haben kann, insofern die Wahrscheinlichkeit steigt, dass diese später
im Leben sich ähnlich wie diese Väter verhalten werden. Unbekannt ist jedoch, wie sich Alkohol- und Drogenabhängigkeit der Väter generell auf deren Erziehungsverhalten auswirken bzw. inwieweit diese überhaupt noch
Erziehungsaufgaben übernehmen. Hier liegen eklatante Forschungslücken
vor.

rend der Schwangerschaft. Zwar wissen wir über die Auswirkung der Alkohol- und Drogenabhängigkeit des Vaters zum Zeitpunkt der Zeugung sehr wenig, aber wir wissen vergleichsweise viel darüber, wie der Missbrauch oder die Abhängigkeit von psychoaktiven Substanzen der Mutter die Entwicklung in der Schwangerschaft beeinflusst.

Allerdings reduziert man die Problemlagen unzulässig, wenn man nur auf die Substanzen und ihre möglichen Wirkungen und Auswirkungen auf die Entwicklung des Kindes während der Schwangerschaft achtet. Vielmehr geht es darum, die Lebenslagen der Frauen insgesamt zu berücksichtigen. Man stellt dann sehr schnell fest, dass es einen engen Zusammenhang gibt zwischen Armut und dem Konsum von psychoaktiven Substanzen sowie zwischen diesen Bedingungen und Gewalt (Henkel 1998, Vogt 1998). Darum sollen hier erst einmal die Auswirkungen von Armut bzw. eine von Armut und Gewalt bestimmte Lebensweise mit den damit einhergehenden Beschädigungen der Gesundheit von Mutter und Kindern betrachtet werden.

Frauen, die auf der Straße leben, sich Geld durch Prostitution beschaffen, das sie dann in den Kauf von (illegalen) Drogen investieren, stehen unter einem ungeheuren physischen und psychischen Stress. Stress allein kann Gesundheit beschädigen. Kommen dazu noch exzessiver Konsum von psychoaktiven Drogen, Prostitution sowie anderes problematisches Verhalten, dann schlägt das voll durch auf die Gesundheit der Frauen. Werden sie schwanger, erhöht sich der Stress mit der Folge, dass die Entwicklungsbedingungen für den Embryo von Anfang an schlecht sind. Dazu kommen gewöhnlich Fehl- und Mangelernährung, die wiederum die Gesundheit der Mutter und die Entwicklung des Kindes negativ beeinträchtigen. Insgesamt kann man also festhalten: Je schlechter die Lebensbedingungen der Mutter sind, je riskanter ihr Lebensstil, umso negativer wirken sich die psychoaktiven Substanzen auf die Schwangerschaft und den Embryo aus, umso wahrscheinlicher werden Entwicklungsstörungen, Missbildungen und nichtreversible Beschädigungen des Kindes bereits vor der Geburt.

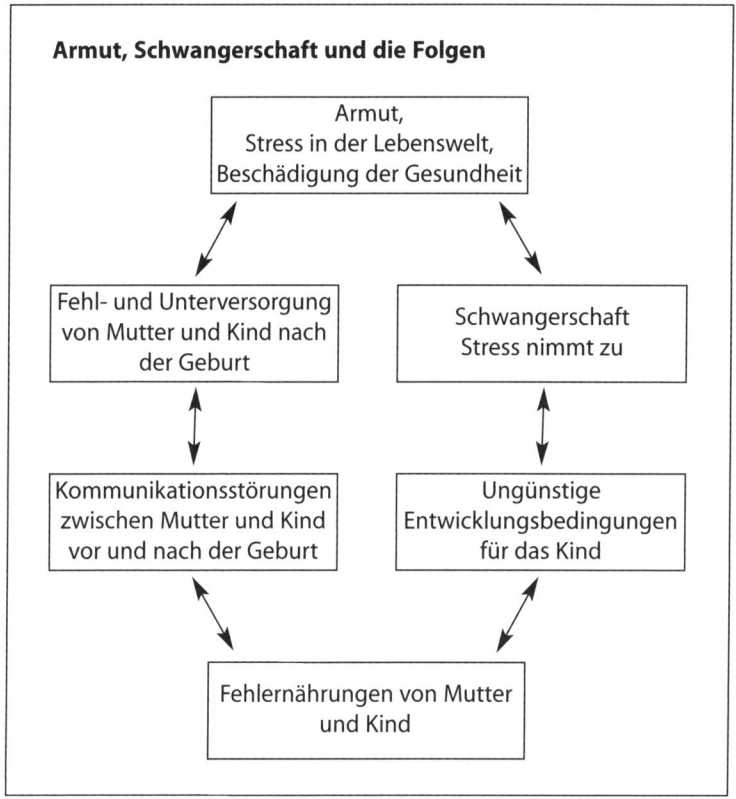

Armut, Schwangerschaft und die Folgen

Armut,
Stress in der Lebenswelt,
Beschädigung der Gesundheit

Fehl- und Unterversorgung
von Mutter und Kind nach
der Geburt

Schwangerschaft
Stress nimmt zu

Kommunikationsstörungen
zwischen Mutter und Kind
vor und nach der Geburt

Ungünstige
Entwicklungsbedingungen
für das Kind

Fehlernährungen von Mutter
und Kind

Quelle: Brazelton 1991

Die Geburt selbst und vor allem die Begegnung mit dem Baby, das unter Umständen unter Entzugssymptomen leidet und zusätzlich Missbildungen aufweisen kann, erleben die Frauen weniger als glückliches Ereignis, sondern als Konfrontation mit Schuld und Scham. Das erleichtert es ihnen nicht, das Kind anzunehmen und eine Beziehung mit ihm aufzunehmen. Substanzabhängige Mütter, die nach der Geburt nicht hinreichend versorgt und emotional unterstützt werden, haben es schwer, sich selbst und das Kind gut zu versorgen. Das gilt sowohl für die körperliche wie die psychische Versorgung. In vielen Fällen leiden beide aneinander, was wiederum den Stress erhöht, die

Bindung erschwert und die Kommunikation zwischen Mutter und Kind behindert (Vogt 1996).

Aber nicht nur die soziale Lage steht in engem Zusammenhang mit dem Konsum von psychoaktiven Substanzen von Frauen, sondern auch die Gewaltverhältnisse, in denen sie leben. Frauen, die in Beziehungen leben, die von Gewalt geprägt sind, nehmen zu ihrer Entlastung auch häufig psychoaktive Drogen. Dazu kommt, dass die Gewaltbereitschaft von Partnern und Angehörigen zunimmt, wenn Frauen schwanger sind. Personen, die ihre Interessen ohnehin häufiger mit Gewalt durchsetzen, richten ihre Angriffe bevorzugt gegen schwangere Frauen. Die Schwangerschaft ist also eine Zeit, in der Frauen besonders gefährdet sind, Opfer von Gewalthandlungen zu werden. Die Gewalt trifft auf die eine oder andere Weise auch das werdende Kind.

Da Armut und Gewaltbereitschaft miteinander assoziiert sind, trifft das arme Frauen ungleich häufiger als Frauen, die über mehr finanzielle und soziale Ressourcen verfügen. Es liegt auf der Hand, dass die Risiken für Mutter und Kind immens ansteigen, wenn alle diese Faktoren zusammenkommen.

Zunächst zu den Auswirkungen des Tabakrauchens auf die Entwicklung des Fötus. Frauen, die während der Schwangerschaft rauchen, haben eine erhöhtes Risiko für Fehl- und Frühgeburten, für Totgeburten, perinatale und postnatale Mortalität (plötzlicher Kindstod). Kommen die Kinder dennoch auf die Welt, sind sie im Durchschnitt ca. 200 g leichter und etwas kleiner als diejenigen von Frauen, die während der Schwangerschaft nicht rauchen. Die Folgen dieser Normabweichungen lassen sich bis in die Pubertät beobachten; in der Regel ergeben sich daraus jedoch keine weiteren Entwicklungs- oder Funktionsstörungen.

Die Forschung belegt weiterhin, dass Kinder von Müttern, die während der Schwangerschaft rauchen, vermehrt Störungen des Atmungsapparates aufweisen, dass sie anfälliger sind für entsprechende Erkrankungen und dass weiterhin ihr Risiko, an Krebs zu erkranken (vor allem Leukämie), erhöht ist. Die gesundheitlichen Langzeitbelastungen dieser Kinder sind also durchaus erheblich, wenn auch weniger ins Auge fallend als diejenigen von Müttern, die in der Schwangerschaft andere psychoaktive Substanzen nehmen.

Besonders riskant für die Entwicklung des Fötus während der Schwangerschaft ist Alkohol (Spohr 1997). Dieser kann zu erheblichen und nichtreversiblen Entwicklungsstörungen führen. *Fetale Alkoholeffekte (FAE)* können eher unscheinbar sein und sich nur in kleineren Schädigungen bemerkbar machen. Die *Alkoholembryopathie* bzw. das *Fetale Alkoholsyndrom (FAS)* bezeichnet ein ausgeprägtes und typisches Symptombild.

Die wichtigsten Hinweise auf eine Alkoholembryopathie bzw. das Fetale Alkoholsyndrom

- Minderwuchs und Untergewicht;
- Mikrozephalus (Kleinköpfigkeit);
- mentale und statomotorische Entwicklungsverzögerungen:
  Sprach- und Hörstörungen;
  Ess- und Schluckstörungen bei Säuglingen;
  Hyperaktivität oder Verhaltensstörungen;
  Muskelhypotonie;
  feinmotorische Dysfunktion/Koordinationsstörungen;
- kraniofaziale Dysmorphie an Augen/Ohren/Nase/Mund;
- andere Fehlbildungen.

Man rechnet heute damit, dass in Deutschland pro 1.000 Lebendgeburten 1 bis 2 Fälle mit FAS kommen (Wolstein 1999). Pro Jahr werden also schätzungsweise 1.000 bis 2.000 Kinder mit FAS geboren (Löser 1995). Es handelt sich vermutlich um die Entwicklungsstörung, die am häufigsten durch einen psychoaktiven Stoff verursacht wird. Die negativen Folgen des exzessiven Alkoholkonsums von Frauen während der Schwangerschaft machen also einer beständig wachsenden Gruppe von Kindern, Jugendlichen und Erwachsenen lebenslänglich zu schaffen.

Ganz anders ist das bei den Opiaten. Diese wirken sich offenbar nur wenig auf die Entwicklung des Fötus während der Schwangerschaft aus, wohl aber auf die Ausbildung einer (körperlichen) Abhängigkeit. 50 % bis 90 % der Kinder haben nach der Geburt Abstinenzsymptome unterschiedlicher Schweregrade.

Tab. 7.1.: Zusammenstellung der möglichen Entzugssymptome bei opiatabhängigen Neugeborenen	
Schweregrad	**Entzugssymptome**
Leicht	Zittern; allgemeine Unruhe und Schlaflosigkeit; Hyperaktivität der Reflexe; erhöhter Muskeltonus; Kratzen an Armen und Beinen; übermäßige Saugversuche; schrilles Schreien.
Mittel	Trinkprobleme; Erbrechen und Durchfall; Gähnen; Niesen und verstopfte Nase; Schwitzen.
Stark	Fieber; Krampfanfälle.*

* wird auch bei Mehrfachabhängigkeit der Mutter beobachtet

Einige wenige und vor allem leichte Abstinenzsymptome zeigen die meisten Babys, deren Mütter während der Schwangerschaft vor allem Opiate eingenommen haben. Dennoch gehört es heute zum Behandlungsstandard, schwangere Frauen, die abhängig von Heroin sind, in ein Substitutionsprogramm (Methadon oder Buprenorphin) aufzunehmen. Für Mutter und Kind ist das gesundheitsförderlicher als eine (erzwungene) Abstinenzbehandlung oder gar das Verbleiben in der Szene und das Leben auf der Straße (Council of Europe 2000, Englert & Ziegler 2001).

Wenn keine Infektionskrankheiten wie HIV oder Hepatiden vorliegen, sollen die Mütter nach der Geburt zum Stillen ermutigt werden. Das gilt auch für die Mütter, die weiterhin Methadon erhalten. Allerdings sollte die Stillperiode dann nicht länger als sechs Monate dauern (Auriacombe & Loustauneau 2000). Wie die praktische Erfahrung zeigt, ist es ohnehin schwierig, diese Frauen zum Stillen zu überreden. Viele sind viel zu hektisch, um sich lange auf das Stillen einzulassen. Sie hören dann schon nach wenigen Wochen mit dem Stillen auf, meist mit dem Gefühl, einmal mehr versagt zu haben (Landesfachstelle Frauen und Sucht 2001).

Auf die negativen Wirkungen und Auswirkungen anderer psychoaktiver Substanzen auf die Entwicklung des Kindes während der Schwangerschaft soll hier nicht ausführlich eingegangen werden. Jedoch ist festzuhalten, dass Polytoxikomanie und das Leben auf der Straße sehr negative Auswirkungen auf die Schwangerschaft und die Entwicklung des Fötus haben. Diese Kinder leiden nach der Geburt meist unter sehr schweren Entzugssymptomen, oft in Kombination mit anderen Entwicklungsschäden.

Darüber hinaus ist darauf hinzuweisen, dass für alle Kinder, deren Mütter während der Schwangerschaft psychoaktive Substanzen regelmäßig oder in hohen Dosen genommen haben, das Risiko steigt, nach der Geburt am plötzlichen Kindstod zu sterben. Es ist unklar, worauf diese Todesfälle zurückzuführen sind.

Mit der Geburt ändern sich die Probleme für Mutter und Kind bzw. die gesamte Familie. Je nach der jeweiligen Situation stellen sich nach der Geburt Beziehungsprobleme zwischen Mutter und Kind oder Vater und Kind ein, die besonders gravierend sind, wenn die Schwangerschaft von Gewalt geprägt war oder wenn das Kind mit sichtbaren Missbildungen als Folge des Drogenkonsums der Mutter geboren wird. In ungünstigen Fällen ist das der Beginn einer langen Geschichte der psychischen und oft auch physischen Vernachlässigung des Kindes. Hilfe von außen und im Interesse der kleinen Kinder ist dann dringend gefordert. Kinder, die in einem Klima von Gewalt, Armut, Bindungslosigkeit und Misshandlungen aufwachsen, haben ein hohes Risiko, früh im Leben Verhaltensstörungen zu entwickeln, die sich später wiederum als Alkohol- und Drogenprobleme manifestieren können. Studien belegen jedenfalls, dass Mädchen wie Jungen, die mit alkoholabhängigen Erwachsenen aufwachsen, ein doppelt so hohes Risiko wie andere Jugendliche haben, selbst Alkohol- oder Drogenprobleme zu entwickeln (Lieb et al. 2001).

Dazu kommt, dass vor allem drogenabhängige Mütter meistens arm und von gesellschaftlichen Transferleistungen abhängig sind. Die Mehrheit von ihnen ist allein erziehend, aber viele leben mit einem Partner zusammen, der sich mal mehr, mal weniger um das Kind kümmert. Im Vergleich zu drogenabhängigen Frauen ohne Kinder haben diese Mütter im Durchschnitt eine noch schlechtere Schul- und Berufsausbildung und oft keinerlei Erfahrung im Erwerbsleben. Finanziell sind sie fast durchweg auf Sozialhilfe angewiesen. Auch gesundheitlich geht es ihnen nicht besonders gut. Selbst diejenigen, die in einem Substitutionsprogramm behandelt werden, sind in eher schlechter gesundheitlicher Verfassung.

Die Belastungen durch Armut, schlechte Gesundheit und wenig Hoffnung auf eine bessere Zukunft können die Lebenssituation der Kinder schwer beeinträchtigen. Bislang wissen wir wenig darüber, wie diese Kinder damit zurechtkommen. In jedem zweiten Fall funktioniert das Zusammenleben von Mutter, Partner und Kind offenbar nicht; die Mütter verlieren das Sorgerecht für ihre Kinder, die je nach Einzelfall bei Angehörigen, in Pflegefamilien oder anderen Einrichtungen untergebracht werden. Offenbar ist jede zweite drogenabhängige Mutter mit der Erziehung ihres Kindes überfordert.

Wie Studien über Kinder und Jugendliche belegen, die in Familien mit suchtkranken Angehörigen aufwachsen, findet man bei ihnen gewöhnlich problematische Familiensysteme vor, in denen auch die Kinder gefangen sind. Sie übernehmen je nach Alter, Situation und Konstellation Rollen, denen sie nicht gewachsen sind. Dazu gehören die Übernahme der Verantwortung für das Funktionieren von Haushalt und Familie sowie die Sorge um jüngere Geschwister, aber auch die Sorge um den süchtigen

Angehörigen mit den dazugehörigen Kontrollfunktionen. Sie organisieren dann den Haushalt und kümmern sich darum, dass das Essen auf den Tisch kommt und dass der suchtkranke Vater oder die Mutter versorgt wird. Kinder und Jugendliche, die Kontrollfunktionen übernehmen, überwachen die süchtigen Erwachsenen peinlich genau, überprüfen fortwährend, dass keine Suchtmittel vorhanden sind – und verlieren diesen Kampf doch immer wieder. Manche reagieren unbeherrscht und werden gegenüber Vätern und Müttern, ebenso gegenüber Großeltern oder anderen Verwandten gewalttätig (Vogt 1994). Der Kreislauf der Gewalthandlungen scheint sich zu schließen. In der Pubertät sind es dann gerade diese Kinder, die selbst wiederum besonders anfällig für die Verführungen durch psychoaktive Substanzen sind.

Ohne jede Frage sind diese Kinder und Jugendlichen besonderen Gefährdungen ausgesetzt; sie sollten also besonders viel Hilfe erhalten. Bislang gibt es allerdings nur einige wenige Hilfsangebote für Familien mit Alkohol- und Drogenproblemen (Hedrich 2000). Im Allgemeinen sind die Betroffenen auf die Angebote der Selbsthilfeorganisationen angewiesen, allen voran auf die der Anonymen Alkoholiker.

Immerhin belegen die vorliegenden Studien über erwachsene Kinder von substanzabhängigen Eltern auch, dass 50 % dieser Jugendlichen nicht auffällig sind (Zobel 2000). Sie entwickeln sich trotz allem »ganz normal«, durchlaufen Kindheit und Jugend in ähnlicher Weise wie andere Kinder und Jugendliche auch und sind als Erwachsene dem Leben zugewandt und produktiv. Es gibt sogar Hinweise darauf, dass sie ein großes Widerstandspotenzial gegenüber abweichenden Verhaltensweisen allgemein und gegenüber Substanzkonsum im Besonderen haben. Man kann davon ausgehen, dass diese Jugendlichen in ihrer Kindheit erwachsene Vorbilder und Bezugspersonen gefunden haben, auf die sie sich stützen und verlassen konnten und mit deren Hilfe sie sich selbst zu eigenständigen und kompetenten Personen entwickelt haben. Das hat sie so stark gemacht, dass sie sich als Jugendliche gegenüber anderen, auch gegenüber dem süchtigen Vater oder der süchtigen Mutter, abgrenzen, eigene

Wege gehen und aus dem Kreislauf von Abhängigkeit und Sucht ausbrechen konnten.

Rahmenbedingungen der Beratung von Müttern und Vätern

Alkohol- und drogenabhängige Väter und Mütter haben ihre eigenen Probleme, die sie in die Beratungsstellen mitbringen. Allerdings unterscheidet sich die Lage der beiden Geschlechter erheblich voneinander.

Männer werden nicht nur seltener danach gefragt, ob sie Väter sind, die Vaterschaft spielt auch in der Beratung eine Nebenrolle. Sehr selten wird thematisiert, was die Sucht des Vaters für die Kinder in der Familie bedeutet oder was das für die Vaterschaft insgesamt bedeutet.

Ist die Mutter süchtig, dann werden Schwangerschaft und Mutterschaft ganz anders thematisiert. In der Auseinandersetzung mit den Beratenden ergeben sich dann auch recht schnell Konflikte. Diese eskalieren dann, wenn die Mutter kleine Kinder zu versorgen hat.

Die Beratenden sind gefordert, die partikularen Interessen von Mutter und Kind gegeneinander abzuwägen. Das fordert allein schon die Gesetzeslage.

§ 1 des Kinder- und Jugendhilfegesetzes

(1) Jeder junge Mensch hat ein Recht auf Förderung seiner Entwicklung und auf Erziehung zu einer eigenverantwortlichen und gemeinschaftsfähigen Persönlichkeit.

(2) Pflege und Erziehung der Kinder sind das natürliche Recht der Eltern und die zuvörderst ihnen obliegende Pflicht. Über ihre Betätigung wacht die staatliche Gemeinschaft.

(3) Jugendhilfe soll zur Verwirklichung des Rechts nach Absatz 1 insbesondere

1. junge Menschen in ihrer individuellen und sozialen Entwicklung fördern und dazu beitragen, Benachteiligungen zu vermeiden oder abzubauen,
2. Eltern und andere Erziehungsberechtigte bei der Erziehung beraten und unterstützen,
3. Kinder und Jugendliche vor Gefahren für ihr Wohl schützen,
4. dazu beitragen, positive Lebensbedingungen für junge Menschen und ihre Familien sowie eine kinder- und familienfreundliche Umwelt zu erhalten oder zu schaffen.

Berater/innen in Einrichtungen für Alkohol- und Drogenabhängige im Besonderen und Sozialarbeiter im Allgemeinen sind in der Pflicht, auf das Kindeswohl zu achten und für die Entwicklung der Kinder ebenso Sorge zu tragen wie für die Individualinteressen der Mütter bzw. der Eltern. Wie aber versöhnt man die Interessen von alkohol- oder drogenabhängigen schwangeren Frauen mit denen des ungeborenen Kindes, wie diejenigen der Mütter und Väter mit denen ihrer kleinen oder größeren Kinder? Der Alltag ist hier voller Unwägbarkeiten, Unsicherheiten und Probleme, die sich zudem einer Schematisierung entziehen.

Im gesellschaftlichen Diskurs ebenso wie in den Beratungsstellen wird immer wieder die Frage gestellt, ob alkohol- und drogenabhängige Frauen und Männer überhaupt »gute« Mütter und Väter sein können. Je massiver die Selbstbeschädigungen der Frauen zum Beispiel während der Schwangerschaft ausfallen, umso mehr Ängste ruft das auf Seiten der Beratenden hervor, die sozusagen dabeistehen und zusehen müssen, wie ihre Klientinnen sich selbst und den Fötus gefährden oder beschädigen. Bedenkt man, welche negativen Folgen der Konsum von psychoaktiven Substanzen auf die Entwicklung des Fötus haben kann, dann lassen sich diese Ängste auch nicht einfach beiseite schieben. Für die Beratenden ist es nicht leicht, diesen Frauen immer von neuem Empathie entgegenzubringen, ihnen immer wieder Hilfen anzubieten. Das belastet die Beziehung zwischen den Beratenden und den alkohol- oder drogenabhängigen schwangeren Frauen bzw. Müttern und Vätern mit kleinen Kindern. Davon betroffen sind allerdings hauptsächlich Frauen, denn Männer kommen selten in ihrer Funktion als Väter in die Beratungsstellen.

Die Praxis zeigt, dass tatsächlich alles möglich ist. Frauen, die in der Schwangerschaft nicht viel auf sich und auf ihr Kind geachtet haben, wenden sich diesem nach der Geburt liebevoll zu, ändern ihre Lebensweisen grundlegend und orientieren sich an den Bedürfnissen des Kindes. Andere, die sich während der Schwangerschaft zurückgehalten und ihre selbstschädigenden Konsummuster aufgegeben haben, fallen kurz nach der Geburt des Kindes in die alten Lebensweisen zurück. Wieder andere schwanken zwischen Verhaltensextremen hin und her, auch zwischen dem Leben in Abstinenz und dem als Abhängige, aber es gelingt ihnen nicht, sich zu stabilisieren. Wie diese wenigen Beispiele zeigen, ist die Geburt eines Kindes für viele Frauen eine ganz reale Chance, mit alten und selbstdestruktiven Gewohnheiten zu brechen, für andere ist es eine Belastung mehr, mit der sie mehr oder weniger gut umgehen, und für wieder andere ist es eine zusätzliche und besonders schwere Bürde, die sie gerne wieder loswerden würden. Entsprechend vielfältig sind die Reaktionen der Frauen auf die Geburt eines Kindes: Die einen bewähren sich mit der neuen Herausforderung, die anderen wursteln sich durch und die dritten scheitern daran.

Umso verständlicher ist es, dass fast alle Institutionen, die mit schwangeren alkohol- und drogenabhängigen Frauen zusammenarbeiten, Auflagen daran knüpfen, an denen sie meinen messen zu können, ob sie es mit einer »guten« Mutter oder einer eher schlechten zu tun haben. Je nachdem wie das Urteil der Fachleute ausfällt, wird das Kind den Müttern anvertraut, oder es wird anderweitig untergebracht (Barabas 1999).

Die Klientinnen, also die drogenabhängigen Mütter, nehmen in ihrem Selbstverständnis die Meinungen, die andere über sie haben, voraus. Sie gehen davon aus, dass andere ihnen nicht zutrauen, »gute« Mütter zu sein. Sie rechnen daher immer mit dem Schlimmsten: mit dem »Zwang« zur Abtreibung, mit der Wegnahme des Kindes für eine Zeit (Fremdunterbringung in

Pflegefamilie usw.) oder für immer (Adoption), mit der moralischen Verurteilung, weil sie es gewagt haben, Mutter zu werden, aber es nicht geschafft haben, das Kind zu behalten usw. Die Ängste der substanzabhängigen Frauen sind durchaus berechtigt, sie spiegeln einen Teil der Realität, mit der sie sich auseinander setzen müssen, wider. Wohl auch darum suchen nur wenige Frauen mit Substanzproblemen während der Schwangerschaft professionellen Rat in den Beratungsstellen. Und selbst viele Mütter mit (kleinen) Kindern meiden die Hilfeeinrichtungen. Oft kommen die Frauen erst dann zu den Beraterinnen, wenn es für alle präventiven Maßnahmen schon zu spät ist und wenn tatsächlich nichts mehr geht.

Grundsätzlich ist es schwierig, zu bestimmen, welche Mutter eine »gute« und welche eine »schlechte« ist oder sein wird. Jedenfalls gibt es bislang keinen einfachen Test, mit dem man entsprechende Eigenschaften messen kann. Um Handlungssicherheit zu haben, wünschen sich Sozialarbeiter und Sozialarbeiterinnen daher »Basiskriterien« der Fürsorge für das Kind, genauer: einen Kriterienkatalog zur Abschätzung der Gefahren, die einem Kind in einer konkreten Situation drohen. In Anlehnung an Schone et al. (1997) geht es darum, folgende Fragen genau abzuklären.

Leitfragen zu den Basisbedürfnissen und zum Kindeswohl

- Geeigneter Wohnraum vorhanden? (Wasser, Elektrizität, Heizung, sonstige Ausstattung)
- Befriedigung von Grundbedürfnissen des Kindes garantiert? (Ernährung, Kleidung, Hygiene)
- Sachgemäße Behandlung von Krankheiten und Entwicklungsstörungen gewährleistet?
- Schutz vor Gefahren gesichert? (mindestens eine zuverlässige Person zur Betreuung des Kindes im Haushalt)

Allerdings reicht die Befriedigung von Basisbedürfnissen nicht aus, um eine gesunde Entwicklung des Kindes zu sichern. Vielmehr muss sich das Kind über die Befriedigung elementarer Bedürfnisse hinaus auch angenommen fühlen, aufgenommen in die Familie und in die tägliche Sorge der Mutter und des Vaters oder bei anderen Familienkonstellationen der jeweiligen Partner/in von Mutter und Vater.

Entwicklungsfördernde Faktoren
- Entwicklung einer stabilen Bindung zwischen Mutter und Kind, Vater und Kind oder zwischen fester Betreuungsperson und Kind;
- positive Zuwendung der Mutter und des Vaters zum Kind sowie anderer Personen, die in ständigem Kontakt mit dem Kind sind;
- gezielte Förderung der Fähigkeiten des Kindes durch Eltern und andere Angehörige;
- gute Einbindung in funktionierende soziale Netzwerke, über die der Kontakt mit anderen Personen und allgemein mit dem kulturellen Umfeld gefördert wird.

Es geht in der Erziehung eben nicht nur um die Befriedigung der Basisbedürfnisse eines Kindes, sondern um die Befriedigung seiner Bedürfnisse nach Zuwendung und Zärtlichkeit, nach Unterstützung und Förderung der Entwicklung. Die Rechte des Kindes gegenüber der Mutter und dem Vater sind also weit gefasst. Beide müssen sich gleichermaßen bewähren, wenn sie diesen Anforderungen genügen wollen; allerdings sind es am Ende vor allem die Mütter, die den Test in der Realität bestehen müssen. Väter werden diesem Realitätstest nur in Ausnahmefällen unterzogen, dann nämlich, wenn sie sich um das Sorgerecht für ihre Kinder bemühen. Das tun aber nur wenige Väter, und ganz besonders wenige, die Probleme mit Alkohol oder anderen Drogen haben.

So wichtig solche Zusammenstellungen auch sind, sie helfen nur bedingt, wenn es gilt, im Alltag und im konkreten Fall zu entscheiden, ob eine Mutter oder ein Vater das Kind ausreichend versorgt und betreut. Die Entscheidung darüber, ob die Basiskriterien im Alltag erfüllt sind oder nicht, ist viel schwieriger, als es auf den ersten Blick erscheint. Das gilt vor allem dann, wenn man es nicht mit Extremfällen zu tun hat, sondern mit Mischfällen. Diese dominieren jedoch die Praxis, nicht die Extremfälle.

Konfliktlagen der Beratenden

Tatsächlich bestimmen normative Vorstellungen der Beratenden die Auslegung der Basiskriterien. Sie sind in komplexe kommunikative Muster eingebettet wie die folgenden: »Ich sehe und verstehe, dass du Hilfe brauchst – in der Schwangerschaft, als Mutter oder Vater im Umgang mit dem Kind.« Die Beratenden bieten entsprechende Hilfen an, die allerdings immer mit Kontrolle verknüpft sind. Mitgedacht ist nämlich jeweils: »Ich sehe und verstehe, dass du es nicht so machst, wie es sein sollte.«

Das Hilfsangebot ist also doppelt kodiert, es ist Hilfe im Kontext von Kontrolle. Je nachdem, wie gut oder schlecht die Mutter und in seltenen Fällen der Vater die an subjektiven Werten und Normen orientierten Prüfungen besteht, wird die eine oder die andere Hilfe in Gang gesetzt. Aus der Sicht der Betroffenen sind die Hilfen immer mit Sanktionen verknüpft; nicht selten erfahren sie Hilfen lediglich als Sanktionen, wenn es zum Beispiel im Interesse des Kindeswohls nötig ist, dieses bei Pflegeeltern unterzubringen. Die Interessen der Mütter und die ihrer Kinder gehen eben nicht immer überein; Berater/innen sind dann verpflichtet, Entscheidungen herbeizuführen (vgl. dazu Landesstelle Frauen & Sucht 2001). Im Vordergrund stehen die Interessen der schwächeren Partei – eben die des Kindes –, und diese können den Interessen der anderen Partei zuwiderlaufen (Woods 1998). Ein Beispiel macht das deutlich.

Eine junge Frau, die als junges Mädchen von Italien nach Deutschland eingewandert ist, wird seit einigen Jahren von einer Drogenberatungsstelle betreut. Sie ist selbst seit längerem drogenabhängig, jedoch seit ca. drei Jahren – seit der Geburt ihrer Tochter – in einem Substitutionsprogramm. Im Großen und Ganzen hat sie ihren Drogenkonsum gut unter Kontrolle, gelegentlich nimmt sie allerdings noch andere Drogen, z. B. Kokain.

Der Vater des Kindes ist ebenfalls drogenabhängig; seine bevorzugten Drogen sind Heroin und Kokain. Er lebt zu dieser Zeit nicht mehr mit der Mutter seines Kindes zusammen, sondern im gleichen Ort bei seiner eigenen Mutter, der Großmutter des Kindes. Großmutter und Mutter verstehen sich nicht gut. Die junge Frau sucht Hilfe bei ihrem Berater, da sie abstinent werden möchte. Nach gründlicher Problemanalyse und einer Reihe von gezielten Gesprächen kommen Berater und Klientin überein, dass sie am besten eine Langzeitbehandlung in einer stationären Einrichtung durchführen soll. Ein Platz in einer Einrichtung für Mutter und Kind konnte nicht gefunden werden. Daher musste das Kind für die Zeit der Behandlung der Mutter fremd untergebracht werden. Die Großmutter ist bereit, das Kind zu übernehmen. Zunächst scheint das eine optimale Lösung zu sein. Die junge Frau tritt die stationäre Behandlung an, bricht diese aber nach einigen Monaten ab, da sie u. a. die Trennung von ihrem Kind nicht aushält. Sie wird danach sehr schnell rückfällig – und verliert nun das Sorgerecht für ihr Kind. Das Kind bleibt bei der Großmutter, die sich weigert, die Mutter in die Erziehung des Kindes einzubeziehen, und die ihr am liebsten selbst das Besuchsrecht beschneiden möchte. Die junge Frau leidet sehr unter dieser Entwicklung, was auch dazu führt, dass sie ihren Drogenkonsum steigert. Damit verringern sich automatisch ihre Chancen, das Sorgerecht für ihr Kind wiederzubekommen.

Im Endergebnis ist der Versuch der jungen Frau, ihre Drogenabhängigkeit zu beenden, negativ verlaufen: Nicht nur ist sie selbst rückfällig geworden, sie hat zudem das Sorgerecht für ihr Kind verloren, das sie wegen der Schikanen der Großmutter kaum noch sieht. Dagegen hat der Vater, der sich erst gar nicht um Abstinenz bemüht hat und der sich bislang in keiner Weise um die Erziehung des Kindes bemüht hat, freien Zugang zu diesem, einfach weil es bei seiner Mutter aufwächst, bei der er selbst schon seit geraumer Zeit wohnt. Aus der Sicht der jungen Frau ist das in höchsten Maße ungerecht. In ihrer Verzweiflung schiebt sie dem Berater einen Teil der Schuld zu, der sie ermutigt hat, die Langzeittherapie überhaupt anzutreten.

Im Umgang mit schwangeren substanzabhängigen Frauen und mit süchtigen Müttern und Vätern mit Kindern ist es notwendig, dass Beratende in der Selbsterfahrung ihre eigenen Gefühle und ihre Befindlichkeit gegenüber dieser Klientel klären.

Klärung der Gefühlslagen von Beratenden

Gefühle gegenüber einer Frau, die in der Schwangerschaft
- exzessiv legale oder illegale Drogen nimmt;
- auf der Straße lebt;
- sich prostituiert;
- einen gewalttätigen Freund hat, von dem sie sich nicht trennen will;
- das Kind unbedingt bekommen möchte, obwohl sie nichts an ihrem Lebensstil ändern will.

Gefühle gegenüber süchtigen Frauen und Männern, die
- mit Kindern zusammenleben,
- und sich auf keinen Fall von diesen trennen wollen.

Gefühle gegenüber süchtigen Frauen und Männern, die
- sich in Anwesenheit der Kinder betrinken oder Drogen nehmen;
- ihre Kinder nicht lieben und das auch zeigen;
- sie vernachlässigen;
- sie körperlich, seelisch oder sexuell misshandeln und missbrauchen.

Ohnehin spielen die subjektiven Werte und Normen der Beratenden im Umgang mit den Müttern und Vätern eine besondere Rolle. Diese speisen sich aus der Biographie der Beratenden. Das wird offenbar, wenn man Berater/innen in der Suchthilfe danach fragt, welche Gefühle sie gegenüber schwangeren Drogenabhängigen oder drogenabhängigen Müttern mit kleinen Kindern haben. Gerade diejenigen unter ihnen, die zum Beispiel selbst gerne Kinder hätten, sich ihren Kinderwunsch aber aus einer Vielzahl von Gründen nicht erfüllt haben, haben nicht nur Mitgefühl und Mitleid mit den Müttern und den Kindern, sondern sie sind auch ärgerlich »über dieses Maß an Verantwortungslosigkeit« (Zitat einer Beraterin), das die Frauen im Umgang mit sich selbst und mit ihren Kindern an den Tag legen. Das Beispiel steht für viele andere. Die Arbeit mit drogenabhängigen schwangeren Frauen und Müttern mit kleinen Kindern setzt starke Gefühle frei, wie Ängste, Abwehr, Abspaltungen, Ärger, Wut usw., mit denen man lernen muss, umzugehen.

Die Beratenden sollten in Trainings und Selbsterfahrung abklären, wie sie mit dieser Klientel arbeiten können (Harrison 1993). Sie sollten sich darüber hinaus um Entlastung bemühen in Intervisionsgruppen mit Fallbesprechungen (Rotering-Steinberg 2000) sowie über Supervision.

Hilfen für Mütter und Väter mit Alkohol- und Drogenproblemen

Beraterinnen und Berater sollten ihren Klienten/innen eine breite Palette von Hilfen anbieten, wenn diese Kinderwünsche äußern. Das heißt auch, dass sie die Kinderwünsche ihrer Klientel respektieren.

Hilfen für Frauen und Männer mit Substanzproblemen im Vorfeld von Zeugung und Schwangerschaft
- Reden über Kinderwünsche und Möglichkeiten der Realisierung dieser Wünsche;
- Vorteile von Abstinenz thematisieren;
- Vermittlung in Institutionen zur Sexual- und Schwangerschaftsberatung;
- Unterstützung bei der Suche nach medizinischer Versorgung, Vermittlung an Männerärzte und Frauenärzte/innen.

Verfestigt sich bei Klientinnen und Klienten der Wunsch nach einem Kind, sollten die Beratenden mit ihnen die Vorteile einer Behandlung zur Abstinenz ausführlich besprechen; sie sollten gerade diese Frauen und Männer ermutigen, den Schritt zu tun und eine Abstinenzbehandlung anzutreten. Sind die Widerstände zu groß, so sollte jedoch auf eine starke Reduktion des Konsums und bei drogenabhängigen Klienten/innen auf eine Stabilisierung auf der Grundlage einer Substitution hingearbeitet werden.

Auch Gespräche über die Zukunftsvisionen, die die Frauen und Männer mit dem Wunsch nach einem Kind verbinden, sind wichtig. Was erwarten die Frauen von Schwangerschaft und Mutterschaft, welche Hoffnungen verbinden sie mit einem Kind? Und was bedeutet Vaterschaft für die Männer? Wie realistisch sind die Vorstellungen, die sie mit einem Kind verbinden, welche Zukunftsorientierungen haben sie? Gibt es Personen und Netzwerke, die sie aktivieren können, wenn sie zum Beispiel während der Schwangerschaft und nach der Geburt des Kindes Hilfe brauchen? Wer könnte später bei der Versorgung und Erziehung des Kindes helfen?

In der Praxis zeigt sich allerdings oft, dass zum Beispiel drogenabhängige Frauen während der Schwangerschaft gar nicht in der Lage sind, sich auf sich selbst und auf das Kind, das sich in ihnen entwickelt, zu besinnen. Viele sind noch so gefangen in ihrer Lebenswelt, dass sie für anderes gar nicht ansprechbar sind.

Hilfen für Frauen mit Substanzproblemen während der Schwangerschaft

Beratung während der Schwangerschaft und Aufklärung über:
- Wirkung von psychoaktiven Substanzen auf den Fötus;
- Behandlung während der Schwangerschaft (z. B. Abstinenzbehandlung bei Alkoholabhängigkeit/Verordnung von Substitutionsmitteln bei Opiatabhängigkeit);
- Hilfen beim Aufbau eines medizinischen Hilfenetzwerkes

mit Frauenarzt, Entbindungsklinik, Kinderärztin, Mutter-Kind-Heim, anderen pflegerischen Hilfen;

- Vorbereitung der Mutter und des Vaters auf die Geburt und die Begegnung mit ihrem Kind;
- Aushandlung mit Klinik und Jugendamt, wie nach der Geburt des Kindes verfahren wird (Klärung von Fragen nach der Behandlung von Entzugssymptomen des Kindes nach der Geburt, Klärung der Frage, ob das Kind bei der Mutter bleibt);
- Prüfung der Ressourcen und der Stärken der sozialen Netzwerke.

Sehr oft ist eine Kontaktaufnahme mit Kollegen und Kolleginnen im Jugendamt sowie im Allgemeinen Sozialdienst sinnvoll und notwendig. In Kooperation mit diesen sind eine Reihe von Entscheidungen im Interesse von Mutter und Kind und zur Wahrung des Kindeswohls zu treffen. Dazu gehört die Klärung der Frage, wie nach der Geburt des Kindes zu verfahren ist, ob Mutter und Vater in der Lage sind, für das Kind zu sorgen, ob sie dazu besondere Hilfen benötigen und wie diese abzurufen sind. In manchen Fällen hat sich die Unterbringung der Mutter in einem Mutter-Kind-Heim bewährt. Dort ist die Mutter nicht allein, sie lebt inmitten von Frauen, die wie sie Hilfe benötigen, und sie findet Hilfe bei den Professionellen, die die Institution leiten.

Vor allem aber sind materielle Fragen zu klären. An erster Stelle geht es darum, für Mutter und Kind eine Wohnung zu finden. Dann kommt die Klärung der finanziellen Unterstützung durch Angehörige, den Vater des Kindes, das Sozialamt usw. Ebenso wichtig ist eine konsequente Schuldnerberatung für diejenigen, die Schulden angehäuft haben. Wünschenswert ist auch die Entwicklung einer beruflichen Perspektive, was bei Frauen mit Alkoholproblemen oft ganz gut gelingt, bei drogenabhängigen Frauen jedoch oft an den mangelhaften Voraussetzungen scheitert. Bislang gibt es keine Projekte, die sich darauf spezialisiert haben, (ehemals) süchtigen Frauen mit kleinen Kindern, die keine Berufsausbildung haben, auf einen Beruf vorzubereiten.

Darüber hinaus bietet das KJHG weitere Hilfen für Mütter und Väter an (Helming et al. 1999). Die Beratenden sollten ihre Klientinnen und Klienten unterstützen, bei Bedarf die entsprechenden Angebote des KJHG in Anspruch zu nehmen. Das setzt eine gute und funktionierende Zusammenarbeit mit dem Jugendamt voraus. Die Beratenden haben also einen erheblichen Spielraum, wenn es um die Verknüpfung von Hilfen mit Kontrollen geht. Das erlaubt es ihnen auch, in Verhandlung mit den Müttern und Vätern zu treten, welche Hilfen gewählt werden sollen und wie diese genau umzusetzen sind.

Es versteht sich von selbst, dass ambulante Hilfen nur dann erfolgreich sind, wenn die Mütter und Väter sich auf eine Zusammenarbeit mit den Helferinnen der verschiedenen Institutionen einlassen. Kommt eine Kooperation zwischen den verschiedenen Parteien nicht in Gang, ist die Sozialarbeiterin im Zugzwang, denn ihr obliegt auch die Sorge um das Kindeswohl.

Ambulante Hilfen für Kinder (und ihre Eltern)

- Sozialpädagogische Familienhilfen;
- Beistandschaft;
- Erziehungsberatung;
- Psychotherapie.

Kinder von süchtigen Eltern brauchen selbst Hilfen, um sich optimal zu entwickeln. Das kann nicht von den Beratenden in der Sucht- und Drogenhilfe geleistet werden, sondern muss von einschlägigen Institutionen übernommen werden. Die Erziehungsberatung bietet solche Hilfen an, ebenso die sozialpädagogische Familienhilfe. In Spielgruppen zusammen mit anderen Kindern, die in ganz anderen Familien mit ganz anderen Problemen aufwachsen, lernen Kinder kulturelle Techniken im Umgang mit anderen, die für ihre Entwicklung entscheidend sind. Sie lernen, sich in Beziehung zu setzen mit anderen, auf diese Rücksicht zu nehmen, ohne die eigenen Bedürfnisse aus den Augen zu verlieren, und vieles andere mehr. Sozialpädagogische Familienhelferinnen können sich darüber hinaus ganz gezielt der Förderung eines einzelnen Kindes widmen, sei es als Lernhilfe oder als Familienhilfe. Die Palette der Hilfen, die dieser Klientel in Deutschland zur Verfügung steht, ist recht breit. Sie ist bislang nicht voll ausgeschöpft worden.

Gelingt es nicht, die Familie mit ambulanten Hilfsmaßnahmen zu stabilisieren, müssen teilstationäre und stationäre Hilfen bedacht werden.

Für Mutter und Kind bedeutet die Einleitung von teilstationären und stationären Hilfen nicht, dass der Kontakt unterbrochen wird, sondern dass er in unterschiedlicher Weise geregelt wird. Von wenigen Ausnahmen abgesehen, haben die Mütter weiterhin die Möglichkeit, ihr Kind zu sehen, den Kontakt mit ihm aufrechtzuerhalten und es zu sich zurückzuholen, wenn es die Umstände erlauben. Einfach ist die Rückführung von Kindern in den Haushalt der Mütter nicht, aber möglich ist sie schon.

Auf die Notwendigkeit von Case Management sowie der Vernetzung und der Koordination der Hilfen wurde im Vorhergehenden bereits ausführlich eingegangen. Gerade für die Kinder von Müttern und Vätern, die Probleme mit psychoaktiven Substanzen haben, ist die Einbindung in die regulären Hilfsangebote außerhalb der Sucht- und Drogenhilfe außerordentlich wichtig. Dort erleben sie, dass sie zwar Probleme haben mögen, aber keine Sonderprobleme.

Teilstationäre und stationäre Hilfen für Kinder

- Tagesgruppen;
- Bereitschaftspflegestellen;
- Kinderwohngruppen;
- Pflegenester;
- Pflegeeltern und Pflegefamilien;
- heilpädagogische Pflegestellen;
- Kinderdörfer;
- Familiengruppen;
- Kleinstheime;
- Heimunterbringung.

Was lässt sich aus allen diesen Überlegungen für die Arbeit mit süchtigen Müttern und Vätern ableiten?

- Von entscheidender Bedeutung für süchtige Frauen sind die Eingangsbedingungen, die sie antreffen, wenn sie eine Einrichtung aufsuchen. Diejenigen von ihnen, die ihren Alkohol- oder Drogenkonsum nicht aufgeben können oder wollen, brauchen ebenso Hilfsangebote wie diejenigen, die zu weit reichenden Verhaltensänderungen bereit sind. Je nach ihrer Verfassung müssen die Frauen und Männer, die Kinder haben wollen und das auch signalisieren, von den Helfer/innen angenommen werden. Es ist vor allem die Atmosphäre in einer Einrichtung, über die den Frauen vermittelt wird, ob man sie mit ihren Anliegen und Problemen akzeptiert oder nicht.
- Die Helfer/innen müssen sich aktiv und ganz gezielt um eine professionelle Beziehung zu dieser Klientel bemühen; sie sind gefordert, wenn es gilt, eine Vertrauensbasis herzustellen. Dabei kommen auf die Helfer/innen verschiedene Rollen zu: Sie sind Betreuer/innen, bei denen die Klientel emotionale Belastungen abladen kann; sie sind Vermittler/innen von Informationen in Bezug auf Schwangerschaft, Geburt und Erziehung von Kindern; sie sind Berater/innen, die zu ihrer Klientel eine tragfähige Beziehung aufbauen, zugleich Grenzen setzen und Mitarbeit einfordern sollen; sie sind Vermittler/innen zwischen ihrer Klientel und anderen Institutionen; sie sind schließlich auch Interessenvertreter/innen ihrer Klientel (Winkler 1996) in der Interaktion mit Ärzten und Ärztinnen oder Vertreter/innen des Jugendamtes. Diese verschiedenen Rollen gilt es zu integrieren in der einen, derjenigen der/des Beratenden. Konflikte können dabei nicht ausbleiben.
- Die Hilfsangebote müssen auf die Situation von schwangeren Frauen und Müttern oder Vätern mit kleinen Kindern zugeschnitten sein. Die Parteinahme für süchtige Frauen und Männer stößt an Grenzen, wenn deren Kinder unter ihrem Lebensstil leiden oder in Gefahr sind. Die Helfer/innen müssen in jedem Einzelfall die Interessenlagen der Mütter, Väter und Kinder abwägen und entscheiden, wie weiter vorzugehen

ist. In kritischen Fällen haben Entscheidungen zum Wohle von Kindern Priorität.

- Viele Kinder, die in Familien mit Suchtproblemen aufwachsen, brauchen besondere altersangepasste Hilfen zur Förderung ihrer Entwicklung. Solche Hilfen bieten die Regelangebote der Erziehungsberatung, der sozialpädagogischen Familienhilfen und der Jugendhilfe. Berater/innen sollten diese Angebote nutzen und die Kinder systematisch in diese vermitteln. Kinder, die zur Bewältigung von Traumata zusätzliche Hilfen benötigen, sollten in eine Psychotherapie vermittelt werden. Darüber hinaus können die Angebote von Selbsthilfen genutzt werden.

- Die Berater/innen müssen sich ihre eigenen Unterstützungsnetzwerke schaffen, damit sie mit den beruflichen Anforderungen im Umgang mit schwangeren süchtigen Frauen und Müttern oder Vätern mit kleinen Kindern zurechtkommen. Sie müssen institutionell und individuell Mittel und Wege finden, Belastungen abzubauen und Entlastungen herzustellen. Neben anderem bieten sich hier insbesondere Intervision und Supervision an, die man im Team, aber auch im Qualitätszirkel und als Einzelmaßnahme planen kann.

8. Das Hilfesystem

Überblick über das Hilfesystem

Wie an anderer Stelle schon ausgeführt, geht das Hilfesystem für substanzabhängige Frauen und Männer und ihre Angehörigen in Deutschland auf Ansätze im Übergang zwischen dem 19. und 20. Jahrhundert zurück. Es hat sich seither stark verändert. In den Anfängen dieser Entwicklung richtete sich die Hilfe fast ausschließlich an Männer mit Alkoholproblemen (so genannte Trinkerfürsorge), heute an Männer und Frauen mit Substanzproblemen aller Art. Allerdings wird das Hilfesystem bis heute von Männern dominiert, die ja auch die Mehrzahl der Klienten stellen.

Das spezifische Hilfsangebot lässt sich aufgliedern nach folgenden Bereichen: dem ambulanten Bereich, dem stationären Bereich, der Selbsthilfe und dem Bestrafungsapparat. Alle diese Bereiche sind mehr oder weniger eng miteinander verzahnt, ebenso mit den Nachbarbereichen wie Jugendhilfe, Gesundheitswesen allgemein usw. Anlauf- und Beratungsstellen für Frauen und Männer mit Alkohol- und Medikamentenproblemen einerseits und Drogenproblemen andererseits dominieren den ambulanten Bereich. Frauen nehmen diese Angebote ebenso in Anspruch wie Männer. Dort finden sie Überlebenshilfe, Krisenhilfe, Beratung, Betreuung und Case Management, ambulante Therapie sowie Hilfen bei der Vermittlung in eine stationäre Therapie. Zum stationären Bereich gehören die psychiatrischen Krankenhäuser mit ihren Betten zur Entgiftung und zur Behandlung von Suchtkranken, Fachkrankenhäuser zur Entwöhnungsbehandlung, therapeutische Wohngemeinschaften und verschiedene Nachsorgeeinrichtungen.

Tab. 8.1.: Überblick über das Hilfesystem für Substanzabhängige	
Hilfen für Frauen und Männer mit Alkohol- und Medikamentenproblemen	Hilfen für Frauen und Männer mit Drogenproblemen
Ambulante und teilstationäre Hilfen Stationäre Hilfen Selbsthilfe	
Bestrafungsapparat	

Die Selbsthilfe hat sich mit ihren Angeboten teils eigenständig, teils in enger Anlehnung an die professionellen ambulanten und stationären Angebote für Substanzabhängige entwickelt. Auf die Selbsthilfeorganisationen und -gruppen, die einen wichtigen Platz im Versorgungsangebot einnehmen, wird weiter unten kurz eingegangen.

Sehr kurz soll an dieser Stelle auf den **Bestrafungsapparat** eingegangen werden, der in vielfältiger Weise mit dem Hilfesystem verbunden ist, wobei sich diese Interdependenzen jedoch nur partiell im Alltag der Suchtkrankenhilfe bemerkbar machen. Dabei sind die Unterschiede im Hinblick auf die Legalität der psychotropen Substanzen gravierend. Die Argumente, die vorgebracht werden zur Rechtfertigung dafür, warum bestimmte psychotrope Substanzen von einer generellen Strafandrohung ausgenommen werden und andere nicht, sind hochkomplex und wenig rational (Scheerer & Vogt 1989, Vogt 1975). Haben sie sich erst einmal durchgesetzt, bleiben sie lange in Kraft. Psychoaktive Substanzen wie Alkohol und Nikotin sind legal, andere wie Cannabis, Kokain und Heroin sind illegal. Wer Alkohol konsumiert, geht, wenn er die gesetzlichen Regelungen z. B. des Jugendschutzes, der Straßenverkehrsordnung usw. beachtet, straffrei aus, wer Cannabis raucht, begibt sich in eine Gefahrenzone. Zwar kann die Polizei beim Besitz von geringen Mengen (§ 31a BtMG) von der Verfolgung einer Straftat absehen, und die Staatsanwaltschaften können das Verfahren einstellen, jedoch wird das sehr unterschiedlich gehandhabt. So kommt es, dass noch immer die Mehrzahl der von der Polizei registrierten

Verstöße gegen das Betäubungsmittelgesetz im Zusammenhang mit Besitz und Konsum von Cannabis steht; 1999 waren das 53 % aller registrierten BtMG-Delikte.

Beim Verbot bestimmter psychoaktiver Substanzen geht es immer um Generalprävention: Das Verbot wird eingeführt in der Hoffnung, dass die Strafandrohung für sich genommen abschreckend wirkt. Die abschreckende Wirkung der Strafandrohung funktioniert aber nur partiell, wie die Daten zum Konsum von illegalen Drogen belegen. Vor allem junge Frauen und Männer lassen sich von den Verboten wenig abschrecken; sie experimentieren weiterhin mit illegalen Drogen, vor allem mit Cannabis. In dieser Gruppe ist das Bewusstsein, dass der Konsum von Cannabis grundsätzlich verboten ist, nicht mehr sehr stark ausgeprägt. Umso schwerer trifft es die jungen Frauen und Männer, wenn sie im Zusammenhang mit dem Besitz und Konsum von Cannabis in die Mühlen von Polizei und Justiz geraten.

Ist man erst einmal wegen eines Verstoßes gegen das BtMG in den Bestrafungsapparat gekommen, setzt in vielen Fällen eine Eigendynamik ein. Die mit der Registrierung und vor allem der Verfolgung von einschlägigen Delikten einhergehende Stigmatisierung kann durchaus Auslöser für eine daran anschließende Drogenkarriere sein. Im Zuge dieser Karriere häufen sich dann die Kontakte mit dem Bestrafungsapparat. Ca. zwei Drittel aller Männer und Frauen mit Drogenproblemen haben wegen einschlägiger Verurteilungen eine Strafhaft verbüßt, wobei Männer von Strafverfolgung und Strafhaft weit mehr betroffen sind als Frauen (Jacob & Stöver 1997). Bestrafung und Strafhaft gelten selbst als spezifische Form einer Behandlungsmaßnahme. Mit ihr soll Unrecht gesühnt und Wiedergutmachung als Voraussetzung für eine Resozialisierung geleistet werden. Die spezifischen sozialisatorischen Effekte der Strafhaft sind erheblich; die negativen Auswirkungen davon werden in der psychosozialen Praxis sehr oft unterschätzt. Alles in allem genommen sind sie jedoch fast durchweg kontraproduktiv im Hinblick auf eine Resozialisierung. Männer verlernen in der Strafhaft einen sozialverträglichen Umgang mit anderen Personen. Sie lernen vielmehr, sinnlose wie sinnvolle Normen einzuhalten, sich an widrige Umstände anzupassen, Stärkere unter allen Umständen zu respektieren und vieles Ähnliche mehr. Für das Leben in Freiheit hilft das alles wenig.

In den alten Bundesländern hat sich das psychosoziale Hilfesystem in allen seinen Facetten im Laufe der letzten 30 Jahre ausdifferenziert. Nach dem Zweiten Weltkrieg und bis in die Mitte der 60er Jahre gab es nur ein relativ schlecht ausgebautes Hilfesystem vor allem für Männer und Frauen mit Alkoholproblemen. Das änderte sich insbesondere nach 1968, nachdem Alkoholabhängigkeit als Krankheit eigener Art definiert und in die Reichsversicherungsordnung (RVO) aufgenommen worden ist. Im Zuge der damit verbundenen Neubewertung zunächst von Alkoholismus und später von Substanzabhängigkeit als Krankheit wurde das Hilfsnetzwerk erheblich ausgebaut[33]. Diese Entwicklung fiel zusammen mit einem nachweislichen Anstieg der Zahlen von alkoholabhängigen Männern und Frauen in den 60er und 70er Jahren, zu denen sich bald auch eine neue Gruppe von Abhängigen gesellte, nämlich junge Männer und Frauen, die mit Drogen wie Heroin experimentierten und sehr schnell davon abhängig wurden. Zunächst verwies man auch diese Gruppe von Abhängigen an das etablierte Hilfesystem. Es stellte sich aber schnell heraus, dass die Behandler in den ambulanten und stationären Einrichtungen von der neuen und jungen Klientel überfordert waren, die sich so ganz anders verhielt als die alte Klientel. Mit der Drogenwelle der 70er Jahre entstanden daher neue Hilfsangebote, die sich in den folgenden Jahrzehnten etabliert und professionalisiert haben (Vogt & Schmid 1998, Schmid & Vogt 1998, Schmid 2003).

---

33 Die folgenden Ausführungen beziehen sich auf das Hilfesystem im engeren Sinne. Nicht dargestellt werden angrenzende Bereiche wie die Prävention, die aufs Engste mit der Jugendhilfe sowie mit dem schulischen Bereich verschränkt ist. Auch andere Überlappungen mit dem medizinischen Bereich werden hier nicht ausführlich behandelt (Frietsch 1996).

Tab. 8.2.: Das Behandlungssystem in Zahlen**

Art der Einrichtung	Zahl der Einrichtungen	Zahl der Plätze/ Betten	Zahl der Klientel pro Jahr
Ambulante Beratungsstellen für Frauen und Männer mit Substanzproblemen*	1.000–1.400	–	ca. 300.000
– Davon: für Frauen und Männer mit Drogenproblemen	150–400	ca. 500	?
– Davon: nur für Frauen mit Drogenproblemen	ca. 20	ca. 50	?
– Methadonvergabestellen mit psychosozialer Betreuung	ca. 170	–	ca. 50.000
– Ambulante Therapie in Beratungsstelle	ca. 400	–	ca. 15.000
Niedergelassene Ärzte mit freier Praxis			
– Diagnostik von Substanzabhängigkeit mit Kurzinterventionen			?
– Verordnung von Substitutionsmitteln			?
– Verordnung anderer Arzneimittel zur Behandlung von Substanzmissbrauch und Sucht			?
Entgiftungsbetten für Frauen und Männer mit Alkohol- und Medikamentenproblemen	?	6.000– 8.000	?
– Davon: Entgiftungsbetten für Frauen und Männer mit Drogenproblemen	?	ca. 1.500	?

Art der Einrichtung	Zahl der Einrichtungen	Zahl der Plätze/ Betten	Zahl der Klientel pro Jahr
Stationäre Einrichtungen für Frauen und Männer mit Substanzproblemen*	?	ca. 15.000	ca. 70.000
– Davon: für Frauen und Männer mit Drogenproblemen	?	ca. 5.000	?
– Davon: nur für Frauen mit Drogenproblemen	ca. 10	ca. 100	?
Nachsorge – Übergangseinrichtungen und betreutes Wohnen	ca. 300	ca. 6.000	?
– Tages- und Nachkliniken	?	ca. 450	?
– Arbeitsprojekte und Qualifizierung	ca. 150	ca. 2.000	?

* mit dem Schwerpunkt Alkohol- und Medikamentenprobleme
** vgl. dazu Frietsch 2000, Gaßmann & Leune 2000, Hüllinghorst 1997, Leune 2002, Sonntag & Künzel 2000

Das ambulante Hilfesystem mit seinen etwa 1.400 Beratungsstellen überzieht das ganze Land, findet sich aber konzentriert in den Ballungsräumen und in den großen Städten und dort wiederum vor allem in denen mit aktiven illegalen Drogenszenen. Es ist aufgesplittet in »Beratungsstellen für Alkohol- und Medikamentenabhängige« und in »Anlauf- und Beratungsstellen für Drogenabhängige«. Die Klientel sortiert sich meist schon im Vorfeld, Überschneidungen gibt es daher kaum. In ländlichen Regionen und in den neuen Bundesländern hat sich diese Differenzierung nicht durchgesetzt. Das liegt unter anderem daran, dass es dort keine offenen Drogenszenen gibt. Daher bieten Berater/innen in ländlichen Regionen ihre Hilfen allen Männern und Frauen an, die Probleme mit psychoaktiven Substanzen haben, gleichgültig, ob es sich dabei um legale oder illegale Stoffe handelt.

Das Setting der Beratungsstellen für Alkohol- und Medikamentenabhängige ist in der Regel klassisch: Die Einrichtung bietet ihre Dienste denjenigen an, die in die Beratungsstelle kommen bzw. die sich dort zu einer Beratung angemeldet haben. In vielen Einrichtungen gibt es lange Wartelisten; man bekommt also nicht gleich eine Beratung, wenn man sich dort meldet. Manche Einrichtungen haben neben den festgelegten Terminabsprachen einmal pro Woche eine offene Sprechstunde, die man unangemeldet in Anspruch nehmen kann. Hausbesuche sind möglich, werden aber sehr selten gemacht. Die Beratung ist professionell und orientiert an den gängigen Verfahren. Dazu kommen Therapieangebote (vgl. Ambulante Vereinbarung Sucht) in der Einrichtung selbst und darüber hinaus die von niedergelassenen psychologischen Psychotherapeuten/innen. Sehr wichtig sind die Angebote der Selbsthilfegruppen, die allen Interessierten offen stehen.

Nur sehr wenige Beratungsstellen für Alkohol- und Medikamentenabhängige haben einen offenen Bereich für ihre Klientel. Vielmehr sind die Angebote der Beratungsstellen klar getrennt von denjenigen für obdachlose Alkoholabhängige oder Drogenabhängige mit akutem Hilfebedarf. In dieser Hinsicht unterscheiden sie sich klar von sehr vielen Drogenberatungsstellen, die ganz anders aufgebaut sind.

Ambulante Einrichtungen für Drogenabhängige bieten ein sehr breites Spektrum von Hilfen an. Dazu gehören Angebote zur Überlebenshilfe wie Versorgung mit Essen und Trinken, Basishilfen der Hygiene (Duschen, Wäsche waschen, Kleider tauschen bzw. erneuern, Haare schneiden usw.), Gewährung des Konsums von illegalen Drogen in den Konsumräumen, Notschlafbetten für den Tag und für die Nacht, psychosoziale Krisenintervention und (kontinuierliche) Beratung und – in Ausnahmefällen – Psychotherapie, Angebote für Arbeitsprojekte und zur Arbeitsvermittlung. Dazu kommen medizinische Hilfen mit Notversorgung, Vergabe von Substitutionsmitteln, Behandlung von HIV-Infektionen und von anderen chronischen Krankheiten. In Großstädten finden Drogenabhängige also nahezu alle Hilfen unter einem Dach. Das hat für sie sehr viele Vorteile, allerdings auch einige Nachteile. Zu den Vorteilen gehört sicherlich, dass es zwischen den verschiedenen Hilfsangeboten nur kurze Wege mit kurzen Wartezeiten gibt. Dazu kommt sehr schnell die Vertrautheit mit der Einrichtung und mit den Mitarbeiter/innen. Probleme ergeben sich dabei auf zwei Ebenen. Einmal bleiben die Drogenabhängigen immer unter sich, sie sind in ihrem Milieu geradezu gefangen. Das verstärkt Stigmatisierung. Zum anderen fällt es den Mitarbeitern und Mitarbeiterinnen in diesen Einrichtungen gelegentlich schwer, ihre Arbeit klar zu profilieren und von einfachen Versorgungsleistungen abzugrenzen.

Die Abgrenzung gelingt dann, wenn man von ganz unterschiedlichen Anforderungen je nach der aktuellen Tätigkeit ausgeht. Mitarbeiter/innen in den Konsumräumen und im Kaffeebereich können keine Beratungsarbeit leisten, wohl aber Alltagsgespräche mit ihren Klientinnen und Klienten führen. Diese Gespräche sind wichtig für den Aufbau einer Beziehung; sie können zur Grundlage der Beratungsarbeit werden. Die Alltagsgespräche sollten sich daher am Menschenbild und den Prinzipien von MOCA orientieren. Die Betreuer/innen sollten auch in den Alltagsgesprächen Beweisführungen und Konfrontationen sowie verbale Sanktionen meiden, sie sollen stattdessen Diskrepanzen verstärken und die Selbstwirksamkeit der Klientel unterstützen. Sie sollten ihre Interventionen aber nicht mit Beratungsarbeit verwechseln. Es geht hier in erster Linie darum, die Klientel emotional aufzufangen, ihnen Gelegenheit zu geben, über ihr Leben und ihre augenblickliche Situation zu sprechen ohne große Erwartungen an Veränderungsmotivation. Das setzt eine hohe Frustrationstoleranz voraus, die sich Mitarbeiter/innen immer wieder selbst erarbeiten müssen.

Der Übergang von Alltagsgesprächen in (kontinuierliche) Beratungsarbeit ist in der Praxis nicht immer eindeutig, sollte aber klar gekennzeichnet sein. Beratung kann nicht zwischen Tür und Angel stattfinden; sie braucht ein anderes Setting, wie im Vorhergehenden ausführlich beschrieben. Dazu gehören als minimale Bedingungen ein Raum, in den sich die Beratenden mit ihren Klienten und Klientinnen zurückziehen können und in dem sie während der Beratung nicht gestört werden, sowie Zeit für das Gespräch. Die Beratenden müssen sich auf ihr Gegenüber konzentrieren können, sie müssen sich auf aktives und reflexives Zuhören einlassen, sie müssen ihre Dokumentation zur Hand haben und je nach dem Stand der Beratung anstehende Arbeiten besprechen (vgl. die Kapitel 5 und 6). Diese Bedingungen sind in den Anlaufstellen im Aufenthalts- und Café-Bereich in der Regel nicht gegeben; das sind dann auch nicht die Orte, an denen strukturierte Beratung stattfinden kann.

Unabhängig von der ganz unterschiedlichen Palette der Angebote in Beratungsstellen für Alkohol- und Medikamentenabhängige einerseits und für Drogenabhängige andererseits ähneln sich die Strukturen prinzipiell. Die Klientel muss in die Einrichtungen gehen, um in den Genuss der Angebote zu kommen. In allen Beratungsstellen dominiert also die Komm-Struktur, die jedoch im Einzelfall mit aufsuchenden Ansätzen komplettiert werden kann.

Finden Frauen und Männer den Weg in die Anlauf- und Beratungsstellen, dann hat das viele Vorteile für sie. Sie haben in der Regel relativ kurze Wege, erhalten verhältnismäßig schnell Hilfe, sind in kleine Einheiten eingebunden, die zudem regional gut vernetzt sind. Frauen interessieren sich besonders für ambulante Therapie, die mittlerweile in vielen Beratungsstellen angeboten wird. Ganz besonders interessieren sich Frauen mit Kindern für ambulante Hilfen einschließlich ambulanter Therapie, die sie am besten mit ihrer Lebenssituation in Einklang bringen können.

Darüber hinaus haben Anlauf- und Beratungsstellen für Drogenabhängige oft noch Angebote für diejenigen, die gerade nicht in die Einrichtungen kommen. Dazu gehört die Straßensozialarbeit, die die Klientel vor Ort sucht, dort Kontakt aufnimmt und sie zur weiteren Zusammenarbeit ermutigt. Die Straßensozialarbeit sucht zum Beispiel Drogenabhängige an Bahnhöfen und anderen Szenetreffpunkten auf (Leicht 1999, Klose & Steffan 1997). Neuere Ansätze von Case Management verabreden sich mit der Klientel in deren Wohnung. Sie setzen auf gezielte Hilfen vor Ort, um Veränderungen in der Lebensführung zu unterstützen.

Zusätzlich bieten manche Alkohol- oder Drogenberatungs-stellen auch Betreuung von Männern und Frauen an, die wegen Delikten im Zusammenhang mit Alkoholexzessen und mit dem BtMG in Untersuchungs- oder Strafhaft sind. Externe Berater/innen suchen die Klientel in den Gefängnissen auf und arbeiten vor Ort mit ihnen. Die Zielvorstellungen der Berater/innen in der Arbeit mit den Gefängnisinsassen haben als Schwerpunkt die Stärkung der Mitarbeitsmotivation, die Voraussetzung dafür ist, wenn zum Beispiel im Anschluss an die Haft eine Entwöhnungsbehandlung stattfinden soll (Küfner et al. 2000). Die Abhängigen selbst wünschen sich freilich mehr Hilfen von den externen Berater/innen, wie die Bearbeitung von Lebensproblemen, von Traumata usw.; manche wünschen sich Psychotherapie, die allerdings in diesem Setting nicht geleistet werden kann.

Wichtige Ansprechpartner im ambulanten Bereich sind Haus- und Allgemeinärzte. Zu ihnen gehen sehr viele Frauen und Männer mit Alkohol- und Medikamentenproblemen, Frauen besonders oft im Frühstadium der Abhängigkeit. Sie sind auf der Suche nach klaren Antworten, oft auch nach Rat und kompetenter Hilfe, wie sie ihre Probleme (wieder) in den Griff bekommen können. Wienberg (1992, 2002) hat wiederholt darauf hingewiesen, dass die niedergelassenen Ärzte bzw. die Hausärzte die Ersten sind, die in die Alkoholproblematiken ihrer Patienten/innen eingeweiht werden. Auch darum kommt ihnen in modernen Hilfeplänen eine zentrale Stellung zu. Sie sollen zum Beispiel mit einfachen Screeningverfahren die Größenordnung der Probleme abklären und mit Kurzinterventionen die Basis für Verhaltensänderungen legen. Sie sollen darüber hinaus Informationsmaterial an diese Gruppe von Patienten/innen weitergeben, das ihnen die Suche nach weitergehenden Hilfen erleichtert.

Eine zentrale Position nehmen Ärzte und Ärztinnen bei der Versorgung von Drogenabhängigen mit Ersatzstoffen wie Methadon und Buprenorphin ein. Auch die Verordnung von Anti-Craving-Mitteln wie Acamprosat liegt weitgehend in ihrer Hand. Zur psychosozialen Versorgung der Klientel arbeiten Ärzte und Ärztinnen gewöhnlich mit den Beratungsstellen zusammen[34].

Die Beispiele zeigen, wie verschieden die Hilfsangebote für Substanzabhängige im ambulanten Bereich sind. Allerdings ändert das am Setting von Beratung wenig, wie auch gezeigt worden ist.

Eine der wichtigsten Berufsgruppen im ambulanten Bereich sind Sozialarbeiter/innen und Sozialpädagogen/innen, die 60 % bis 70 % der Stellen in den verschiedenen Einrichtungen besetzen. Sie dominieren gewissermaßen das Feld. Jedoch gibt es seit einigen Jahren einen starken Wettbewerb um die Meinungsführerschaft nicht nur hinsichtlich der Theorie von Substanzabhängigkeit, sondern auch in Bezug auf die Praxis. Mit Macht drängt die Psychiatrie auf ihre führende Rolle im Feld. Die Sozialarbeit gerät dabei ein wenig ins Hintertreffen; umso wichtiger ist es, Rolle und Arbeit von Beratenden in der Suchthilfe zu profilieren und zu professionalisieren.

Im stationären Bereich findet man andere Strukturen vor. Man hat es einmal mit Psychiatrische Kliniken bzw. Entgiftungsabteilungen in Kliniken zu tun, zum andern mit Fachkliniken oder Therapeutischen Wohngemeinschaften zur Entwöhnungsbehandlung sowie, schließlich, mit Nachsorge- und Rehabilitationseinrichtungen.

Entgiftungsabteilungen in Kliniken nehmen Substanzabhängige in erster Linie zur Entgiftung auf, ebenso Psychiatrische Kliniken, die aber darüber hinaus einen Versorgungsauftrag haben für Personen mit akuten sowie chronischen Gefährdungen oder Vergiftungen durch psychoaktive Substanzen. Entgiftungsabteilungen in Kliniken differenzieren in aller Regel nach der Art der Abhängigkeit; sie trennen Alkohol- und Medikamentenabhängige von Drogenabhängigen, Psychiatrische Kliniken nicht.

---

34 Die heute gültigen Richtlinien zur Versorgung von Personen mit Substitutionsmittel schreiben die Kooperation zwischen ärztlichen Praxen und Beratungsstellen fest.

In den letzten 10 Jahren haben sich die Vorstellungen darüber, wann und wie Entgiftung angeboten werden soll, erheblich verändert. In den 70er und 80er Jahren war das Setting in der Phase der Entgiftung vom Gedanken der Bestrafung bestimmt. Das hatte zur Folge, dass Substanzabhängige Entgiftungen gemieden haben oder diese so schnell wie möglich abbrachen, was leicht war, wenn sie nicht in geschlossenen Abteilungen der Psychiatrischen Kliniken stattfanden. Auf die Mitarbeitsmotivation wirkte sich das insgesamt genommen negativ aus. Die Bereitschaft, im Anschluss an die Entgiftung eine Entwöhnungsbehandlung zu beginnen, nahm ab statt zu. Heute geht man von anderen und humaneren Ansätzen aus. Zum Behandlungsspektrum gehört die Qualifizierte Entgiftung, die in der Regel in einer Entgiftungsabteilung in einem Allgemeinkrankenhaus oder in einer entsprechenden Abteilung einer Psychiatrischen Klinik absolviert wird. Dabei geht es nicht allein um den körperlichen Entzug von Alkohol und anderen psychoaktiven oder psychotropen Substanzen, sondern auch um die Motivation zu einer weiterreichenden Behandlung. Wie neuere Studien zeigen, haben sich hier vor allem der Ansatz von Motivational Interviewing (Bauer & Hasenöhrl 2000, Gölz 1999, Oberlaender et al. 1998) oder die Kurzintervention nach MOCA bewährt. Die Behandlungsdauer variiert im Allgemeinen zwischen 10 und 30 Tagen. Wenn die Klienten/innen signalisieren, dass sie eine Weiterbehandlung aufnehmen wollen, werden sie im Anschluss an diese Behandlungsphase so schnell wie möglich in eine einschlägige Fachklinik oder über »ihre« Beratungsstelle in eine ambulante Therapie vermittelt.

In den Psychiatrischen Kliniken werden darüber hinaus besonders schwere Fälle von Substanzabhängigen behandelt. Dazu gehören diejenigen, bei denen der Substanzkonsum mit schweren psychischen Störungen assoziiert ist. Auf Einzelheiten ist bereits bei der Diskussion über Mehrfachdiagnosen eingegangen worden. Die Angebote der Psychiatrie zur Behandlung dieser Klientel sind eher bescheiden. In Deutschland sind bislang nur wenige eigenständige und auf die Bedürfnisse dieser Klientel zugeschnittene Behandlungen ausgearbeitet worden.

Im Zentrum der stationären Behandlungen stehen die Fachkliniken und die Therapeutischen Wohngemeinschaften für Substanzabhängige, die sich ganz auf die Entwöhnungsbehandlung dieser Personengruppe spezialisiert haben. Die Kliniken bieten ihre Dienste jeweils bestimmten Gruppen von Klienten an, zum Beispiel Männern und Frauen mit Alkohol- oder Medikamentenproblemen oder Männern und Frauen mit Drogenproblemen. Einige wenige von ihnen nehmen zusätzlich zu den Alkohol- und Medikamentenabhängigen auch eine kleine Zahl von Drogenabhängigen auf, aber Kliniken und Therapeutische Wohngemeinschaften für Drogenabhängige nehmen fast nie Klienten oder Klientinnen mit Alkoholproblemen auf. Es gibt weiterhin Kliniken, die nur Männer oder nur Frauen mit Alkohol- und Medikamentenproblemen aufnehmen, und es gibt einige wenige Therapeutische Wohngemeinschaften, die nur drogenabhängige Frauen behandeln. Auf Einrichtungen für Mütter und ihre Kinder bzw. Familien mit kleinen Kindern ist bereits hingewiesen worden. Das Angebot ist von der Anlage her sehr diversifiziert und trägt den unterschiedlichen Bedürfnissen der Klientel Rechnung. Dazu kommen erhebliche Unterschiede im Behandlungssetting mit ganz unterschiedlicher Akzentuierung von Einzel- und Gruppentherapie, Bewegungs-, Beschäftigungs- und Arbeitstherapie usw. Weiterhin kommen nahezu alle therapeutischen Ansätze und eine unüberschaubare Vielzahl von Methoden zum Einsatz. Darauf kann hier nicht ausführlich eingegangen werden.

Fachkliniken für Alkohol- und Medikamentenabhängige unterscheiden sich von denen für Drogenabhängige unter anderem durch die Größe. Erstere sind in der Regel größer, bieten mehr Betten an, Letztere sind meist kleiner, haben weniger Betten und organisieren die Behandlung mehr im Stile von Therapeutischen Wohngemeinschaften. Unter anderem heißt das, dass die Klientel die Einrichtung weitgehend selbst betreibt und pflegt. Hausarbeit, Gartenarbeit, kleinere Reparaturarbeiten aber auch die Aufzucht von Tieren usw. sind eingebettet in den Tagesplan; sie sind Teil der Arbeitsaufträge der Klientel je nach Vorgabe und Behandlungskonzept. Dazu kommen noch sehr viele weitere

Unterschiede, auf die wiederum nicht eingegangen werden kann (Uchtenhagen & Zieglgängsberger 2000).

Bei allen Unterschieden gibt es jedoch eine wichtige Gemeinsamkeit von allen stationären Einrichtungen: Das Behandlungsziel ist immer Abstinenz von allen psychoaktiven Substanzen (mit gewissen Ausnahmen bei Nikotin, Kaffee, Tee usw.). Die Behandlungen sind darauf angelegt, dieses Ziel zu erreichen. Das gelingt nicht immer. Manche Klientinnen und Klienten werden schon während der Behandlung in den stationären Einrichtungen rückfällig, trinken Alkohol oder nehmen Medikamente oder Drogen, was in schwierigen Fällen zu disziplinarischen Entlassungen führt. Andere brechen die Behandlung auf eigenen Wunsch frühzeitig ab und verlassen die Einrichtungen freiwillig. Wieder andere halten die Behandlung durch, schaffen es aber trotz aller Anstrengungen nicht, danach abstinent zu leben. Die Rückfallquoten variieren je nach Einrichtung und nach Klientel zwischen 30 % und 70 % (Küfner et al. 1994, 2000). Die Behandlung von Abhängigen von Alkohol und Medikamenten ist insgesamt genommen erfolgreicher als die von Drogenabhängigen; bei Ersteren liegen die Erfolgsquoten durchschnittlich bei 60 %, bei Letzteren meist nur bei 30 %.

Übergangseinrichtungen und betreutes Wohnen sollen helfen, den Weg in den Alltag zu erleichtern. Allerdings ist das Angebot eher bescheiden und nur wenige Behandelte kommen in den Genuss solcher Einrichtungen (Frietsch 2000).

Für Gruppen von mehrfachgeschädigten chronischen Alkoholabhängige (kurz: CMA) etablieren sich in jüngster Zeit soziotherapeutische Einrichtungen. Einige dieser Einrichtungen bestehen auf Abstinenz der Klientel, andere nicht. Vor allem Einrichtungen, die schwerkranke Alkohol- oder Drogenabhängige aufnehmen und bis zu ihrem Tod betreuen, verzichten auf Abstinenz. Die Einrichtungen funktionieren unterschiedlich gut, was eng mit der betreuten Klientel zusammenhängt.

Der Anteil der Sozialarbeiter/innen und Sozialpädagoginnen, die im stationären Bereich arbeiten, liegt bei etwa 30 %. Die zahlenmäßig größeren Berufsgruppen stellen hier die Psychologen/Psychologinnen und die Ärzte/Ärztinnen.

Selbsthilfeorganisationen und Selbsthilfegruppen gibt es in Deutschland viele. Zu den wichtigsten zählen die Anonymen Alkoholiker (AA) mit ihren unterschiedlichen Gruppen für Alkoholabhängige allgemein, nur für alkoholabhängige Frauen, für Kinder von Alkoholabhängigen, für Angehörige von alkoholabhängigen Frauen und Männern[35] usw., das Blaue Kreuz, der Guttempler-Orden, der Kreuzbund und diverse Freundeskreise. Organisationsform und Formen der Selbsthilfe variieren zwischen den Gruppen, besonders stark allerdings zwischen den AA und allen anderen Selbsthilfeorganisationen. Auf Details gehe ich hier nicht ein.

Gemessen an ihrer Mitgliederzahl sind die Selbsthilfeorganisationen sehr erfolgreich (Körtel & Janßen 1999). Vor allem den AA ist es gelungen, Frauen und Männer anzuziehen. In Deutschland geht man davon aus, dass in 60 % der Gruppen Männer und Frauen zusammenkommen und dass ca. 40 % der Gruppen allein für Frauen reserviert sind. Wie aus den Mitteilungen der AA hervorgeht, hat sich die Einrichtung von Frauengruppen bewährt. Unabhängig von der Zusammensetzung der Gruppe liegt eines der Erfolgsgeheimnisse von AA wohl auch darin, dass die Mitgliedschaft selbst als etwas Besonderes gilt. Das tut dem Selbstwertgefühl von alkoholabhängigen Männern gut, noch mehr dem von alkoholabhängigen Frauen, die sich ohnehin zu Recht stärker diskriminiert und stigmatisiert fühlen als die alkoholabhängigen Männer (Eisenbach-Stangl 1992, 1998).

Selbsthilfegruppen arbeiten prinzipiell ohne professionelle Anleitung, stehen aber in einem regen Austausch mit Professionellen. Das belegen die vielfältigen Verflechtungen der ambulanten und stationären Einrichtungen mit den regional aktiven Selbsthilfegruppen. Die Auswirkungen der zum Teil sehr engen

---

35 Die Selbsthilfeorganisationen bieten den Angehörigen von Abhängigen mehr und differenziertere Hilfen an als die meisten Anlauf- und Beratungsstellen. Die Selbsthilfegruppen vor Ort sind daher sehr gut geeignet, den Angehörigen in schwierigen Lebensphasen Halt und Stütze zu geben. Im Austausch mit anderen erfahren sie, dass sie mit ihren Problemen nicht allein sind und dass es ganz unterschiedliche Wege und Mittel gibt, diese zu bewältigen.

Zusammenarbeit der Professionellen mit den Selbsthilfeorganisationen und -gruppen sind umstritten.

Unbestritten ist dagegen, dass Frauen und Männer, die sich im Anschluss an eine Entwöhnungsbehandlung aktiv in einer Selbsthilfegruppe engagieren, langfristig bessere Behandlungserfolge haben als diejenigen, die das nicht tun. Durchweg findet man in Gruppen von Personen, die zum Zeitpunkt der Befragung abstinent leben, jedoch wegen ihrer Substanzprobleme eine oder mehrere Behandlungen hatten, einen besonders hohen Anteil derjenigen, die Mitglied einer Selbsthilfeorganisation sind oder waren (Küfner et al. 1999).

Aus alledem ergibt sich **der ideale Weg der Klienten und Klientinnen mit Substanzproblemen durch die Institutionen**. Am Anfang steht die Kontaktaufnahme der Klientel mit Berater/innen in den Anlauf- und Beratungsstellen. Sie sind also die ersten Ansprechpartner/innen der Rat suchenden Frauen und Männer. Sie stellen Weichen für alle weiteren Behandlungen. Gelingt es auf dieser Ebene, über Informationsvermittlung und Soforthilfe hinaus die Klienten/innen so anzusprechen, dass sie sich auf eine längerfristige Beratung einlassen, sind die Grundlagen für eine Behandlung gelegt. Diese beginnt, wie wir gesehen haben, mit Kontaktaufnahme und Eingangsgesprächen zum Beziehungsaufbau, geht weiter zur Diagnostik über eine Lebenswelt- und Problemanalyse, gefolgt von einem Hilfeplan, der in der weiteren Arbeit Schritt für Schritt umgesetzt werden muss. Zwischen- und Endevaluationen sind Teil des **MOCA**-Verfahrens, das im Vorhergehenden ausführlich beschrieben worden ist.

Wie aus der Zusammenstellung hervorgeht, steht für jeden Einzelfall eine Reihe von Optionen zur Diskussion. Im Vorfeld von (längerfristig) angelegter Beratung und Behandlung haben sich moderne Ansätze zur Früh- und Kurzintervention bewährt, die von Laien wie Experten in unterschiedlichen Bereichen geleistet werden können (Kremer 2003). Herauszuheben sind hier Interventionen durch Ärzte und Ärztinnen, die oft zu denjenigen gehören, denen sich Personen mit Substanzproblemen als Erste anvertrauen.

Tab. 8.3.: Institutionen und ihre Vernetzung

Ambulante Hilfen	Teilstationäre und stationäre Hilfen	Selbsthilfe
Frühinterventionen im sozialen Netzwerk, Ärzten/Ärztinnen/Beratungsstellen usw.	–	Selbsthilfegruppen für Kinder aus Familien mit Abhängigen/ erwachsene Kinder aus diesen Familien
Betreuung und Beratung durch: – Anlauf- und Beratungsstelle – ambulante Therapie* ⇨ – Arzt, Ärztin – öffentlicher Gesundheitsdienst	*Zusammenarbeit mit Institutionen vor Ort, Kontaktpflege mit stationären Einrichtungen/ Vermittlung in stationäre Einrichtungen usw.*	Zusammenarbeit mit Selbsthilfegruppen zur Vor- und Nach- ⇦ arbeit der ambulanten/stationären Entwöhnungsbehandlung
Zusammenarbeit mit Beratungsstelle	Entgiftung in Klinik oder Psychiatrie, Behandlung in Tagesklinik	
Zusammenarbeit mit Beratungsstelle	Entwöhnungsbehandlung in Fachklinik oder ⇨ therapeutischer Wohngemeinschaft	Zusammenarbeit mit Selbsthilfegruppen ⇦
Zusammenarbeit mit Beratungsstelle ⇨	Übergangseinrichtung	
Weitere Betreuung durch: – Anlauf- und Beratungsstelle – Arzt, Ärztin – andere Regeleinrichtungen	*Zusammenarbeit mit Kliniken und anderen Institutionen vor Ort*	Mitglied einer Selbsthilfegruppe

* Nach der Empfehlungsvereinbarung »Ambulante Rehabilitation Sucht«

Je weiter die Entwicklung vom Substanzmissbrauch zur Substanzabhängigkeit fortgeschritten ist, umso eher etablieren sich einschlägige psychosomatische Krankheitsbilder (vgl. Kapitel 3), die entsprechende Behandlung erfordern. Wichtige Schritte sind weiterhin die Einleitung von ambulanten oder stationären Maßnahmen wie Entgiftungen, Therapien und Entwöhnungsbehandlungen. Sehr oft ist die Verknüpfung mit Selbsthilfegruppen sinnvoll. Im Zentrum der Hilfen stehen zunächst Überlebenshilfen, dann die Stabilisierung der Lebenssituation bei fortbestehender Substanzabhängigkeit, schließlich Hilfen zur Erreichung der Abstinenz und der Rehabilitation. Im positiven Fall durchlaufen die Frauen und Männer die verschiedenen Motivationsstadien und die therapeutischen Stationen mit Erfolg. Über den Abschluss der Behandlung hinaus ist für eine gewisse Zeit eine weitere Anbindung an die Beratungsstelle möglich. Man sollte hier jedoch berücksichtigen, um welche Art von Beratungsstelle es sich handelt. Für Personen mit Drogenproblemen ist es nicht sinnvoll, nach einer erfolgreichen Behandlung den Kontakt zu einer Stelle zu halten, die in der Szene angesiedelt ist und in der sich die Szenegänger regelmäßig treffen. Beratungsstellen, die anders strukturiert sind und zudem Treffen für »Ehemalige« organisieren, können dagegen durchaus stabilisierende Funktionen haben. Das Ziel der Behandlung ist es, die Klientinnen und Klienten fit für den Alltag zu machen, damit sie diesen allein und ohne ständige Hilfen von Professionellen bestehen. Mit Recht weist Leune (2000) darauf hin, dass nur ganz wenige Klientinnen und Klienten den direkten Weg durch das System und aus diesem heraus nehmen. Die Mehrzahl von ihnen mäandert im Hilfesystem hin und her, weil die Behandlung nicht sofort anschlägt oder weil Rückfälle den Behandlungserfolg in Frage stellen.

Obwohl das Hilfesystem in den alten Bundesländern insgesamt gesehen gut ausgebaut ist, erreicht es nur einen relativ kleinen Teil von Frauen und Männern mit Substanzproblemen. Wienberg (1994) schätzt, dass nur ein Viertel aller Personen mit Alkoholproblemen spezifische Hilfsangebote nachfragt. Drei Viertel kommen entweder wegen einer Reihe von Gesundheitsproblemen zu niedergelassenen Ärzten und Ärztinnen oder ihre Alkoholprobleme werden eher zufällig im Rahmen eines Klinikaufenthalts entdeckt (Arnold et al. 1999, John et al. 1996). Dort beginnt dann auch die Behandlung, vorausgesetzt der Arzt/die Ärztin diagnostiziert den Missbrauch oder die Abhängigkeit von psychoaktiven Substanzen überhaupt. Werden die Probleme nicht richtig erkannt, kann es zur iatrogen induzierten Doppelabhängigkeit von Alkohol und psychotropen Medikamenten kommen. Das Risiko solcher Entwicklungen ist bei Frauen höher als bei Männern, weil ihre Alkoholprobleme oft weniger manifest sind und weil Ärzte/Ärztinnen noch weniger darauf vorbereitet sind, diese bei ihnen zu diagnostizieren und entsprechend bei der weiteren Behandlung zu berücksichtigen.

Männer und Frauen, die von illegalen Drogen wie Opiaten oder Kokain und seinen verschiedenen Aufbereitungen (z. B. Crack) abhängig sind, nehmen die Hilfsangebote[36] eher an als die Alkoholabhängigen. Jedenfalls belegen Schätzungen, dass zwischen 70 % und 90 % der Konsumenten/innen mit auffälligen abhängigen Lebensweisen und engen Kontakten zu den Drogenszenen Kontakt zu den Anlauf- und Beratungsstellen sowie zu den Substitutionsambulanzen haben (Simmedinger et al. 2001).

Untersucht man genauer, welche Gruppen von Frauen und Männern überhaupt die verschiedenen Einrichtungen nutzen, stellt man fest, dass es sowohl bei den Alkoholabhängigen wie bei den Drogenabhängigen vor allem die »älteren« sind. Die jungen Frauen und Männer nehmen die Hilfeangebote eher zögerlich an. Die Klientel der Beratungsstellen für Alkohol- und Medikamentenabhängige ist im Durchschnitt 44 Jahre alt. Nur sehr

---

36 Wie an anderer Stelle bereits ausgeführt, erreicht das Hilfesystem junge Menschen, die mit Drogen aller Art experimentieren, relativ schlecht. Insbesondere Jugendliche und junge Erwachsene, die Probleme mit Cannabis oder mit anderen Szenedrogen wie Ecstasy haben, haben im gegenwärtigen Hilfesystem keinen eigenen Platz. Das liegt einmal daran, dass die Drogenberatungsstellen von den Abhängigen von harten Drogen sehr gut angenommen werden und diese daher dominieren, zum andern daran, dass die Jugendhilfe sich entsprechender Probleme kaum annimmt. Hier ist eine Versorgungslücke entstanden, die dringend geschlossen werden muss.

wenige zwischen 15 und 35 Jahren, die selbst meinen, dass sie zu viel trinken, oder die von anderen darauf angesprochen worden sind, nehmen Kontakt mit den Beratungsstellen auf. Bedenkt man, dass die Entwicklung einer Alkoholabhängigkeit sich über 5 bis 15 Jahre hinziehen kann, und weiter, dass Frühinterventionen besonders effektiv sind und Frauen wiederum besonders gut darauf ansprechen, dann sieht man, welche Chancen hier verspielt werden. Ähnliches gilt für die Drogenberatungsstellen. Auch diese werden vornehmlich von Frauen und Männern über 30 Jahre genutzt, von denen die meisten außerdem zutiefst in die Drogenszene involviert sind. Wiederum sind es nur sehr wenige junge Frauen und Männer zwischen 15 und 25 Jahren, die in die Einrichtungen kommen. Ganz im Gegenteil werden gerade die Jungen vom Ambiente der Drogenberatungsstellen abgeschreckt. Das gilt auch für diejenigen Jungen, die sehr viel Cannabis rauchen und von denen gar nicht wenige selbst wissen, dass sie damit Probleme haben. Selbst wenn die Einsicht in das Problem da ist, nehmen sie die Hilfen nicht an. Sie suchen lieber auf eigene Faust nach Wegen, wie sie ihre Probleme selbst bewältigen können oder wer sonst außerhalb der Drogenberatung ihnen Hilfe anbieten kann. Es ist eine bedenkliche Entwicklung, dass die jungen Frauen und Männer, die am Beginn einer Drogenkarriere stehen, dem professionellen Hilfesystem sehr skeptisch gegenüberstehen, es nicht attraktiv finden und es daher so lange wie nur möglich meiden. Erst wenn alle diese Hilfeversuche gescheitert sind, kommen sie in die Anlauf- und Beratungsstellen, meist also in einem fortgeschrittenen Stadium ihrer Drogenkarriere.

Untersucht man weiterhin, in welchem Umfang Frauen vom Hilfesystem Gebrauch machen, dann stellt man eine Reihe von Besonderheiten fest. Der Anteil der Frauen, die selbst Probleme mit psychoaktiven Substanzen haben, liegt in den Beratungsstellen für Alkohol- und Medikamentenabhängige bei gut 25 %. Mit 35 % liegt der Frauenanteil in den Beratungsstellen für Drogenabhängige erheblich höher. Das liegt wohl vor allem daran, dass sich in dieser Gruppe viele Frauen befinden, die in den Einrichtungen Ersatzdrogen wie Methadon erhalten. Ohnehin belegen Detailstudien, dass Frauen unter den Beziehern von Methadon mit ca. 40 % überrepräsentiert sind.

Fasst man die Ergebnisse ganz unterschiedlicher Studien zusammen und schätzt anhand der Daten den Anteil der Frauen in verschiedenen Segmenten des Hilfesystems, ergibt sich Folgendes.

Tab. 8.4.: Anteil der Frauen in verschiedenen Segmenten des Hilfesystems	
Art der Einrichtung	Anteil der Frauen (geschätzt)
Frauen in Beratungsstellen für Alkohol- und Medikamentenabhängige – mit eigener Problematik – als Angehörige	ca. 25 % ca. 8 %
Frauen in Fachkliniken für Alkohol- und Medikamentenabhängige	17 %
Frauen in der Psychiatrie (nur Substanz-abhängige)	15 %
Frauen in Anlauf- und Beratungsstellen für Drogenabhängige – mit eigener Problematik/Verordnung von Substituten	30 %–40 %
Frauen in stationären Einrichtungen für Drogenabhängige	15 %

* Bei der Schätzung sind alle Einrichtungen mitberücksichtigt, auch solche, die nur Frauen oder nur Männer aufnehmen. Es handelt sich also um Durchschnittswerte über alle Einrichtungen ohne Berücksichtigung von Besonderheiten.

Gemessen an den Schätzungen über Frauen mit Alkohol- und Drogenproblemen ist davon auszugehen, dass ihr Anteil an der Klientel des Hilfesystems diesem im Großen und Ganzen entspricht. Das heißt, dass das Hilfesystem die Frauen so gut bzw. so schlecht wie die Männer erreicht. Allerdings lassen sich aus der Tabelle auch bestimmte typische Bevorzugungen ablesen.

Das betrifft vor allem ambulante Angebote und unter diesen wiederum diejenigen, die psychosoziale und medizinische Hilfen kombinieren. Das ist von Interesse für die zukünftige Entwicklung des Hilfesystems.

Die Daten belegen darüber hinaus, dass Frauen in allen Einrichtungen quantitativ in der Minderheit sind. Daraus entstehen eine Reihe von Besonderheiten und Problemen.

Zwar sind therapeutische Gruppen künstliche Gebilde mit einem vergleichsweise geringen Grad an Zusammenhalt, aber sie entwickeln sich ähnlich wie Gruppen in anderen Settings und unterliegen derselben Gruppendynamik. Dabei spielen die Erfahrungen, die die substanzabhängigen Frauen und Männer im Alltag mit den dort vorfindbaren Subgruppen und Milieus gemacht haben, eine erhebliche Rolle.

Zur Dynamik der Substanzabhängigkeit gehört es, dass diejenigen, die als Alkoholiker oder Drogenabhängige identifiziert sind, in der Gesellschaft in die Position von Außenseitern gedrängt werden bzw. sich entsprechenden Subgruppen über kurz oder lang anschließen, weil sie gerade dort das Milieu vorfinden, das sie anzieht. Damit verbunden sind Prozesse der Stigmatisierung und der Diskriminierung und – als Kehrseite davon – der Gruppenbildung. Bei Alkoholabhängigen verläuft dieser Prozess langsam und eher schleichend, bei Drogenabhängigen oft ganz rasant. In den Gruppen und Milieus stellen Männer die Mehrheit der Gruppenmitglieder und geben auch den Ton an. Frauen, die in solche Gruppen einbrechen, sind dort wiederum Außenseiter, weil sie mit ihren abweichenden Trink- und Drogenkonsummustern sowie mit ihrem Verhalten besonders stark gegen gesellschaftliche Normen verstoßen und deswegen stärker stigmatisiert werden als Männer. Das wirkt sich automatisch auf ihren Status in den Gruppe aus, in denen sie die letzten Plätze einnehmen. Zugleich stellen sie – gerade weil sie in der Minderheit sind – etwas Besonderes dar. Das ändert zunächst nichts an ihrem Status in der Gruppe, wirkt sich aber sofort aus, wenn sie sich mit einem Mann verbünden. Sie gewinnen an Ansehen, ihre Partner beweisen sich als (attraktive) Männer und beide Seiten erfahren einen Statusgewinn. In der Hierarchie der Gruppen steigen diese Frauen in der Regel auf, haben nun in dieser etwas zu sagen. Allerdings ist ihr Statusgewinn im Vergleich zu dem ihrer Partner ein relativer; er gründet sich auf die Position der Männer in der Gruppe, ist zu einem erheblichen Teil davon abgeleitet. Zerbricht die Partnerschaft, verlieren die Frauen ihren neuen Status ebenso schnell, wie sie ihn gewonnen haben.

Diese sehr kurzen Ausführungen zeigen auf, wie Frauen in die Gruppendynamik hineingezogen werden und welche Konsequenzen das für sie hat. Insbesondere in stationären Einrichtungen, in denen Frauen mit einem Verhältnis von 1:5 oder 1:6 oft extrem in der Minderheit sind, werden sie sehr schnell von den Männern vereinnahmt, nicht selten emotional und gelegentlich auch sexuell ausgebeutet. Das belastet die Behandlung.

Zwei Alternativen bieten sich an, um die Lage der Frauen im Hilfesystem zu verbessern. Zum einen geht es darum, die Minderheitensituation von Frauen zumindest in den stationären Einrichtungen zu verändern. Zum andern bietet es sich an, Hilfsangebote nur für Frauen aufzubauen (Eisenbach-Stangl 1997).

Zunächst Überlegungen dazu, wie die Minderheitensituation von Frauen in stationären Einrichtungen verändert werden kann. Dazu gehören folgende Anforderungen (Winkler 1996, 1997, 1999).

Frauenorientierungsindex mit Bezug auf Klientinnen

- Der Anteil der Frauen in der Institution liegt bei 33 % – »Frauenplätze« werden freigehalten;
- kurze Wartezeiten für Frauen;
- Mutter-Kind-Angebote sind vorhanden;
- Frauenräume/Frauenstockwerke sind vorhanden;
- Frauengruppen bzw. Männergruppen – allgemein und indikativ – werden angeboten/der Anteil der Frauen in Gruppen mit Männern liegt bei 50 %;
- Frauen können wählen, ob sie von einem Therapeuten (Arzt) oder einer Therapeutin (Ärztin) behandelt werden;
- Sportangebote nur für Frauen/Beschäftigungstherapie nur für Frauen/weitere Angebote nur für Frauen.

In Einrichtungen, die diese Anforderungen erfüllen, reduzieren sich die negativen Auswirkungen der Minderheitensituation der Frauen.

Berücksichtigen die Mitarbeiter/innen darüber hinaus die spezifische Gruppendynamik, die den Alltag in der Institution bestimmt, dann steigen die Chancen der Frauen, von der stationären Behandlung zu profitieren, weiter an. Solange Frauen jedoch nur 15 % bis 20 % der Klientel in den Einrichtungen ausmachen, haben sie es schwer, eine neues Selbstbewusstsein, das auf Autonomie und Selbstständigkeit aufbaut, zu entwickeln oder neue Kompetenzen zur Durchsetzung eigener Wünsche und Bedürfnisse auch gegen Widerstände zu erwerben. Es ist davon auszugehen, dass stationäre Einrichtungen, die sich gezielt für die Belange von Frauen einsetzen, für diese Klientel zunehmend attraktiver werden.

Es reicht allerdings nicht aus, in den Institutionen ein frauenfreundliches Klima zu schaffen. Schubkraft gewinnen solche Umorientierungen erst dann, wenn sich auch auf der Leitungsebene entsprechende Veränderungen durchsetzen. Relevant sind hier vor allem Veränderungen in folgenden Bereichen: Auf der Leitungsebene von Vereinen und von Einrichtungen muss der Anteil der Frauen erhöht und der der Männer entsprechend reduziert werden. Der Anteil der Frauen in der Leitung insbesondere von Trägervereinen muss wenigstens ein Drittel, besser noch die Hälfte des Gremiums ausmachen. Davon sind wir noch weit entfernt. In der Suchtkrankenhilfe dominieren die Männer auf allen Leitungsebenen; Frauen haben es schwer, in diesen Bereich vorzudringen. Bislang lassen sich auch keine nachhaltigen Signale ausmachen, die darauf hindeuten, dass Änderungen gewollt sind und entsprechend angezielt werden.

Weiterhin muss die Bereitschaft aller Mitarbeiter/innen, Geschlechterdifferenzen wahrzunehmen und zu respektieren, gefördert und unterstützt werden. Tatsächlich sind ausreichende Kenntnisse über Geschlechterdifferenzen bei der Entstehung und im Verlauf von Substanzabhängigkeit für die praktische Arbeit mit den Betroffenen unverzichtbar. Bislang gehört Gender Mainstreaming jedoch nicht zum Curriculum in der Ausbildung zum professionellen Helfer im Suchtbereich. Auch hier besteht also erheblicher Nachholbedarf.

Engagierte Frauen in der Suchthilfe haben alle diese Umorientierungen schon lange eingefordert, jedoch mit vergleichsweise geringem Erfolg. Nicht zuletzt aus diesem Grund haben sich andere und in mancher Hinsicht radikalere Ansätze durchgesetzt, nämlich Einrichtungen, die nur substanzabhängigen Frauen offen stehen.

Einrichtungen nur für Frauen mit Drogenproblemen

Stationäre Einrichtungen nur für Frauen mit Alkoholproblemen sind fast so alt wie das Hilfesystem selbst. Daher gibt es auch heute noch wenigstens 11 Fachkliniken, die nur substanzabhängige Frauen aufnehmen. Sie stellen ca. 500 Plätze (Betten) für die Entwöhnungsbehandlung von Frauen bereit. Die ganz überwiegende Mehrzahl der Plätze ist für alkohol- und medikamentenabhängige Frauen reserviert. Einige wenige der Fachkliniken nehmen jedoch auch eine beschränkte Zahl von drogenabhängigen Frauen auf (maximal 20 % der Belegschaft). Die praktische Erfahrung hat gezeigt, dass die Zusammenlegung von alkohol- und drogenabhängigen Frauen sehr problematisch sein kann, da letztere oft wenig Bereitschaft haben, Ordnungen und Regeln zu akzeptieren und sich danach zu richten. Dazu kommt bei vielen von ihnen ein etwas anarchistisch anmutender Lebensstil, mit dem sie alkoholabhängige Frauen dominieren können. Das kann das Arbeitsklima der ganzen Institution schwer belasten.

Die Therapieangebote in diesen Institutionen variieren stark. Neben sehr traditionellen Ansätzen findet man ganz moderne Angebote, die auf die Stärkung der Selbstwirksamkeit der Frauen setzen, auf Kompetenzerweiterung und Autonomie. Auch darauf soll hier nicht detailliert eingegangen werden.

Die Entwicklung in der Drogenhilfe verlief anders. In Abhebung von traditionellen Ansätzen der Suchtkrankenhilfe und im Kontext der Auseinandersetzungen innerhalb der Drogenhilfe über angemessene Angebote für süchtige Frauen hat sich seit Anfang der 80er Jahre ein kleines, alternatives Beratungs- und Behandlungsangebot von (professionellen) Frauen für (abhängige) Frauen etabliert. Die Beraterinnen in diesen Einrichtungen gehen von feministischen Überlegungen aus, das heißt, sie nehmen engagiert Partei für die betroffenen Frauen, die sie bei ihren Problemlösungsversuchen beraten, betreuen und begleiten. »Das Idealziel der Intervention heißt Emanzipation aus frauenspezifischen Abhängigkeiten. Im konkreten Fall sind es allemal die Rat suchenden Frauen, die für sich selbst entscheiden, wie sie ihr Leben in Zukunft gestalten wollen. Wie immer diese Entscheidungen ausfallen, die Beraterinnen bieten ihnen auf diesen Wegen ihre Hilfe an« (Vogt & Winkler 1996, 18).

Dieses alternative Angebot an Fraueneinrichtungen wendet sich vorrangig an Frauen, die illegale Drogen konsumieren oder von diesen abhängig sind. Jedoch finden dort auch alkoholabhängige Frauen Hilfe, wenn die Kapazitäten ausreichen.

In der folgenden Tabelle sind die Einrichtungen zusammengefasst, die für drogen- und suchtmittelabhängige Frauen Hilfen anbieten. Die Mehrzahl der Frauen, die die Angebote nutzen, ist drogenabhängig, eine Minderheit alkohol- und medikamentenabhängig, und einige wenige haben Ess-Störungen, sind Spielerinnen oder haben andere Suchtprobleme.

Wie man sieht, konzentrieren sich die Angebote auf Ballungszentren und große Städte mit einer aktiven Drogenszene. Dort ist offenbar die Not der betroffenen Frauen am größten, was sich auch an den Zahlen der Frauen, die von den Mitarbeiterinnen betreut und beraten werden, ablesen lässt.

Fraueneinrichtungen und frauenspezifische Angebote sind mittlerweile unverzichtbarer Bestandteil des Suchtkranken- und Drogenhilfesystems. Mit diesen werden häufig solche Frauen erreicht, die sonst durch die Maschen des Hilfesystems zu fallen drohen bzw. bereits durchgefallen sind. Insbesondere zielgruppenspezifische Angebote erreichen Frauen, die sich aufgrund ihres Lebensrhythmus und ihrer besonderen Bedürfnislage von anderen Einrichtungen nicht angesprochen fühlen.

Art, Anzahl und regionale Verteilung von Einrichtungen nur für drogenabhängige Frauen		
Einrichtungsart	Anzahl	Stadt bzw. Region
Anlaufstellen für drogenabhängige Frauen	9	Berlin, Bremen, Frankfurt/M., Hamburg
Beratungsstellen für drogenabhängige Frauen	10	Berlin, Essen, Frankfurt/M., Freiburg, Hamburg, Hannover, München, Nürnberg, Stuttgart
– mit besonderem Angebot für Schwangere/ Mütter mit Kindern	4	Bremen, Essen, Land Hessen, Hamburg, Karlsruhe, München
Therapeutische Frauen-Wohngemeinschaften (TFWGs)	8	Berlin, Bremen, Frankfurt/M.
Betreutes Wohnen und Nachsorgeeinrichtungen	10	Berlin, Bremen, Frankfurt/M., München, Stuttgart

Obwohl der Stellenwert der frauenspezifischen Einrichtungen und Angebotsformen heute gut belegt ist (u. a. Leopold & Steffan 1994, Vogt 1997, 1998, 2003), wird in der fachlichen Diskussion ihre Existenzberechtigung immer wieder in Frage gestellt. Argumentiert wird mit geringen Klientinnenzahlen, einer wie auch immer festgestellten mangelnden Akzeptanz oder einer schlichtweg postulierten Erfolglosigkeit frauenspezifischer Arbeitsansätze. Das geht an der Realität vorbei, wie neuere Studien zur Akzeptanz und zur Effektivität der frauenspezifischen Einrichtungen belegen (Schmid & Simmedinger 2000, Vogt & Krah 1998). Angesichts der Erfolge, die diese Einrichtungen aufweisen können, ist es an der Zeit, die Diskussion über ihre Existenzberechtigung zu beenden.

Ein kurzer Blick auf die Leistungsträger

Die Entscheidung des Bundessozialgerichts von 1968, Sucht bzw. heute Substanzabhängigkeit als Krankheit eigener Art anzuerkennen, hatte und hat weitreichende Auswirkungen. Zwar hatten die Leistungsträger schon lange die Kosten für die Behandlung von Folgekrankheiten der Sucht – zum Beispiel Lebererkrankungen bei Alkoholabhängigen – übernommen, aber eben nicht die für die Behandlung von Sucht oder Substanzabhängigkeit ohne Begleit- oder Folgekrankheiten. Das änderte sich nach 1968. Auf die Krankenkassen und die Leistungsträger der Rentenversicherung kamen mit dieser Entscheidung neue Anforderungen zu, auf die sie einzeln und im Zuge der Weiterentwicklung des Sozialgesetzbuches (SGB) mit einer Reihe von Maßnahmen und Vereinbarungen reagiert haben. Die wichtigsten Sozialversicherungsinstanzen, die zur Kostenübernahme der Behandlung von Substanzabhängigkeit verpflichtet sind, sind die Rentenversicherung (RV), die Krankenversicherungen (KVn) und die Kommunen, die für die biopsychosoziale Behandlung von Sozialhilfeempfängern zuständig sind (vgl. u. a. Bosshard et al. 1999, Krasney 1992, Wiegand 2000).

Im Wesentlichen haben sich die Krankenkassen und die Träger der Rentenversicherung auf folgende Kostenaufteilung geeinigt. In Anlehnung an längst bestehende Regelungen (vgl. Sozialgesetzbuch V) übernehmen die KVn die Kosten für die medizinische Akutbehandlung, wenn die Voraussetzungen erfüllt sind und Anspruch besteht. Dazu gehören (1) die ambulante Behandlung (durch niedergelassene Ärzte) und (2) die stationäre, kurative Behandlung in einem Krankenhaus (durch Krankenhausärzte). Für die Behandlung von Substanzabhängigkeit heißt das, dass die KVn die Kosten der ambulanten Behandlung durch Ärzte übernehmen, ebenso die Kosten für die Entgiftung. Kompliziert wird die Sachlage bei der Substitutionsbehandlung. Werden Substitutionsmittel eingesetzt mit dem Ziel, Abstinenz zu erreichen (kuratives Ziel), und liegt ein umfassendes Therapiekonzept vor, das auch eine psychosoziale Behandlung einschließt, werden die Behandlungskosten von den

KVn übernommen, auch diejenigen für zusätzliche psychiatrische oder psychotherapeutische Betreuung, wenn diese zur Krankenbehandlung erforderlich sind (vgl. BUB-Richtlinien 2002). Wird als Behandlungsziel jedoch nicht Abstinenz angegeben, sondern »nur« die psychosoziale Stabilisierung (ohne Abstinenz) der Patienten und Patientinnen, halten sich die KVn als Leistungsträger nicht für zuständig. Versteht man die Substitutionsbehandlung als ergänzende Leistung zur Rehabilitation (SGB V, § 43), dann sind auch in diesen Fällen die Kosten von den KVn zu übernehmen. Grundsätzlich erfolgt die Finanzierung nach dem Prinzip der Sachleistung, d. h., Arzt/Ärztin rechnet ihre Leistungen direkt mit den KVn ab.

Die Rentenversicherung (RV) bzw. deren wichtigste Leistungsträger, die Landesversicherungsanstalten (für Arbeiter), die Bundesversicherungsanstalt für Angestellte und die Bundesknappschaft (für Bergleute), übernehmen in der Regel, und wenn Anspruch dafür besteht, die Kosten für die Rehabilitation. Im Zentrum der Behandlung steht der Erhalt bzw. die Wiederherstellung der Erwerbsfähigkeit und damit verbunden die Wiedereingliederung in das Erwerbsleben. Damit ist der Kreis derjenigen, für die die RV die Kosten der Rehabilitationsmaßnahmen übernimmt, eingeschränkt auf diejenigen Frauen und Männer, die noch nicht das Rentenalter erreicht haben. Liegt Substanzabhängigkeit vor, heißt das, dass die Kosten für die ambulante oder die stationäre Entwöhnungsbehandlung mit der RV bzw. ihren Leistungsträgern abgerechnet werden, vorausgesetzt, es besteht eine Chance für die (Wieder-)Herstellung der Erwerbsfähigkeit bzw. für die Vermeidung einer Frühverrentung. Der Grundsatz »Rehabilitation vor Rente« wurde im Rehabilitations-Angleichungsgesetz von 1974 festgeschrieben. Rehabilitationsleistungen durch die RV werden grundsätzlich auf Antrag erbracht.

Im Begutachtungsverfahren beurteilt der ärztliche Dienst der RV den Antrag, im Bewilligungsverfahren wird über ihn entschieden.

KVn und die Leistungsträger der RV haben in den letzten 30 Jahren ein komplexes Werk von Empfehlungen und Einigungen zur Finanzierung der Behandlung von Substanzabhängigkeit ausgearbeitet, ebenso zum Gestaltungsermessen und zur Qualitätssicherung. Zu den wichtigsten Verträgen gehören die »Empfehlungsvereinbarung Sucht« von 1978, in der die Grundsätze der Kostenverteilung bei der Behandlung von Sucht zwischen KVn und RV festgeschrieben worden sind, das »Gesamtkonzept zur Rehabilitation von Substanzabhängigen« von 1985, in dem der ideale Weg die Klientinnen und Klienten durch das Hilfesystem formuliert wurde, der allerdings heute nur noch sehr bedingt Gültigkeit hat, sowie die »Vereinbarungen zur ambulanten Entwöhnungsbehandlung von Sucht« (EVARS) von 1991 und 1997 bzw. die Vereinbarung »Abhängigkeitserkrankungen« von 2002 (Stähler & Wimmer 2002), von der die Behandlung von Ess-Störungen (als einer eigenen Art psychischer Störung) und von Spielsucht (als einer Form von Persönlichkeitsstörung) ausgenommen sind.

Eine sehr wichtige Rolle für die Finanzierung der biopsychosozialen Behandlung von Substanzabhängigen haben die Städte und Landkreise, die nach dem Fürsorgeprinzip (vgl. das Bundessozialhilfegesetz, BSHG) Bedürftigen Hilfe zum Lebensunterhalt bzw. Hilfe in besonderen Lebenslagen, kurz Sozialhilfe, aus Steuermitteln zur Verfügung stellen müssen. Sozialhilfe wird nur gewährt, wenn der Hilfesuchende nicht in der Lage ist, seinen Lebensunterhalt aus eigenen Kräften und Mitteln zu bestreiten, und Familiensolidarität sowie die Sozialversicherungen nicht mehr greifen (Subsidiaritätsprinzip). Es versteht sich von selbst, dass der Gewährung der Sozialhilfe eine Prüfung der Bedürftigkeit vorausgeht. Sozialhilfeempfänger haben Anspruch auf Krankenhilfe, Eingliederungshilfe usw. Die Kosten der Krankenbehandlung und der Rehabilitation werden vom örtlichen sowie vom überörtlichen Sozialhilfeträger übernommen.

Voraussetzung sowohl für die Kostenübernahme durch die KVn, die RV oder die Kommunen sind eine ärztliche Diagnose sowie der Sozialbericht, den in der Regel die psychosozialen Behandler in den Beratungsstellen zusammenstellen. Auf Letztere soll hier nicht ausführlich eingegangen werden, da mit der Lebenswelt- und Problemanalyse die Anforderungen an den Sozialbericht erfüllt sind (für Einzelheiten vgl. Böllinger et al. 1995, Böllinger & Stöver 2002).

Sieht man von Schwierigkeiten und Missverständnissen im Zuge der Beantragung zum Beispiel einer Rehabilitationsmaßnahme ab, dann ergeben sich Probleme mit den Leistungsträgern vor allem dann, wenn sich diese inhaltlich in die Behandlungsangebote einmischen und wenn sie steuernd auf die Freiheit bei der Suche nach einer geeigneten Fachklinik Einfluss nehmen.

Formal befinden sich die Leistungsträger dabei durchaus im Recht, wie aus SGB V und VI hervorgeht.

Wie stark sich die Leistungsträger inhaltlich in die Debatte um Sucht eingemischt haben, spiegelt sich wider in den Vereinbarungen zwischen KVn und RV der letzten 20 Jahre, insbesondere in denen von 1985 sowie von 1991, 1997 (EVARS) und 2000 bzw. den Behandlungsrichtlinien mit Ersatzdrogen (AUB- bzw. BUB-Richtlinien). In allen diesen Vereinbarungen haben die Krankenkassen sowie die Träger der Rentenversicherung inhaltlich Stellung bezogen; sie haben damit in erheblichem Umfang Einfluss genommen auf das gängige Verständnis von Sucht bzw. Substanzabhängigkeit und deren Behandlung. Im Kern beziehen sie vornehmlich konservative medizinische Positionen. Das kann zu Verzögerungen von Hilfsangeboten führen, wie bei der Vereinbarung von 1985. Zu einer Zeit, zu der bereits absehbar war, dass Drogenkonsumenten wegen des intravenösen Konsums der Substanzen eine Risikogruppe für die Übertragung von HIV-Infektionen darstellten, haben sich die Leistungsträger gegen eine breit angelegte Substitutionsbehandlung ausgesprochen. Sie haben dagegen auf die so genannte »therapeutische Kette« gesetzt, eben den idealen Weg der Substanzabhängigen durch das Hilfesystem. Nur wenige Betroffene sind diesem Weg gefolgt, die Mehrheit hat sich eigene Wege gesucht. Erst der rapide Anstieg der HIV-Infektionen in der Gruppe der Drogenabhängigen und die damit verbundene Gefährdung der Bevölkerung insgesamt sowie der indirekt mit dieser Entwicklung zusammenhängende Anstieg der Drogentoten zwischen 1985 und 1995 haben den Umschwung gebracht. Dieses eine Beispiel zeigt bereits, wie problematisch die inhaltlichen Einflussnahmen der Leistungsträger sein können.

Andererseits ist festzuhalten, dass die Leistungsträger sich seit Jahren um die Festschreibung von Qualitätsstandards bemühen. Auch diese Ansätze haben neben positiven Seiten auch einige negative, da Kostengesichtspunkte im Mittelpunkt der Überlegungen stehen. Allerdings darf man nicht übersehen, dass die Leistungsträger mit ihren Forderungen nach Qualitätssicherung eine wichtige Diskussion angestoßen haben, die von den Leistungserbringern mittlerweile aufgenommen und umgesetzt wird.

Sehr problematisch sind die Eingriffe der Leistungsträger, wenn es um die Wahl von Rehabilitationseinrichtungen, also die verschiedenen Fachkliniken oder therapeutischen Wohngemeinschaften, geht. Hier dominieren wiederum Kostengesichtspunkte, die nicht immer kompatibel sind mit den Interessen der Betroffenen und die sehr oft im Widerspruch stehen zu den Empfehlungen der Berater/innen vor Ort. Hier fehlen Vereinbarungen, die die Sachkompetenz der Berater/innen stärker berücksichtigen, und Verfahrensvorgaben, wie mit Konfliktfällen umzugehen ist.

Zusammenfassend ist festzustellen, dass das deutsche Hilfesystem für Substanzabhängige insgesamt betrachtet sehr gut ausgebaut ist. Im internationalen Vergleich schneidet es in der Spitzengruppe ab (Klingemann et al. 1992, Klingemann & Hunt 1998). Das gilt sowohl im Hinblick auf seine Ausdifferenzierung auf der Systemebene als auch auf die Qualität der Mitarbeiter und Mitarbeiterinnen. Aber kein System ist so gut, dass es sich nicht noch weiter verbessern ließe. Veränderungen und Verbesserungen sind schon deshalb angesagt, weil auf das Hilfesystem neue Anforderungen zukommen, einmal, weil finanzielle Einsparungen zu erwarten sind, zum andern, weil sich die Klientel ebenso verändert wie das soziale Umfeld. **MOCA** ist ein Beitrag zur Weiterentwicklung der Hilfen für Frauen und Männer, die Probleme mit psychoaktiven und psychotropen Substanzen haben oder von solchen Stoffen abhängig sind.

Literatur

Abholz, H.-H. (1994): Die längerfristige Verordnung von Substanzen mit Abhängigkeitspotential. In: Zeitschrift für Allgemeine Medizin, 70, 180–184

Adlkofer, F. & Opitz, K. (2000): Tabak. In: Uchtenhagen, A. & Zieglgängsberger, W. (Hrsg.): Suchtmedizin. München: Urban & Fischer, S. 39–62

Aebi, E.; Ciompi, L. & Hansen, H. (Hrsg.) (1996): Soteria im Gespräch; 2. Aufl. Bonn: Psychiatrie-Verlag

Angst, J. & Sellaro, R. (2001): Geschlecht und Angsterkrankungen, Phobien und Zwangsstörungen. In: Riecher-Rössler, A. & Rohde, A. (Hrsg.): Psychische Erkrankungen bei Frauen. Zürich: Krager, S. 62–72

Arbeitsgruppe CMA (1999): Definitionsvorschlag zur Operationalisierung von chronisch mehrfachbeeinträchtigten Abhängigen von psychotropen Substanzen. In: Sucht, 45, 6–13

Arbeitskreis OPD (Hrsg.) (1996): Operationalisierte Psychodynamische Diagnosik (OPD): Grundlagen und Manual. Bern: Huber

Arenz-Greiving, I. & Dilger, H. (Hrsg.) (1994): Elternsüchte – Kindernöte. Freiburg: Lambertus

Argelander, H. (1989): Das Erstinterview in der Psychotherapie. Darmstadt: Wissenschaftliche Buchgesellschaft

Arnold, E.; Vogt, I. & Sonntag, U. (2000): Umgang mit sexueller Attraktivität und Berichten über sexuelle Kontakte in psychotherapeutischen Beziehungen. In: Zeitschrift für Klinische Psychologie, 48, 18–35

Arnold, T.; Schmid, M. & Simmedinger, R. (1999): Suchthilfe im Krankenhaus. Baden-Baden: Nomos

Asay, T. P. & Lambert, M. J. (2001): Empirische Argumente für die allen Therapien gemeinsamen Faktoren: Quantitative Ergebnisse. In: Hubble, M. A.; Barry L. D. & Miller, S. D. (Hrsg.): So wirkt Psychotherapie. Dortmund: Verlag Modernes Lernen, S. 41–81

Ashton, H. (1987): Benzodiazepine withdrawal: Outcome in 50 patients. In: British Journal of Addiction, 82, 665

Ashton, H. (1994): Guidelines for the rational use of Benzodiazepines. In: Drugs, 48, 25–40

Ashton, H. (1995): Protracted withdrawal from benzodiazepines: The postwithdrawal syndrome. In: Psychiatric Annals, 25, 174–179

Aßfalg, R. (2003): Von der Bekämpfung des Lasters zur Behandlung des Kranken. 100 Jahre Arbeit mit Suchtkranken. Eine Chronik. Landsberg: Ecomed Verlagsgesellschaft

Auriacombe, M. & Loustauneau, A. (2000): Medical treatment of the pregnant heroin addict – Review of the literature. In: Council of Europe (Hrsg.): Pregnancy and Drug Misuse. Update 2000. Strasbourg, S. 39–74

BAC (British Association for Counselling) (1993): Code of Ethics and Practice for Counsellors. Rugby: BAC

Baer, J. S. et al. (2001): Brief intervention for heavy drinking college students: 4-year follow-up and natural history. In: American Journal of Public Health, 91, 1310–1316

Bandura, A. (1969): Principles of behavior modification. New York: Holt

Barabas, F. K. (1999): Beratungsrecht. Frankfurt: FH-Verlag

Barbor, T. F. (1994): Avoiding the horrid and beastly sin of drunkenness: Does dissuasion make a difference? In: Journal of Consulting and Clinical Psychology, 62, 1127–1140

Barbor, T. F. et al. (1992a): Audit: the Alcohol Use Disorders Identification Test: Guidelines for use in primary health care. Genf: WHO

Barbor, T. F. et al. (1992b): Types of alcoholics, I. Evidence for an empirically derived typology based on indicators of vulnerability and severity. In: Archives of General Psychiatry, 49, 599–608

Barnas, C.; Whitworth, A. B. & Fleischhacker, W. W. (1993): Are patterns of benzodiazepine use predictable. In: Psychopharmacology, 111, 301–305

Barry, K. L. (1999): Brief interventions and brief therapies for substance abuse. Tip Series 34, Rockville: CSAT

Batra, A. (2003): Kontrolliertes Rauchen – moderner Therapieansatz oder therapeutischer Irrtum? In: Sucht, 49, 54–56

Batra, A. & Buchkremer, G. (1999): Nikotin. In: Gastpar, M.; Mann, K. & Rommelspacher, H. (Hrsg.): Lehrbuch der Suchterkrankungen. Stuttgart: Thieme, S. 208–216

Bauer, U. & Hasenöhrl, A. (2000): Therapieerfolg Alkoholabhängiger nach qualifizierter Entzugsbehandlung und konventioneller Entgiftung. In: Sucht, 46, 250–259

Baum, M. (Hrsg.) (1919): Grundriß der Gesundheitsfürsorge. Wiesbaden: Bergmann

Baumann, U. et al. (1987): Fragebogen zum Sozialen Netzwerk und zur Sozialen Unterstützung (Sonet). Zeitschrift für Klinische Psychologie, 16, 420–431

Belitz-Weihmann, E. & Metzler, P. (1993): Fragebogen zum funktionalen Trinken (FFT). Frankfurt: Swets & Zeitlinger

Bergold, J. & Schürmann, I. (2001): Krisenintervention – Neue Entwicklungen? In: Verhaltenstherapie und Psychosoziale Praxis, 33, 5–15

Berkley, K. J. (1997): Sex differences in pain. Behavioral and Brain Sciences, 20 (3), 371–80

Bien, T.; Miller, W. R. & Tonigan, S. (1993): Brief interventions for alcohol problems: A review. In: Addiction, 88, 315–336

Biermann-Ratjen, E.-M.; Eckert, J. & Schwartz, H.-J. (1995): Gesprächspsychotherapie; 7. Aufl. Stuttgart: Kohlhammer

BKA (Bundeskriminalamt, Hrsg.) (2001): Rauschgiftjahresbericht 2000, Bundesrepublik Deutschland. Wiesbaden: BKA

Bloomfield, K. (2002): Ausgewählte Ergebnisse der Biomed-II Studie »Alcohol consumption and alcohol problems among women in European Countries«, einer konzertierten Aktion der Europäischen Union. In: Mann, K. (Hrsg.): Neue Therapieansätze bei Alkoholproblemen. Lengerich: Pabst, S. 161–177

Bloomfield, K.; Ahlström, S.; Allamani, A.; Choquet, M.; Cipriani, F.; Gmel, G.; Hacquat, B. J.; Knibbe, R.; Kubicka, L.; Lecomte, T.; Miller, P.; Plant, M. & Spak, F. (1999): Alcohol consumption and alcohol problems among women in European Countries. Berlin: Institute for Medical Informatics, Biostatistics & Epidemiology (unveröffentlicht)

Böhnisch, L. (2003): Männlichkeit in sozialpädagogischer Perspektive. In: Zeitschrift für Sozialpädagogik, 1, 173–194

Böhnisch, L. & Funke, H. (2002): Soziale Arbeit und Geschlecht. Weinheim: Juventa

Böllinger, L.; Stöver, H. & Fitzek, L. (Hrsg.) (1995): Drogenpraxis, Drogenrecht, Drogenpolitik; 4. Aufl. Frankfurt: FH-Verlag

Böllinger, L. & Stöver, H. (Hrsg.) (2002): Drogenpraxis, Drogenrecht, Drogenpolitik; 5. Aufl. Frankfurt: FH-Verlag

Bond, T. (2000): Standards and ethics for counselling in action. London: Sage

Bosshard, M.; Ebert, U. & Lazarus, H. (Hrsg.) (1999): Sozialarbeit und Sozialpädagogik in der Psychiatrie. Bonn: Psychiatrie-Verlag

Brähler, C. & Brähler, E. (1986): Der Einfluß von Patientenmerkmalen und Interviewverlauf auf die Therapieaufnahme. In: Zeitschrift für Psychosomatische Medizin und Psychoanalyse, 32, 140–160

Brähler, E.; Schumacher, J. & Felder, H. (1999): Die Geschlechtsabhängigkeit von Körperbeschwerden im Wandel der Zeit. In: Brähler, E. & Felder, H. (Hrsg.): Weiblichkeit, Männlichkeit und Gesundheit. Opladen: Westdeutscher Verlag, S. 171–185

Brazelton, T. B. (1991): What we can learn from the status of the newborn. In: Kilby, M. M. & Asghar, K. (Hrsg.): Methodological issues in controlled studies on effects of prenatal exposure to drug abuse. Rockville: NIDA, Vol. 114, S. 93–105

Bronisch, T. et al. (1995): IDCL-P: Internationale Diagnosen Checkliste für Persönlichkeitsstörungen nach ICD-10 und DSM-IV. Bern: Huber

Brunner, E. & Franke, A. (1997): Ess-Störungen. Eine Information für Ärztinnen und Ärzte. Hamm: DHS

Buer, F. (1989): Die Philosophie des J. L. Moreno – die Grundlagen des Psychodramas. In: Integrative Therapie, 15, 121–140

BZgA (Bundeszentrale für gesundheitliche Aufklärung) (1992): Aktionsgrundlagen 1990, Teilband Alkohol. Köln: BZgA

BZgA (Bundeszentrale für gesundheitliche Aufklärung) (2001): Die Drogenaffinität Jugendlicher in der Bundesrepublik Deutschland. Eine Wiederholungsbefragung der Bundeszentrale für gesundheitliche Aufklärung. Köln: BZgA

BZgA (Bundeszentrale für gesundheitliche Aufklärung): Aktionsgrundlagen 1990 und 1995 (Datendisketten). Köln

BZgA (Bundeszentrale für gesundheitliche Aufklärung, Hrsg.) (2001): Kurzintervention bei Patienten mit Alkoholproblemen. Ein Beratungsleitfaden für die ärztliche Praxis. Köln: BZgA

Cahalan, D. & Room, R. (1974): Problem drinking among american men. New Haven: College & University Press

Cermak, T. L. (1986): Diagnosing and treating co-dependence. Minneapolis: Johnson Institute Books

Chaplin, J. (1999): Feminist counselling in action. London: Sage

Chung, T. et al. (2000): Screening adolescents for problem drinking: Performance of brief screens against DSM-IV alcohol diagnoses. In: Journal of Studies on Alcohol, 56, 695–700

Chur, D. (1997): Beratung im Kontext – Überlegungen zu einem handlungsanleitenden Modell. In: Nestmann, F. (Hrsg.): Beratung. Tübingen: DGVT

Ciompi, L. (Hrsg.) (1994): Sozialpsychiatrische Lernfälle. Bonn: Psychiatrie-Verlag

Clarkin, J. F.; Yeomans, F. E. & Kernberg, O. F. (2001): Psychotherapie der Borderline-Persönlichkeit. Stuttgart: Schattauer

Cloninger, C. R. (1987): A systematic method for clinical description and classification of personality variants – a proposal. In: Archives of General Psychiatry, 44, 573–588

Cloninger, C. R.; Bohman, M. & Sigvardsson, S. (1981): Inheritance of alcohol abuse – cross fostering analysis of adopted men. In: Archives of General Psychiatry, 42, 1043–1049

Cloninger, C. R.; Przybeck, T. R. & Svarkic, D. M. (1991): The tridimensional personality questionnaire: US normative data. In: Psychological Report, 69, 1047–1057

Council of Europe (Hrsg.) (2000): Pregnancy and Drug Misuse. Update 2000. Strasbourg

Degkwitz, P. (2002): Theorien und Modelle der Entstehung und des Verlaufs von Drogenabhängigkeit. In: Böllinger, L. & Stöver, H. (Hrsg.): Drogenpraxis, Drogenrecht, Drogenpolitik. Frankfurt: FH-Verlag, S. 45–65

Demmel, R. (2001): Motivational Interviewing: Ein Literaturüberblick. In: Sucht 47, 171–188

DHS (Hrsg.) (2001): Deutscher Kerndatensatz zur Dokumentation im Bereich der Suchtkrankenhilfe. Definitionen und Erläuterungen zum Gebrauch. Hamm: DHS

DHS (Hrsg.) (o. J.): Frau Sucht Gesundheit / Frau Sucht Liebe. Hamm: DHS

Dilling, H.; Mombour, W. & Schmidt, M. H. (Hrsg.) (1991): Weltgesundheitsorganisation, Internationale Klassifikation psychischer Störungen – ICD-10, Kapitel V (F), Klinisch-diagnostische Leitlinien. Bern: Huber

Dilling, H.; Weyrer, S. & Castell, R. (1984): Psychische Erkrankungen in der Bevölkerung. Stuttgart: Enke

Dilling, H. et al. (Hrsg.) (1994): Weltgesundheitsorganisation, Internationale Klassifikation psychischer Störungen – ICD-10, Kapitel V (F), Forschungskriterien. Bern: Huber

Dittmann, V. (1995): ICD-10 SCL: Symptom-Checkliste für psychische Störungen der WHO. Bern: Huber

Dobler-Mikola, A. (1992): Drogenabhängigkeit bei Frauen. Einige empirische Ergebnisse zu geschlechtsspezifischen Unterschieden bei Drogenabhängigen. In: Bendel, C.; Brianza, A. & Rottenmanner, I. (Hrsg.): Frauen sichten Süchte. Lausanne: SFA, S. 45–66

Döring, N. (2000): Psychotherapie und Netzkommunikation: Bestandsaufnahme und Zukunftsperspektiven. In: Hermer, M. (Hrsg.): Psychotherapeutische Perspektiven am Beginn des 21. Jahrhunderts. Tübingen: DGVT, S. 281–307

Driessen, M. (1999): Psychiatrische Komorbidität bei Alkoholismus und Verlauf der Abhängigkeit. Darmstadt: Steinkopff

Ebbinghaus, A. (Hrsg.) (1987): Opfer und Täterinnen. Nördlingen: Greno

Edwards, G. & Anderson, I. (1999): Systematischer Überblick und Leitfaden für die Auswahl selektiver Serotonin-Wiederaufnahmehemmer. Nachdruck aus: Drugs, 57, 507–533

Eisenbach-Stangl, I. (1992): Eine gutmütige Anarchie. In: Drogalkohol, 16, 153–172

Eisenbach-Stangl, I. (1997): Professional treatment and mutual aid: Different offers for female alcoholics or offers for women with different alcohol-related problems? In: European Addiction Research, 3, 22–29

Eisenbach-Stangl, I. (1998): How to live a sober life in a wet society: Alcoholics Anonymous in Austria. In: Eisenbach-Stangl, I. & Rosenqvist, P. (Hrsg.): Diversity in Unity: Studies of Alcoholics Anonymous in eight societies. Helsinki: NAD

Eisenbach-Stangl, I. & Rosenqvist, P. (Hrsg.) (1998): Diversity in Unity. Studies of Alcoholics Anonymous in eight Societies. Helsinki: NAD

Elsesser, K. & Sartory, G. (2001): Medikamentenabhängigkeit. Göttingen: Hogrefe

Englert, E. & Ziegler, M. (2001): Kinder opiatabhängiger Mütter – ein Überblick. In: Suchttherapie, 2, 143–151

Ernst, A. (1998): Anatomie, Pathologie und Physiologie des Schmerzes. In: Flöter, T. (Hrsg.): Grundlagen der Schmerztherapie. München: Urban & Vogel, S. 19–50

Ernst, C. (2001): Die bessere und die schlechtere Hälfte? Geschlechtsunterschiede in der Prävalenz psychischer Krankheiten aus epidemiologischer Sicht. In: Riecher-Rössler, A. & Rohde, A. (Hrsg.): Psychische Erkrankungen bei Frauen. Zürich: Krager, S. 47–61

Ferber, L. v. (Hrsg.) (1994): Häufigkeit und Verteilung von Erkrankungen und ihre ärztliche Behandlung. Köln: ISAB

Feuerlein, W. et al. (1989): Kurzfragebogen für Alkoholgefährdete (KFA). Weinheim: Beltz

Feuerlein, W. et al. (1979): Münchner Alkoholismustest (Malt). Weinheim: Beltz

Fiedler, P. (2001a): Borderline: Chronifizierte Belastungsstörung oder Persönlichkeitsstörung? In: Verhaltenstherapie und Psychosoziale Praxis, 33, 661–674

Fiedler, P. (2001b): Persönlichkeitsstörungen; 5. Aufl. Weinheim: Beltz

Finzen, A. (1993): Medikamentenbehandlung bei psychischen Störungen. Bonn: Psychiatrie-Verlag

Finzen, A. (2000): Schizophrenie – Die Krankheit verstehen; 4. Aufl. Bonn: Psychiatrie-Verlag

Flatten, G. et al. (2001a): Posttraumatische Belastungsstörung. Stuttgart: Schattauer

Flatten, G.; Wöller, W. & Hofmann, A. (2001b): Therapie der Posttraumatischen Belastungsstörung. In: Flatten, G. et al.: Posttraumatische Belastungsstörung. Stuttgart: Schattauer, S. 85–122

Flöter, T. (Hrsg.) (1998): Grundlagen der Schmerztherapie. München: Medizin & Wissen

Franke, A. (1997): Zusammenhänge zwischen Drogennot- und Drogentodesfall. In: Landschaftsverband Westfalen-Lippe (Hrsg.): Praxisrelevante Suchtforschung. Münster: Eigenverlag

Franke, A. et al. (1998): Gesundheit und Abhängigkeit bei Frauen: Eine Salutogenetische Verlaufsstudie. Cloppenburg: Runge

Franke, A. et al. (2001): Alkohol- und Medikamentenabhängigkeit bei Frauen. Risiken und Widerstandsfaktoren. Weinheim: Juventa

Franzkowiak, P. (1986): Kleine Freuden, kleine Fluchten. Alltägliches Risikoverhalten und medizinische Gefährdungsideologie. In: Wenzel, E. (Hrsg.): Die Ökologie des Körpers. Frankfurt: Suhrkamp, S. 121–174

Franzkowiak, P. (1996): Risikokompetenz – Eine neue Leitorientierung für die primäre Suchtprävention? In: Neue Praxis, 26, 409–425

Fredersdorf, F. (2002): Ambulante Drogenselbsthilfe – eine empirische Studie akzeptanz- und abstinenzorientierter Ansätze. In: Akzeptanz, 10, 24–31

Friedrichs, J. (2002): Drogen und Soziale Arbeit. Opladen: Leske & Budrich

Frietsch, R. (1996): Das System der Drogenhilfe. In: Nowak, M. et al. (Hrsg.): Drogensucht – Entstehungsbedingungen und therapeutische Praxis. Stuttgart: Schattauer, S. 129–135

Frietsch, R. (2000): Nachsorge als Bestandteil des Gesamtrehabilitationsprozesses. In: DHS (Hrsg.): Jahrbuch Sucht 2001. Gesthacht: Neuland, S. 183–201

Funke, W. et al. (1987): Trierer Alkoholismus Inventar (Tai). Göttingen: Hogrefe

Gaßmann, R. & Leune, J. (2000): Zur Versorgung suchtkranker Menschen in Deutschland. In: Deutsche Hauptstelle gegen die Suchtgefahren (Hrsg.): Jahrbuch Sucht 2001. Geesthacht: Neuland, S. 139–141

Gastpar, M.; Mann, K. & Rommelspacher, H. (Hrsg.) (1999): Lehrbuch der Suchterkrankungen. Stuttgart: Thieme

Gelso, C. J. & Fretz, B. R. (1992): Counseling psychology. Fort Worth: Harcourt Brace

Gerbner, M. et al. (1999): Coping und Genesungsverlauf nach lumbaler Bandscheibenoperation. In: Schmerz, 13, 19–30

Glaeske, G. (1989): Die Beruhigungs- und Schlafmittel. Die Stimulantien. In: Scheerer, S. & Vogt, I. (Hrsg.): Drogen und Drogenpolitik. Ein Handbuch. Frankfurt: Campus, S. 217–250 und S. 260–274

Glaeske, G. (1990): Geschlechtsspezifische unterschiedliche Inanspruchnahme des medizinischen Systems als Voraussetzung für Suchtentstehung. In: Deutsche Hauptstelle gegen die Suchtgefahren (Hrsg.): Abhängigkeit bei Männern und Frauen. Freiburg: Lambertus, S. 256–269

Glaeske, G. (1997): Psychotrope und andere Arzneimittel mit Missbrauchs- und Abhängigkeitspotential. In: Deutsche Hauptstelle gegen die Suchtgefahren (Hrsg.): Jahrbuch Sucht 98. Geesthacht: Neuland, S. 43–66

Goffman, E. (1967): Stigma. Über Techniken der Bewältigung beschädigter Identität. Frankfurt: Suhrkamp

Goffman, E. (1982): Die Verrücktheit des Platzes. In: Goffman, E.: Das Individuum im öffentlichen Austausch. Frankfurt: Suhrkamp, S. 434–503

Goffman, E. (1994): Das Arrangement der Geschlechter. In: Goffman, E.: Interaktion und Geschlecht. Frankfurt: Campus

Gölz, J. (Hrsg.) (1999): Der drogenabhängige Patient; 2. Aufl. München: Urban & Fischer

Gsellhofer, B. et al. (1998): European Addiction Severity Index. EuropASI. München: IFT

Günthner, A. et al. (2000): Komorbidität bei Drogenabhängigen – Empirische Ergebnisse und therapeutische Konsequenzen. In: Suchttherapie, 1, 16–20

Hanewinkel, R. & Wiborg, G. (2002): Riskantes Trinken im jungen Erwachsenenalter. Kiel: IFT-Nord

Harrison, S. (1993): Working with Women. In: Howard, B.-A. et al. (Hrsg.): Alcohol & Drug Problems. Toronto: ARF, S. 195–218

Hasenbring, M. (1993): Durchhaltestrategien – ein in Schmerzforschung und Therapie vernachlässigtes Phänomen. In: Schmerz, 7, 304

Heckmann, W. (Hrsg.) (1980): Vielleicht kommt es auf uns selber an. Frankfurt: Fischer

Heckmann, W. et al. (1993): Drogennot- und -todesfälle. Baden-Baden: Nomos

Hedrich, D. (2000): Problem drug use by women. Strassburg: Pompidou Group

Heidenreich, T. & Hoyer, J. (1998): Stadien der Veränderung in der Psychotherapie: Modelle, Perspektiven, Kritik. In: Verhaltenstherapie und Psychosoziale Praxis, 30, 381–402

Helfferich, C. (1994): Jugend, Körper und Geschlecht. Opladen: Leske & Budrich

Helfferich, C.; Hägele, A. & Heneka, A. (2000): Wohnen ohne »dritte Haut«. In: Zeitschrift für Frauenforschung, 3, 74-96

Helmert, U. & Maschewsky-Schneider, U. (1998): Zur Prävalenz des Tabakrauchens bei Arbeitslosen und Armen. In: Henkel, D. (Hrsg.): Sucht und Armut. Opladen: Leske & Budrich, S. 153–166

Helming, E.; Schattner, H. & Blüml, H. (1999): Handbuch Sozialpädagogische

Familienhilfe. Schriftenreihe Band 182 des Bundesministeriums für Familie, Senioren, Frauen und Jugend, Stuttgart: Kohlhammer

Henkel, D. (Hrsg.) (1998): Sucht und Armut. Opladen: Leske & Budrich

Henkel, D.; Zemlin, U. & Dornbusch, P. (2003): Sozialschicht und Konsum von Alkohol und Tabak im Bundesgesundheitssurvey 1998. In: Sucht, 49, 212–220

Hiller, W.; Zaudig, M. & Mombour, W. H. (1995): IDCL: Internationale Diagnosen Checklisten für ICD-10 und DSM-IV. Bern: Huber

Hitzler, R.; Buchner, T. & Niederbacher, A. (2001): Leben in Szenen. Opladen: Leske & Budrich

Hodgins, D. C. et al. (1995): Alternative cut-point scores for the Cast-6. In: Addictive Behavior, 20, 267–270

Holz, A. & Leune, J. (1998): Zur Versorgung Suchtkranker in Deutschland. In: Deutsche Hauptstelle gegen die Suchtgefahren (Hrsg.): Jahrbuch Sucht 99. Geesthacht: Neuland, S. 154–174

Hörmann, G. & Zygowski, H. (1991): Therapeut-Klient-Beziehung. In: Hörmann, G. & Körner, W. (Hrsg.): Klinische Psychologie. Ein kritisches Handbuch. Reinbek: Rowohlt, S. 89–106

Hoyer, J. (2003): Stadien der Veränderung: Modell, Anwendungsbewährung und Perspektiven im Suchtbereich. In: Suchttherapie, 4, 140–145

Hoyer, J. & Markgraf, J. (Hrsg.) (2003): Angstdiagnostik: Grundlagen und Messverfahren. Berlin: Springer

Hüllinghorst, R. (1997): Zur Versorgung Suchtkranker in Deutschland. In: Deutsche Hauptstelle gegen die Suchtgefahren (Hrsg.): Jahrbuch Sucht 98. Geesthacht: Neuland, S. 123–141

Hunold, P. & Rahn, E. (2000): Selbstbewusster Umgang mit psychiatrischen Diagnosen. Ein Ratgeber. Bonn: Psychiatrie-Verlag

Jacob, J. & Stöver, H. (1997): Drogen und DrogengebraucherInnen im Strafvollzug. In: Jacob, J.; Keppler, K. & Stöver, H. (Hrsg.): Drogengebrauch und Infektionsgeschehen (HIV/AIDS und Hepatitis) im Strafvollzug. Berlin: Deutsche AIDS-Hilfe, S. 17–31

Janker, B. et al. (2002): Ein Gruppenprogramm zur Förderung interpersonaler Kompetenz und Sozialer Unterstützung. In: Röhrle, B. (Hrsg.): Prävention und Gesundheitsförderung, Bd. II. Tübingen: DGVT, S. 173–193

Janssen, L. (Hrsg.) (1998): Auf der virtuellen Couch: Selbsthilfe, Beratung und Therapie im Internet. Bonn: Psychiatrie-Verlag

Jellinek, E. M. (1960): The disease concept of alcoholism. New Haven: College and University Press

Jerusalem, M. & Schwarzer, R. (1986): Hilflosigkeit. In: Schwarzer, R. (Hrsg.): Skalen zur Befindlichkeit und Persönlichkeit. Berlin: FU, Institut für Psychologie, S. 29–42

John, U. et al. (1996): Prävalenz und Sekundärprävention von Alkoholmissbrauch und -abhängigkeit in der medizinischen Versorgung. Baden-Baden: Nomos

Jones, J. (1983): The Children of Alcoholics Screening Test and Test Manual. Chicago: Camelot

Kanfer, F. H. & Schmelzer, D. (2001): Wegweiser Verhaltenstherapie. Berlin: Springer

Kernberg, O. F. (1984): Severe personality disorders: Psychotherapeutic strategies. New Haven: Yale University Press

Kernberg, O. F. (1991): Schwere Persönlichkeitsstörungen. Stuttgart: Klett-Cotta

Kernberg, O. F. (1999): Persönlichkeitsentwicklung und Trauma. In: Persönlichkeitsstörungen. Theorie und Therapie, 3, 5–15

King, M. E. & Bordnick, P. S. (2002): Alcohol use disorders: A Social Worker's Guide to Clinical Assessment. In: Journal of Social Work Practice in the Addictions, 2, 3–31

Kirk, B. (1999): Der Contergan-Fall: eine unvermeidbare Arzneimittelkatastrophe? Stuttgart: Wissenschaftliche Verlagsgesellschaft

Klein, M. & Zobel, M. (2001): Prävention und Frühintervention bei Kindern aus suchtbelasteten Multiproblemfamilien. Ministerium für Kultur, Jugend, Familie und Frauen Rheinland-Pfalz, Mainz

Klein, M. (2001): Kinder aus alkoholbelasteten Familien – Ein Überblick zu Forschungsergebnissen und Handlungsperspektiven. In: Suchttherapie, 2, 118–124

Klesse, R. et al. (1992): Gesundheitshandeln von Frauen. Frankfurt: Campus

Klimke, A. & Klieser, E. (1998): Das atypische Neuroleptikum Clozapin. In: Barocka, A. (Hrsg.): Psychopharmakotherapie in Klinik und Praxis. Stuttgart: Schattauer, S. 45–56

Klingemann, H. (2000): Spontanverläufe unbehandelter Suchtkrankheit. In: Uchtenhagen, A. & Zieglgängsberger, W. (Hrsg.): Suchtmedizin. München: Urban & Fischer, S. 406–411

Klose, A. & Steffan, W. (Hrsg.) (1997): Streetwork und Mobile Jugendarbeit in Europa. Münster: Votum

Knopf, H. & Melchert, H.-U. (1998): Arzneimittelkonsum von Frauen – Ergebnisse der Nationalen Surveys. In: Bundesgesundheitsblatt, 41, 505–508

Kolip, P. (1997): Geschlecht und Gesundheit im Jugendalter. Opladen: Leske & Budrich

Koray, S. (2000): Interkulturelle Kompetenz – Annäherung an einen Begriff. In: Beauftragte der Bundesregierung für Ausländerfragen (Hrsg.): Handbuch zum interkulturellen Arbeiten im Gesundheitsamt. Bonn: Universitätsdruckerei, S. 23–26

Körkel, J.; Lauer, G. & Scheller, R. (Hrsg.) (1995): Sucht und Rückfall. Brennpunkte deutscher Rückfallforschung. Stuttgart: Enke

Körkel, J. & Schindler, C. (1996): Der Kurzfragebogen zur Abstinenzzuversicht (KAZ-35) – Ein Instrument zur Erfassung der abstinenzorientierten Kompetenzzuversicht Alkoholabhängiger. In: Sucht, 42, 156–166

Körkel, J. & Schindler, C. (1999): Ziele und Vereinbarungen in der Suchtarbeit.

In: Fachverband Sucht (Hrsg.): Suchtbehandlung – EntScheidungen und NotWendigkeiten. Geesthacht: Neuland

Körkel, J. & Veltrup, C. (2003): Motivational Interviewing: Ein Überblick. In: Suchttherapie, 4, 115–124

Körtel, K. & Janßen, H.-J. (1999): Neue Wege in der Selbsthilfe für Suchtkranke. In: DHS (Hrsg.): Jahrbuch Sucht 2000. Geesthacht: Neuland, S. 206–225

Krah, K. (2000): Frauen, Schmerzerfahrung und Selbstmedikation. Abschlussbericht. Frankfurt: Fachhochschule Frankfurt am Main (unveröffentlicht)

Krah, K. (2001): Gebrauch, Missbrauch und Abhängigkeit von psychotropen Medikamenten bei Frauen. In: Bericht zur gesundheitlichen Situation von Frauen in Deutschland. Schriftenreihe des Bundesministerium für Familie, Senioren, Frauen und Jugend, Band 209. Stuttgart: Kohlhammer, S. 221–234

Krampen, G. (1998): Diagnostik nach der ICD-10. In: Report Psychologie, 23, 44–63

Krasney, O. E. (1992): Sozialrechtliche Vorschriften bei der Betreuung Suchtkranker; 7. Aufl. Kassel: Nicol.

Kraus, L. & Bauerfeind, R. (1998): Repräsentativerhebung zum Gebrauch psychoaktiver Substanzen bei Erwachsenen in Deutschland. In: Sucht, 44, Sonderheft 1

Kraus, L. & Augustin, R. (2001): Repräsentativerhebung zum Gebrauch psychoaktiver Substanzen bei Erwachsenen in Deutschland. In: Sucht, 47, Sonderheft 1

Krausz, M.; Verthein, U. & Degkwitz, P. (1998): Prävalenz psychischer Störungen bei Opiatabhängigen mit Kontakt zum Drogenhilfesystem. Nervenarzt, 69, 557–567

Krausz, M. & Lambert, M. (2000): Psychische Störungen als Risikofaktoren für süchtiges Verhalten. In: Uchtenhangen, A. & Zieglgängsberger, W. (Hrsg.): Suchtmedizin. Konzepte, Strategien und therapeutisches Management. München: Urban & Fischer, S. 206–211

Krausz, M.; Degkwitz, P. & Verthein, U. (2000): Psychiatrische Komorbidität und Suchtbehandlung. In: Suchttherapie 1, 3–7

Kremer, G. (2000): Kurzintervention bei Patientinnen und Patienten mit Alkoholproblemen – ein Erfahrungsbericht. In: Pittrich, W. et al. (Hrsg.): Kurzintervention und motivierende Gesprächsführung. Münster: Landschaftsverband Westfalen-Lippe, S. 45–62

Kremer, G. (2003): Motivational Interviewing als Kurzintervention bei Menschen mit Alkoholproblemen: Stand der Forschung und Praxis. In: Suchttherapie, 4, 125–131

Kruse, G.; Körkel, J. & Schmalz, U. (2000): Alkoholabhängigkeit erkennen und behandeln. Bonn: Psychiatrie-Verlag

Küfner, H.; Feuerlein, W. & Huber, M. (1988): Die stationäre Behandlung von Alkoholabhängigen: Ergebnisse der 4-Jahreskatamnese. In: Suchtgefahren, 34, 157–270

Küfner, H. et al. (1994): Stationäre Krisenintervention bei Drogenabhängigen. Baden-Baden: Nomos

Küfner, H.; Vogt, M. & Weiler, D. (1999): Medizinische Rehabilitation und Methadon-Substitution. Hohengehren: Schneider-Verlag

Küfner, H. et al. (2000): Evaluation von externen Beratungsangeboten für suchtgefährdete und suchtkranke Gefangene. Hohengehren: Schneider Verlag

Lader, M. (1991): History of benzodiazepine dependence. In: Journal of Substance Abuse, 8, 53–59

Ladewig, D. (2000): Mehrfachabhängigkeiten. In: Uchtenhangen, A. & Zieglgängsberger, W. (Hrsg.): Suchtmedizin. Konzepte, Strategien und therapeutisches Management. München: Urban & Fischer, S. 269–271

Lander, C. & Möller, H. (2001): Substitutionsmittel: Vorschriften geändert. In: Deutsches Ärzteblatt, 98, 2082–2084

Landesfachstelle Frauen & Sucht, Bella Donna (2001): Modellprojekt: »Ambulante Hilfen für drogenabhängige, schwangere Frauen und Frauen mit Kindern«, Juli 1997 bis Juli 2001. Abschlussbericht. Essen: Landesfachstelle Frauen & Sucht

Leicht, A. (1999): Mobile suchtbegleitende schadensvermindernde Angebote für Drogenkonsumenten/-innen in Berlin. In: Stöver, H. (Hrsg.): Akzeptierende Drogenarbeit. Freiburg: Lambertus, S. 169–178

Leopold, B. & Steffan, E. (1994): Abschlussbericht der wissenschaftlichen Begleitung des Bundesmodellprogramms »Frauen und Aids«. Berlin: SPI

Leune, J. (2000): Finanzierung. In: Stimmer, F. (Hrsg.): Suchtlexikon. München: Oldenbourg, S. 250–253

Leune, J. (2001): Zahlen, Fakten und Trends im Hilfesystem. In: Deutsche Hauptstelle gegen die Suchtgefahren (Hrsg.): Jahrbuch Sucht 2002. Geesthacht: Neuland, S. 135–150

Lieb, R. et al. (2001): Elterliche Alkoholbelastung und die Entwicklung von Suchtproblemen bei ihren Kindern – Ergebnisse der prospektiv-longitudinalen EDSP-Studie. In: Suchttherapie, 2, 125–136

Lieb, R. et al. (2000): Epidemiologie des Konsums, Mißbrauchs und der Abhängigkeit von legalen und illegalen Drogen bei Jugendlichen und jungen Erwachsenen: Die prospektiv-longitudinale Verlaufsstudie EDSP. In: Sucht, 46, 18–31

Linden, M. & Hautzinger, M. (Hrsg.) (1994): Verhaltenstherapie. Berlin: Springer

Liskow, B. et al. (1995): Validity of the Cage questionnaire in screening for alcohol dependence in a walk-in (triage) clinic. In: Journal of Studies on Alcohol, 56, 277–281

Llopis, J. J. & Rebollida, M. (o. J.): Addiction and gender conditioning. Effects of personality variables. In: Women and opiate addiction: A European perspective. Irefrea & European Commission. http//www.irefrea.org

Löser, H. (1995): Alkoholembryopathie und Alkoholeffekte. Stuttgart: Fischer

Maffli, E. & Bahner, U. (1999): Gebrauch von Medikamenten mit Abhängig-keitspotential in der Schweiz. Lausanne: SFA/ISPA

Mahan, S. (1996): Crack, cocaine, crime and women. Thousand Oaks: Sage

Maier, W. (1996): Genetik von Alkoholabusus und Alkoholabhängigkeit. In: Mann, K. & Buchkremer, G. (Hrsg.): Sucht, Grundlagen, Diagnostik, Thera-pie. Stuttgart: Gustav Fischer Verlag, S. 85–97

Maier, W.; Franke, P. & Linz, M. (1999): Mehrfachdiagnosen (Komorbidität). In: Gastpar, M.; Mann, K. & Rommelspacher, H. (Hrsg.): Lehrbuch der Suchterkrankungen. Stuttgart: Thieme, S. 83–93

Malchow, C. P.; Kanitz, R.-D. & Dilling, H. (Hrsg.) (1995): ICD-10 Computer-Tutorial: Psychische Störungen – Software und Handbuch. Bern: Huber

Margraf, J.; Schneider, S. & Ehlers, A. (Hrsg.) (1994): DIPS: Diagnostisches In-terview bei psychischen Störungen. Berlin: Springer

Marlatt, G. A. & Gordon, J. R. (Hrsg.) (1995): Relapse prevention. Mainten-ance strategies in the treatment of addictive behaviors. New York: Guilford Press

Maschewsky-Schneider, U. (1997): Frauen sind anders krank. Weinheim: Ju-venta

Matakas, F.; Berger, H.; Koester, H. & Legnaro, A. (1984): Alkoholismus als Karriere. Berlin: Springer

Mattejat, F. & Lisofsky, B. (Hrsg.) (1998): Nicht von schlechten Eltern. Kinder psychisch Kranker. Bonn: Psychiatrie-Verlag

Mayfield, D. M.; McLeod, G. & Hall, P. (1974): The Cage questionnaire: Vali-dation of a new alcoholism screening instrument. In: American Journal of Psychiatry, 131, 1121–1123

McLellan, A. T. et al. (1980): An improved diagnostic evaluation instrument of substance abuse patients: The Addiction Severity Index. In: Journal of Nerv-ous and Mental Disease, 168, 26–33

McLellan, A. T. et al. (2002): Addiction Severity Index. Fifth Edition. Philadel-phia: Treatment Research Institute

Melchinger, H.; Schnabel, R. & Wys, B. (1992): Verordnungspraxis von Medi-kamenten mit Abhängigkeitspotential. Baden-Baden: Nomos

Meulenbelt, A.; Wevers, A. & von der Ven, C. (1998): Frauen und Alkohol. Reinbek: Rowohlt

Meyer, D. (1994): Analyse des Arzneimittelverbrauchs in Bremen 1984 und 1988. Frankfurt: Lang

Meyers, R. J. & Smith, J. E. (1997): Getting off the fence: Procedures to engage treatment resistant drinkers. In: Journal of Substance Abuse Treatment, 14, 467–472

Meyers, R. J. et al. (1999): Community reinforcement and family training (Craft): Engaging unmotivated drug users in treatment. In: Journal of Sub-stance Abuse, 10, 291–308

Miller, W. R. & Rollnick, S. (Hrsg.) (1999): Motivierende Gesprächsführung. Freiburg: Lambertus

Miller, W. R. & Rollnick, S. (Hrsg.) (2002): Motivational Interviewing. Preparing people for change. Second edition. New York: Guilford

Miller, W. R. (1999): Enhancing motivation for change in substance abuse treatment. TIP Series 35. Rockville: Center for Substance Abuse Treatment

Moggi, F. (1997): Sexuelle Übergriffe in Beratung und Psychotherapie: Grundlagen über einen professionellen Kunstfehler. In: Amann, G. & Wipplinger, R. (Hrsg.): Sexueller Missbrauch. Tübingen: DGVT, S. 697–712

Moreno, J. L. (1961): The role concept, a bridge between psychiatry and sociology. In: American Journal of Psychiatry, 118, 518–522

Nestmann, F. (Hrsg.) (1997): Beratung. Tübingen: DGVT

Nilges, P. & Gerbershagen, H. U. (1994): Befund und Befinden bei Schmerz. In: Report Psychologie, 19 (8), 12–25

Nixon, S. J. (1993): Typologies of women. In: Galanter, M. (Hrsg.): Recent developments in alcoholism, Bd. 11. New York: Plenum Press, S. 305–323

Noller, P. (1989): Junkie-Maschinen. Wiesbaden: DUV

Oberlaender, F. A.; Platz, W. E. & Mengering, F. (1998): Studie zur Motivationsarbeit während der qualifizierten Entgiftung in einer Berliner Nervenklinik. In: Wiener Zeitschrift für Suchtforschung, 21, 35–42

Oliva, H. et al. (2001): Case Management in der Suchtkranken- und Drogenhilfe. Baden-Baden: Nomos

Parsons, T. (1964): Social structure and personality. London: Free Press

Pearson, R. E. (1997): Beratung und soziale Netzwerke. Weinheim: Beltz

Petry, J. (1993a): Behandlungsmotivation. Grundlagen und Anwendungen in der Suchttherapie. Weinheim: Beltz

Petry, J. (1993b): Alkoholismustherapie. Weinheim: Beltz

Pittrich, W.; Rometsch, W. & Sarrazin, D. (Hrsg.): Kurzintervention und motivierende Gesprächsführung. Münster: Landschaftsverband Westfalen-Lippe, S. 79–84

Preuß, U. W.; Schröter, A. & Soyka, M. (1997): Typologien der Alkoholkrankheit. In: Sucht, 43, 91–103

Prochaska, J. O. & DiClemente, C. C. (1982): Transtheoretical therapy: Toward a more integrated model of change. In: Psychotherapy: Theory, Research, and Practice, 19, 276–288

Prochaska, J. O. & DiClemente, C. C. (1984): The transtheoretical approach: Crossing traditional boundaries in therapy. Homewood: Dow Jones-Irwin

Project Match Research Group (1998): Therapist effects in three treatments for alcohol problems. In: Psychotherapy Research, 8, 455–474

Pudel, V. & Westenhöfer, J. (1990): Fragebogen zum Eßverhalten (FEV). Göttingen: Hogrefe

Raithel, J. (Hrsg.) (2001): Risikoverhaltensweisen Jugendlicher. Opladen: Leske & Budrich

Regier, A. D.; Farmer, M. E. & Rae, D. S. (1990): Comorbidity of mental disorders with alcohol and other drug abuse. In: Journal of the American Medical Association, 264, 2511–2518

Rehm, J. et al. (1992): Die Selbsthilfeorganisation der AA in der deutschsprachigen Schweiz. In: Drogalkohol, 16, 141–153

Reiff, J. & Müller, W. E. (1998): Paroxetin. In: Barocka, A. (Hrsg.): Psychopharmakotherapie in Klinik und Praxis. Stuttgart: Schattauer, S. 131–140

Reinecker, H. (1997): Verhaltenstherapie. In: Senf, W. & Broda, M. (Hrsg.): Praxis der Psychotherapie. Stuttgart: Thieme, S. 112–155

Rennert, M. (1996): Mitbetroffen von der Sucht: Beratung bei Co-Abhängigkeit. In: Vogt, I. & Winkler, K. (Hrsg.): Beratung süchtiger Frauen. Konzepte und Methoden. Freiburg: Lambertus, S. 157–170

Reymann, G. et al. (2000): Der Beitrag von Komorbidität und sozialer Belastung zur Notwendigkeit einer Krankenhausaufnahme wegen Störungen durch psychotrope Substanzen. In: Suchttherapie, 1, 98–103

Rheinberg, F. (2002): Motivation; 4. Aufl. Stuttgart: Kohlhammer

Richmond, M. (1917): Social diagnosis. New York

Ridder, M. de (2000): Heroin. Vom Arzneimittel zur Droge. Frankfurt: Campus

Riecher-Rössler, A. & Rohde, A. (Hrsg.) (2001): Psychische Erkrankungen bei Frauen. Zürich: Krager

Riecken, A. (1999): Migration und psychiatrische Erkrankungen. Osnabrück: MA-Arbeit (unveröffentlicht)

Rogers, C. R. (1961): On becoming a person. Boston: Sentry

Rogers, C. R. (1972): Die nicht-direktive Beratung. München: Kindler

Rogers, C. R. (1973): Entwicklung der Persönlichkeit. Stuttgart: Kohlhammer

Rogers, C. R. (1991): Rogers, Kohut und Erickson: eine persönliche Betrachtung über einige Ähnlichkeiten und Unterschiede. In: Zeig, J. K. (Hrsg.): Psychotherapie. Entwicklungslinien und Geschichte. Tübingen: DGVT, S. 299–313

Röhrle, B. (1994): Soziale Netzwerke und soziale Unterstützung. Weinheim: Beltz

Rollnick, S. & Bell, A. (1998): Kurze motivierende Interventionen für Nichtspezialisten. In: Miller, W. R. & Rollnick, S. (Hrsg.): Motivierende Gesprächsführung. Freiburg: Lambertus, S. 204–216

Rollnick, S.; Mason, P. & Butler, C. (2001): Health behavior change. Edinburgh: Churchill Livingston

Rommelspacher, H. (1999a): Modelle der Entstehung und Aufrechterhaltung süchtigen Verhaltens. In: Gastpar, M.; Mann, K. & Rommelspacher, H. (Hrsg.): Lehrbuch der Suchterkrankungen. Stuttgart: Thieme, S. 28–38

Rommelspacher, H. (1999b): Cannabis. In: Gastpar, M.; Mann, K. & Rommelspacher, H. (Hrsg.): Lehrbuch der Suchterkrankungen. Stuttgart: Thieme, S. 217–220

Ross, H. E.; Glaser, F. B. & Germanson, T. (1988): The prevalence of psychiatric disorders in patients with alcohol and other drug problems. In: Archives of General Psychiatry, 45, 1023–1031

Rotering-Steinberg, S. (2000): Anleitungen zur kollegialen Supervision. Tübingen: DGVT

Ruhrmann, S. (1998): Fluoxetin – Anwendungsbereiche und klinische Pharmakologie. In: Barocka, A. (Hrsg.): Psychopharmakotherapie in Klinik und Praxis. Stuttgart: Schattauer, S. 141–152

Rumpf, H.-J. et al. (1997): Development of a screening questionnaire for the general hospital and general practices. In: Alcoholism: Clinical and Experimental Research, 21, 894–898

Sachse, R. (1999): Lehrbuch der Gesprächspsychotherapie. Göttingen: Hogrefe

Sachße, C. (1986): Mütterlichkeit als Beruf. Frankfurt: Suhrkamp

Salomon, A. (1926): Soziale Diagnose. Berlin

Salzman, C. (1997): The benzodiazepine controversy: Therapeutic effects versus dependence, withdrawal and toxicity. In: Harvard Revue of Psychiatry, 4, 279–282

Saß, H.; Wittchen, H.-U. & Zaudig, M. (1996): Diagnostisches und Statistisches Manual Psychischer Störungen, DSM-IV. Göttingen: Hogrefe

Schaarschuch, A. (1999): Theoretische Grundelemente Soziale Arbeit als Dienstleistung. In: Neue Praxis, 29, 543–560

Scheerer, S. & Vogt, I. (Hrsg.) (1989): Drogen und Drogenpolitik. Ein Handbuch. Frankfurt: Campus

Schepank, H. (1987): Psychogene Erkrankungen der Stadtbevölkerung. Berlin: Springer

Schepank, H. (1999): Geschlechterunterschiede in Manifestationen und Verlauf psychogener Erkrankungen. In: Brähler, E. & Felder, H. (Hrsg.): Weiblichkeit, Männlichkeit und Gesundheit. Opladen: Westdeutscher Verlag, S. 159–170

Schmid, M. (2003): Drogenhilfe in Deutschland. Entstehung und Entwicklung 1970–2000. Frankfurt: Campus

Schmid, M. & Vogt, I. (1998): Die Entwicklung des Drogenhilfesystems in Deutschland, 1970–1995. In: Wiener Zeitschrift für Suchtforschung, 21, 39–52

Schmid, M.; Simmedinger, R. & Vogt, I. (2000): Ambulante Suchthilfe in Hamburg. Frankfurt: ISS

Schmid, M. & Simmedinger, R. (2000): Gibt es eine Zukunft nach der Therapie? Frankfurt: ISS

Schmid, M. & Vogt, I. (2001): Case Management und Motivierende Beratung. In: Suchttherapie, 2, 73–79

Schmidt, B.; Alte-Teigeler, A. & Hurrelmann, K. (1998): Prävention. In: Gölz, J. (Hrsg.): Moderne Suchtmedizin. Stuttgart: Thieme

Schmidt, B.; Alte-Teigeler, A. & Hurrelmann, K. (1999): Soziale Bedingungsfaktoren von Drogenkonsum und Drogenmissbrauch. In: Gastpar, M.; Mann, K. & Rommelspacher, H. (Hrsg.): Lehrbuch der Suchterkrankungen. Stuttgart: Thieme, S. 50–69

Schmidt, L. G. (1997): Diagnostische Aufgaben bei Alkoholmißbrauch und -abhängigkeit. In: Watzl, H. & Rockstroh, B. (Hrsg.): Abhängigkeit und Missbrauch von Alkohol und Drogen. Göttingen: Hogrefe

Schmidt, L. G. (1999): Diagnostik der Abhängigkeitserkrankungen. In: Gastpar, M.; Mann, K. & Rommelspacher, H. (Hrsg.): Lehrbuch der Suchterkrankungen. Stuttgart: Thieme, S. 70–82

Schmidt, S. A. (2000): Prävalenz sexuellen Kindesmissbrauchs bei Opiatabhängigen. Berlin: VWB

Schone, R. et al. (1997): Kinder in Not. Münster: Votum

Schöpf, J. (1981): Ungewöhnliche Entzugssymptome nach BenzodiazepinLangzeitbehandlung. In: Nervenarzt, 52, 288–292

Schu, M.; Schlanstedt, G. & Oliva, H. (2001): Hilfeplanung für chronisch mehrfachbeeinträchtigte Abhängige zwischen Anspruch und Wirklichkeit. In: Suchttherapie, 2, 65–72

Schu, M. et al. (2002): Case Management mit integriertem Motivational Interviewing. Manual. Köln: FOGS

Schuckit, M. A. & Morrissey, E. R. (1976): Alcoholism in women: Some clinical and social perspectives with an emphasis on possible subtypes. In: Greenblatt, M. & Schuckit, M. A. (Hrsg.): Alcoholism problems in women and children. New York: Grune & Stratton

Schuckit, M. A. & Irwin, M. (1989): An analysis of the clinical relevance of Type 1 and Type 2 alcoholics. In: British Journal of Addiction, 84, 869–876

Schuckit, M. A. & Smith, T. L. (1996): An 8-year follow-up of 450 sons of alcoholic and control subjects. In: Archives of General Psychiatry, 53, 202–210

Schumacher, J. & Brähler, E. (1997): Testdiagnostik in der Psychotherapie. In: Senf, W. & Broda, M. (Hrsg.): Praxis der Psychotherapie. Göttingen: Hogrefe, S. 47–56

Schwarzer, R. (1996): Psychologie des Gesundheitsverhaltens. Göttingen: Hogrefe

Schwichtenberg, U. & Weig, W. (1999): Die Behandlung von illegalen Drogen abhängiger Aussiedler in einem Niedersächsischen Landeskrankenhaus. In: Salman, R.; Soner, T. & Lessing, A. (Hrsg.): Handbuch interkultureller Suchthilfe. Gießen: Psychosozial Verlag, S. 184–190

Schwoon, D. R. & Krausz, M. (Hrsg.) (1994): Psychose und Sucht. Krankeitsmodelle, Verbreitung, therapeutische Ansätze. Freiburg: Lambertus

Searls, J. S. (1994): Verhaltensgenetische Forschungen zum Risikofaktor Alkoholismus bei Kindern von Alkoholabhängigen. In: Appel, C. (Hrsg.): Kinder alkoholabhängiger Eltern. Freiburg: Lambertus, S. 180–221

Seemann, H. (1998): Psychologie des Schmerzes. In: Flöter, T. (Hrsg.): Grundlagen der Schmerztherapie. München: Urban & Vogel, S. 51–84

Seitz, H. K.; Lieber, C. S. & Simanowski, U. A. (Hrsg.) (1995): Handbuch Alkohol, Alkoholismus, Alkoholbedingte Organschäden. Leipzig: Barth

Seligman, M. E. P. (1979/1992): Erlernte Hilflosigkeit. Weinheim: Beltz

Settelmeyer, A. (2000): Einige Daten zur ausländischen Bevölkerung. In: Beauftragte der Bundesregierung für Ausländerfragen (Hrsg.): Handbuch zum interkulturellen Arbeiten im Gesundheitsamt. Bonn: Universitätsdruckerei, S. 17–22

Shillito-Clarke, C. (1996): Ethical issues in counselling psychology. In: Woolfe,

R. & Dryden, W. (Hrsg.): Handbook of counselling psychology. London: Sage, S. 555–580

Sickendiek, U.; Engel, F. & Nestmann, F. (1999): Beratung. Weinheim: Juventa

Sieber, M.; Hasenfratz, U. & Meyer, T. (2002): Schutz- und Risikofaktoren des nachstationären Verlaufs bei Patientinnen und Patienten in der Forel Klinik. In: Abhängigkeiten, 8, 60–70

Simmedinger, R.; Schmid, M. & Vogt, I. (2001): Ambulante Suchthilfe in Hamburg. Frankfurt. Statusbericht 2000 zur Hamburger Basisdokumentation im ambulanten Suchthilfesystem. Frankfurt: ISS

Simon, R. & Palazetti, M. (1999a): Jahresstatistik 1998 der ambulanten Beratungs- und Behandlungsstellen für Suchtkranke in der Bundesrepublik Deutschland. In: Sucht, 45, Sonderheft 1

Simon, R. (2002): Drogenkonsum in der Partyszene – Zur Situation in europäischen Nachbarländern. In: BZgA (Hrsg.): Drogenkonsum in der Partyszene. Köln: BZgA, S. 66–73

Simon, R.; Tauscher, M. & Pfeiffer, T. (1999b): Suchtbericht Deutschland 1999. Hohengehren: Schneider

Skinner, H. A.(1990): Validation of the dependence syndrome: Have we crossed the half-life of this concept? In: Edwards, G. & Loder, M. (Hrsg.): The nature of drug dependence. Oxford: University Press, S. 41–62

Sohn, W.; Schwantes, U. & Seelbach, H. (1995): Rationale Therapie chronischer Schmerzzustände durch den Hausarzt. In: Zeitschrift für ärztliche Fortbildung, 89, 43–55

Sommer, G. & Fydrich, T. (1989): Soziale Unterstützung. Diagnostik, Konzepte, F-SOZU. Tübingen: DGVT

Sonneck, G. (2000): Krisenintervention und Suizidverhütung. Wien: Facultas

Sonntag, D. & Künzel, J. (2000): Hat die Therapiedauer bei alkohol- und drogenabhängigen Patienten einen positiven Einfluss auf den Therapieerfolg? In: Sucht, 46, Sonderheft 2

Soyka, M. (1998): Drogen- und Medikamentenabhängigkeit. Stuttgart: WVB

Spode, H. (1993): Die Macht der Trunkenheit. Kultur- und Sozialgeschichte des Alkohols in Deutschland. Opladen: Leske & Budrich

Spohr, H. L. (1997): Das fetale Alkoholsyndrom. In: Zeitschrift für Allgemeinmedizin, 73, 791–797

Stähler, T. P. & Wimmer, D. (2002): Vereinbarung »Abhängigkeitserkrankungen«. In: Deutsche Rentenversicherung 1/2002, 58–74

STBA (Statistisches Bundesamt Wiesbaden) (1999): Todesursachen in Deutschland 1997. FS. 12, R. 4. Stuttgart: Metzler-Poeschel

STBA (Statistisches Bundesamt Wiesbaden) (2002): Todesursachen in Deutschland 2000. FS. 12, R. 4. Stuttgart: Metzler-Poeschel

Steinbach, I. (1996): Depressive Frauen und Männer in der Allgemeinpraxis. Frankfurt: Peter Lang

Stetter, F. (2000): Psychotherapie in der Entgiftungs- und Motivationsbehandlung – Konzepte, Ergebnisse und Prognosen. In: Stetter, F. (Hrsg.): Suchttherapie an der Schwelle der Jahrtausendwende. Geesthacht: Neuland, S. 70–88

Stock, C. (2002): Die neue Vereinbarung »Abhängigkeitserkrankungen« und das PsychThG – Auswirkungen auf die berufliche Tätigkeit als Behandler von Abhängigkeitskranken. In: Sucht, 48, 50–55

Stohler, R. (2000): Komorbidität. In: Uchtenhangen, A. & Zieglgängsberger, W. (Hrsg.): Suchtmedizin. Konzepte, Strategien und therapeutisches Management. München: Urban & Fischer, S. 271–274

Straus, F.; Höfer, R. & Gmür, W. (1988): Familie und Beratung. München: Profil

Sutton, S. (2001): Back to the drawing board? A review of application of the transtheoretical model to substance use. In: Addiction, 96, 175–186

Taylor, M. (1996): The Feminist Paradigm. In: Woolfe, R. & Dryden, W. (Hrsg.): Handbook of Counselling Psychology. London: Sage, S. 201–218

Teegen, F. (1997): Behandlung dissoziativer Symptome – Ein kognitiv-behavioraler Ansatz. In: Amann, G. & Wipplinger, R. (Hrsg.): Sexueller Missbrauch. Tübingen: DGVT, S. 537–557

Thiersch, H. (1991): Soziale Beratung. In: Beck, M.; Brückner, G. & Thiel, H. U. (Hrsg.): Psychosoziale Beratung. Tübingen: DGVT, S. 23–35

Thiersch, H. (1992): Lebensweltorientierte Soziale Arbeit. Weinheim: Beltz

Tossmann, H. P.; Boldt, S. & Tensil, M.-D. (2001): Ecstasy – »Einbahnstraße« in die Abhängigkeit? Köln: BZgA

Tschan, W. (2001): Missbrauchtes Vertrauen – Grenzverletzungen in professionellen Beziehungen. Zürich: Krager

Tucker, J. A. & King, M. P. (1999): Resolving alcohol and drug Problems: Influences on addictive behavior and help-seeking processes. In: Tucker, J. A.; Donovan, D. M. & Marlatt, G. A. (Hrsg.): Changing addictive behavior. New York: Guilford, S. 97–126

Türk, D. & Welsch, K. (2000): EBIS-Jahresstatistik 1999 der ambulanten Beratungs- und Behandlungsstellen für Suchtkranke. SEDOS-Jahresstatistik 1999 der stationären Suchtkrankenhilfe in Deutschland. In: Sucht, 46, Sonderheft 1

Uchtenhagen, A. et al. (2000): Betäubungsmittelverschreibung an Heroinabhängige. Basel: Karger

Uchtenhagen, A. & Zieglgängsberger, W. (Hrsg.) (2000): Suchtmedizin. Konzepte, Strategien und therapeutisches Management. München: Urban & Fischer

Uchtenhagen, A. (2000a): Definitionen und Begriffe. In: Uchtenhagen, A. & Zieglgängsberger, W. (Hrsg.): Suchtmedizin. München: Urban & Fischer, S. 1–3

Uchtenhagen, A. (2000b): Störungen durch psychotrope Substanzen: Ein Überblick. In: Uchtenhangen, A. & Zieglgängsberger, W. (Hrsg.): Suchtmedizin. München: Urban & Fischer, S. 3–7

Uhl, A. et al. (2001): Handbuch Alkohol – Österreich. Wien: Bundesministerium für soziale Sicherheit und Generationen

Unruh, A. (1996): Gender variations in clinical pain experience. In: Pain, 65, 123–167

Unruh, A. M.; Ritchie, J. & Meskey, H. (1997): Does gender affect appraisal of pain and pain coping strategies? In: Clinical Journal of Pain, 15, 31–40

Verheul, R. (1997): The role of diagnosing personality disorders in substance abuse treatment. Prevalence, diagnostic validity and clinical implications. Amsterdam: Thesis Puplishers

Verthein, U. et al. (1998): Komorbidität von Opiatabhängigkeit und psychischen Störungen – Ergebnisse einer Verlaufsuntersuchung. In: Sucht, 44, 232–246

Vogt, I. (1975): Drogenpolitik. Frankfurt: Campus

Vogt, I. (1985): Für alle Leiden gibt es eine Pille. Opladen: Westdeutscher Verlag

Vogt, I. (1989): Zur Geschichte des Alkohols. In: Scheerer, S. & Vogt, I. (Hrsg.) (1989): Drogen und Drogenpolitik. Ein Handbuch. Frankfurt: Campus, S. 54–62

Vogt, I. (1993): Gewaltsame Erfahrungen. Bielefeld: Kleine

Vogt, I. (1994): Alkoholikerinnen. Eine qualitative Interviewstudie; 2. Aufl. Freiburg: Lambertus

Vogt, I. (1996): Drogenabhängige Frauen, Schwangerschaft und Mutterschaft. In: Vogt, I. & Winkler, K. (Hrsg.): Beratung süchtiger Frauen. Konzepte und Methoden. Freiburg: Lambertus, S. 92–117

Vogt, I. (1997): »BELLA DONNA«. Die Frauendrogenberatungsstelle im Ruhrgebiet. Berlin: VWB

Vogt, I. (1998a): Frauen, illegale Drogen und Armut: Wiederholungszwänge im Elend. In: Henkel, D. (Hrsg.): Sucht und Armut. Opladen: Leske & Budrich, S. 191–208

Vogt, I. (1998b): Gender and drug treatment systems. In: Klingemann, H. & Hunt, G. (Hrsg.): Drug treatment systems in an international perspective. Thousand Oaks: Sage, S. 281–297

Vogt, I. (1998c): Psychologische Grundlagen der Gesundheitswissenschaften. In: Hurrelmann, K. & Laaser, L. (Hrsg.): Handbuch Gesundheitswissenschaften. Juventa: Weinheim, S. 117–144

Vogt, I. (2000): Mütter – die Gesundheitsexpertinnen und Krankenpflegerinnen im Alltag. In: Verhaltenstherapie & Psychosoziale Praxis, 32, 565–575

Vogt, I. (2001): Perspektiven einer geschlechtsspezifischen Psychotherapie-Forschung. In: Hermer, M. (Hrsg.): Psychotherapeutische Perspektiven am Beginn des 21. Jahrhunderts. Tübingen: DGVT, S. 93–106

Vogt, I. (2002a): »Wer Sorgen hat, hat auch Likör« – Frauen mit Alkohol- und Drogenproblemen auf der Suche nach Hilfe. In: AKF (Hrsg.): Tüchtig und Süchtig. Frauen, Sucht und Essstörungen. Bielefeld: AJZ, S. 31–58

Vogt, I. & Scheerer, S. (1989): Drogen und Drogenpolitik. In: Scheerer, S. & Vogt, I. (Hrsg.): Drogen und Drogenpolitik. Ein Handbuch. Frankfurt: Campus, S. 5–51

Vogt, I. & Winkler, K. (1996): Rahmenbedingungen der Beratung und Therapie von Frauen in der Suchtkrankenhilfe. In: Vogt, I. & Winkler, K. (Hrsg.): Beratung süchtiger Frauen: Konzepte und Methoden. Freiburg: Lambertus, S. 12–29

Vogt, I. & Krah, K. (1997): Forschungsprojekt: Medikamentengebrauch und Suchtentwicklung bei Mädchen und Frauen. Frankfurt: IGFF (unveröffentlicht)

Vogt, I. & Krah, K. (1998a): Klientinnen beurteilen Frauenhilfeeinrichtungen. In: Akzept & Trimbos-Institut (Hrsg.): The Times, They Are a-Changin'. Berlin: VWB, S. 97–111

Vogt, I. et al. (1998b): Konzeptentwicklung. Trägerberatung zur Umsetzung Frauenspezifischer Angebote im Sucht- und Drogenhilfesystem des Trägers. Düsseldorf: Ministerium für Frauen, Jugend, Familie und Gesundheit des Landes Nordrhein-Westfalen

Vogt, I. & Schmid, M. (1998c): Illicit drugs in Germany and the emergence of the modern drug treatment system. In: Klingemann, H. & Hunt, G. (Hrsg.): Drug treatment systems in an international perspective. Thousand Oaks: Sage, S. 145–157

Vogt, I.; Arnold, E. & Sonntag, U. (1999d): Körperkontakte und sexuelle Kontakte im psychotherapeutischen Setting. In: Report Psychologie, 24, 754–763

Vogt, I. & Leopold, B. (2001): Forschungsprojekt: Alltagsbewältigung und Schmerzmittelkonsum von Frauen. Eine qualitative Studie. Frankfurt: IGFF (unveröffentlicht)

Vogt, I.; Frieg, K. & Lipp, U. (2003a): Gesundheit und Substanzkonsum im Kontext von Lebenslagen von Studierenden an der Fachhochschule Frankfurt am Main. Abschlussbericht. Frankfurt: Institut für Suchtforschung

Vogt, I.; Schmid, M. & Schu, M. (2003b): Motivationsarbeit mit Drogenabhängigen: Erfahrungen mit Motivational Interviewing und Case Management. In: Suchttherapie, 4, 132–139

Watzl, H. et al. (1991): Entwicklung eines Fragebogens zur Erfassung von Medikamentenmissbrauch bei Suchtpatienten. In: Heide, M. & Lieb, H. (Hrsg.): Sucht und Psychosomatik: Beiträge des 3. Heidelberger Kongresses. Bonn: Nagel, S. 123–139

Wendland, K.-L. & Lucius, H. (1989): Untersuchungen zum Problem der langfristigen Benzodiazepinmedikation. In: Psychiatrische Praxis, 16, 182–188

Wendt, W. R. (1997): Case Mangement im Sozial- und Gesundheitswesen. Freiburg: Lambertus

Wetterling, T. & Veltrup, C. (1997): Diagnostik und Therapie von Alkoholproblemen. Ein Leitfaden. Berlin: Springer

Weyrer, S. & Zimber, A. (1997): Abhängigkeit und Mißbrauch von Alkohol und Medikamenten in Alten- und Pflegeheimen. In: Watzl, H. & Rockstroh, B. (Hrsg.): Abhängigkeit und Mißbrauch von Alkohol und Drogen. Göttingen: Hogrefe, S. 159–184

Wiegand, G. (2000): Rehabilitation. In: Stimmer, F. (Hrsg.): Suchtlexikon. München: Oldenbourg, S. 495–502

Wienberg, G. (1994): Die vergessene Mehrheit – Struktur und Dynamik der Versorgung Abhängigkeitskranker in der Bundesrepublik. In: Jagoda, B. & Kunze, H. (Hrsg.): Gemeindepsychiatrische Versorgung – Regionale Vernetzung medizinischer und psychosozialer Versorgungsstrukturen. Köln: Rheinland-Verlag, S. 18–37

Wienberg, G. (2002): Versorgungsstrukturen von Menschen mit Alkoholproblemen in Deutschland – eine Analyse aus Public-Health-Perspektive. In: Mann, K. (Hrsg.): Neue Therapieansätze bei Alkoholproblemen. Lengerich: Pabst, S. 17–45

Winkler, K. (1996a): Alkoholabhängige Frauen als Minderheit in Fachkliniken. In: Wiener Zeitschrift für Suchtforschung, 19, 55–62

Winkler, K. (1996b): Beratung und Betreuung von alkoholabhängigen Frauen in Fachkliniken. In: Vogt, I. & Winkler, K. (Hrsg.): Beratung süchtiger Frauen. Konzepte und Methoden. Freiburg: Lambertus, S. 30–51

Winkler, K. (1997): Zur Behandlung alkoholabhängiger Frauen in Fachkliniken. Regensburg: Roeder

Winkler, K. (1999): Angebotsstruktur und Therapieerfolg. Ergebnisse einer Studie zur Behandlung alkoholabhängiger Frauen in Fachkliniken. In: Ministerium für Kultur, Jugend, Familie und Frauen, Rheinland-Pfalz (Hrsg.): Frauen – Sucht – Gesellschaft. Dokumentation der Fachtagung am 28. Januar 1999. Mainz

Wiseman, J. (1970): Stations of the lost. Englewood Cliffs: Prentice Hall

Wittchen, H.-U. (1997): Wenn Angst krank macht. Störungen erkennen, verstehen und behandeln. München: Mosaik

Wittchen, H.-U. & Semler, G. (1990): CIDI: Composite International Diagnostic Interview. Weinheim: Beltz

Wittchen, H.-U.; Zaudig, M. & Fydrich, T. (1997a): Strukturiertes Klinisches Interview für DSM-IV Achse I und II: SKID I und SKID II. Göttingen: Hogrefe

Wittchen, H.-U.; Weigel, A. & Pfister, H. (1997b): PC-Programm zur Durchführung des DIA-X Interviews. Frankfurt: Swets & Zeitlinger

Wittchen, H.-U. & Pfister, H. (1997): DIA-X Interviews. Frankfurt: Swets & Zeitlinger

Wittchen, H.-U. & Schuster, P. (1998): Wenn die Angst das Leben lähmt. München: Mosaik

Wittchen, H.-U. & Argandona, M. (2000): Diagnostische Klassifikation der Substanzstörungen. In: Uchtenhagen, A. & Zieglgängsberger, W. (Hrsg.): Suchtmedizin. München: Urban & Fischer, S. 23–26

Wittfoot, J. & Driessen, M. (2000): Alkoholabhängigkeit und psychiatrische Komorbidität – ein Überblick. In: Suchttherapie, 1, 8–15

Wolin, S. & Wolin, S. (1995): Resilience among youth growing up in substance-abusing families. In: Substance Abuse, 42, 415–429

Wöller, W.; Siol, T. & Liebermann, P. (2001): Traumaassoziierte Störungsbilder neben der PTSD. In: Flatten, G. et al.: Posttraumatische Belastungsstörung. Stuttgart: Schattauer, S. 25–40

Wolstein, J. (1999): Probleme in der Schwangerschaft und im Säuglingsalter. In: Gastpar, M.; Mann, L. & Rommelspacher, H. (Hrsg.): Lehrbuch der Suchterkrankungen. Stuttgart: Thieme, S. 153–161

Woods, J. R. (1998): Translating basic research on drugs and pregnancy into the clinical setting. In: Wetherington, C. L. et al. (Hrsg.): Drug addiction research and the health of women. Rockville: NIDA, S. 187–195

Woog, A. (1998): Soziale Arbeit in Familien. Weinheim: Juventa

Zemlin, U. & Herder, F. (1994): Ergebnisse der summativen und differentiellen Evaluation eines indikativen Behandlungsprogramms für Alkohol- und Medikamentenabhängige. In: Praxis der Klinischen Verhaltensmedizin und Rehabilitation, 27, 128–192

Zenker, C. & Greiser, E. (1999): Erprobungsvorhaben zur Prävalenzschätzung des regionalen illegalen Drogenmissbrauchs und seiner Folgen. Bremer Institut für Präventionsforschung und Sozialmedizin

Zieglgängsberger, W. & Hölt, V. (2000): Opiate und Opioide. In: Uchtenhagen, A. & Zieglgängsberger, W. (Hrsg.): Suchtmedizin. München: Urban & Fischer, S. 87–96

Zieglgängsberger, W. (2000): Belohnungssysteme. In: Uchtenhagen, A. & Zieglgängsberger, W. (Hrsg.): Suchtmedizin. München: Urban & Fischer, S. 27–29

Zielke, M. (1997): Interaktionelle Besonderheiten in der therapeutischen Arbeit mit PatientInnen nach sexueller Gewalterfahrung und deren Bedeutung für die Supervision und Selbsterfahrung. In: Amann, G. & Wipplinger, R. (Hrsg.): Sexueller Missbrauch. Tübingen: Dgvt, S. 623–637

Zimmermann, M. & Möller-Streitböger, W. (1995): Der Schmerz. Hamburg: Techniker Krankenkasse

Zobel, M. (2000): Kinder aus alkoholbelasteten Familien. Göttingen: Hogrefe

Zuckerman, M. (1994): Behavioral expression and biosocial bases of sensation seeking. Cambridge: University of Cambridge Press

Zurhold, H. (1993): Drogenkarrieren von Frauen im Spiegel ihrer Lebensgeschichten. Berlin: VWB

Schlucken und Schweigen – die »stille« Sucht

Sucht oder Sehnsucht – dieses Buch beschäftigt sich mit dem Suchtmittel-missbrauch aus der weiblichen Perspektive.

Warum geraten Frauen in die Sucht? Was ist der vermeintliche Gewinn? Wovor fliehen sie? Während die Sucht bei Mann und Frau rein körperlich ähnlichen Mechanismen folgt, ist die Wahl des Suchtmittels eindeutig unterschiedlich gewichtet. Unterschiedlich auch das Suchtverhalten, die Motivation und vor allem der Weg aus der Sucht heraus. Frauen praktizieren ihre Sucht heimlich, still und leise. Sie wählen den Weg »Schlucken und Schweigen« als offenkundig weiblichen Lösungsweg für Schwierigkeiten und Probleme mit sich selbst, in der Beziehung, der Familie und am Arbeitsplatz.

Lorelies Singerhoff informiert über verschiedene Suchtmittel, deren Wirkung und Risiken, beschreibt die Entwicklung und den Verlauf von Abhängigkeitserkrankungen und gibt viele Tipps, wie eine Frau beginnen kann, sich langsam wieder aus dem Abgrund einer Sucht herauszuarbeiten, um ihr Leben wieder eigenverantwortlich in die Hand nehmen zu können.

Lorelies Singerhoff
Frauen und Sucht
Eine Therapeutin und Betroffene berichten
Beltz Taschenbuch 840
269 Seiten
ISBN 3 407 22840 6

BELTZ
Taschenbuch

Neue Wege in der Suchtarbeit

Helmut Kuntz

Der rote Faden in der Sucht

SOZIALARBEIT

Neue Ansätze in Theorie und Praxis

BELTZ
Taschenbuch

Wie ein roter Faden zieht sich das Fehlen von intensiver Lebensbejahung durch jede Form von Sucht und Abhängigkeit.
Ausgehend von den Vorstellungen der bekannten Anthropologin Jean Liedloff, der Bindungstheorie des Entwicklungspsychologen Daniel Stern und Ergebnissen der modernen Säuglingsforschung entwirft der Autor ein schlüssiges Konzept zur Suchtprävention, das auch gesellschaftliche Ursachen mit einbezieht. Er plädiert für eine therapeutische Praxis, die bei den Betroffenen vor allem die Rückgewinnung von Ich-Kompetenz und damit von Handlungsfähigkeit bewirkt.

Mit vielen praktischen Beispielen ein Buch für alle, die mit Suchtgefährdeten und Süchtigen arbeiten.

Helmut Kuntz
Der rote Faden in der Sucht
Neue Ansätze in Theorie und Praxis
Beltz Taschenbuch 59, 295 Seiten
ISBN 3 407 22059 6

BELTZ
Taschenbuch